臺灣研究叢刊

臺灣早期歷史研究續集

曹永和／著

目次

一、專題研究

二、史料與史學

環中國海域交流史上的臺灣和日本

一

戰後的日本史研究，不僅已突破以往的研究禁忌，從不同的觀點提出各種問題；並且，在史實的新發現，或者嘗試以新的解釋觀點去闡釋既知的史實方面，也開拓出活潑的論議空間，因而累積了相當豐碩的研究成果。在上述的各種成果中，將日本歷史放在國際關係上，從世界史的觀點來掌握；或者是從古來便自成運作體系的東亞國際社會——也就是「東亞世界」——的範疇中去掌握日本史的特性等問題，也被提出來加以檢討了。最近，特別是日本古代史中有關古代國家形成及其構造等，更有各種新見解發表出來。

誠如西嶋定生教授等人所言，東亞歷史舞台，自古即以中國為中心，在冊封體制下，結合了周邊各國而形成一完整的世界。然而這些說法一般均源自東亞國際政治秩序的想法，因此研究也多集中於以中國、朝鮮、日本、越南等「國家單位」為主的國際社會關係解析上。而在另一方面，對於那些不合於國家範疇的地域，以及生存在這些地區人們的樣態等問題，似乎還未能充分地在東亞世界中來包容或掌握。

此種以中國為中心的冊封體制，畢竟是由中華帝國強加在東亞世界的國際政治關係之中所呈現的具體形式。因而，這種冊封體制，便隨著中國各王朝的鼎革、勢力的盛衰，而有數次分裂、瓦解，乃至於重編的現象；同時也隨著中國與周邊諸國彼我情勢的變化——時而彼此互相媒介，時而互相排斥；於是冊封體制也在各時代、各地區間，呈現出種種不同的面貌。

然而，東亞世界的形成，並不只限於這種國家層次的政治交涉圈內的人、物及文化交流而已。而且還因應時代的不同，有時範圍又限於更狹小的領域、有時則又轉與更廣闊的世界交流、接觸。此外東亞世界除了以冊封體制為主軸的政治圈外，還包括相互重疊的文化圈、交易圈、交通圈等；而且包含、整合這一切，構成一個整體的歷史世界。

在臺灣土生土長的我以為，以長期的規模來眺望臺灣歷史時，不僅是以漢民族的開發臺灣，或臺灣漢人社會的形成過程等中國史範疇來看而已；在東亞的架構乃至以世界史的契機來探討時，不應僅從國家單位的國際政治秩序爲觀點，毋寧應從國際政治社會形成之前，或是更原始、無文字之時代以來的東亞各地域間，人們互相交通往來的歷史推移中所產生的東亞交通圈、交易圈這類的角度來掌握，似乎反而更有助於理解臺灣的歷史。本稿即是作者在此一構想下所嘗試的不成熟之作。

箭內健次教授戰前曾在臺灣執教，作者並曾藉此因緣而蒙先生教誨，在此謹向教授拜呈拙稿，作爲恭賀教授七十七歲大壽之賀辭，同時乞請教授及諸先進賜正，更祈此文能作爲將來相關研究的一個起點。

二

誠如西嶋定生教授所論，作爲政治體制的「東亞世界」之明顯化時期，在日本正是大和政權確立的時代，在朝鮮半島則是高句麗、百濟、新羅三國鼎立的時代；然而東亞各地域人類的往來，則可追溯到更早的史前時代。

自地球形成、人類誕生棲息以來，地球上曾發生數次的海面變動及巨大的氣候變化。而在自然環境的變遷中，棲息在世界各地的人類，也爲了生存而引起相應的大遷移。其間，人類爲尋求糧食，從採集、狩獵、漁撈階段，進入了野生植物栽培化與野生動物飼養化的糧食生產時代，遂有自給自足與分工形態，從而產生相互交換財貨的行爲。脫離採集、狩獵、漁撈而進入農耕的民族，其移動是緩慢的，取而代之的是商人應運而生，並且提高了以財貨作爲交換媒介的功能。不同的地域，因應其不同的人文、自然環境而發展出各種不同的生活樣式，形成了一定的秩序圈，文化亦由此而生。在一特定領域的秩序圈裡，可區分成中心及周邊，在此秩序圈內的活動日漸固定、持續後，以交換行爲爲媒介的交易圈日益擴大，進而許多較小的交易圈加入其中，在結合諸交易圈之核心都市下，將因此被結合起來，形成一個廣域的經濟圈。像這樣，在採集經濟階段，人類爲尋求食物及適宜的生存地而不斷的遷移以及小族群間的交換行爲開始；在長期的演變下逐漸擴大，諸共同體間、農村與都市間、都市與都市間、國內各地域間乃至於國間的流通圈與交易圈遂逐次形成。而構成此交往網路的各個小生活文化圈之間，則如馬賽克的五彩鑲嵌玻璃般分布著，形成一幅相互均衡的地域圖相。作爲地域間財貨交換媒介的人們，既屬於某個地域，同時也超越那個地域。在各地域的國家漸次形成後，這些擔當著媒介行爲的人，也仍多維持其超出國家領域範圍的人與人之間的連繫。

交通是結合各地域的神經網路，經由此種交通的聯繫，地域逐漸地擴大，其內部也隨之逐漸邁向一體性，進而促成了該地域面貌的變化。聯結各地域間的交通線，除受到地理環境影響外，也受到各地相關歷史因素的影響。特別是在各個不同時代，支持此交通線的諸般商業交易活動，吾人可自其商業機能的變化中，發現地域間的交通線受其影響或斷絕、或重新發展的歷史因素現象。此種交通線機能變化將經濟圈的交往網絡連鎖般構成各式各樣的結合，恰似萬花筒般的變幻不息；同時經濟圈內的流通，在此種網路變化下而變動，但卻仍保持其均衡。

位居東亞大陸東方的日本列島，北自庫頁島南部向南延伸，南以琉球弧群與臺灣相接，更向南則與菲律賓群島、南方諸島及馬來半島相接近。其間的海域，則大體以朝鮮半島和中國華南極為接近的臺灣，分為日本海、東海及南海。雖然不同的學者對包括這些海域的所謂「東亞地中海世界」或文化圈，有著種種的論說，但大體上都認為，在此一弧狀島群中的日本，經由數條海上交通線，與各地的異文化進行接觸，並持續的受到其影響。從而在歷經先土（陶）器文化、繩紋文化，以及彌生文化的長時期積累之後，再加上種種條件影響複合的結果，於是形成、發展出日本特有的社會與文化。

日本列島與外界聯繫的海上交通路線，大體上被認為有以下的幾條。其中包括：由庫頁島向北海道及日本東北地方的路線；以及今天蘇聯的沿海州等一帶，直接橫渡日本海而到日本西邊之路線；再者是朝鮮半島到九州的路線；另外中國江南一帶橫渡東海而直達九州，亦是一條路線；至於南方則是菲律賓、臺灣，經由琉球弧諸島，而輾轉與九州聯接的路線等等。從先史時代開始，各地渡海來日之人、各種文化的傳播、器物的傳來，即經由上述的各海上交通線，或自北、或自西、或自南，源源不絕地傳入日本。進入歷史時代以後，海上路線大體上僅剩下朝鮮——九州路線，以及中國江南與九州的聯絡交通線，仍持續著繁忙與發達，而自九州進而經由瀨戶內海而達日本畿內的海上交通線，便成了日本對外交通的幹線。雖然其他諸交通線的溝通機能降低，甚至連其存在的意義也變得曖昧不明，然而要尋求日本人的根源時，終究還是要在親潮、黑潮等的古代海道，或日本基層文化中所包含的南北文化要素，或者是東海上的倭人世界等等的諸般考古學、民族學、語言學等各範疇的探索上去找尋。

臺灣在地理上，與大陸極爲接近，分隔了東海及南海，並位於東北亞和東南亞的連接點上；在這種地理因素下，自史前時代起，臺灣便接納著由大陸東南沿海地方排湧而來的種族以及文化的波動，並且是這些文化種族南漸或者北進的分叉路口。臺灣考古學的發掘與研究，在戰前及戰爭甫結束時，由移川子之藏、金關丈夫以及國分直一等教授推動，戰後並由國立臺灣大學的宋文薰教授等繼承，有著極爲顯著的發展。一九八〇年，由宋教授等人所改訂、發表的臺灣史前文化的層次序列來看，臺灣各地的文化層，在時間上是自先陶器時代到新石器時代，經過鐵器時代，而在十七世紀時，進入了歷史時代。但所發掘出的先陶器文化和新石器文化之間，並沒有連續性。現所發現最早的新石器時代文化層是位於西海岸的北、中、南部的大坌坑文化，時間自紀元前一萬年一直延續到紀元前三千年左右。根據哈佛大學張光直教授的看法，此文化應是屬於中國大陸東南沿岸的古文化系統，他們除了以採集、狩獵、漁撈等維生外，也具有種植薯類作物的初期農耕方式。其後在臺灣東西兩岸各地區，亦發現各種系統的新石器文化遺跡。至於鐵器時代則始於紀元前後。一般認爲，自先陶器時代到新石器時代，及自新石器時代進入到鐵器時代的動因，因臺灣內部的發展分化而產生的影響較少，主要是由於臺灣以外諸地域人們的移動和文化的傳播所造成。在臺灣發現的分布於不同空間、不同時間的大量文化單位，一般也認爲是屬於原來在亞洲大陸東南沿海地方，廣泛分佈活動的南島語系（Austronesian）之人所遺留的。他們在受到古文獻所謂的百越諸族數次大遷移的波及下，紛紛自華南及東南亞各地移出，在不同的時間，或自西、或自南而轉移到了臺灣。

據國分直一等教授的看法，由好幾條海上交通路線所育成的日本基層文化之中，有自繩紋時代起，即由黑潮之路而進入日本的南方文化要素。並且，透過研究照葉林文化與繩紋文化的關係，也可清楚地解釋了照葉林文化的展開形態，與日本在水稻耕作之前的陸耕栽培之間的關係。諸種作物中的諸類和芋類是自菲律賓掠過臺灣東南岸，而分佈於琉球諸島、奄美諸島之間；而東南亞北部到華南所產的小米、粟等，則越過南海，在臺灣、琉球，北至九州都有分布。因此各種繩紋時代的雜穀農作，傳播至日本的幾條路線中，自臺灣到琉球弧而北傳的路線是無論如何也不能忽視的。

至於稻米方面，除了水稻是自江南經南朝鮮傳入，或者自江南直接傳到九州，而形成日本彌生時期的稻作文化之外，在此之前是否曾有旱稻的耕作則成爲另一個問題。以臺灣爲例，臺灣平地的水稻耕作，是十七、八世紀時，由閩、粵移入的漢人開始的，但在大量的漢人移住之前，居住在平地的原住民平埔族，便已有廣泛耕種旱稻的紀錄，這在十七世紀初的漢文資料《東番記》及荷蘭人的文獻上都可以看到。一九六六年在臺灣中部營埔遺跡出土的陶器中，發現了秈米型的稻痕，其年代約在三千年前。而在一九八一年發掘臺北芝山岩的遺址時，與石刀、掘棒等農具一起被發現的，是數量相當多的附有稻穗的粳米型碳化痕跡，其年代大概在三千五百年之前。另在一九七七年時，從臺灣南端墾丁遺址的發掘中，也發現了約四千年前印有秈米型稻痕的陶器，這是臺灣今日所知道最早的稻作。如果認為日本在傳入水田稻作之前，也曾有旱稻耕作的話，那麼這條傳播的通道，也許是藉著黑潮，經由臺灣、沖繩而至，而這種可能性也許能和將來的發掘調查相輔相成，而使假說成立也說不定。

在東亞大陸各地分別發生、發展出來的各種新石器文化，凝傳於東西南北交通的匯合點上，此即是黃河流域的所謂中原地帶。於是此地成為通商圈的核心，並且很早就創造了都市文明，而後統合支配通商圈的政治組織——夏王朝也於焉成立。其後，華夏族與其周邊的東夷、西戎、南蠻、北狄各族，角逐著中原地區的支配權而歷經幾度興亡，在歷史上經過殷、周、春秋、戰國，步入秦、漢時代而形成古代的中華帝國。在這個過程中，中原地方的各族也同化混合成為漢民族。同化擴大了，也同時擴展了生活圈，終於形成如今日所見的，由漢民族所組成的中國社會。另一方面，沒有被吸收同化的外緣各民族，則受到與漢民族上述接觸衝擊下、衝擊的餘波，引起了移動和遷徙。這些被排擠出的民族中，有原本定居於大陸的東海岸，由南到北普遍分佈的東夷、北狄各族，他們以狩獵、漁撈爲主，在這一段漫長的時間內，歷經數次、由數條路線被推擠到東方海上的島嶼去。繩紋時期的各個時代，由南北各地渡海來日的各系統的繩紋人，棲息在日本列島各地，他們或者住在海邊以海爲生，或者進入內陸，靠狩獵或耕種雜穀等旱作爲生，隨後各自構成不同的生活圈。廣泛分佈於江南與華南間的東夷系百越族之中，有些族自江南北進至山東，經朝鮮入九州而成九州繩紋人，除了再自此移動到本州外，似亦有從南九州南下到西南各島的集團。再者，這些百越民族，除了上述的遷移路線外，也有自北方而來，在幾度反覆蜂擁的浪潮之中，幾度地橫渡海峽來到臺灣，其後到的族群或將先到的族群擠迫上山，或者是再南進往菲律賓方向，或者北上往琉球、日本方向。因此，日本先史文化的南方要素中，有人認爲與臺灣有直接關聯者，當然也許沒有也說不定。不過，即使沒有直接的聯繫，但因彼此間有同樣的祖地——江南，因此也被認爲彼此間有文化的類緣性。因此，在日本的繩紋時期，江南古文化即向右迴轉傳播，同時也有反向向左的擴散，因此位在東海周邊的臺灣、琉球弧、九州等地，彼此間也並不是全然無關連的。

西元六〇七年，隋煬帝派遣朱寬、何蠻至流求尋求海外珍異，帶回的流求布甲，據正值入貢的倭使指稱，是爲夷邪久國人使用之物。六一〇年，隋並曾以崑崙人爲通譯，攻伐流求。隋代的流求指的究竟是今日的琉球，抑或是臺灣的問題，已經是百年以上的大爭論了，大體上以臺灣說較占優勢；而夷邪欠即爲掖久，也就是今日的屋久島；至於所謂的崑崙，有各種不同的指稱，這裡所指的大概是使用南島語系的南洋人。這暗示著，在文化要素上，掖久、流求、崑崙之間有著南方系統的類緣關係，頗值玩味。由此我們可以認爲，從文獻上來看，南方系的文化要素，從臺灣向北方的琉球弧之地擴散分布，而此時所謂的日本大和文化尚未充分滲透到屋久島，結果該地大致上或仍保持著南方系的文化要素。

到了日本文化史上彌生時代，被認爲是百越族別支的倭人，主要是從江南經由朝鮮渡海到日本，他們與較早來到日本棲息的諸繩紋人融合；在經過邪馬台國時代之後，日本列島各地的族長國家逐漸統合而形成大和王朝，各種族也融合變成日本人。大和在成爲北方島嶼世界的核心地帶後，經由朝鮮與中國大陸核心進行直接交涉，從而與絲路聯繫上，成爲國際遠距離貿易線上東端的一中心點。繩紋時代以來，一直爲環中國海域主要通道的北方路線及南方的黑潮之道，其通道機能自此遂告衰退。在日本國內，核心地帶的畿內日漸興隆，於是北方成爲「陸奥」的邊境地帶，南方的南海諸島，也隨而離島化了。

另一方面，洛陽、長安成爲東亞大陸的核心，透過西北方的絲路，結合了歐亞大陸，而在黃河以南，又藉著水路的聯結以達廣州，並經南海以通印度。同時，印度的人、物及文化除藉著絲路東進中國外，並因循海路東抵印尼，再經馬來半島而北上廣州。如此一來，環繞著南中國海的半島地區及蘇門答臘等，便成爲海上主要的國際交通路線。相對的，在此線上北方的婆羅洲、菲律賓、臺灣等島嶼區，則遠離國際幹線。於是史前時代位居北進南漸十字路口的臺灣，隨著此種海上交通幹線的形成而轉爲離島，被隔絕的島內各部族住民，便占居於島內各地，成爲孤立閉鎖的部族社會，直到近代。

三

日本自邪馬台國女王遣使中國以來，其後又派遣隨使、遣唐使及遣新羅使，在這段期間內，誕生了統一各地首長的新政權。官方並且執意地從朝鮮半島與中國大陸吸收文化、文物制度，又利用「朝鮮」的渡來人，於是國家建制逐漸形成，終而進入日本史上的成立了律令國家時代。這與史前時代以來的民族移動及後來的商業交換行爲等的接觸不同，這是政治契機明顯化的時代。位居東北亞島嶼地域核心地帶的畿內，其支配勢力擴展到它的周緣地區，經由其間的北伐蝦夷、南略隼人，日本列島上的近代日本國家之地理架構，大體於此形成。

其後律令國家衰頹，歷經以島嶼鎖國之中華小帝國爲志向的貴族政權的王朝時代，日本歷史從古代進入了中世。此時與大陸的關係，隨著遣唐使的廢止，日本也從國際交往的契機中後退；直到宋代，由於中國江南地區經濟的飛躍成長，在「唐物」充裕的經濟動機下所形成的民間人士的交易網——這個交易網以前以新羅人、「唐商」，現在則以「宋商」爲擔綱——才再度使所謂的「東亞交易圈」呈顯在東亞歷史舞台上。然而自元兵攻日後，元朝、日本及高麗三國之間的自由來往受到阻礙，繼而元末中國動亂及高麗的衰頹，日本九洲地方亦成爲南北朝抗爭之地，因而終而使該地成爲其後倭寇的活動空隙。

及至明太祖即位，以中華帝國爲中心之國際秩序，特色在於將冊封體制和朝貢貿易結合一體，再度編成後，東亞諸國間的往來，便不容分說的被納入這個架構中。經過種種風波之後，由於足利義滿向明朝入貢，日本進入此一冊封體制之內。然而光是靠這種被明朝限制的朝貢勘合貿易，並不能符合日本的現實需要，從而供需之間呈現不平衡的現象；但是，這個不平衡卻能靠著與朝鮮間的貿易，及以琉球爲貿易媒介而獲得補充。於是，在以中國爲中心的冊封體制朝貢貿易之外，來自中國沿海的走私商人、日本的博多（福岡）、（大阪）等地的商人，以及東南亞諸國的華僑爲主體的海商們，紛紛跳出了國家貿易的限制，自行經營其貿易。在此背景下，琉球的政治也逐漸統合，而出現琉球史上中山王國的黃金時代。

明代以前東亞商品的流通，主要是將中國商品輸出南海，而將香料等南海物資輸入中國；在滿足中國的需求之外，這些南海物資也伴隨著中國商品，由中國輸往朝鮮半島和日本。然而到了明代，由於朝貢貿易的規制和海禁政策的施行，使得以往自由流通的亞洲國際商品，在流通上受到了阻礙而停滯。爲了補全這種不足，於是有了以琉球的轉口貿易爲媒介的交易，使中國與東南亞之間，以及中國與朝鮮、日本之間的國際商品流通得到了平衡。在這種情況下，琉球——中國福建，琉球——東南亞諸國，琉球——博多——對馬——朝鮮，琉球——等幾條交易路線，便以那霸爲接點而彼此接續。這樣一來，琉球王國便成爲十五世紀環中國海域間交流的主角，也因而帶來國家空前未有的繁榮。

然而，明太祖時再重組成的，以政經一致爲原則的冊封體制、朝貢貿易，加上海禁政策的三大影響因子所形成的東亞交易圈體制，隨著新時代的醞釀而崩潰，此一東西交易圈再度進入無秩序的時代。在進入此一新時代時，東亞各國的經濟，比起前代更有進一步的發展，各國之間商品物資的流通需求，在質和量上也隨之提高。另一方面，由於各國對中國商品、文物的需求，以及中國對東南亞的香料等需要量增大，再加上因中國對當時世界重要產國日本所產銀的渴望等等，更是促進了東亞本身國際貿易的興隆。進而對這種情勢有加速作用的，則是以葡萄牙爲先鋒的西方勢力，也在東亞海域上出現了。東亞交易圈在蒙古帝國之前，跟歐洲交易圈只維持著間接關係，但是從蒙古帝國時代以來，兩個交易圈間直接往來的門路再度接通；結果，不但使得東亞交易圈更加擴大，同時，也使東亞交易圈受到外來的刺激。

明朝政府對內厲行海禁，對外以勘合符和貢期等規制之朝貢貿易，可視爲是一種國家貿易權的獨占。然而十六世紀時，明朝和足利幕府的勢力一衰退下來，一直被壓抑的民間海上活動，隨著貿易需求的增大，民間也開始干犯禁令，嘗試逃避國家的限制，於是走私貿易、私人貿易也活躍起來。因足利幕府中止遣明船及明朝厲行海禁而出現的所謂「倭寇」活動，至此再告死灰復燃，並在十六世紀中達到高潮。雖然名爲倭寇但其實主體大多是中國人，此外，也有日本人和葡萄牙人加入。他們憑藉著集團組織和武裝，對抗明朝官憲的取締，在順應著商品需求的增加，而在中國沿海各地移動其根據地，進行走私貿易。

由於多角化私人貿易的盛行，使得環中國海的海上交通也多樣化了；至此，一直與國際路線隔絕的臺灣也浮現在交通路線上，而成爲一個重要地點。在《籌海圖編》及其他各種有關嘉靖倭寇的中文資料上，小琉球——即臺灣被認爲是倭寇侵犯中國沿岸的一條路線，即顯示出臺灣在這種情勢下的國際地位。

所謂的倭寇，於一五五六至五七年間，當其首領徐海、王直等相繼被捕殺或誘殺後，從浙江流竄福建、廣東各地恣意劫掠的餘黨，也在一五六三年爲戚繼光、俞大猷等剿滅。進而於一五六七年，福建漳州府的月港被指定爲中國商船的出入口。海禁有了某種程度的開放；於是，猖獗一時的倭寇，也幾乎沈寂告終。一般而言，由於明朝政府在華中、華南沿海地方的掃蕩所得到的國土防衛效果，以及對福建沿海居民局部的鬆緩海禁政策，使得倭寇之亂終於平息。但是，准許由福建月港

（後改稱海澄）出海的貿易範圍只限於東西兩洋，亦即只能在菲律賓向南到婆羅洲、印尼的東洋，和自越南、泰國、馬來半島到印尼的西洋這二個地區活動而已，至於到日本的貿易仍然是被嚴禁的。也就是說往日本貿易的，與先前一樣，依然是犯禁的非法渡航。因此，上述的二個要因雖對消滅倭寇有相當大的影響，但只提這二個原因還不夠充分。事實的另一面是，出現在東亞海域上的葡萄牙人，最初輾轉於廣東、漳州、浙江的雙嶼等地，以尋求貿易根據地，其後再回到廣東，最後終於在澳門獲得落腳地，並且廣州也爲葡人設計了一年二次的市集，於是葡人便能在此獲得生絲等中國商品。這麼一來，幾乎要斷絕的中日貿易，似乎便能藉著充當中介主角的葡萄牙人，而使得兩國間的物資需求獲得滿足。因此，中國商人與其要干犯禁令，走私日本，倒不如在廣州的市集中，或者是到澳門交易，還來得安全穩當。於是，一時之間中國船幾乎不再前往日本，而葡萄牙人壟斷中日貿易的局面從而產生。

另一方面，繞過西半球東來的西班牙人，也繼葡萄牙人之後出現在東亞海域上，占領了菲律賓，又爲了角逐香料而在摩鹿加等東南亞各地與葡人相爭。在此情勢下，本來就在東南亞各地自由進出的中國商人，便趁機擴大活動範圍，並於各地建立起華僑勢力。

而在日本國內，經過戰國時代而走向統一安定後，對船來物資的需求增大，不只中國船隻再度來航日本，日本船也開始進出海外，豐臣秀吉政府嚴令取締海盜船的措施，乃是取締這些進出日本船舶之中的不逞之輩。因此嘉靖倭寇的平息，與秀吉取締海盜船並沒有直接關聯，無寧說是如前所述，中日之間透過葡萄牙人的中間貿易，使得二地之間的供需關係取得平衡，於是中國船一時之間不見赴日，倭寇之亂也終於平熄，這樣的看法也許較爲妥當。

由於明朝嚴禁船舶赴日之故，所以中國船隻再度往日本之時，已不見當初的顯眼活躍了。反而是在豐臣秀吉取締海盜船之後，中國船與帶著生產豐富日本白銀向海外進出的日本船，在南方海域上，和平地在第三地進行匯合貿易，更顯得重要。日本船進出海外，也促進南方諸地域上日本人城鎮的形成與發展。在這些匯合貿易的地點之中，臺灣最接近日本，並且又位於福建的正對面，適於作爲中日匯合貿易地，以及日本船舶航行南方時的停泊地，所以臺灣便在這種地位上漸次發達起來。

臺灣的位置，正處在葡萄牙船航向日本、中國船航向菲律賓、日本船航向南方，以及利用黑潮往來於墨西哥與菲律賓之間的西班牙船等諸條航路的線上。並因臺灣不屬於開放門戶的朝貢國以外國家明帝國版圖之內，於是，十六世紀末葉到十七世紀初期之間，臺灣便成爲亞、歐諸國的注目地點。豐臣秀吉向海外侵略時，是北向朝鮮，南指臺灣、菲律賓，這正是史前時代文化傳播到日本時的通道，也是歷史時代日本向海外進出的通路，並且更是明治時代以來，日本向海外擴張時的踏腳石，由此可見仍然是不變的地理要素之重要性，此間頗値得玩味！日本對臺灣，先有豐臣秀吉的嘗試招諭高山國，繼有一六〇九年有馬晴信的派船視察，而在一六一六年時，長崎代官村山等安也嘗試遠征臺灣，這些都顯示出日本意圖以第三地為媒介，以求推展中日貿易的積極方案。

在日本船活躍地向海外航行的同時，中國往日本的走私船，也因應彼此的需求，再加上明朝國勢衰頹及德川家康的優遇，船隻數因而年年增加；繼之荷蘭人及英國人也出現在中國的海域上，德川家康更有意識地，對當時一直占優越地位的葡萄牙人採取抑制措施，於是由葡人壟斷中日貿易的時代，終於一去不復返了。

由於三蒲按針的斡旋，荷人及英人都受到德川家康的寬大待遇，各自在平戶開設商館。就兩國而言，對日貿易的主貨並不是歐洲產的毛織品，而是中國產的生絲和絲織品。但這些新教徒商人們，並不能在鄰近的海域中找到像腹地有廣州市大的澳門，或像為尋求新大陸白銀的中國商船所群集的馬尼拉一般，而用來獲取輸往中國商品的根據地，因此終竟無法與葡萄牙及西班牙商人競爭。在豐臣秀吉尚未被打倒之前，他們雖然不太輸入生絲、絲織品等，但由於供應了家康的軍需品，這二個平戶商館還得以繼續存在下來。可是，一旦豐臣秀吉自盡、德川政權確立、日本國內恢復和平時，對荷、英兩國商人而言，獲得中國商品之事便有其必要了。當初平戶商館的設立，與其說是作為貿易據點，無寧說是戰略據點的意義要強些。因為不論由資金或由商品方面來看，東印度公司在東亞海域上並不能充分發揮機能；大多數她所處理的貨物，不是在海上自葡萄牙人的船中掠奪而來，便是向航往馬尼拉的中國船搶奪所得。而平戶正是她出擊的據點，是奪取、確保制海權的軍事基地。一六二〇年，以平戶爲母港的荷、英聯合防衛艦隊編組完成，它以攻擊葡、西兩國及航向馬尼拉的中國船舶爲目的，而巡弋於臺灣海峽到馬尼拉附近的海域。爲了對抗荷蘭人的這種敵意行爲，馬尼拉當局曾在一六二一年向其本國建議占領臺灣，但這個情報卻被荷人從捕獲的西班牙船隻中獲知。

至於對中國的貿易，在亞洲進出的荷蘭人，也是一開始便認識其必要性，自一六〇一年起，便曾數次出現在廣東、南澳近海要求貿易但未成功；特別是一六〇四年時，艦隊司令官韋麻郎（Wijbrand van Waerwijk）更親自到澎湖島與明朝官憲交涉，但也沒有結果。當時荷人正忙著確立其在香料群島和爪哇島上的霸權，尙無暇傾力開發東亞的貿易。但是後來由於幕府禁止荷人在日本近海的海盜行爲，且荷人認爲在開發對日貿易及經營東南亞上，都有必要推展與中國的貿易。於是在探知馬尼拉當局有占領臺灣的企圖時，荷蘭人認爲宜搶機先，尋求與中國貿易的據點。於是在一六二二年，荷蘭東印度總督顧恩（Coen）派遣雷爾生（Cornelis Reyersen）所指揮的艦隊攻略澳門，但因事不果而轉占澎湖島，於此築城建基地，致力於開展與中國的貿易。然因明朝福建當局要求荷人撤出屬於中國領土的澎湖島，繼而意圖行使武力以驅逐執意不肯的荷蘭人。一六二四年八月，由於居住在平戶從事中日貿易的李旦的斡旋，荷蘭人移到當時不屬大明版圖的臺灣，並在大員

（今臺南市安平區）築城，以其地作爲與中國走私貿易船進行交易的據點。

西班牙人自一五七一年占據馬尼拉以來，便有征服包括臺灣在內的菲律賓周邊諸地域的計畫。其後針對豐臣秀吉招撫高山國的行動，馬尼拉當局爲防備日本南侵，又再度呼籲要占領臺灣；然由於秀吉的死亡，日本的威脅也隨之煙消雲散。及至一六二一年，爲對應荷人等在臺灣海峽巡弋，又再次痛感占領臺灣島的必要。未能搶得機先的西班牙人，在上其國王建議占領臺灣的計畫書被荷蘭人扣留後，於一六二六年也占領臺灣北部的基隆，更於一六二八年領有淡水而統治北部臺灣，與據有南臺灣的荷蘭人相對峙。但是由於日本禁敎的強化和鎖國體制的完成，失去對日本貿易和傳敎希望的西班牙人，也失去了占領臺灣的意義，並因菲律賓群島發生摩洛（More）戰爭，駐屯臺灣的軍力被削解了，於是到了一六四二年，基隆爲荷蘭人所占，臺灣全島歸由荷蘭人領有。

如上所述，十六世紀時因中日直接交涉的通道斷絕，加以歐洲諸國人陸續出現在東亞海域，於是在中日貿易的糾葛當中，長期在環中國海域被隔絕的孤島臺灣，由於其地理位置的重要性爲列國所認識，終於被荷蘭人領有，而成爲荷蘭的殖民地，而成爲荷蘭人的亞洲貿易尤其是其對中日貿易的基地。至此，臺灣進入了歷史時代。

四

一六二二年，荷蘭人占據了澎湖，意圖以此作爲取代澳門或馬尼拉的貿易根據地；然而明朝官憲以澎湖爲中國固有領土爲由，並不惜訴諸武力驅逐，而派兵包圍澎湖的荷蘭人城堡，使在澎湖的荷人陷入困境。在此對抗中，由居住在日本平戶的李旦斡旋之下，明朝官憲同意荷人在非其領土的臺灣建構貿易據點，結果荷人在一六二四年八月轉而進占臺灣，並在「大員」築城以爲貿易基地。

然而在荷蘭人進占臺灣之前，中日兩國商人便一直將大員一帶作爲其貿易的會合地，因此年年有來自日本的朱印船，在此等待來此與其交易的中國商船。因之對進占臺灣而欲開展對日貿易的荷蘭人，和來臺與中國商船交易的日本朱印船貿易商而言，二者利益正好對立。一六二五年，荷蘭的首任臺灣長官宋克（Dr. Martinus Sonck），對來臺貿易的日本朱印船課徵百分之十的輸出稅。對此，日本的貿易商人，則以其擁有幕府將軍的朱印狀，並較荷蘭人更早來臺爲由，拒絕支付此項稅款，於是宋克便沒收日本人在此收購的中國生絲以示懲罰。而此朱印船是長崎代官末次平藏所有，此後雙方紛爭日益增高。從一六二八年，末次氏旗下的船長濱田彌兵衛挾持荷蘭臺灣長官努易茲（Pieter Nuyts）事件開始，在平戶的荷蘭商館，被迫關閉五年，荷蘭商船也遭受扣留命運。直到一六三〇年末次平藏去世，一六三二年，事件的肇因者的努易茲在被移交給幕府後，這件有名的

「臺灣事件」才告落幕。一六三三年後，荷蘭的平戶商館才得以重開貿易。其後，隨著日本幕藩體制的完成、貿易統治的強化，以及日本鎖國體制的完成，在臺灣的荷蘭當局，始完全免除日本朱印船商人的威脅。

荷蘭臺灣商館的對日本貿易，由於日本鎖國體制的完成，使得荷人得以將日本商人勢力逐出臺灣，然而其對中國的貿易卻未能順利的開展。當時從日本當局取得貿易許可的朱印狀，而得前往臺灣進行匯合貿易的日本貿易商，以末次平藏及平野藤次郎等爲主，而在日本的中國貿易商人中，則以李旦爲最重要的代表人物。有關李旦的事蹟，岩生成一博士已作過相當詳盡的研究。李旦在日本擁有相當多的中國人手下，並結交如平戶松浦氏等的大名人，以及當地的有力武力、顯貴、商家等。從而貸得資金，並取得貿易許可的朱印狀；另一方面，李旦又與中國本土的商人合作，以臺灣爲會合地點經營貿易。對於大陸福建沿岸的各國小貿易商（其實也等於海盜）而言，與像李旦這種棲身於海外日本的大貿易商聯繫，藉以經營被明朝政府視爲非法的日本貿易，並且是在福建的正對面，卻又不屬於大明版圖的臺灣進行匯合貿易，實在是既安全又便利的事。結合這種變相中日貿易網絡的核心人物正是李旦。由岩生博士根據平戶英國商館館長柯克斯（Richard Cocks）的日記等資料所作的研究，可以淸楚得知：李旦曾與柯克斯接觸，並以替英斡旋中國貿易爲名，向柯克斯拿到了不少的資金。荷蘭人占據澎湖島，試圖開展對中國貿易之時，一六二三年正好渡海到臺灣的李旦，也很快地與荷蘭人取得聯繫。而李旦在平戶的一名手下鄭一官（芝龍）因曾到過澳門，而略諳當時國際語之一的葡萄牙語；或許是出自李旦的安排，鄭芝龍在一六二四年初春受僱爲荷人的通譯，於該年一月末二月初來到澎湖島上荷蘭司令官雷爾生的麾下。此外，李旦在福建的主要合作伙伴是許心素。許心素當時在廈門擔任中級軍職的把總，是其上司俞咨皐的心腹。俞係綏靖倭寇的名將俞大猷之子，而且是一六二四年明朝圍攻澎湖荷軍的主將，當時則是駐守廈門的軍隊司令官。在李旦的斡旋下，俞咨皐「保證」，若荷人移往明朝版圖之外的臺灣，則將獲准與中國貿易，在此條件下，荷人不得不在一六二四年八月下旬撤出澎湖。一六二四年二月以來，從平戶渡海往臺灣、澎湖及福建的李旦，在荷人甫領有臺灣之後，便與荷人的首任臺灣長官宋克訂下交納一萬五千斤白生絲的契約，另外卻又侵吞了荷人準備向福建當局賄賂的禮物。一六二五年七月三日，李旦離臺返回平戶，八月十二日死於當地。結果，前述由李旦所建立起來，在臺以鄭芝龍爲代理、在福建以許心素爲主要溝通管道，兼之與荷人結合的中日貿易網絡計劃，隨其死去而化爲烏有，此一以李旦爲核心的貿易通道，也隨之瓦解消逝。

擔任荷人通譯的鄭芝龍，似乎沒有很大的作爲，不久之後，便在荷人的支援下，搖身一變幹起襲擊劫掠前往馬尼拉的中國商船的海盜頭頭。李旦所建立起來的中、日、臺間的貿易網絡，既失去其原來的平衡，群起的海賊及海商爲爭奪此一大陸沿岸的支配權，便陷入日益擴大的鬥爭中。在一連串鬥爭之初，許心素勾結俞咨臯，利用其軍中的職位而居於有利的地位，荷蘭人在一六二五年以後，也以許心素爲推展貿易之合作夥伴。一六二七年，前來臺灣的朱印船，本計畫向許心素提供收購生絲的資金，但爲荷蘭方面所阻。因爲荷方認爲由許心素所承攬的生絲貿易，應以荷人爲唯一的收購人才是。

鄭芝龍在一六二五年至二六年間離開了荷人扶持下的海盜船行列，而投身於中國大陸沿海制海權的爭奪戰。他雖掠奪大陸沿海各地，但同時也想伺機接受招安，擔任取締沿海走私貿易的適當軍職，並利用這個地位打敗競爭對手，來保障旗下走私貿易活動，並以此爲向上晉升管道。而事實上鄭芝龍也確實一直朝這條道路前進。一六二六年，在心底準備接受明廷招撫的鄭芝龍，遇上了棘手的對手許心素及俞咨臯等人。當時鄭芝龍在大陸沿海的勢力正日益擴大，並隨即在天啓七年十一月（一六二八年一月）攻入廈門，殺了荷人支持的許心素，並迫使俞咨臯棄城而逃。結果，招撫鄭芝龍之議起，官憲要求鄭芝龍解散徒衆，鄭芝龍則提出以出任游擊之軍職爲條件；在經過諸多的討價還價後，鄭芝龍終於在是年秋季接受官方招撫，並任守備之職。此後鄭芝龍逐次將其往昔海盜船隊的競爭對手李魁奇、鐘斌等人相繼打倒；一六三五年六月，在擊敗劉香之後，大陸沿岸海域的制海權完全落入鄭芝龍的手中。

此一時期臺灣的荷蘭當局，有時師往昔葡萄牙人之故智，以協助討滅海賊爲餌，冀望取得中國方面允許自由貿易；有時卻又與海賊配合，以武力向中國要脅自由貿易之權。因此時而支持鄭芝龍，時而支持鄭氏敵手，最後終因無法在大陸獲得自由貿易之權，不得不退而求其次與進入臺灣的中國船貿易，以從中獲取中國商品。然而，隨著日本人的被禁止渡航海外及中國沿海的安定，一六三五年起，荷人對日貿易迅速擴張起來。至此，臺灣的對外貿易不再局限於日本範圍，而成爲荷蘭東印度公司在亞洲貿易區內的一個重要商館據點，並投入該公司各商館間的貿易網內；結果除東亞地區之外，臺灣的貿易對象更遠至印度的 Coromandel、孟加拉到波斯一帶，更進而成爲包括荷蘭本地的世界市場貿易集散地之一。

荷人治下的一批新港社住民，曾隨日人濱田彌兵衛前往江戶，並拜謁當時的將軍，事後這批原住民於一六二八隨濱田彌兵衛返台，卻遭到荷蘭當局的逮捕拘禁。之後，在濱田等人以武力強扣當時荷人在臺長官努易茲時，這些被拘禁的新港住民才因而獲釋，此後原住民對荷蘭統治當局，即呈現衆叛親離的態勢。不久麻豆社原住民曾殺害荷人兵士五十二名，向其他各社誇示武勇。儘管各社的人心益漸背離，然荷蘭當局爲專心打開對中貿易，雖痛感膺懲諸社之需，卻力不從心。但是在放棄用武力要脅自由貿易的作法後，荷蘭當局於一六三五年十一月起，開始討伐諸社，壓制反抗的原住民。一六四二年，荷人更驅逐了臺灣北部的西班牙人，使得南北各地歸順的原住民部落數目大增。一六三六年以後，荷蘭人對臺灣的統治，也開始步入安定的階段。

荷蘭人在據臺之初，即獎勵中國人移住臺灣，以期將大員及對岸的普羅文西城（今臺南市）建成繁榮的城市。結果，隨著中國大陸的動亂、飢饉，再加上荷人的獎勵移民措施，於是福建流民逐漸移入臺灣，自一六三〇年代起，在臺從事農業的人口也逐漸增加。臺灣農業的二項大宗作物，即米和甘蔗，在荷人的獎掖下逐漸擴大栽培，其中臺灣生產的砂糖，於一六三六年左右起年年輸往日本，隨後更遠至波斯及荷蘭本國。

臺灣在發展農業之前，平地一直棲息著大量的鹿群，在荷蘭人領臺之前，鹿皮一直藉著前來臺灣進行匯合貿易的中、日雙方船隻輸往日本。但在荷人領臺後，當局規定鹿皮必須集中售給其指定的人員，藉此來掌握鹿皮輸出。在十七世紀時，臺灣與當時的暹邏、柬埔寨均爲日本所需鹿皮的主要產地。

在十六世紀到十七世紀三十年代之間，中國大陸的東南沿海一帶，經常遭到倭寇及海賊的侵擾。這些來自海上的侵擾活動，約略可分區分爲三次主要的起伏期。第一次是在日本當局禁止勘合船朝貢貿易，以及葡萄牙人出現東亞海上，所引起的所謂倭寇時代。這個時代的海上侵擾，在明朝的軍事壓制、廣州開市與澳門的貿易活動的結合，以及福建海澄（月港）開放給明商人渡航海外等原因下，終告平息。第二次的起伏期則是因西班牙人的登場而導致的餘波。隨著西班牙人東來，曾一本、林鳳等海盜猖獗一時，但在明廷進行軍事壓制、西班牙人擊退林鳳的侵襲，以及海澄明商渡航海外步上軌道化後，這時期的海盜侵擾也被平息下來。第三次的起伏期是荷蘭人的出現後所引發的。此時，爲應付北方勢力的入侵而使國力逐日耗損的明廷，實已無力壓制此時興起的海盜。唯一的解決之道，只能著手招撫勢力較強大的海盜，並放任海盜相互蠶食而已；結果在鄭芝龍取得最後勝利後才告結束。如此，明中葉以降至明末間，中國東南沿海動亂的東西，追究起來，其一是由於中日之間的貿易活動在尋求順暢運轉過程時的波動。另一則是歐洲人進入東亞海域後，該區域對新情勢的反應與調整之結果。而在此一流通網絡的主要流通物品，乃是以中國輸出的生絲、紡織品，以及中國所渴望的日本及新大陸所產的銀爲大宗。

鄭芝龍在潰滅敵手後，衆海盜集團，也就統合到鄭氏旗下。以鄭芝龍爲首，鄭氏家族爲核心，並吸收統合歸順的海上群盜，構成了以武力爲後盾的強大貿易集團，其旗下擁有強大的船隊，進而掌握了中國大陸東南海岸的制海權。於是活躍在日本近海以外的東亞海域的和平貿易商人，特別是爲避荷人針對前往馬尼拉商船所採取的捕拿行爲，便向鄭氏繳納保護費，以期在鄭氏的保護下從事貿易活動。明朝正式通商口岸海澄的地位，也隨之被鄭氏的根據地廈門所取代，在當地儼然形成一個海上王國。鄭氏隨著荷蘭人的東來而迅速竄升起來；就臺灣的荷蘭人而言，鄭氏不只是其中國商品的最主要供應者，更是他們在東亞海域上有力的競爭對手。

當新興的清朝勢力進入北京，勢力逐漸推進江南之際，鄭芝龍先是擁戴南明唐王，打著「扶明抗清」的旗幟;;但隨著清朝勢力逼進福建，鄭芝龍便轉而臣服清朝。此因鄭芝龍將其早先在海上活動所蓄積的資本投購買土地上，成爲福建的大地主且宦游官界中，結果本是海上豪傑的鄭芝龍，變成陸上的人物了，爲守護著他陸上的利益，遂走向降清的一條險途。

鄭芝龍之子成功，則站在守護海上的利益的立場，打敗同族的競爭對手並加以吸收，從而再度統合已解體的海上熱力。他將保衛海上利益的勢力，以及充滿華夷思想固守土地的紳士階層勢力，二者之結合成一體，而爲反清復明盟主。因此，抗清之戰既是尊王攘夷之戰，同時也是海上利益的保衛戰。鄭成功一方面進行抗清之戰，同時再執中國人海上貿易的牛耳；比如此一時期，廣爲世人所知的、鄭氏船隊所輸入的生絲，對長崎絲價有決定性作用，便是一個明證。

一六五九年，鄭成功在浙江仕紳張煌言勢力配合下，對南京發動反攻而敗陣後，陷入僻居廈門的局面，遂於一六六一年進兵臺灣，驅逐在臺灣的荷蘭人勢力，臺灣乃成爲鄭氏海上王國的基地。清朝爲因應鄭氏的據臺，發佈了遷界令，以阻礙鄭氏獲取貿易所需之商品。鄭氏海上勢力雖受遷界令影響，然仍掌握海上貿易的主要活動，此可由當時前往長崎的中國貿易船，船數雖逐漸減少，但仍以臺灣鄭氏名分下爲最多數之事而獲知一般。

鄭成功掌握臺灣不久，便爲建設其海上王國，而試圖招諭菲律賓，但此事在其死後便戛然而止；繼位的鄭經則與菲復交，並招英人前來大員，隨即在一六七三年利用大陸的三藩之亂，響應抗清之戰爲名反攻大陸。然參戰的各方勢力，與其說是因反清的理念而結合，無寧說是各自爲擴張勢力範圍而爭，於是反攻失敗，鄭經也於一六八〇年撤退臺灣。由於鄭氏的勢力，乃是結合海上貿易的諸多利益集團而成，因而隨著其領導人的更迭，每每造內部的紛擾，而不得不加以調整。一六八一年春鄭經歿後，爲爭奪所遺的領導地位，再次引起派系之爭；結果，其次子鄭克塽，在權臣幫助下取得勝利。而清朝則趁三藩之亂平定之勢，以及鄭氏勢力衰弱之際，爲了殲滅這股最後的抗清勢力，起用鄭氏的叛將施琅，於一六八三年七月的澎湖海戰中，擊敗鄭氏的水師；八月，臺灣的鄭氏的政權終向清朝投降。結果，以臺灣的鹿皮、砂糖等特產，以及暗中自中國大陸沿海取得的商品，再加上自東南亞各地取得的各種特產爲貨品，而經營貿易的鄭氏集團活動，以及其旗下人員所經營的長崎貿易，都在此時打上了休止符。

一六八三年夏天，迫使在臺的最後抗清勢力鄭氏政權降伏後，清廷先是將鄭氏的海上王國解體，將鄭氏一族以及其下的文武官僚、軍隊等遣返大陸復員；同年冬天，取消遷界令，允許早先被迫自沿海往內地的居民回遷復業。但對於原非中國領土的臺灣之處分，究竟是要放棄或是收入版圖，朝中一時未能決定，然因顧慮棄臺可能造成海防的困擾，乃同意施琅等領臺的主張，翌年即康熙二十三年四月十四日（一六八四年五月二十七日）設置一府三縣，自此臺灣才劃入大清帝國的版圖內。

決定領臺之後二日，清廷允許浙江沿海地方，五百石以下的小船得以出海貿易和漁撈；至於福建及廣東地方，因清聖祖認爲，反對開放海上貿易的地方官乃貪圖私利之故，於是在聖祖主動之下進行研議後，乃在福建及廣東等地分設海關以爲管理。對清廷中央開放貿易持反對意見的地方官憲中，以廈門的水師提督施琅的行動最引人注目。施琅本是鄭成功的武將，因與成功不合，其父及弟又爲成功所殺，乃於一六五一年降清，爲亡鄭氏而盡力效忠清朝，遂於一六八三年消滅鄭氏政權而得報私仇，其後，似欲利用其特殊地位，以期支配閩、臺之間的海上往來，以建立第二個鄭芝龍勢力。因而他一方面迅速的與英、荷人士接觸，同時並吸收往昔鄭氏的御用商人，以期早日打開對日本的貿易活動。如於日本貞享元年七月十七日（一六八四年八月二十七日）抵達長崎的第八號廈門船，就是由施琅所派出的貿易船，而根據船上人員所作的申報，便明白地提到施琅有與日本貿易的企圖。而清聖祖的政策，則明顯地對貿易作一般性的開放，並藉此以壓抑特權商人的成長，從而建立由中央統籌的管理制度。儘管聖祖的政策目的在此，但施琅仍於康熙二十三年九月二十九日（一六八四年十一月六日），以海防爲由上奏，建議貿易活動不宜作一般性的開放，而應愼選特定商人，並對貿易船隻加以限制。然而聖祖仍持開放政策，於是至翌年的一六八五年，航往長崎的中國船數，自前年二十四艘一舉增至八十五艘，致使幕府一時驚慌失措。結果，幕府方面採取了「定額制」的對策，以限制長崎貿易的規模。

清朝當局爲了減輕領臺後的財政負擔，乃鑑於鄭氏時代的經驗，將臺灣鹿皮、砂糖等商品的對日輸出，交政府公營，以其貿易之利，塡補治臺之支出。一六八五年前往長崎的十三艘官船，即是此一公營貿易船。之前根據前一年由施琅所派出的第八號船，及其他的中國船所帶去的情報，最初傳有二艘得到敕許的船將渡日，而後又傳有五、六艘，最後傳出有十艘之多，但實際前往長崎的則多達十三艘。這很容易想像到可能是施琅等地方官憲，假借政府部門之名，以擴張其個人旗下船隻勢力之舉；然結果這十三艘官船，卻遭日本當局拒絕貿易而不得不回航。如此一來，在聖祖的全面開放貿易、日本定額制的貿易限制、及拒絕官船貿易等三方不利條件齊合下，施琅意圖掌握海上貿易的素志不得果行。因此，臺灣的對日貿易，也就不得不向商人開放；結果在鄭氏降清後，一時中斷的臺灣船，於一六八七年，始有登錄爲三十號及四十八號的二艘船抵長崎。此外，該年還有另一艘船渡航，但在經過臺州時遭風害而遇難不果行。

聖祖的貿易開放政策，除了對施琅等人欲建立海上貿易支配權的野心有抑制功能外，就如日人山脇悌二郎在其所着〈近世日中貿易における福建商人と江、浙商人〉（收入氏着《近世日中貿易史の研究》）中所指明一般，此時的貿易條件，促成了福建海商的沒落和江浙商人的興起。中日貿易的主要商品，自前代以來一直是浙江、湖州的生絲和蘇州、杭州的絲織品等。在明代的禁令之下，自一五五七年明廷誘殺王直以來，擔當對日貿易的要角，一直是利用其有利的地理條件、干犯禁令而渡航的福建海商；然因聖祖解除了明代以來禁止通航日本的禁令，使得以中國爲中心的、環繞中國海域的交流交易的活動圈，又再度回到宋元時代傳統的貿易架構上。不過此時的貿易中心已有變動，對東南亞的貿易以廣州和代替泉州的廈門爲主，對日則以舊名爲明州、慶元的寧波和南京（上海）爲中心，而重新組合交易圈。於是早先在海禁之下，作爲中國內陸物產對外貿易中繼地、集散地而崛起的臺灣，此時又落到國際貿易幹線之外了。然而，此時臺灣砂糖、鹿皮的日本市場已建立起來，因此雖在貿易幹線之外，卻不致回到往昔隔絕孤島的地位。

鄭氏降清之後，除了鄭氏勢力被瓦解復員外，在臺的富商、住民等也大多返回大陸，臺灣人口一時減少，生產力也隨之低落；但不久移民再度流入，一時減產的砂糖、米等的產量不但復舊，並且急速的增長。據《華夷變態》一書所載，日本貞享四年（一六八七）以後，到長崎的臺灣船每年約有二、三艘之譜，元祿十三年（一七〇〇）則有五艘，十六年（一七〇三）時增至十二艘，寶永元年（一七〇四）則爲十四艘，可知約在元祿十三年，爲臺船前往長崎的成長起始年。明顯地，此乃隨著臺灣砂糖的增產，而使臺灣對外輸出增加之結果。隨著臺灣農業的發展，主要農產品中，米穀在米糧不足的福建、砂糖在江浙以北及日本方面都找到了良好市場。但早先的臺灣特產鹿皮，反因爲農業開發的進展，而使得輸出量日漸減少，終至於臺灣對日輸出的主要產品，爲砂糖所獨占。《華夷變態》所載的臺灣船船老大中，明白記錄是住在臺灣的中國人的，只有貞享四年（一六八七）第四十八號船的鄭宜而已。同一年的第八十號廈門船的船老大黃四官，則謂「以前雖住在臺灣，然在臺無商賣可作，因而返回廈門」，亦即是由臺返回大陸的商人。此外，雖是臺灣船，但入港的申報中，也有清楚記載起帆地為原廈門船，或者是福州船、寧波船的，不過起帆地不明的也相當多。然而由調查這些臺灣船的船老大，船舶及出航地的變化，則大體可以明白中國船的活動圈。在貿易重新開始之時，臺灣的海運業以漳州、泉州、廈門方面的商人居優勢。如元祿三年（一六九〇）第四十二號臺灣船的中國人中報稱，「商船的往來，完全都讓給由泉州、漳州、廈門來的商人……雖然也有自中國其他地區前去的商船，但沒有什麼可買的貨品」。不過在元祿七年（一六九四），航往長崎的第三十一號臺灣船，則傳出要七、八艘寧波船及福州船前往臺灣收購砂糖的消息。而在元祿十年（一六九七），第三十七號的福州船和三十八號的寧波船，也都各赴臺灣收購砂糖後轉航日本。元祿十二年（一六九九）的第三十五號高州船，則是原寧波船前往高州，經高州赴臺籌措砂糖、鹿皮等再航向長崎。另外，同年的第六十六號海南船，則是先由南京出發到臺灣，再自臺灣渡航海南，而後再轉航至長崎。總之，自一六九〇年代起，相對於廈門等的南方商人，出自福州、寧波的一批北方海商開始進出臺灣，一七〇〇年後，這批北方海商已在對日貿易上居於優勢。他們的主要活動，是前往臺灣收購砂糖，再配合大陸的絲織品轉售於日本，而主要的擔綱者則是寧波等地的商船。

隨後不久，除日本方面的貿易限制外，清朝方面也在抗淸勢力徹底消滅，國家建立也略見規模時，對外的性格漸由開放自由貿易，回歸到傳統、閉鎖的中華帝國對外政策；於是海上的交通也益受限制，海上往來的形態及網路，也逐漸回到開放之前的態勢，而臺灣，也從國際貿易幹線轉換而重新劃入中國國內的沿海貿易圈內。從而臺灣的歷史，也隨之由其國際貿易基地的時代，轉入由福建、廣東移民擔負的農業開發時代，而成為中華帝國的一處新疆域。

五

東亞諸國，在面對經歷產業革命洗禮後再次東來的西歐列強時，弱小的國家紛紛淪爲殖民地，中、日、韓三國也被迫打開長久封閉的門戶。臺灣則因其所處的地理位置、其臨近海域一再發生的海難事件及島上的「番害」事件等因素，再加上具有煤、樟腦、砂糖、茶等特產，因而再一次吸引列強的注目。此時的日本，則在面對西歐列強壓迫下，歷經尊王攘夷、倒幕而展開了明治時期文明開化及富國強兵的對策，成爲東亞諸國中第一個完成近代化國家建設者；而在發展過程，與西方列強既對抗又聯合，以推展其近代的擴張政策。在廢藩置縣時，先呑併琉球，繼而在一八九五年中日甲午戰爭後，從中國取得了琉球南方的臺灣；日俄戰爭之後，於一九〇五年獲得庫頁島的南部，並於一九一〇年合併了韓國。如上所述，史前時代時，曾經是諸外來文化傳入日本的通道，如今卻成爲「大日本帝國」發展、擴張的路線了。臺灣在日本的殖民統治下，受其長達半世紀的支配，在其殖民經營下，臺灣以供給日本米糖爲中心的諸產業爲主導，漸次進入資本主義化時代。自一九三〇年代後半起，臺灣作爲日本南進基地的性格漸次明顯，於是在經濟方面進一步推展工業化，而在政治方面也爲皇民化的趨勢所籠罩。然而另一方面，臺灣在日本統治下近代化了，在社會經濟的構造上也有著更複雜的變化，此種變化不可否認的構成其戰後經濟發展的一個基礎。二次大戰後，日本因戰敗而失去對臺灣的領有權，臺灣轉爲中華民國所有。

十九世紀後半，全球規模的近代世界形成，在此之前所形成的獨立歷史世界——東亞世界也不可避免的被解體、吸收了。而在政治、經濟、文明等各方面，全球各地域也相互結合起來。特別是在二次大戰後，技術的革新，帶來交通、通訊等領域的資訊革命，世界的距離也隨之大爲縮小，使得人類可以共有文明的條件也產生出來。其次，技術的革新，也促成經濟的工業化及高度發展，更在國際環境、社會上造成巨大的影響，世界一體也眞正形成了。然而，人類既然各別在世界上佔有一定的空間以生息，自然地也就不可能與此一定的地域完全切斷關連。因而在逐漸形成世界一家的今日，地域的觀念反而在人類的腦海中浮起，而各種由地域構成的安全保障，以及經濟合作也就爲各地所構想、提倡了。世界可說已進入一個相互依存的時代。就如同泛太平洋域的觀念一般，其範圍再如何擴大，仍不能超越此一觀念所制約的一定空間。因此在全球的規模中，也有著屬於地域的、有主軸的行動、運動。如此一來，前近代構成世界歷史獨立單元的東亞世界雖說已消失，但作爲世界範圍內地域單元的東亞，仍然以一定的角度存在著。

戰後的臺灣，在經濟發展上對日本有相當高的依存度，日本企業界對臺投資，而日本現代文明不斷地進入臺灣；就戰略角度而言，臺灣位居琉球群島之南，扼制臺灣海峽，主控日本自中東經由麻六甲峽輸入大量原油的要道，可謂居於制日本命脈之咽喉的地位。因此，如上所述，在二次大戰後的政治上，臺灣已不再是日本的領土，彼此間似乎已無任何特別關係，然而在其他諸面上，卻仍密切關連著，這正說明緣自於東亞島嶼地域中，地緣所聯結成的臍帶關係，實在不是輕易便可如此切斷的。

原文日文，刊於箭內健次編《鎖國日本と國際交流，上卷》（東京吉川弘文館，一九八八年），頁六一三—六三九。本文由鍾淑敏等人翻譯。

明鄭時期以前之臺灣

一、史前時期之臺灣

臺灣何時始有人類居住？這個問題至今尚未能確實知道。但就地質學的觀點看，臺灣曾與大陸相連，位於大陸的緣邊部，相信其時就有生物和人類，由大陸東遷而來的。民國五十七年年底，國立臺灣大學宋文薰、林朝棨兩教授初次在臺東縣長濱鄉發現了先陶文化層，更證實了臺灣於更新世，已有自大陸遷移來的人類棲息，過著狩獵漁撈的生活。惟尚未發現這個長濱先陶文化與新石器時代文化可以銜接的地方。

臺灣的新石器時代文化之研究，已有七十多年的歷史，發現遺址超過一千多處。這些先史文化，據宋文薰教授等考古學者的研究，可分為早期的粗繩紋陶文化層，中期有圓山文化層、龍山形成期文化層、巨石文化層，晚期有凱達格蘭文化層、番仔園期文化層等若干文化層。其文化要素有大陸系統和南洋島嶼系統，而多是來自大陸或迂回中南半島及南洋島嶼而傳入臺灣。臺灣的新石器文化之上層接於近代漢文化層而進入歷史時代，有延續至近代。故可推想臺灣史前文化，部份與現在所謂「山胞」有關，惟究那一文化與那一族有關，當留於將來考古學者與民族學者的研究解決。

臺灣的土著現存有十個族羣，即泰雅、賽夏、布農、邵、鄒、魯凱、排灣、卑南、阿美和雅美。他們都屬於 Proto－Malay 系統，其語言同屬於 Malaio－Polynesian。他們可能早自四、五千年前，一直繼續到公元後數世紀，曾分有幾個波移入臺灣，而遷來臺灣以後，到漢人大量入殖之前，與外界幾乎完全隔絕了相當長久的時期，保存著其固有的文化特質。這十個族群以外，西部平原本來尚有其他土著族群，惟自漢人來臺開拓以後，許多所謂「平埔番」都已被吸收漢化了。

二、早期載籍所見之臺灣

現在臺灣的居民，主要以漢人為中心。然漢人大量移殖於臺灣開始自明季，但漢人發現臺灣及與其發生關係卻爲期甚早。漢人之發現臺灣之確實年代不得其詳，惟應比在載籍所見之年代更早，是毫無疑問的。

載籍中有關臺灣的記載，有人遠溯到《尙書》禹貢所謂「揚州之域」有「島夷卉服，厥篚織貝，厥包橘柚錫貢，沿於江海，達於淮泗」，而島夷即臺灣土著民族。又《史記》〈封禪書〉云：「自威宣燕昭使人入海求蓬萊、方丈、瀛洲」，或謂此三神山中之瀛洲即爲臺灣。這些說法，於史難徵，似應存疑。又有以《列子》〈湯問篇〉夏革所云：「渤海之東海中有岱輿、員嶠、方壺、瀛洲、蓬萊等五山」，而岱輿、員嶠之首字與臺灣字音相巧合，故方壺即今之澎湖，岱員即今之臺灣。但《列子》其文後接著又說，這五山由巨鼇十五舉首而戴，始峙而不動，而「龍伯之國，有人，舉足不盈數步而暨五山之所，一釣而連六鼇，合負而趣歸其國，灼其骨以數焉。於是岱輿、員嶠二山流於北極，沈於大海，仙聖之播遷之巨億計」。顯然這是《列子》書中之寓言，故以岱員指爲臺灣是牽強之說，不足採信。

《前漢書》卷二八下〈地理志〉下云：「會稽海外有東鯷人，分爲二十餘國，以歲時來獻見云」。同書〈地理志〉中又載：「樂浪海中有倭人，分百餘國，歲時來獻見」，以東鯷和倭國並論，且其方位倭在樂浪海中，東鯷在會稽海外，顯然東鯷在倭之南。又漢武帝建元三年（西元前一三八年），閩越圍東甌，東甌告急，武帝則派嚴助發會稽兵，浮海救急。元鼎六年（西元前一一一年）發兵分路擊南越時，橫海將軍韓說是出句章（今寧波），浮海從東方征。可知其時蘇、浙、閩、粵的沿海海道已暢通，會稽句章已是主要港口。綜合這些事實，可想東鯷並非憑空懸擬，似有指今日琉球或臺灣之可能。

自後漢末以降，中原擾攘，許多中原人士自會稽浮海流亡至交州，可知東南沿海航道更為暢通。到了三國時代，由於三國對內互相牽制，於是各自向外擴張以鞏固其勢力。吳國因建都於建業，奄有東南濱海地帶，於是孫權更向海外謀求發展，曾北由海道與遼東公孫氏交通，南則遣呂岱平交州，定九眞。孫權又於黃龍二年（西元二三〇年）遣將軍衛溫、諸葛直將甲士萬人，遠征夷州，但只俘虜了數千人而還（事分見於《三國志》〈孫權傳〉、〈陸遜傳〉、〈全琮傳〉）。學者根據《太平御覽》七八〇所引《臨海水土志》夷州的風土習俗記載，詳加論證，多認為夷州即古代之臺灣，殆成定案。孫權對此舉雖「得不補失」，不免「深悔之」了，但這卻是我國經營臺灣的最早記載。

三國以降，經晉統一不久，五胡相繼竄擾中原，造成南北兩朝對立，至隋中國再統一，其間罕見有關臺灣之記載。至隋煬帝時，對外經略頗為積極，北修長城，服突厥，討吐谷渾，令裴矩往張掖監諸商胡互市，於是西域交通發達；南即於大業元年（西元六〇五年）討平林邑，隨後派常駿使赤土國，開拓南海交通。於六年（西元六一〇年）遣陳稜、張鎭州遠征擊破流求。其擊破流求經過，即於大業元年（西元六〇五年）海師何蠻等云：每春秋二時，天淸風靜，東望依希，似有煙霧之氣，亦不知幾千里。因此於大業三年（西元六〇七年）令羽騎尉朱寬偕同何蠻入海求訪異俗，到了流求，掠一人而返。次年復令寬去慰撫，而流求不從。六年（西元六一〇年）煬帝遂遣武賁郎將陳稜，朝請大夫張鎮州率兵萬餘人，自義安浮海擊破之，虜其男女數千人而還。（均見《隋書》〈煬帝紀〉、〈陳稜傳〉、〈流求國傳〉），《隋書》所載流求人習俗顯與《臨海水土志》所記夷州多有吻合，亦大可與今日臺灣土著民族古習俗相印證，中外學者對此雖有爭論，而大多說隋代流求即今臺灣。經略流求是前後歷時數年，是一相當大規模的軍事行動，足見隋代經營臺灣之積極了。

唐代稱流求有作「留仇」「琉球」等字眼，散見於唐時詩文句中。日本仁壽三年（唐大中七年，西元八五三年）智證大師圓珍搭乘唐商欽良暉船入唐求法，在海中遇風漂到「所謂流球國喫人之地」。像這種遭風漂到臺灣來的事例，自古以來，文獻上沒有記載的不知有多少？這種偶爾所發生臺灣與外界的接觸，卻是增加其地理知識和開拓航路之一個原因。唐憲宗時，詩人施肩吾有一首詩，原題「島夷行」，曰：「腥臊海邊多鬼市，島夷居處無鄉里；黑皮年少學採珠，手把生犀照鹹水」。後被認爲詠澎湖之作，連雅堂且有「率其族，遷居澎湖」之語。按施肩吾所詠，固不能確定是否詠澎湖，但認爲題詠澎湖之說，卻已見於南宋王象之撰《輿地紀勝》，起源甚早。

然唐代自安史亂後，北方節度使跋扈，戶口南遷，中國經濟文化之支撐點開始自北轉變爲南方長江流域。福建原爲「漢番雜居之區」，官吏謫戍之所，至是開發乃漸有進展。後經五代王氏主閩，至北宋時則蔚然可觀，福建開發殆盡。宋室南渡後更促進南方的發達，中國的經濟和文化完全轉移於東南沿海，浙江變爲京畿，泉州一躍發展爲世界首要港埠。然福建由於其自然條件土地狹小而貧瘠，實無法維持衆多人口，在北宋時代已發生人地失衡的現象。於是福建沿海居民，迫以生計，乃不得不以海爲田，或以販海，或以業漁，另謀其生活。臺澎因地近閩南，逐漸形成宋元兩代國人拓展活動之區。

南宋孝宗乾道七年（西元一一七一年）汪大猷知泉州，曾遣軍民屯戍澎湖（時稱平湖），以防毗舍耶侵襲。樓鑰撰《攻媿集》卷八八〈汪大猷行狀〉云：「……四月，起知泉州，到郡，……郡實瀕海，中有沙洲數萬畝，號平湖。忽爲島夷毗舍邪者奄至，盡刈所種，他日又登岸殺略，禽四百餘人，殲其渠魁，餘分配諸郡。初則每遇南風，遣戍爲備，更迭勢擾。公即其地，造屋二百間，遣將分屯，軍民皆以爲便，不敢犯境」。又周必大撰《文忠集》卷六七亦有撰〈汪大猷神道碑〉，云：「四月，起知泉州。海中大洲號平湖，邦人就植粟、麥、麻。有毗舍耶蠻，揚颿奄至，肌體漆黑，語言不通，種植皆爲所穫。調兵逐捕，則入水持其舟而已。俘民爲鄕導，劫掠近城赤嶼洲。於是春夏遣戍，秋暮始歸，勞費不貲，公即其地，造屋二百區，留屯水軍，蠻不復來」。又趙汝适撰

《諸蕃志》，書成於理宗寶慶元年（西元一二二五年），更明白地說：「泉有海島曰彭湖，隸晉江縣」。從這些記載可知國人在宋代已耕植於澎湖，一遇毗舍耶人侵擾，曾戍兵以保護居民，並把澎湖正式收入版圖了。

宋代對於臺灣本島的地理知識，也較前代進步。《諸蕃志》所載流求國事，是據《隋書》〈流求國傳〉加以刪節而成，而對於流求的位置，改爲在泉州之東，比《隋書》所記建安之東，更爲明確。又眞德秀西山先生《眞文公文集》卷八〈申樞密院措置沿海事宜狀〉云：「永寧寨（地名水澳），去法石七十里。初，乾道間，毗舍耶國入寇殺害居民，遂置寨于此。其地闞臨大海，直望東洋，一日一夜可至彭湖。彭湖之人，遇夜不敢舉煙，以爲流求國望見，必來作過。以此言之，置寨誠得其地」。宋代「流求」即指今之臺灣，已無可置疑。然諸蕃志又謂其地「無他奇貨，尤好剽掠，故商賈不通」，足見宋代雖對臺灣有相當具體的了解，但臺灣仍位在國際貿易之圈外，大陸與臺灣間，尚未有密切的往還。

元入主中國後，由於其疆域橫跨歐亞大陸，極爲遼闊，中西交通大開。尤其是世祖忽必烈汗對海外經營頗爲積極，於是對於臺灣也有兩次的經營。於至元二十八年（西元一二九一年）十月，世祖曾命楊祥充宣撫使，翌二十九年（西元一二九二年）三月二十九日，自汀路尾澳往瑠求招撫，結果未有成就。成宗元貞三年（西元一二九七年）又有興兵討伐瑠求，但僅禽生口一百三十餘人，亦毫無結果（詳見《元史．瑠求傳》）。如此元代兩次經營，由於其時臺灣還沒有作爲國際貿易市場的價值，均無所成。但民間商賈漁人在臺灣海峽的活動，卻有進展。元至順、至正年間，汪大淵曾附搭海船，兩次遠遊南海諸國，就其見聞寫成《島夷志》一書。今傳世之其《島夷志略》本中，關於彭湖條謂：「彭湖：島分三十有六，巨細相間，坡隴相望，乃有七澳居其間，各得其名。自泉州順風，二晝夜可至。有草無木，土瘠不宜禾稻。泉人結茅爲屋居之。氣候常暖，風俗朴野，人多眉壽民。男女穿長布衫，繫以土布。煮海爲鹽，釀秫爲酒，採魚蝦螺蛤以佐食。爇牛糞以爨，魚膏爲油。地產胡麻綠豆。山羊之孳生，數萬爲群，家以烙毛刻角爲記，晝夜不收，各遂其生育。工商興販，以樂其利。地隸泉州晉江縣。至元年間，立巡檢司，以週歲額辦鹽課中統錢鈔一十錠二十五兩，別無科差」。據是可知：其時澎湖已有相當人數的漢人定居，半耕半漁，並有商販的往來，而已置官設治了。乾隆二十八年黃任纂泉州府志卷五四，元文苑傳有陳信惠，晉江人，曾任澎湖巡檢的記載，更加證實了澎湖已有職官治理的事實。《島夷志略．琉球傳》又云：「地勢盤穹，林木合抱，山曰翠麓，曰重曼，曰斧頭，曰大峙。其峙山極高峻，自彭湖望之甚近。余登此山，觀海潮之消長，夜半，則望暘谷之出，紅光燭天，山頂爲之俱明。土潤田沃，宜稼穡。氣候漸暖，俗與彭湖差異。水無舟楫，以筏濟之。男子婦人拳髮，以花布爲衫。煮海水爲鹽，釀蔗漿爲酒。知番主酋長之尊，有父子骨肉之義。他國之人倘有所犯，則生割其肉以啖之，取其頭懸木竿。地產沙金、黃豆、黍子、琉黃、黃蠟、鹿豹麂皮。貿易之貨，用土珠、瑪瑙、金珠、粗碗、處州磁器之屬。海外諸國，蓋由此始」。據此可知，臺灣到了元末時，雖無奇珍寶貨之類的產出，卻已有國人行販來往，並且已成爲駛往南海諸國的所謂「東洋針路」之起點，商舶過往漸多。

明太祖驅元定鼎後，鑑於元代遠征海外之失，無意海上，採取消極政策。對於外舶的往來，則更強化了自前代以來的貿易統制，僅准貢舶貿易，禁絕所有私人貿易。又針對倭寇、海盜爲患，爲維持治安，鞏固新政權起見，沿海要衝廣置衛所，造船練兵，加強了備倭海防。同時也顧慮了國人販海通夷，可能因之勾引倭寇，激起海盜，頒令禁海，嚴禁下海通番，連民船漁舟也不得擅行出海，且於洪武二十年（西元一三八七年），對沿海諸外島曾有徙民墟地之舉。於是此時，自南宋以來已隸於泉州晉江縣的澎湖，也盡徙其民，廢巡檢而墟其地，予以放棄。明廷此舉，實與其預期之效果相反。良民去之，而走險之徒，旋來實之，逍遙法外，成爲逋逃之藪。於是永樂二年（西元一四〇四年）有招諭澎湖流民葉得義之舉。次年自永樂三年（西元一四〇五年），明成祖遣鄭和等出使「西洋」諸國，對海外政策轉趨積極。但這是官方斷佔貿易的拓展，對人民仍嚴禁下海。於是民間航運業萎縮，自宋元以來正在發展中的臺灣大陸間的往來受阻，關於臺灣的地理知識，自明初以來漸被遺忘，在文獻上就很難找到其記述。

三、明代嘉靖萬曆時期之臺灣

貢船貿易自鄭和出使「西洋」後，諸國來朝入貢極盛一時。唯由於對外邦之賞賜與貢臣之款待變爲明廷的沈重財政負擔，於是對貢期、貢船和貢使數目漸加限制。在會同館和驛館的交易互市又有嚴格的管制。另一方面，由於馬六甲興起，印度洋的較遠諸國，多改爲僅至馬六甲會合轉接商貨，因此貢船來華漸少。明廷的貢船貿易的限制連帶海禁政策，不僅忽視了國內外物資交流的自然要求，也阻塞了唐宋元以來濱海居民向外發展的趨勢。但貢船來華越少，國人下海私通興販愈熾。尤其是日本的貢船貿易斷絕以後，基於供求關係，禁令愈嚴，獲利愈厚，遂導致下海販夷和倭寇、海盜的猖獗。雖朱紈於嘉靖二十六年（西元一五四七年）任浙江巡撫後強力執行禁海政策，但反助長其聲勢，一時東南沿海，所在告警。明廷極力經營，後經俞大猷，戚繼光等名將，整頓海防，征倭剿賊，直到萬曆初年，纔大體平定。這些鋌而走險，犯禁走私剿掠，且商且盜，勾引倭寇，不少來自各省沿海地區，然以福建省爲最。此時，澎湖和臺灣則成爲倭寇、海盜的巢穴，復爲外界所注目，於是澎湖、小琉球、東番、雞籠、淡水等名字，自明中葉後，又見於載籍漸多。如嘉靖三十三年（西元一五五四年）間，曾有漳州海寇陳老結巢於澎湖（事見於明卜大同輯《備倭圖記》）；萬曆初年林鳳在粵閩沿海擾亂，兩廣與福建官兵協力會剿，二年（西元一五七四年）爲總兵胡守仁所追，逃竄至澎湖，後復抵臺灣魍港，爲明官兵急追，改赴菲島。在菲島時、曾襲擊馬尼拉，失敗後，留舟於魍港爲窟宅，侵擾閩粵沿海（均見於《明神宗萬曆實錄》）。

如此臺灣和澎湖成爲這種半商半盜的冒險集團的基地以外，也成爲閩南漁夫活躍之區。在這時期，澎湖被葡萄牙人稱爲 Pescadores（意漁夫島），顧名思義，可推知明廷所屏棄的澎湖，明中葉已有不少漁民在澎湖近海打魚捕撈的事實。又《明神宗萬曆實錄》萬曆二年六月戊申（西元一五七四年六月二十三日）條謂：福建巡撫劉堯誨揭報……其逋賊林鳳鳴擁其黨萬人，東走福建，總兵胡守仁追逐之。因招漁民劉以道諭東番合剿，遠遯。官軍追逐林鳳時招漁民劉以道往諭臺灣土著居民合剿，足徵當時福建漁夫，頗多在臺灣沿海活動，已與土著民建立了很密切的關係。

嘉靖中期以來，私販與寇亂，由於禍起浙、閩兩地，對浙閩是否復市舶、開海禁，頗引起朝野議論。東南邊海之地，因襟山帶海，田不足耕，以海爲生，由來已久，而嚴格禁海，生路阻塞，反釀成禍亂。於是明當局於嘉靖四十三年（西元一五六四年）在漳州月港二十四將之亂戡定後，次年新設海澄縣，隆慶元年（西元一五六七年）福建巡撫塗澤民請開海禁，准販東西二洋，給引於海澄，惟仍嚴禁行販日本，因此閩海始暫獲無兵革之憂，閩人販海，更趨興旺。販東西二洋給引原五十張爲率，至萬曆十七年（西元一五八九年）依福建巡撫周寀之議，改「東西二洋共限船八十八隻，又有小番，名雞籠、淡水、地鄰北港捕魚之處，產無奇貨，水程最近，與廣東，福寧州、浙江、北港船引，一例原無限數，歲有四、五隻或七、八隻不等」。當時明當局雖尙未在臺灣設官建置，但對臺灣的雞籠、淡水、北港等地區與大陸沿海一帶港口作同等的看待，而福建船到臺灣北部的雞籠淡水多是「漢番交易」，南部北港（即今安平）是以捕魚爲主。關於船引，於萬曆二十一年（西元一五九三年）許孚遠等復請東西二洋照舊通販時，再追加占陂等十二處，共湊一百隻，而對販雞籠、淡水，也歲量以十隻爲準。後再增爲共一百十七張，至萬曆二十五年（西元一五九七年）金學曾等再議增二十張，可知福建販海的興盛，而隨著前來臺灣活動漢人也漸趨頻繁。

如上由於福建沿海居民的海上活動，臺灣與大陸間的聯繫又正在趨於密切的過程中，另一方面由於西力東漸、西歐的商戰舞台推展至東方，在此時也出現於遠東海上，展開了劇烈的國際商戰。歐洲諸國中，葡萄牙東來最早，自 Vasco da Gama 於一四九八年（明弘治十一年），繞過非洲好望角，到達印度，開闢了歐亞直接航路，同時在世界歷史也開啓了一個新紀元。過去歐亞的關係，除了蒙古帝國短暫時期外，一直是間接的，自此以後遂成爲直接的交通，亞洲各地遂漸受其勢力的衝擊。當葡萄牙人在印度 Goa 建立了其根據地後，他們就開始想與我國有所接觸。一五一一年（明正德六年）葡萄牙印度總督 Afonso de Albuquerque 佔領了馬六甲，兩年後就有葡萄牙人抵達我國南海。一五一五年（明正德十年）Jorge Alvares 將其船碇泊於屯門澳。葡人初來廣州近海，起初貿易並未發生困難，嗣後中葡間發生了衝突糾紛，他們被逐出廣東，而轉移到雙嶼、漳州等地，與商賈勾引互市。在這時候，於一五四三年（明嘉靖二十二年；日本天文十二年）一艘葡人乘船，飄抵日本的種子島，這是歐洲人首次到達日本。葡萄牙人雖係偶然地發現日本，但其時正由於倭寇為患，明廷禁絕日本通商，葡人即居中牟利，經營轉運貿易。葡萄牙人取得澳門作為其通商據點後，澳門很快地發達，成為其東方貿易轉口站，葡人一時控制了中國與日本及東南亞間的貿易。

在這十六世紀中葉，當葡人航海赴日本，駛近臺灣西岸時，他們在洋上看到臺灣島，有感於其美麗，而稱之為 Ilha Formosa（意謂美麗島）。同時他們也由國人以小琉球（Lequeo Pequeno 或 Lequio Menor）的名稱，獲知某些有關臺灣的知識。一五五四年 Lopo Homem 所繪的地圖中，琉球列島之南，已繪有 I. Fremosa。其子 Diogo Homem 於一五五八年所繪也標明臺灣為 I. Formosa。這些為現時所知臺灣島名出現於歐洲地圖之首次。此時有些葡萄牙地圖製作者，諸如 Diogo Homem，Bartolomeu Velho，Lazaro Luiz 以及 Fernao Vaz Dourado 等人，均根據實際曾在東方從事貿易人士的口述資料，在其所繪地圖中已對 Formosa 和小琉球，或繪成為二島，或三島。這些地圖中所繪臺灣，多是聽消息空想描繪，與實在形狀不符。這些似乎是葡船的航路關係，葡萄牙人的航海者僅看到臺灣北部所致的。

正當葡萄牙人向東發展時，西班牙也自哥倫布到達了美洲後，向西發展，在美洲獲得了廣大殖民地。嗣麥哲倫橫渡太平洋，達菲律賓後，其勢力也拓展至東亞。一五六五年（明嘉靖四十四年）佔據宿霧，尋於一五七一年（明隆慶五年）建設了馬尼拉爲其根據地，而以豐富的美洲新發現的白銀與我國經營其轉販貿易，獲利至夥。

由於美洲的征服頗容易，初來菲律賓的西班牙人竟也妄想征服中國、日本、琉球等地。於一五八六年（明萬曆十四年）四月二十六日曾在馬尼拉召開了一次會議（funta），會中曾有建議國王爲要擴大其傳教範圍並謀菲律賓的安全起見，應攻占臺灣島、海南島、爪哇、暹羅等各地。西班牙國王於一五八九年（明萬曆十七年）亦已訓令菲島總督亟須攻佔，可知菲律賓的西班牙當局也非常了解臺灣在東亞的戰略地位上之重要性。

在這時期，豐臣秀吉於一五九〇年（明萬曆十八年）統一日本後，一五九一年（明萬曆十九年，日本天正十九年），遣使招諭菲律賓，一五九二年（明萬曆二十年，日本文錄元年）派兵侵略朝鮮，翌年又有襲臺之議。明廷獲知日本眞正意圖無疑是假道朝鮮或臺灣而侵略中國，乃派兵前往救援朝鮮，並加強沿海防倭。於萬曆二十五年（西元一五七九年）新設彭湖遊兵，春冬往汛守。菲律賓的西班牙人卻認爲這是日本攻擊呂宋的先聲，頗爲重視。菲島當局曾在一五九六年（明萬曆二十四年）七月八日，一五九七年五月十四日，同六月十九日三次上書於其本國的國土，要先佔臺灣，以制敵機先，而維護其中菲間貿易。同年六月二十二日西班牙人在馬尼拉開軍事會議，二十七日Hernando de los Rios亦附加彩色地圖一張，上書國王，建言佔據臺灣北端雞籠（Keilang）之必要。於是菲律賓的西班牙總督派Don Juan de Zamudio率船二艘，兵二百餘往臺灣，但因風期不合，未果。稍後，豐臣秀吉歿，日菲間的關係，較前稍爲鬆弛，菲律賓西班牙人佔領臺灣的企圖，也遂無形消失。

在日本，德川氏代豐臣氏而興，其對外政策，比較溫和，然其要求與中國通商，則並無二致。日本慶長十四年（明萬曆三十七年，西元一六〇九年）有馬晴信曾派兵來臺窺探，稍後於日本元和二年（明萬曆四十四年，西元一六一六年）長崎代官村山等又遣兵船來臺企圖佔據。兩度日本的侵略皆失敗。然就在這一期間，臺灣已成爲中日走私商人的會合地點，而漸漸發達，其時，在遠東有貿易關係的許多國家，對於日本的行動，深爲注意。尤其是葡萄牙，深懼日本佔據臺灣以後，對於其澳門的貿易，影響太大，故於一六一〇年（明萬曆三十八年）二月十七日葡王嘗賜敕書於其在Goa的印度總督，令其防患於未然。英國東印度公司駐日本平戶商館的Richard Cocks也於一六一九年（明萬曆四十七年）二月十五日向本公司報告臺灣島在中日貿易上其位置上的價值。

如此，在這時期，不但國人開始對臺灣有漁商等人的活動趨於頻繁，由於西歐的商戰舞台推移至遠東，而明廷又禁止夷船在沿岸停泊，臺灣遂顯出其在位置上的重要性，而爲各國所重視，並競相爭逐，而欲取以爲基地。其結果，臺灣遂爲荷蘭與西班牙所分別佔據。

四、荷蘭與西班牙之佔據臺灣

荷蘭位於北海南岸的一角，正如其名稱 Nederlanden（意低窪土地），國土很低，許多土地是築堤填地而造成的。由於其地理條件，他們的生活自古就與海發生密切關係。他們一方面逆海，築堤防海水灌入以維護其生活，另一方面卻靠海捕魚販海以維繫其生活。於是北海漁業與北歐、南歐間的轉販貿易是他們重要經濟命脈。荷蘭在十五世紀末成為 Habsburg 的屬地，Karl 五世（即西班牙王 Carlos 一世）於一五五六年（明嘉靖三十五年）退位後，即變為承繼西班牙王位的其子 Felipe 二世所統治的。由於 Felipe 二世推行其專制政治，原來都市頗享自由，至是都市的特權被奪，新教信仰被禁，又受重稅剝削，於是一五六五年（明嘉靖四十四年）反抗宗教的壓制，遂變為獨立戰爭。一五八一年（明萬曆九年）宣布與西班牙分離，一五八八年（明萬曆十六年）成立共和國。在此時，一五八一年（明萬曆九年）西班牙王 Felipe 二世兼併葡萄牙王位後即於一五九四年（明萬曆二十二年）禁止荷蘭船隻駛入里斯本，想對荷蘭予以經濟上的打擊。於是荷蘭為求生存必須自力開拓海外貿易，紛紛組成公司競相東來，至一六〇二年（明萬曆三十年）合組成立聯合東印度公司，一六二一年（明天啓元年）設西印度公司，逐漸侵蝕著葡西兩國世界各地的勢力圈。

荷蘭人出現於東亞海域後，香料以外，中國的絲綢、砂糖、瓷器等貨也是他們所冀求貨品，因此他們頗想覓得一處與中國互市交易的基地。一六〇一年（明萬曆二十九年）Jacob Cornelisz. van Neck 嘗派 Gaspar van Groesbergen 率船欲開闢中國貿易，出現於中國海域，而未獲成功。稍後於一六〇三年（明萬曆三十一年）七月兩艘荷蘭的船隻 Erasmus 號和 Nassau 號出現於澳門的海面，求市未果而虜獲了葡萄牙的一艘駛往日本的大帆船，載有中國生絲等貨價達一四〇萬荷盾以上。一六〇四年（明萬曆三十二年）一位荷蘭人隨暹羅貢使到達北京，但求市未成功。同年六月由 Wijbrant van Waerwijck 率船隊，七月十五日到達廣州海岸附近，猝遇暴風，乃於八月七日駛入澎湖。嗣後停留於此地，並與福建當局交涉允許其貿易。但他們在大泥所雇華人被福建當局繫之於獄，於十二月十五日遂被都司沈有容所諭退，仍一無所獲。一六〇三年（明萬曆三十一年）二月二十五日在馬來柔佛海上，Jacob van Heemskerk 拿捕了葡船 SCa.tharina 號，載貨甚豐富，尤其是有一二〇〇捆的中國生絲，在荷蘭價值達二二五萬荷盾，於次年八月公開拍賣時，歐洲各地商人蜂擁而集於 Amsterdam，更引起公司對中國貿易的渴望。於一六〇七年（明萬曆三十五年）Cornelis Matelief 率船至南澳，謀開闢貿易，亦仍為明當局所拒絕，其嘗試仍是徒然。一六〇八年（明萬曆三十五年）四月公司董事會的指示也提起無論如何想辦法來開拓與中國貿易，以謀獲得中國絲綢。一六〇九年（明萬曆三十七年）七月，自暹羅大泥荷蘭船二艘來到日本平戶港，八月獲得德川家康的通商的允准，在平戶設立商館，而獲知日本主要進口商品卻是中國的生絲、絲綢，於是更深感有與中國通商之必要。一六一三年（明萬曆四十一年）平戶荷蘭商館長 Hendrick Brouwer 向東印度總督 Pieter Both 建議佔據臺灣，以爲對中日貿易的轉接基地。一六二〇年（明泰昌元年）九月九日東印度公司總公司給予東印度總督指令中，亦承認有奪取開闢中國貿易適當根據地的必要，並舉示小琉球的名字。

在這期間，歐洲方面，一六〇九年（明萬曆三十七年）荷蘭與西班牙間訂立停戰十二年的條約，荷蘭遂有與英國爭逐商業霸權的趨勢。但在荷西停戰條約有效期間將近終了時，荷蘭又與英國接近，一六一九年（明萬曆四十七年）七月，在倫敦訂立荷英防守同盟，在遠東區域，則一六二〇年荷英聯合組織「防衛艦隊」（Fleet of Defence），巡弋於臺灣海峽，捕捉葡萄牙的船隻及前往馬尼拉的中國船，以此戰利品與日本貿易。於是，在菲律賓的西班牙當局爲保護貿易，策劃馬尼拉的安全起見，一六二一年（明天啓元年）又謀佔臺灣，俾與馬尼拉成爲犄角之勢，可以呼應。荷蘭人在馬六甲附近捕獲的發自澳門和馬尼拉的船中，獲睹西班牙文書，知西班牙人有佔據臺灣之意，於是，在巴達維亞的荷蘭當局，就先發制人，總督 Jan Pietersz. Coen 指令 Cornelis Reijersz. 率領部屬一〇二四名，分乘八艘船，先襲擊澳門，如不獲成功，便改道佔據澎湖以及小琉球。

Reijersz. 即於一六二二年（明天啓二年）四月十日，引率艦隊啓椗巴達維亞，途中又有四艦加入艦隊，六月下旬攻擊澳門，死傷頗多，未獲成功。遂留三艘於澳門港外，派二艘開赴廈門近海，以捕獲自馬尼拉回航的中國船，其餘本隊於七月十一日駛至澎湖，以後就專心講求開始中國貿易的方策。同年七月二十七日，Reijersz. 又親自率二船至臺灣，勘查港灣形勢，最後於八月一日決定開始在澎湖築城。翌年春 Reijersz. 又航行至廈門，並循陸路至福州，交涉通商，仍無結果。初時，福建巡撫商周祚命荷蘭自澎湖撤退，但可以到臺灣去，及南居益繼商氏任巡撫，態度益見強硬。一方面修戰備，並於明天啓三年九月五日（一六二三年九月二十八日）實施海禁。天啓四年正月二日（一六二四年二月二十日）守備王夢熊率船進入澎湖鎮海港，五月副總兵官俞咨皐等增援舟師續至，並準備火具，以圍攻風櫃尾的荷蘭城塞。當一六二四年八月三日（明天啓四年六月二十日），抵澎湖接替 Reijersz. 職位的 Martinus Sonck 發現荷蘭駐軍只有八百多名，而中國軍有五、六千名，後增至一萬名。因此由以臺灣爲中心在中日貿易上甚爲活躍而僑居於平戶的李旦做中間人，與中國官員談判，遂於一六二四年八月二十六日（明天啓四年七月十三日）將城寨毀壞，而撤移至大員（Tayouan，即今安平），至是臺灣遂爲荷蘭人所佔據。

在荷蘭人佔據臺灣以後，馬尼拉的西班牙人深感威脅。一六二六年（明天啓六年）馬尼拉的西班牙總督 Don Fernando de Silva, 派 Antonio Carreno de Valdes 率 Galera 船二艘，舢板船十二艘，兵三百至臺灣。Antonio Carreno de Valdes 於一六二六年（明天啓六年）二月二十八日自 Cavite 啓椗，三月十五日到 Cagayan，鎮壓當地的暴動後，於五月五日自 Cagayan 出發，沿臺灣東海岸北上，十一日到達三貂角（Santiago），十二日進雞籠港，名之曰至聖三位一體（Santisima Trinidad），十六日在灣內一小島（即現在基隆和平島）舉行佔領儀式，並開始築城，城名聖救主（San Salvador）。一方面又在港內山上建築堡壘，加強防禦，而在大沙灣附近，建立澗內（Parian），以爲中國人的街市。七月，Don Juan Nino de Tabora 新任菲律賓總督，到任後即派船至臺灣，以圖向駐軍補給物資，遇風後，船即沿中國大陸漂流，至翌年四月二十九日，方獲到達臺灣。

在這期間菲律賓的西班牙總督，力修戰備，欲以船八艘，大砲一三六門，兵二〇一六名，驅逐在臺灣的荷蘭勢力。七月二十六日 Pedro Alcarazo 率 Galera 船二艘先行出發。八月十七日總督 Den Juan Nino de Tabora 親自乘 Galeon 船 San Yldefonso 號，率 Galeon 船二艘，Ship 船一艘，Patach 船二艘，自 Cavite 出發，因風折回，但憂慮臺灣駐軍缺乏糧食，遂使 Ship 船 Rosario 號裝載多量的糧食重新出發。艦隊經修理後，亦再行出征，但在 Bojeador 岬遭遇暴風，九月六日又折回 Cavite。至是最先出發的 Galeon 船卻到達了臺灣的南部，而僅止於偵察荷蘭的港口，後亦遭風被吹回呂宋。至是驅逐荷蘭人的計畫，遂完全失敗。

一六二七—八年（明天啓七年—崇禎元年）間，自雞籠赴淡水的西班牙士兵被土著人襲殺，於是雞籠守將 Antonio Carreno 於一六二八年（明崇禎元年）派遣軍隊，佔領淡水，並在此地築 Santo Domingo 城，駐紮守兵。至是自十六、七世紀之交以來，在世界各處市場上，到處爭奪的新舊兩勢力的荷蘭與西班牙二國，很奇突地，竟同時割據了臺灣。

考西班牙人之所以要佔據臺灣，起初是對抗日本豐臣秀吉的南進政策。後來因荷蘭人東來，遊弋於臺灣海峽，威脅中菲貿易，至荷蘭人佔據臺灣南部後，一方面對抗荷蘭人，而一方面亦是要誘致中日的商賈到臺灣北部貿易，同時又想向中日兩國傳佈天主教。但其時，日本正採禁教政策，一六二四年（明天啓四年）與在菲律賓的西班牙人斷絕關係。一六二四年（明天啓四年）馬尼拉的救援澳門的船團，歸途在暹羅的 Menam 河，與暹羅人和日本人交戰，一六二八年（明崇禎元年）西班牙船又在暹羅灣襲一日本朱印船，日本和菲律賓的西班牙人間的關係復緊張。一六三〇年（明崇禎三年、日本寬永七年）、一六三二年（明崇禎五年、日本寬永九年）、一六三七年（明崇禎一〇年、日本寬永十四年），日本又有遠征呂宋的計畫，後因爲島原之亂，未獲實現。此時日本自一六三三年（明崇禎六年、日本寬永十年）至一六三六年（明崇禎九年、日本寬永十三年）之間，因厲行禁教，嚴厲禁止日人出國到海外貿易，至一六三九年（明崇禎十二年、日本寬永十六年）禁止葡船來日貿易，完成其鎖國政策，至是西班牙人對於日本的貿易已完全無望，而對於日本人的襲擊，亦毋需恐懼了。留居在臺灣的西班牙人，罹風土病而死者相繼，而希望到臺灣北部的中國商船，卻遠較估計者爲少，故臺灣對於西班牙人的經濟價值並不見高，而祇能算是潛行去中國和日本的傳教師的一個立腳點。日本的鎖國禁教嚴密，至此不但貿易無望，連傳教都被阻擋。其時，在菲律賓的西班牙人轉變政策，改對北方者爲對南方，一六二八年（明崇禎元年）以後，常與回教徒 Moro 族發生戰爭，一六三五年（明崇禎八年）六月 Sebastian Hurtado de Corcuera 新任總督後，知道對開展日本貿易無望，專心致力於 Moro 族的統御政策。於是爲專心經營 Mindanao、Joro 等地起見，一六三八年（明崇禎十一年）先毀淡水城，縮減雞籠的守備，以增強菲島的兵力。

在西班牙人佔據臺灣北部後，臺灣南部的荷蘭人自深感威脅，一六二九年（明崇禎二年）二月十日，在臺灣的荷蘭長官 Pieter Nuyts，向巴達維亞的總督報告稱：西班牙人佔據臺灣的北部，是扼住荷蘭的貿易路線，並因其資本豐富，或會將商人吸引至北部，且或將唆使土人與漢人向荷蘭人反抗。故 Nuyts 極力建議要驅逐西班牙的勢力。其後，因濱田彌兵衛事件及討伐蕃社等，力求鞏固其在南部的勢力，故沒有向北部攻擊的餘力，然亦不斷偵視北部西班牙人的動靜。後知北部的西班牙守備甚爲單薄，遂又謀將西班牙人逐出。一六四〇年（明崇禎十三年）派船至淡水雞籠偵察，次年八月二十四日又派 Johan van Linga 率兵赴雞籠偵察，因本身的兵力不足，未能攻擊，只向雞籠西軍勸降，西班牙人不服，荷軍遂於同年返南部。至翌一六四二年（明崇禎十五年）八月十七日，荷蘭遂以 Hendrick Harouse 爲指揮官，率船五艘，戎克船五艘，領水艇六艘，兵員水手等六九〇名出發，八月二十一日向雞籠攻擊。其時在前線祇西班牙人一〇〇名，Pampanga 人一五〇名，在城中亦祇有八〇名，守城五日，衆寡不敵，西班牙遂於二十六日開城投降。至是結束了其短暫的分據的局面，而臺灣北部遂亦爲荷蘭人所佔據。

五、日本與荷蘭之在臺糾紛

遠在荷蘭佔據之前，中日走私商人，早以臺灣爲會合地點，已經每年有兩三艘的日本朱印船駛至臺灣來，與中國走私商人會合交易。這種日本人的在臺貿易日漸興盛。由於其時日本有豐富的銀產，他們帶來很豐富的白銀爲資本，可以搜購所有大陸沿岸商賈所賫來貨品。荷蘭人與日本人競購中國貨物，其結果，中國貨物的價格自然騰貴，而荷蘭人將中國貨物在日本出售時，其售價又必然低落，故日本商人和荷蘭人在臺的貿易處於利害衝突的地位。於是在臺灣的荷蘭人，自一六二五年（明天啓五年）七月決議禁止僑居日本華人的來臺貿易，並對於日本人自臺灣輸出貨品加課十分之一的稅。然日本人之來臺貿易，是先於荷蘭人，並且攜有日本當局發給的海外貿易執照「朱印狀」，而荷蘭人又在日本並不納稅，故日本商人拒絕在臺灣納稅。於是臨時代理臺灣長官 Gerrit Fredericksz. de Witt 不得不於是年暫中止課稅。一六二六年（明天啓六年）又有平野藤次郎與末次平藏之商船二艘來臺，末次船的船長即濱田彌兵衛，他們帶了三十萬兩銀的資金來購買中國生絲、臺灣鹿皮以及其他中國貨物。惟其時鄭芝龍等海寇猖獗於海上，中國人受阻不能輸送日本人所訂購生絲等貨來臺。日本人即向 de Witt 索借公司所有的戎克船二艘，欲前往福建取貨並輸送銀去，而卻遭拒絕。於是濱田等人不得不羈臺越冬，益憤恨於心。

巴達維亞的總督 Pieter de Carpentier 獲自臺灣和平戶荷蘭商館長 Cornelis van Neyenroode 報告後，深慮在日本引起糾紛，將嚴重影響公司的貿易，於是一六二七年（明天啓七年）五月派遣新任臺灣長官 Pieter Nuyts 爲特使赴日辯白臺灣的事情，並爲避免糾紛計，請日本當局停止發給航行臺灣的朱印狀。Nuyts 於六月下旬到達臺灣、七月下旬駛離臺灣，八月一日到達平戶，十月一日至江戶，等候德川將軍的接見。

Nuyts 到達臺灣時，濱田彌兵衛曾請求 Nuyts 而被冷落，又羈臺已二年，遂大憤，誘同新港社土人理加（Dijcka）等人及中國通事等十六名，於八月初返回長崎，報告在臺灣所受虐遇，並訛言理加等人係貢使，是爲貢獻臺灣土地而來。於是 Nuyts 遂不獲將軍的接見，大爲憤慨，於十二月三日離平戶，返回臺灣。反之，新港社土人理加等，卻面謁德川將軍，獲得許多禮品。

一六二八年（明崇禎元年）五月二十七日，濱田彌兵衛再以二船來臺，隨從人員達四七〇名，船中載有武器彈藥甚夥。Nuyts 即禁止日人上陸，拘留來交涉的濱田，其間大搜其船，奪武器以爲代管，拘新港社土人於獄，且沒收德川將軍所贈新港社土人的禮品。濱田回船後獲知始末，抗議臨檢的不法，未獲接受。嗣請求往福建運回所訂生絲，或返回日本，均爲 Nuyts 所拒。至是濱田等人乃陷進退維谷之境，於是六月二十九日，濱田彌兵衛率十二、三人，往訪 Nuyts 於廳舍，出其不備綁架 Nuyts，相持五日，至七月三日，約定交換人質，釋放被執土人，發還所沒收日本賜品，賠償因停止貿易日本人所損失等項，乃於七月五日互換人質，Nuyts 被釋，雙方人質各乘 Zeelandia 號和 Erasmus 號，七月十一日啓椗臺灣，二十五日駛至長崎。

日本當局獲知事件後，認爲拘禁新港社土人，沒收德川將軍禮品，是一項對日本極端的侮辱，扣留荷船，囚禁荷蘭人質，並禁止荷蘭人在平戶的貿易。巴達維亞當局即召還 Nuyts，一六二九年（明崇禎二年）改派 Hans Putmans 任臺灣長官，又派特使 Willem Jansz 至日本陳情交涉。但卻被日本要求臺灣的 Zeelandia 城交給日本，或須拆除該城。Jansz 一六三〇年（明崇禎三年）回巴達維亞後，是年初再使日不斷地交涉。幸持對荷強硬主張的末次平藏於一六三〇年（日本寬永七年，明崇禎三年）秋死歿，又對葡萄牙人航行日本已逐漸採取嚴厲政策，至一六三二年（日本寬永九年，明崇禎五年）九月，荷蘭人以負責的前臺灣長官 Nuyts 引渡給日本，荷蘭人在日本的貿易，方獲開禁。其後，日本施行鎖國政策，於是荷蘭人在臺灣又減少了日本人的競爭，毋須再爲日本人到臺灣來而煩惱了。

六、荷蘭人在臺灣的貿易與閩海情勢

荷蘭佔據臺灣的主要目標，在與中國貿易，故據臺當初則一方面努力排除競爭的壓力，一方面則力謀臺灣貿易的展開。荷蘭人自澎湖撤退前，在和明當局交涉時，其最關心的是希望在澎湖撤退以後，明當局對於荷蘭可開放海禁，准許貿易。然明室的態度非常強硬，荷蘭乃託請日本平戶華僑領袖李旦，出而斡旋，其結果祇是得到副總兵俞咨皐的非正式的保證，而荷蘭終於不能不自澎湖撤退。然在明室方面，福建當局爲對荷的戰事，支出軍餉十七萬七千餘兩，財政很困難，故在荷蘭自澎湖撤退而轉居臺灣的大員以後，對於臺灣的貿易，遂亦採取默認態度。於是一六二四年（明天啓四年）十月二十一日已經有中國商船七艘，自大陸來到大員，惟載來的生絲並不多。

按在荷蘭未佔據以前，在臺灣的中日貿易，多是日本人或旅居日本華人來到臺灣，與來自中國大陸的商賈會合交易，而其中最大海商就是李旦。李旦招攬日本方面的需要，與廈門的許心素提攜，許心素即收集中國貨物交付李旦行販於日本。所以荷蘭據臺當初，也即與李旦訂立了中國生絲一萬五千斤的買賣契約，而李旦於一六二五年八月十二日（明天啓五年七月初十日）病歿於平戶。李旦歿後，變爲群龍無首，於是發生了掌握海上霸權的爭奪。由於許心素早就以廈門爲基地，通夷販海，加以與俞咨臯勾結，又身爲把總，有官員身分，其初處於較有利的地位，幾乎獨佔了大陸與臺灣間的貿易，將中國貨品供給荷蘭人和日本人。

然其時威脅許心素的地位的海上群雄中，漸露出頭角即鄭芝龍。鄭芝龍原也是李旦的餘黨，於一六二四年一月二十一日（明天啓三年十二月初二日）自日本來臺灣任 Reijersz 的通譯，同時似乎也是李旦的駐臺人員，而於一六二五年（明天啓五年）春夏間離開了荷蘭公司，糾衆成爲一股海上勢力。其初，鄭芝龍僅有數十船，一六二六年（明天啓六年）增至一百二十隻，一六二七年（明天啓七年）遂至七百隻，已變爲海上不可輕視的勢力。由於海寇猖獗於閩海的結果，幾乎使大陸沿海的貿易活動完全停止。如一六二七年（明天啓七年）在漳州出海的四十三艘船中，回到漳州者十艘，回到泉州者二艘，到廣東者十艘，溫州者一艘，而其餘二十艘，皆在海上被掠奪。因之翌年崇禎元年（一六二八年）明廷又禁漳州人販海。在這情形之下，荷蘭人在臺的貿易，自亦受到影響。一六二六年（明天啓六年）荷蘭人曾派船至廈門向許心素索貨，並要求許心素不應該不准其餘商人與荷蘭人貿易。由於海盜猖獗，俞咨臯和許心素即請求臺灣的荷蘭人援助剿除海盜，而荷蘭人卻提出應以書面保證允准荷船可以自巴達維亞或自臺灣去漳州自由貿易。一六二七年（明天啓七年）十月末 de Witt 離任，要回巴達維亞時，帶了 Erasmus 號等船到漳州，而收到了許心素私自答應荷蘭人的條件，要求聯合對抗鄭芝龍。de Witt 拒絕而想保持中立。十一月十八日 de Witt 駛離廈門時拒絕許心素不要跟他的船隊一道走，許心素不聽。鄭芝龍認爲荷蘭人支持許心素，攻擊荷船。嗣於天啓七年十二月間鄭芝龍至廈門登岸，兪咨皐越城而逃，許心素被殺，全閩震驚。於是招撫之議起，至崇禎元年（一六二八）九月鄭芝龍降，而受命剿討其餘海寇。

鄭芝龍俯首待命求撫的期間，鄭荷雙方也努力和解，鄭芝龍將前所拿捕 West Cappel 號歸還荷蘭，Nuyts 也親自率船來晤鄭芝龍，而受到鄭芝龍盛大款待，並自鄭芝龍購得一批良質生絲，惟鄭芝龍的開價比過去商人所供給較貴。當 Nuyts 拒絕以同樣的高價續購生絲時，鄭芝龍的態度就轉變。Nuyts 於一六二八年（明崇禎元年）八月八日返歸大員。此時 Carel Lievensz 率船來到臺灣，帶了總督 Coen 的命令，飭 Nuyts 帶所有兵力到廈門，與福建當局談判自由貿易，並約以援助剿除海賊。於是八月二十一日 Nuyts 再帶了九艘船隻到漳州，在海上會見鄭芝龍，而鄭芝龍此時已不再是海盜了。鄭芝龍問 Nuyts 來意，即回答爲貿易而來，鄭芝龍即供給荷蘭人約九千斤的生絲。其後 Nuyts 邀鄭芝龍到 Texel 號，在船上會晤時，卻把鄭芝龍拘留，迫鄭芝龍答允所有中國商人可以自由與荷蘭貿易並要即時發出佈告。然於十月一日 Nuyts 和鄭芝龍訂爲期三年的貿易契約，每年鄭氏供給生絲十四萬斤，砂糖五十萬斤等貨，而荷蘭方面即每年答應售予鄭芝龍二十萬斤的胡椒。

與鄭芝龍同受撫的李魁奇（荷蘭文獻稱 Quitsicq）不久再叛去，其聲勢洶洶，鄭芝龍戰敗，而載貨駛向臺灣的船隻被李魁奇所掠。因此，鄭芝龍一時無法履行約定，並要求 Nuyts 援助他對抗李魁奇。其時，荷蘭總督 Coen 對 Nuyts 不滿意，改任 Hans Putmans 爲臺灣長官，Putmans 於一六二九年（明崇禎二年）六月二十一日到達大員接任。Putmans 即依總督命令想援助當局討滅李魁奇，來攫取自由貿易的許可，於一六二九年十月五日（明崇禎二年九月十九日）派 Gldeon Bouwersz 和 Paulus Traudenius 去廈門，但其時福建當局正有再招撫李魁奇之議。於是 Putmans 改變主意想與李魁奇貿易，一六二九年十二月十二日（明崇禎二年十月二十八日）帶了船隻到漳州時，聽到福建當局招撫李魁奇，李魁奇在廈門，而鄭芝龍敗後即退居安海。然 Putmans 自商人們聽到李魁奇貪暴，與他貿易很不利，於是又改變打算與鄭芝龍提攜，助其討李，以求自由貿易。由於所帶來兵力嫌不夠，返回臺灣，於一六三〇年二月二日（崇禎二年十二月二十一日）再帶其艦隊，來到圍頭澳會鄭芝龍，次日與其他船隻會合於漳州海面。反離李魁奇的鍾斌（即鍾六，荷蘭文獻稱爲 Tousailack）又來聯合，成爲優勢的兵力，合攻李魁奇，魁奇敗走，鍾斌和 Putmans 相連急追，遂被鍾斌所擒獲，於是鄭芝龍又回廈門。

由於助剿李魁奇，Putmans 認爲福建當局應該允許自由貿易作爲其酬謝。但是與鄭芝龍和鍾斌一樣只領到褒賞而已。李魁奇滅後，鍾斌又與鄭芝龍交惡，鍾斌阻礙廈門的貿易，並謀聯荷滅鄭，但 Putmans 於四月返臺，一六三〇年（明崇禎三年）五月末日 Putmans 所派到大陸沿海的荷船被鍾斌所襲擊，上級商務員 Coeckebacker 被擒，後來鍾斌向荷蘭賠罪並釋放荷蘭人。十一月鍾斌與荷蘭協議貿易及航海事宜，而 Putmans 不滿意其內容不接受。十二月鍾斌爲鄭芝龍所打敗，翌年春在鄭芝龍窮迫結果，力竭勢窮，入水自殺。

一六三〇年十二月二十六日（明崇禎三年十一月二十三日），Putmans 再帶 Bommel 號等船去廈門交涉，但收到鄭芝龍的友好之信以外，仍不獲如意。但自鍾斌滅後，臺灣與大陸間的貿易，一時稍爲好轉。後因山寇鍾凌秀跳梁，當局又禁止沿海人民與荷蘭人交易，Putmans 認爲非訴諸武力，以謀獲自由貿易不可，一六三二年（明崇禎五年）親自回巴達維亞報告，一六三二年七月二十九日（明崇禎五年六月十三日）引率艦隊出發巴達維亞，經大陸沿岸駛返臺灣。時劉香（荷蘭文獻作 Jang Lauw 香老）崛起，沿海復不靖，明當局再嚴海禁。鄭芝龍當然不敢明目張膽，違禁通夷，Putmans 到大陸沿岸時，貿易被拒，於是 Putmans 一六三三年（明崇禎六年）四月二十二日再回巴達維亞，增加其勢，欲訴以武力，迫開海禁。一六三三年六月二日 Putmans 率船啓椗，自一六三三年七月起，荷船巡弋於大陸沿海，無區別地襲掠所有中國船。對此鄭芝龍寫一封很客氣的信，表示對 Putmans 的反臉吃驚，並要求荷蘭船應先返臺等候貿易。對鄭芝龍和談提議，Putmans 仍不能滿意，於一六三三年七月二十七日（明崇禎六年六月二十二日）寫信邀劉香，李國助（即李旦之子，荷蘭文獻稱 Augustin 或一官，鄒維璉的奏疏稱李大舍）等聯合對付鄭芝龍。嗣後劉香所率船隊來會合，於是一六三三年十月十六日（明崇禎六年九月十四日）開會討論合攻廈門。但於十月二十二日（陰曆九月二十日）劉荷聯合艦隊在料羅灣被鄭芝龍所打敗，劉香南竄，Putmans 逃回大員。鄭芝龍又寫信到臺灣來，提議講和，並在福建當局默認之下，中國商人將可來臺貿易，但 Putmans 仍執迷，俟受損修復後，認應以更大武力，與海寇聯綜，謀叩開中國門戶，自由貿易。其間中國商船漸有來臺貿易，而利用這些商人鄭荷間有若干交涉。劉香漸復其勢力，一六三四年（明崇禎七年）二—三月間又來犯漳州，後來到澎湖，向 Putmans 提議聯合對付鄭芝龍，惟因 Putmans 正在與鄭芝龍交涉中，故回覆暫緩聯合，俟如和談失敗，將打倒鄭芝龍，讓劉香取代其地位。未獲荷蘭人的支持，於是劉香的船隻，於一六三四年（明崇禎七年）四月七日來到打鼓，次日夜襲 Zeelandia 城，後又襲擊泊于澎湖的荷船。至是 Putmans 覺悟到與海盜提攜的不智，而中國人是堅守他們的原則，不准外國人來到其國門，訴以武力，完全是無效。此時，申領船引來臺貿易的中國船漸多，Putmans 只得放棄在大陸的港埠從事自由貿易的要求，而僅對於商船被允許來臺表滿足而已。次年（一六三五年、明崇禎八年）鄭芝龍消滅了劉香後，福建海氛始靖，至是鄭芝龍掌握閩海霸權的地位也安定。鄭芝龍曾與 Putmans 訂協定，荷蘭對於有鄭氏的旗幟的船隻要加以保護，鄭芝龍經營大規模的海外通商，控制了國際貿易，並私自課徵進出口稅。海氛平靜後，荷蘭人的在臺貿易好轉，一六三六年（明崇禎九年）以來，由於自大陸中國船齎來的貨物增多，荷蘭人已不愁中國貨物之缺失，反而苦於資金之短絀了。

試檢當時的記錄：一六二七年（明天啓七年）從臺灣向日本送生絲、絹綢的船有五隻，向巴達維亞的有二艘，其價格達一、一八一、三四九荷盾。貿易的利益是一〇〇％。一六二八年（明崇禎元年）因鄭芝龍擾亂閩海，加以貨幣不足，故貿易數量減少，只有六六八、四三六荷盾。後閩海未靖，在日本又因濱田彌兵衛事件貿易被禁止，到了一六三五年（明崇禎八年）貿易狀況稍爲好轉。一六三七年（明崇禎十年）由各地開至日本的荷蘭船共十四隻，載貨總值共爲二、四六〇、七三三荷盾，其中臺灣去的爲二、〇四二、三〇二荷盾，即佔總值約八〇％以上。一六三八年（明崇禎十一年），明廷依傅元初之請，開海禁，自大陸沿海來臺中國貨大爲增多，開向日本的船隻有七艘，載貨總值達二、七七五、三八一荷盾。

荷蘭在臺灣的貿易內容，是：由臺灣向大陸上輸出的主要物品是日本歐洲運來的銀，南海方面的香料等貨；由臺灣輸出至各地荷蘭商館的物品，是中國大陸出產的生絲，絹綢、瓷器、黃金和砂糖等。臺灣土產品中參加國際貿易是有很多的鹿皮運至日本。其後臺灣的農業發展，於是有臺灣糖輸出至日本、波斯等地。此外，臺灣北部的硫黃亦嘗輸出至大陸及柬埔寨等有戰爭的地方。明末有很多中國絲貨輸往菲島，而輸入大量美州白銀，已爲學者所熟知，但同在這時期，從臺灣也輸出頗多中國絲貨去日本和歐洲，而自臺灣輸入許多日本白銀到中國大陸。又臺灣在此時，也成爲中國瓷器輸往歐洲之中心，遂誘發歐洲人士熱愛中國瓷器之風氣，荷蘭遂也在Delft 發展瓷窯業。

荷蘭人在臺灣貿易所獲得的淨利，在亞洲各商館中，是次於日本而居第二位的。在一六四九年（明永曆三年、清順治六年）虧損的商館有錫蘭、暹羅等九處，獲利的商館有日本、臺灣等共十處。獲利總額爲一、八二五、六〇二荷盾。其中日本爲七〇九、六〇三荷盾，佔第一位，是利益總額的三八·八%。其次是臺灣，爲四六七、五三四荷盾，佔獲利總額中的二五·六%。二者相加，則爲獲利總額中的六四·四%。然在日本之所以能夠獲利，實際上是由於臺灣所供給的絲綢等中國貨物。由是無論從其量或從其質觀之，臺灣在荷蘭的東方貿易中爲極重要的轉接基地，就很容易明白了。

然荷蘭人在臺灣的貿易，如上述其所受控制閩海的最大海商鄭氏的影響，實甚鉅大。海氛平靜後，鄭芝龍處於大陸上的明廷官吏與臺灣的荷蘭人之間，利用其有利地位，盡力發展其自己的臺灣貿易，於一六三九年（日本寬永十六年，明崇禎十二年）日本禁絕葡船的來航以後，並大行發展至直接與日本南海貿易，其結果就成爲荷蘭人有力的商敵。有一個時期，荷蘭人甚至考慮到要再訴之武力，然未幾而明清鼎革，鄭氏的貿易，由營利性質一轉而具有軍事的意義。此項變化，在荷蘭人的臺灣貿易上，自亦受到影響，大陸上的戰事，逐漸向南推移，而其所受的打擊愈大。

鄭芝龍投降滿清後，鄭成功繼承其父親的海上勢力，而成爲反清的主要力量。同時他也在遠東海域，經營著龐大的國際貿易活動。他每年派遣許多船隻駛往臺灣，長崎以及東南亞各地從事貿易，並壟斷荷蘭人在臺灣貿易的中國貿易的中國商品的供應。如在荷蘭的總督向本公司的報告中，曾云：一六五四年（明永曆八年，清順治十一年）十一月三日在我們的最後一般荷蘭船開纜以後，迄至一六五五（明永曆九年，清順治十二年）年九月十六日爲止，在這期間有由各地開來的中國戎克船五七艘入埠。即：安海船四一艘，其大部份係屬國姓爺（即鄭成功）的。泉州船四艘，大泥船三艘，福州船五艘，南京船一艘，漳州船一艘及廣南船二艘，如日本商館日記末後所附載詳細清單，上述戎克共裝載生絲十四萬斤，此外還進口了鉅量的織品及其他各種貨品。這殆都結在國姓爺的賬。同年有鄭成功的船隻計二十四艘駛向巴達維亞、東京、暹羅、廣南和馬尼拉去貿易。他是以其貿易活動所獲利益，來支給其抗清的軍需兵餉。荷蘭人在臺灣的貿易須靠鄭成功所控制中國貨物的供應，而在日本、東南亞各地的貿易，鄭成功卻是他們的最大商敵。因此，自然在暹羅、廣南等地引起了彼此間的摩擦。一六五六年（明永曆十年，清順治十三年）鄭成功禁止大陸臺灣間的貿易一年，臺灣的貿易立刻陷於困境。後臺灣長官 Frederick Coyer 派遣何斌，向鄭成功答應不再在東南亞各地妨害鄭氏船隻的貿易，一六五八年（明永曆十二年，清順治十五年）臺灣的貿易始又好轉。其時，鄭成功的勢力曾達顛峰。次年鄭成功北征，師迫南京，列營圍之，但爲清軍所敗，喪失其大部份的勢力，遂跼蹐於金廈等地而已。於是欲收臺灣作爲其復興的基地，鄭成功於一六六一年四月三十日（永曆十五年四月二日）來驅逐臺灣的荷蘭人，雖然荷蘭人堅守 Zeelandia 城，但終於次年二月一日投降鄭成功，遂被逐出臺灣。

七、荷西之經營臺灣與教化事業

荷蘭人在大員獲得貿易的基地以後，立即築城以謀持久。初時因磚石不足，故以木板和土砂築假城，後即雇用中國人燒磚，一面又自大陸輸入，將城牆逐漸改造，經八年四個月，而磚城及城內的房屋竣工。初時稱之曰 Orange，一六二七年（明天啓七年）改稱爲 Zeelandia 城。自本年起，又在北線尾築砦稱曰 Zeeburg。先是，長官 Sonck 因北線尾是砂地，無淸水，不適於居住，故在一六二五年一月（明天啓四年十二月）以 Cangan 布十五匹，與新港社土人易赤崁的沿河地方，在該地建築公司的宿舍以及醫院和倉庫等，並獎勵中國人居住，期以造成殷盛的市街，而稱之曰 Provintie。後，一六三七年（明崇禎十年）又在魍港設一寨，名曰 Vlissingen。

荷蘭據臺當初，有新港社居於大員附近，鄰近尚有麻豆、蕭壠、大目降、目加溜灣等社。於一六二三年（明天啓三年）Reijersz 派人來臺，以竹材築寨，試圖與中國私商會合貿易時，與臺灣土人首次接觸。其時新港社人頗表友善，不久受從事番產交易的漢人煽動，目加溜灣社人突襲荷蘭人，一時荷蘭人與土人交涉中斷。

一六二四年（明天啓四年）荷蘭人來據臺時，由於其時新港社壯丁共有四百人，麻豆社有二千人，蕭壠社和目加溜灣杜各有一千人，故新港社勢力單薄，首先向荷蘭人表示友好，以對抗他社，後其餘村社也逐漸向荷蘭人表示親善，Nuyts 將濱田彌兵衛引誘到日本的理加等新港社人繫於獄，各社又表反抗荷蘭。日荷衝突時，雖一時新港社人被釋放，但於一六二九年一月（明崇禎元年十二月）Nuyts 又派兵去新港社逮捕社人，焚燒村社後，新港社終於懾於荷人兵威投降，但卻增加其餘各社對荷人的反抗，麻豆社曾襲殺荷兵五十二人。但其時由於在日本糾紛未解決，又在大陸沿海爲謀求自由貿易正在用武，尚未暇征服島內各社。

俟一六三五年（明崇禎八年）十一月起，荷蘭發兵討麻豆社，麻豆社歸順，次年正月又征蕭壠社，於是各社震懾其威，二月附近南北二十八社集合於新港社，歸降荷蘭。此種聚會，到一六四一年（明崇禎十四年）後，即稱爲地方議會（Landdag），各社長老，一年一次集合於一定的地點，向公司表示服從，聽取公司的指示，並報告管轄內情況，而荷蘭人即發給有公司標徽的權杖給各社長老，使在社內操其權柄。洎荷蘭將西班牙人逐出臺灣，荷蘭人的勢力即達於臺灣北部，至一六五四年（明永曆八年，清順治十一年）服從荷蘭人的番社達二百七十一社。

荷蘭人爲統治各社土人，於一六二七年（明天啓七年）以來，荷蘭改革敎會牧師 Georgius

Candius 來臺在新港社傳教，一六二九年（明崇禎二年）Robertus Junius 又來協助，教化事業漸獲成果。一六三六年（明崇禎九年）諸社歸順後，亦開設學校，由宣教師教授ＡＢＣ的書寫及教義要理。其後各社教堂，學校增多。據一六三八年（明崇禎十一年）的教化巡視報告，新港社就學兒童有男子四十五名，女子五〇—六〇名，入信者一千名；目加溜灣社就學兒童八十四名，聽教約有一千名，蕭壠社就學兒童一四五名，已蓋好教堂，聽教有一千三百名，麻豆社也已有教堂、校舍、教員住宅，聽教達二千名。嗣後由於荷蘭人勢力趨於鞏固，教化事業相當進展，到一六五九年（明永曆十三年、清順治十六年），新港社能祈禱會答教理的男女兒童計有一〇五六人，目加溜灣社有四一二人，蕭壠社有六九七人，麻豆社有七一〇人，教化較進步的地區，住民百分之八十均受基督教教育，其中百分之四十對教理具有相當程度的理解。

另一方面，西班牙人的海外發展，傳教就是其主要目的之一，而其時往中國大陸和日本傳教非常困難。西班牙人佔據臺灣北部後，臺灣就成爲其擴大教區的基地，有許多熱望前往中國、日本傳教的宣教師來臺。一六二六年（明天啓六年）隨軍來臺神父是多明我會士 Bartolome Martinez。他即在雞籠建設教堂，除執行官兵教務外，同時對附近居民傳教。Martinez 非常企望擴大淡水方面的傳教，但於一六二九年（明崇禎二年）溺海死。不久 Jacinto Esquivel 及 Teodoro Quiros de la Madre de Dios 等人相繼來臺，學習土人語言傳教。一六三二年（明崇禎五年）三月，西班牙人有八十餘人組織勘查隊，溯淡水河上行，發見臺北平原，並沿今基隆河上行，發見到達雞籠的路線。一六三四年（明崇禎七年）新任雞籠城守 Alonso Garcia Romero 討伐二年前十二月殺害遇風遭難船員等五十人的蛤仔難地方的土人，以之納入西班牙勢力範圍之內。至是，西班牙人的教化範圍也隨著擴展，但不久於一六四二年（明崇禎十五年）西班牙人被荷蘭人逐出，其在臺傳教事業也中斷。

其時在歐洲，新教舊教之間，有很劇烈的爭執，而在臺灣的開教上，新舊間亦有劇烈的競爭。在荷蘭方面，牧師就是公司的職員，東印度公司是爲欲維持勢力，安定秩序，而進行其教化事業，換言之，教化是在求提高行政的效果，故佈教是東印度公司行政組織中的一環，行政是主，而教化祇是附帶的作用。惟在西班牙方面，則其對於傳教的關心，是更甚於行政，而其佔據臺灣，傳教就是目的之一。西班牙人一方面向臺灣土人佈教，一方面並以臺灣爲派人潛入中國、日本傳教的基地。對於臺灣土人的教化和傳道，荷西兩國，雖皆相當進展，惟西班牙方面，佔領期間極短，而荷蘭方面即受著行政的牽制，故其在土人的心性方面，影響究屬如何，很難測定，祇有留待今後研究。然觀後世尚留有羅馬字的「番文」契據，則可知土人在當日似已受到相當的啓發，而對於土人的教化，在荷西兩國維持支配及擴展勢力上，亦均有所貢獻。

八、荷西佔據下之國人在臺灣的開發

如前述，從我國載籍零星記錄，我們可知在明中葉時，已經有國人在魍港、北港、堯港以及臺灣的其他地方捕魚。每屆漁期，就有很多漁戶，來自閩南，從事於漁業。萬曆四十四年（一六一六年）福建巡撫黃承玄由於村山等安遣船襲臺時，曾條議海防事宜，其疏中，云：「……至於瀕海之民，以漁爲業，其採捕於澎湖、北港之間者，歲無慮數十百艘」（《皇民經世文編》卷四七九）。

當 Cornelis Reyersz. 於一六二二年（明天啓二年）佔據澎湖時，他曾見到中國漁夫在澎湖及臺灣海域捕魚。於是年七月二十一日，他自澎湖至臺灣深測港口，其時充嚮導者，便是兩年來到過臺灣捕魚的中國人。七月三十日他也看到一艘漁船在大員（Tayouan）作業。當荷蘭仍佔據澎湖未撤時，福建當局於天啓三年（西元一六二三年）九月五日曾實施海禁。但其時對於漁船，如檢查其船中，除米鹽以外確無他物時仍可駛至北港（即大員，今安平）捕魚。當荷蘭人自澎湖撤出而轉移臺灣後，此禁令即鬆弛，在一六二四年（明天啓四年），大約有百餘艘船在大員附近捕魚。《巴達維亞城日誌》一六三一年四月二日（明崇禎四年三月一日）條記載僅有七〇至八〇艘漁船來大員捕魚，該漁期如沒有海盜猖獗於中國沿岸，漁業當更興盛。同書一六四一年一月二十八日（明崇禎十三年十二月十八日）亦記載臺灣沿岸漁業不振，那年僅有二〇〇艘大陸的漁船來臺。於一六四七年（明永曆元年、清順治四年），荷蘭東印度總督自巴達維亞城呈報本國總公司董事會的一般報告書中謂：由於中國大陸的戰亂，是年臺灣的烏魚捕獲不多。中國漁船原有二〇〇艘而是年來者不過一〇〇艘，所以漁課將減少。

在那時漁業之中，捕烏魚最爲重要。於一六五〇年（明永曆五年，淸順治七年）John Struys曾至臺灣，其見聞錄中云：在臺灣島有很豐富的魚類，而烏魚特多。當地加鹽醃之如鱈魚，送至中國大陸。在中國頗受重視。其卵，帶紅色，外膜厚，以鹽漬之，中國人視爲珍品。中國人在海岸捕魚，要獲東印度公司的准許，而須繳付十分之一的漁課。Pieter van Dam 曾說：中國人每年十一月底起至翌年一月中旬爲止，有戎克船八〇至一〇〇艘至 Tancoya（打狗，即今高雄）海域，進行烏魚漁業。他們可捕獲十萬尾，而公司對此每一尾課一 Stuiver 的稅金，從此獲利甚富。在一六五三年（明永曆七年，清順治一〇年）烏魚的漁獲量達四十一萬二千尾。根據 Zeelandia 城日記的記載，自一六五七年（明永曆十一年，清順治十四年）十二月至一六五八年（明永曆十二年，清順治十五年）二月間烏魚的漁獲量是三九八、三五五尾，烏魚卵是三二、三四〇斤。

除了烏魚漁業之外，亦有中國漁民在臺灣近海內與內河從事其他漁業。在一六四〇年（明崇禎十三年）九月底起至一六四一年（明崇禎十四年）二月底至，臺灣的荷蘭當局，除了烏魚漁業之外，對其餘漁業曾徵收了三〇〇real的魚課。一六五〇年（明永曆四年、淸順治七年）近海漁業稅收爲四、七〇〇real而內河漁業稅收爲一、四六五real，翌年的近海漁業稅收爲二、六三五real，而內河漁業的稅收即一、二四五real。根據Zeelandia城日記的記載，一六五四年二月九日至十一月六日之間，由臺灣返回大陸的漁船計一三七艘，而其漁獲量爲四四二、〇五七斤的鹽魚，牡蠣二九、〇六七斤以及二三、五〇三斤的小蝦。那一年的近海漁業稅收是一、九〇〇real而內河漁業稅收有一、三八五real。其時由於大陸上的戰亂的關係，自大陸沿岸來臺捕魚漸走下坡，於一六五七年（明永曆一一年、淸順治一四年）近海漁業稅課僅有七〇〇real，而內河捕魚稅收僅達五二〇real。

因爲漁業稅在荷蘭東印度公司是一項重要稅目，是以荷蘭人曾派出他們的船隻在漁場巡邏。如大員商館日誌於一六三二年十二月十八日條下，有言曰：「派戎克船打狗號與新港號，爲保護漁業，啓碇向南。」又一六四四年十二月二十四日臺灣的荷蘭駐守兵員表中有記載曰：八名士兵，搭乘一艘戎克船對漁夫巡弋。

如上，在荷蘭人的保護與管制之下，有很多季節性的漁夫，自大陸來臺灣捕魚；有許多移民搭乘漁船來臺灣定居。

當荷蘭人初入臺灣後，發覺臺灣的土著尙未開化而仍處於部落社會。只有土著婦女從事小規模的原始耕作，臺灣廣闊的沃壤大部份尚未開墾。婦女在田園工作時男人即出去狩獵或從事戰鬥。每年土人獵獲很多的鹿，而他們只留一部份用於與漢人交換食鹽、服飾以及什物。大員附近的新港、蕭壠等社，均有若干名的漢人居住，其中有些娶了土著婦女，更也有些土著能說漢語。由這些事實可看出：在歐洲人佔據臺灣以前，漢人早已熟悉臺灣的情形，並以貨與土著交易，建立了密切的關係。

其時，日本需要大量的皮革類供作其工藝品方面的應用，特別是鹿皮居多，故鹿皮成爲一項厚利的對日貿易的商品。所以每年有許多漢人商賈，搭乘小戎克船自大陸來到臺灣，並分散到各部落從事「漢番交易」。鹿脯運回大陸，而鹿皮輸往日本。其時，臺灣、暹羅以及柬埔寨等地成爲供應鹿皮輸往日本的主要產地。

在荷蘭佔據之前，臺灣早已爲中日走私貿易的會合地點。日本商人即前來臺灣購買中國貨物，並收購鹿皮。因此，臺灣鹿之豐富產量早爲外界所熟知。在荷蘭東印度總督 Coen 於一六二二年（明天啓二年）六月十九日給司令官 Reijersz 的訓令中，曾提到：據中國人的情報，臺灣產木材、石料與鹿。《巴達維亞城日誌》一六二五年四月九日條亦云：每年鹿皮可得二十萬張，又有甚多鹿脯與魚乾。

荷蘭人在臺灣建立基地後，日本人仍前來臺灣採購中國商品及鹿皮。一六二六年（明天啓六年）有兩艘日本船，攜帶了超過三〇萬 ducat 的資金，前來臺灣收購生絲以及大量的臺灣鹿皮與其他中國商品。於一六三一年（明崇禎四年）有五艘戎克船，於北季風時，自日本馳來臺灣貿易，載運七萬張的鹿皮與砂糖、瓷器等貨，返帆日本。

荷蘭人亦每年在臺灣蒐集大批鹿皮，運銷日本。荷蘭人雖極不願有日本人作爲競爭者，但爲保持其在日本的地位，他們無法禁止日本的朱印船前來臺灣，荷蘭人以課徵稅捐，試圖阻止日本人對生絲的貿易，但卻允許其鹿皮的出口。可是在其背後，荷蘭人卻禁止在臺漢人，將其鹿皮出售給日本人，企圖掌握臺灣鹿皮貿易。但是自德川幕府禁止所有日本人出國貿易，這種荷蘭人與日本人在臺灣的衝突終告解消。

如前文所述，在荷蘭人據臺之前，已有漢人冒險來臺，與靠沿岸的部落，早就建立了恆常的交易關係，而這種密切的關係卻對土著人的經濟生活，已發生有顯著的影響。當荷蘭人初來時，漢人對荷人的勢力侵入土著的部族社會，將會嚴重影響他們很有利益的輸日的鹿皮貿易，極表關切。因此，他們煽動土著反抗荷蘭人。對這種土著的反抗，荷蘭人即驅逐或逮捕對其抱有惡意的漢人，並鎮壓土著人，以便建立及鞏固他們的 Zeelandia 城近鄰地區的統治。稍後荷蘭人即制定了一套控制鹿皮貿易的制度。

根據荷蘭人的規定，漢人需繳款覓得狩獵執照，始能從事打獵。以罠獵鹿的每月需繳一 real，以陷阱的即每月繳十五 real 始能領給執照。起初，對於陷阱規定其狩獵期爲六個月，但爲制止濫捕，以防止鹿的減少，仍於一六三八年（明崇禎一一年）起，規定改兩個月爲限，而陷阱的數目也祇核准二十四個。於一六四〇年（明崇禎一三年）牧師 Robertus Junius 曾建議該年應停發狩獵執照爲佳，蓋因缺乏船舶尚有數千張鹿皮無法輸往日本；因濫捕而鹿類大減；爲避免憤怒的土著人殺害捕鹿漢人，於是該年荷蘭當局曾決議禁獵一年。但由於漢人再請求，於是次年一六四一年（明崇禎一四年）又開放他們捕鹿，惟僅准以罠，而仍禁用以陷阱捕鹿。一六四五年臺灣長官 Francois Caron 顧及到，如年年捕殺五萬至十萬頭鹿，過不了多久，鹿將有絕種之虞。因此，他限制狩獵期，每三年僅兩年允許獵鹿，而第三年即休息的保護方法。

許多中國移民取得荷蘭當局發給的狩獵執照，在荷蘭支配區域的邊境從事狩獵並蒐集鹿皮。但是，他們時常受土著攻擊並遭其殺害。荷蘭人便派遣軍隊去懲罰土著，以維持其威信及保護中國獵人，在土著歸順荷蘭的和平條款中，他們被迫同意服從荷蘭，不再干擾漢人。又在荷蘭的文獻中，我們也可以找到：居留於部落的漢人，時常介入土著的反抗荷蘭人的敵對行爲。當土著人向荷蘭歸順時，這些來臺冒險的漢人，即擔任土著人的顧問，並作土著的代言人與荷蘭人交涉。

荷蘭人曾規定每年召開各社長老的集會。荷蘭當局的決策便是透過此集會傳達各社。荷蘭人即藉此集會建立其對土著強大的權威，而居留於各社不受歡迎的漢人，即嚴厲地被驅逐。然後，荷蘭人創設了以招標包辦番社交易的所謂「贌社」制度，以滿足土著的需要，並謀控制漢人鹿皮貿易。在每年四月，有財力的漢人包辦番產交易，而在其手下有許多貧窮的中國移民，為他們蒐集鹿皮。

除了這些漢人在荷蘭人支配區域內從事與土著交易及狩獵之外，尚有許多漢人挺而走險，竄居於荷蘭人統轄區域外的邊疆地帶。這些漢人即常與土著攜手，反抗荷蘭勢力的侵入，以保護其各社交易，而這種反荷行動，卻將導致荷蘭人的另一次訴諸武力的鎮壓。然被征服後，那些新歸順的部落，又如其他各社，在荷蘭統制之下，以贌社的方式，將其番產交易包給荷蘭支配區域內之漢人。於是，這種荷蘭人的武力行動不僅擴展其支配區域，無異也是擴大漢人的經濟活動的範圍；同樣漢人之擴大番產交易的範圍，其結果無異也是荷蘭擴充支配範圍之先鋒。

荷蘭人自據臺以來，即利用各番社間的紛爭，對於荷蘭人懷有好意的則予以保護，有惡意者加以懲罰，逐漸擴大其支配範圍，至一六三〇年代，已經建立了其堅固的直接統治的地區。一六三六年（明崇禎九年）歸順荷蘭人而受東印度公司管轄的番社增至五七社，荷蘭人的勢力範圍由Zeelandia 城拓展至臺灣南端，以及東海岸的大部份。一六四四年（明崇禎一七年）由於荷蘭勢力大為擴展到北部，於是歸順番社也增至七十三社。

因此，荷蘭人輸出鹿皮數量大增。在一六三八年（明崇禎十一年）荷蘭人輸往日本鹿皮有一五一、四〇〇張。鹿的數量雖然由於濫獲而減少，但在荷蘭人有效地管制狩獵之下，每年仍有五萬至

七、八萬張鹿皮輸往日本，以及一萬擔的鹿脯出口到大陸去。從這些貿易，荷蘭人得到很大的利益。

西元一六三七年十月末日至一六三八年五月末日之前，由陷阱狩獵執照的收入數爲一九三八 real，而由罠的狩獵稅收是七一七 real 半。自一六三九年二月至同年四月間，由二四個陷阱所得稅乃七二〇real，而自一六三八年十月至一六三九年五月之間，以罠所得狩獵稅收是一、二七八 real 半。其次的狩獵期中，稅收共計獲一九四一 real 又7/8。荷蘭當局將狩獵執照的發給，交給駐在番社的牧師掌管。然以執照費的收入支付爲鼓勵就學而頒給土著學童的稻穀與 Cangan 布的費用，以及其餘教化及地方行政的雜費。

自一六四〇年（明崇禎十三年）開始，荷蘭人對歸順各社的番社交易，採包稅的贌社制度，該年獲收入一、六〇〇real。荷蘭人於每年四月招標，得標者必須先付半數的現金，而其餘額須於一年後付清。荷蘭人即允許漢人在各社從事貿易的權利，而由此獲得其鹿皮的供給。從這種贌社的制度，荷蘭人每年可獲得數千 real。一六四五年贌社的招標額總數達四七七一 real。嗣後，由於轄區之擴展及贌社制度之調整，結果收入更爲增加。在一六四六年贌社總投標額爲九、七三〇real，翌一六四七年（明永曆元年、淸順治四年）是一二、九八五 real；一六四八年是二〇、九〇〇real；一六五〇年達六一、五八〇real。由於鹿脯價格慘跌，一六五一年（明永曆五年、淸順治八年）之投標額降爲三五、三八五 real。由這些數字，我們可以明瞭番產交易在荷蘭人歲收中之重要性。

如前所述，當歐洲人初抵臺灣時，他們發現已經有漢人，自大陸來寓居於臺灣各地，散開於土著間，或在靠近漁場沿岸搭蓋小棚而結夥爲居。他們在從事番產交易與捕魚，但由於他們僅於漁季及狩獵期間來到臺灣，漁獵季結束即返回大陸，因此尙未能構成正常的漢人社會。由於土著的生活，仍處於原始的低生產力的閉鎖性部族社會，尙無法收容多數人口。因此，移民的數量必尙留在稀少的階段。由於大多數移民是成年男人，又他們僅是季節性的暫時居留，是以這些移民殊難獨立繁衍。只有成爲較高生產力的永久性固定社會，與外界貿易接觸，變爲開放性的民間社會（Folk Society）始能發展。因此，由於巡遊性的流動漁夫所構成的村落，始終停滯於很小的規模。

荷蘭人來臺建立基地以後，有更多的漢人自大陸移往臺灣。荷蘭人爲獎勵漢人及日本人前來居住，在一六二五年一月（明天啓四年十二月），他們以 Cangan 布十五匹，與新港社土人易赤嵌的沿河的地，想建立一個殷盛的市街。而稱之爲 Provintie。那一年十月漢人已在此構築了三、四十所住屋，但是翌年年初引起一場大火，又在同一年裡發生瘟疫。這些事情一時阻滯了這個市街的發展。

其時，中國南部沿海地方，頻遭海寇蹂躪，這更加深福建居民的貧窮。由於人口增加，耕地狹瘠，人地失衡，維生艱困，導致許多貧窮而勇敢的居民，冒險橫越來到臺灣謀生。荷蘭人即盡力獎勵其移居。

這些漢人移民，由於其刻苦耐勞，深受荷蘭人所歡迎，荷蘭人甚至以公司的船隻，自大陸將漢人運送至臺灣。藉這些移民的幫助，荷蘭人不僅可繼續發展其貿易，並且在許多地區發展農業。嗣後，臺灣的農產物，對於荷蘭人漸增其重要性。

起初，在臺灣的荷蘭人，其食糧是靠來自日本與東南亞地區的接濟。稍後，他們決定鼓勵當地生產。蔗糖是荷蘭人在亞洲貿易中一項厚利又重要的商品。起初，砂糖是自華南輸至臺灣，荷蘭人再將它銷往日本，中東以及歐洲各地。後來他們亦決定在臺灣生產。荷蘭人建立了嚴厲的支配，以保護農耕免受土著人的干擾，並提供開墾的方便以獎勵農耕。自荷蘭人奠基於大員以來，爲了確立其強力的地位，他們肅淸在臺灣沿岸作爲基地的中國海寇，並派軍討懲未降服的土著，又傳佈基督教及設立教會學校，以求馴服土著人。

牧師 Robertus Junius 在一封寄給本國的東印度公司的信中，曾報告臺灣的傳教情形。信中提及需要派軍征討麻豆社，他說必須強迫土著遵守法律與命令，以保障中國人的糖蔗墾植，避免土著不斷地破壞。稍後，得到了巴達維亞的增援部隊，長官 Hans Putmans 於一六三五年十一月二十三日（明崇禎八年十月十四日），派軍討伐麻豆社，以報復該社土著殺害了荷蘭兵士。他也有意謀求保護自大陸來臺從事耕作的漢人，其前一年，一六三四年十一月二十三日（明崇禎七年十月初三日）長官 Putmans 與 Johan van der Burgh 曾下令興建一棟穀倉，並且每 last（按一 Last 即三○○○公升）稻米付給四○real，以獎勵農業及漢人的移居臺灣。

一六三六年（明崇禎九年）臺灣的糖蔗種植大增，這一年有臺灣產的白砂糖一二、○四二斤，紅砂糖一一○、四六一斤銷往日本。稻穀的收成也有增加。於一六三七年（明崇禎十年），曾預估大約二、三年後，稻米的生產將達到一、○○○Last。Junins 牧師建議臺灣的荷蘭當局，稻米給價提高每 Last，爲五○real，並選派一名有力人物作爲中國甲必丹，爲公司蒐集及供出稻米。爲了更進一步地獎勵稻米的耕作，於一六三七年一月三十一日（明崇禎十年正月初六日），依照 Junius 牧師之建議，決議交給 Junius 牧師四○○real 的現金，以便墊付給新港社及其鄰近的貧窮漢人。

荷蘭人的獎勵誘引了許多漢人遷移來臺定居，而稻米與蔗糖成爲臺灣兩大宗農產物。這項事實極能顯示漢人人口的滋長。

根據荷蘭東印度總督 Antonio van Dieman，自巴達維亞於一六三八年十二月二十二日（明崇禎十一年十一月十八日）呈送給本國總公司十七名董事會的一般報告書內說：在臺灣的荷蘭人支配地區內，約有一萬至一萬一千名的漢人，從事捕鹿，種植稻穀與糖蔗以及捕魚等活動。農業的開發進展，而於一六四○年（明崇禎十三年），蔗糖產量達四、五千擔。一六四一年（明崇禎十四年），荷蘭人預測生產將達到七、八千擔的蔗糖及二五○Last 的稻米。他們希望稻米與蔗糖的生產，不僅能供應自己的需要，尚能輸出。

於一六四四年（明崇禎十七年）八月 Francois Caron 來接掌臺灣長官，而在其管理經營下，農耕面積大為拓展。糖米尤其是蔗糖的產量激增，一六四五年蔗糖產量增至一萬五千擔。荷蘭人將這蔗糖輸往波斯以應其需外，並銷往日本六九〇擔。該年在赤嵌及其附近的耕地總面積為三、〇〇〇Morgen，即：稻田一、七一三 Morgen，甘蔗園六一二 Morgen，大麥及各種果樹園一六一 Morgen 以及新播種地，未播種地五一四 Morgen。滿清入主中原後，由於大陸連年戰亂及饑荒，在臺漢人人口驟增，於是臺灣農業更趨發展。一六四七年（明永曆元年、清順治四年），在赤嵌及其附近的稻田面積為四、〇五六 Morgen 半，而蔗作面積為一、四六九 Morgen¾。在這個時候自一六四四年（明崇禎十七年）以來，漢人亦獲荷蘭人的准許，開始從事臺灣北部雞籠淡水地方的開墾，他們很辛勤地經營，至一六四八年（明永曆二年、清順治五年），淡水方面的中國人，決心要開拓這一地方，已引進了牛數匹耕耘田地。

一六四八年（明永曆二年、清順治五年），因大陸連續戰亂，饑饉甚劇，臺灣的中國人驟然增加至兩萬人，並皆從事於農業。其中竟有婦女五百名及超過一千名的孩童遷入臺灣。但翌年在饑饉現象終了後，約有八千人回歸大陸。一六五〇年（明永曆四年、清順治七年），臺灣的中國人人口計有一萬五千人，其中有一萬一千人每人繳付半 real 的人頭稅，而蔗糖產量增至一萬二千擔。一六五四年（明永曆八年、清順治十一年）蔗作情形良好，估計其產量將可達到一萬五千至一萬六千擔。一六五五年（明永曆九年、清順治十二年），赤崁附近開墾土地，稻田達五五七七·七Morgen，蔗園達一五一六Morgen。至翌年，稻田面積增加至六五一六·四Morgen，蔗園增加至一八三七·三Morgen。

《被遺誤之臺灣》（*'t Verwaerloosde Formosa*）一書，可能係臺灣最後一任荷蘭長官Frederick Coyet所著，其中謂：於一六六〇年（明永曆十四年、清順治十七年），即鄭成功入臺前一年，臺灣的農民很辛勤地耕作，此時耕地總面積合計一二、二五二Morgen，僅較往年減少七六八Morgen。同年十月，蔗糖的產量較往年的豐盈。該書中更記云：在荷蘭佔據臺灣的末期，有許多漢人因戰亂而離鄉移居至臺灣，設立了一個殖民區，除了婦孺以外，壯丁有二萬五千之多。他們從事於商業和農業，種植了大量的稻子和甘蔗。

由上述耕地增加與蔗糖增產的數目，以及漢人人口的增長，我們可看出在荷蘭人佔據下的臺灣，中國人或是自動的，或是受著荷蘭人的獎勵，而從事於各方面的開發，頗有進展。

自滿清入關奪取北京，明亡變爲新朝代以後，大陸情況一時更爲惡劣，有一股難民潮，不斷地自福建渡海峽，流移至荷蘭佔據下之臺灣求生，在臺灣的中國人之人口急速增加。雖荷蘭人歡迎這些移民，然漢人的人數愈多，經濟發展愈大，荷蘭人就對於漢人勢力的生長，感到恐懼而開始警戒。在中國人方面來說，臺灣愈是開發，經濟愈是發展，則對於荷蘭人的聚歛，愈是不滿，其結果就發展演成爲一六五二年（清順治九年，明永曆六年）的郭懷一的起事。荷蘭人雖很快地鎮壓了此次事件，並屠殺了數千名漢人，但由於漢人社會逐日壯大，荷蘭人卻不免要終日慄慄於爲漢人所驅逐。

九、鄭成功之驅逐荷蘭

由於大陸情勢的演變及在臺灣漢人社會逐日壯大，荷蘭人就感覺他們在臺灣的地位不穩固，早就疑懼鄭成功將入臺驅逐他們。在臺灣的荷蘭當局時有建議巴達維亞總督府加強臺灣的防衛。惟臺灣長官 Frederick Coyet 與其前任者而當時在巴達維亞任參議的 Nicolaes Verburgh 不和，其建議始終未受巴達維亞當局所接納。但由於臺灣方面的屢次要求增防，巴達維亞當局終於一六六〇年七月十七日派遣 Jan van der Laan 率船十二艘，水手士兵一四五三名來臺，並訓令到臺灣，如國姓爺的來襲僅是風聲，即改攻澳門。van der Laan 於一六六〇年九月二十日到臺，而認爲鄭氏的襲臺逐荷是膽小怯懦的臺灣長官繫風捕影，根本無此事，希望早去攻打澳門，如能成功，可名垂後世。於一六六〇年（明永曆十四年，清順治十七年）十月三十一日 Coyet 寫一封信，派 Oillarts 往謁鄭成功，而在廈門受到款待，帶回永曆十四年十月十九日（西元一六六〇年十一月二十一日）的鄭成功否認襲臺，和平相處的信。van der Laan 對於被羈留於臺灣，失風期，不能攻擊澳門頗不滿，於一六六一年（明永曆十五年，清順治十八年）二月二十七日駛離臺灣，於三月二十二日回到巴達維亞。

其時，鄭成功在大陸奮志抗清復明，但永曆十三年（清順治十六年，西元一六五九年）七月，自金陵敗績以後，元氣大損，其根據地祇留金廈二地，益見窄小，岌岌可危。爲緩兵計，曾派蔡政至北京，但和議不成，清將軍達素入閩，於是鄭成功調各將回廈門，並議遣將往平臺灣，以安頓將領官兵家眷。惟達素即將來犯，未暇東征，遂將家眷搬住金門。永曆十四年（清順治十七年，西元一六六〇年）五月，擊退了達素，但清軍仍隨時可捲土重來，在籌糧及保持家眷安全上皆益見困難，於是永曆十五年（清順治十八年，西元一六六一年）正月，又議平克臺灣，以爲根本之地，安頓將領官兵家眷，然後東征西討，無內顧之憂，並可生聚教訓。二月（陽曆三月）鄭成功提師駐金門，命出征船隻齊泊料羅，兵將登船候命。據楊英《從征實錄》：三月初十日（陽曆四月八日），鄭軍已集結於料羅候風出發，惟兵將多以過洋爲難，思逃者多，命英兵鎮陳瑞緝捕，至三月二十三日（陽曆四月二十一日）午時，自料羅放洋。《海上見聞錄》作二十二日午時放洋。二十四日（陽曆四月二十二日）各船齊到澎湖，分各嶼駐紮，二十七日（陽曆四月二十五日）開船到柑桔嶼，阻風又收回，三十日（陽曆四月二十八日）因行糧已盡，雖風暴未息，傳令是夜一更後開駕，三更過後，則雲收雨散，天氣明朗，順風駕駛，四月初一日（陽曆四月二十九日）黎明，至臺灣外沙線，辰時天亮，即到鹿耳門線外。但根據荷蘭在臺灣的 Zeelandia 城日記一六六一年四月三十日條謂：「四月三十日，星期天，早上六點半，天氣風靜，在曉霧中看到西北距北方停泊處半浬的地點，有很多數不清的中國戎克船駛向鹿耳門方面，一定是自中國大陸來的國姓爺軍隊」。如此中文和荷文的資料，對鄭成功入臺日期相差一天。然同日記一六六一年九月七日條，有被俘鄭兵對荷蘭人的供言，其所供鄭軍的行動是陰曆二月鄭成功駐紮於金門時，原定三月五日（陽曆四月三日）出發攻臺，但情況稍轉平穩，改期三月二十三日（陽曆四月二十一日）。到那天全軍乘船，每人只帶五天口糧，於翌三月二十四日（陽曆四月二十二日），鄭成功即親率首程船三百艘，將兵十三隊，一萬一千七百名開駕出征。次日即三月二十五日（陽曆四月二十三日）到達澎湖，二十七日（陽曆四月二十五日）鄭成功開作戰會議，即派二艘舢板船到大員偵察，而三月二十八日（陽曆四月二十六日）回來報告荷蘭的船隻，在外海只有三艘，水道內只有兩艘小艇，臺灣居民歡迎鄭成功的入臺。三月二十九日（陽曆四月二十七日）由三艘舢板船引導出發澎湖，並命令於夜間登陸臺灣，以避免荷人發現，惟是日臺灣的山可看得很清楚，於是折返澎湖。四月一日（陽曆四月二十九日）再從澎湖出帆，是夜駛到近陸地，而翌晨（陰曆四月二日，陽曆四月三十日）Zeelandia 城即在視界，而在三艘舢板船的引導下自鹿耳門溝三〇—四〇艘的舢板船進入臺江。馬爺（即馬信）坐南京平底船爲第一船，鄭成功坐駕是第八船或第九船的帖仔船（Koija），懸白旆，坐於絹綢的傘下。

鄭軍本隊即差不多在上午十時自鹿耳門溝入臺江登陸於禾寮港，進去包圍赤崁的 Provintie 城，另一部份即登陸於北線尾，紮營於 Zeeburg 砦遺址。長官 Coyet 命令 Provintie 城的守將 Valentijn 阻止鄭軍登陸，下午五時派 Jan Anthonissen van Aeldorp 帶兵二百往援赤崁，但鄭軍已登陸，只兵六十名能進入 Provintie 城，其餘退回 Zeelandia 城。是夜，若干荷兵自 Provintie 城出擊夜襲，並焚燒赤崁街，鄭成功恐被焚毀糧粟，派官兵看守堵禦。

翌五月一日（陰曆四月三日）鄭成功寄給 Coyet 與 Valentijn 各一封信，這些信的日期是永曆十五年三月二十九日，即在澎湖時已寫好的勸降書。由於北線尾已有不少鄭兵登陸列營，荷人怕鄭軍自北線尾來攻襲大員市街，上午十一時派 Thomas Pedel 帶二百五十名精銳出擊，但爲鄭軍所殲滅，Pedel 及大部份的兵士戰歿，其餘逃回城內。是口停泊於南方停泊處的荷船’s Gravelande 號、Hector 號和 Maria 號開纜來掩護 Pedel 的攻擊，卻爲鄭船所圍攻，Hector 號因火藥庫爆發沈沒，其他二船苦戰後逃脫去南方停泊處，遊弋到五月五日後，Maria 號駛回巴達維亞報告，因不是信風季，經五十天於六月二十四日始到達巴達維亞。'S Gravelande 號逃到雞籠，五月中旬又回來大員海面，與鄭氏軍船數次交戰後，六月十日駛去日本，途中再由雞籠，撤收載運駐雞籠人員去日本長崎。

五月二日（陰曆四月四日）上午九時，Coyet 派 Joan van Valkenstijn 和通譯胡興哥（Ouhinko，楊英作胡興）去謁鄭成功請交涉人員的安全通行證，不久鄭成功也派在北線尾所擒荷兵三名攜帶勸降書投給 Coyet。下午二時 Valkenstijn 與通譯回城和一位鄭氏官員來，約派去的使者保證其安全。

五月三日（陰曆四月五日），Coyet 即派評議會委員 Thomas van Yperen 和檢察官 Leonard de Leonardis 詣鄭成功軍前，謂以往鄭荷間來往頗融洽，突然率軍來臺，實感意外，望示來意，以求互相諒解。荷蘭人想請求鄭成功退兵，如不能即想保持二城及鄰近地區，並獲得傳教的自由爲條件以講和。鄭成功即回答此地一向屬於中國，不過在中國人不需要它的時候，太師（鄭芝龍）表示友好借給荷蘭人，現在是爲收回自己產業，作爲抗清復明根本之地而來的。並要求荷蘭人快速決定是降或戰。然 Provintie 城，由於被鄭軍包圍，勢孤援絕，遂於五月四日（陰曆四月六日）開城投降，而 Coyet 即將 Zeelandia 城下居民和糧食搬入城內拒守，以待巴達維亞的救援。

五月五日（陰曆四月七日），鄭成功撤赤崁的陣營，移師鯤身，準備進攻 Zeelandia 城。荷蘭方面即決定放棄大員市街，派兵出城搬入倉庫的鹿皮等，並焚燒未能搬運的柴薪及穀倉等而未果。次日鄭軍將大員市區內糧食貨物搬走。Coyet 派少尉 Adam Heijmingh 帶一百五十名兵士和民團，並使用奴隸去焚燒穀倉，受到鄭軍攻擊。鄭軍即以砂糖桶板等類架砲位，置小型砲和野戰砲，五月七日（陰曆四月九日）砲擊 Zeelandia 城，荷軍也以加農砲應戰，嗣後雙方有小規模的交戰，五月十日（陰曆四月十二日）鄭成功派荷蘭地方法院書記 Ossewijer，五月二十四日（陰曆四月二十六日）下午五點或五點半又派牧師 Antonius Hambroek 和 Ossewijer 及鄭氏軍官一名，通譯胡興等投信勸降，而 Coyet 拒降。五月二十五日（陰曆四月二十七日）天明前二點鐘，鄭軍開始砲擊，想攻破 Zeelandia 城。荷軍守城應戰，稜角破損，略有死傷，但鄭軍未能拔城。於是鄭成功派馬信等駐紮大員，固守不攻，圍困俟荷人自降。五月二十七日（陰曆四月二十九日）鄭成功移駕赤崁，並派船到大陸接眷，尋派各鎮分紮汛地屯墾。

另一方面，Van der Laan 被羈留於臺灣，未能攻擊澳門，對 Coyet 頗不滿，回巴達維亞後報告臺灣情況，於是總督於一六六一年六月七日改派 Herman Klenke van Odessen 任臺灣長官，六月十日在參議員決議把 Coyet 解任調回巴達維亞，六月二十二日 Klenke 出發赴臺就任。然於二天後的六月二十四日，Maria 號到達巴達維亞報告鄭成功已入臺事，總督即派快船想召回 Klenke 而未果。於七月五日 Jacob Caeuw 引率九艘船隻，八個月的糧食，七二五名士兵出發往援臺灣。Klenke 來到臺灣後，看到城已被鄭軍圍困，只傳遞總督的移交命令後，並未就任就逃去日本。Caeuw 所引率救援艦隊於八月十二日（陰曆七月十八日）到達大員，惟因風不得近，只六十名兵登陸，並卸一些糧食、軍需等貨後避風於澎湖。九月上旬再進迫大員，九月十六日（陰曆閏七月二十三日）起鄭荷兩軍陸海數次交烽，荷軍喪失船二艘、小艇三艘和兵丁水手三百餘名後，怯於鄭軍，閉城堅守而已。

後福州清軍提議清荷聯軍，臺灣評議會於十一月二十六日（陰曆十月五日）決議船艇五艘聯合清軍攻擊鄭氏大陸據點，Caeuw 即自告奮勇，引率這些船隻，於十二月三日（陰曆十月十二日）出發，卻不赴大陸，在澎湖附近轉舵，經由暹羅，逃回巴達維亞。於是 Zeelandia 城荷軍動搖，士氣低落，逃出投降者相繼。於十二月十六日（陰曆十月二十五日），Hans Jurgen Radis 逃出城，降于鄭氏，並陳城內困狀，進言如先取城外高地 Utrecht 堡，可破 Zeelandia 城。於是鄭氏改圍爲攻，一六六二年一月二十五日（明永曆十五年十二月初六日）夜攻佔了 Utrecht 堡。至是 Coyet 已無法守城，一月二十七日（陰曆十二月初八日）起議降，遂於一六六二年二月一日（永曆十五年十二月十三日）開城投降，而 Coyet 等人於二月中旬登船駛離臺灣，撤歸巴達維亞。

一六六二年（明永曆十六年，清康熙元年）六月巴達維亞當局派 Balthasar Bort 率船帶兵到福州交涉清荷聯軍，一六六三年（明永曆十七年，清康熙二年）八月末 Bort 再來福州，十一月聯合攻擊金廈，一六六四年（明永曆十八年，清康熙三年）八月再佔據鷄籠。然在鷄籠的中國貿易未能進展，年年虧損，於是一六六八年（明永曆二十二年，清康熙七年）十二月撤歸巴達維亞。

十、結語

如上所述，發源於黃河流域的中華民族，自古以來不斷地分向四方擴展，早就有若干有關臺灣的地理知識，也曾有派兵經略臺灣之舉，惟毫無成就。至宋代，福建已發生地狹人稠的現象，靠海謀生之居民，仍向海外發展。其時我先民已開始拓殖臺灣，但到了明代，由於明廷嚴禁人民下海，大陸與臺灣的交通往來頗受阻礙。但明中葉以後，我先人來臺趨於殷盛。後西力東漸，荷西兩國分別佔據臺灣，而受其衝擊，更誘發了國人來臺活動，臺灣眞正邁進了歷史時代。於是臺灣內部開發進展，開始形成漢人社會。迨鄭成功入臺驅逐荷蘭人的勢力後，臺灣在實際上和名義上始皆歸屬於中國，漢人在臺灣的控制權始確立，臺灣的漢人社會，方獲生長完成。

（民國六十七年二月二十日稿了）

附記

對臺灣早期歷史有意進一步研究者，可參閱下列中文文獻，進而擴大到外交資料。

凌純聲：〈古代閩越人與臺灣土著族〉（《學術季刊》第一卷第二期，民國四一年）。

梁嘉彬：《琉球及東南諸海島與中國》（臺中，民國五四年）。

Nachod, Oskar：〈十七世紀荷蘭與日本在臺灣商業交涉史〉，周學普譯。收於臺灣銀行經濟研究室編《臺灣經濟史五集》（民國四六年）。

岩生成一：〈十七世紀日本人之臺灣侵略行動〉，許粵華譯。收於臺灣銀行經濟研究室編《臺灣經濟史八集》（民國四八年）。

岩生成一：〈荷鄭時代臺灣與波斯間之糖茶貿易〉，北叟譯。收於臺灣銀行經濟研究室編《臺灣經濟史二集》（民國四四年）。

中村孝志：〈荷領時代之臺灣農業及其獎勵〉，北叟譯。收於臺灣銀行經濟研究室編《臺灣經濟史初集》（民國四三年）。

中村孝志：〈荷領時代臺灣南部之鯔魚漁業〉，北叟譯。收於臺灣銀行經濟研究室編《臺灣經濟史二集》（民國四四年）。

中村孝志：〈十七世紀臺灣鹿皮之出產於及其對日貿易〉，許粵華譯。收於臺灣銀行經濟研究室編《臺灣經濟史八集》（民國四八年）。

中村孝志：〈十七世紀荷蘭人在臺灣的採金事業〉，許粵華譯。收於臺灣銀行經濟研究室編《臺灣經濟史五集》（民國四六年）。

中村孝志：〈十七世紀西班牙在臺灣的佈教〉，賴永祥譯。收於賴永祥編著《臺灣史研究初集》（民國五九年）。

中村孝志：〈荷蘭人對臺灣原住民的教化〉，賴永祥、王瑞徵合譯。收於賴永祥編著《臺灣史研究初集》。

曹永和：〈早期臺灣的開發與經營〉。

曹永和：〈荷蘭與西班牙佔據時期的臺灣〉。

曹永和：〈荷據時期臺灣開發史略〉。

曹永和：〈明代臺灣漁業誌略〉。

曹永和：〈明代臺灣漁業誌略補說〉。

曹永和：〈歐洲古地圖上之臺灣〉。

曹永和：〈從荷蘭文獻談鄭成功之研究〉（以上各篇均收於曹永和著《臺灣早期歷史研究》，臺北，聯經出版事業公司，民國六八年）。

曹永和：〈臺灣荷據時代研究的回顧和展望〉，《臺灣風物》第二十八卷第一期（民國六七年三月）。

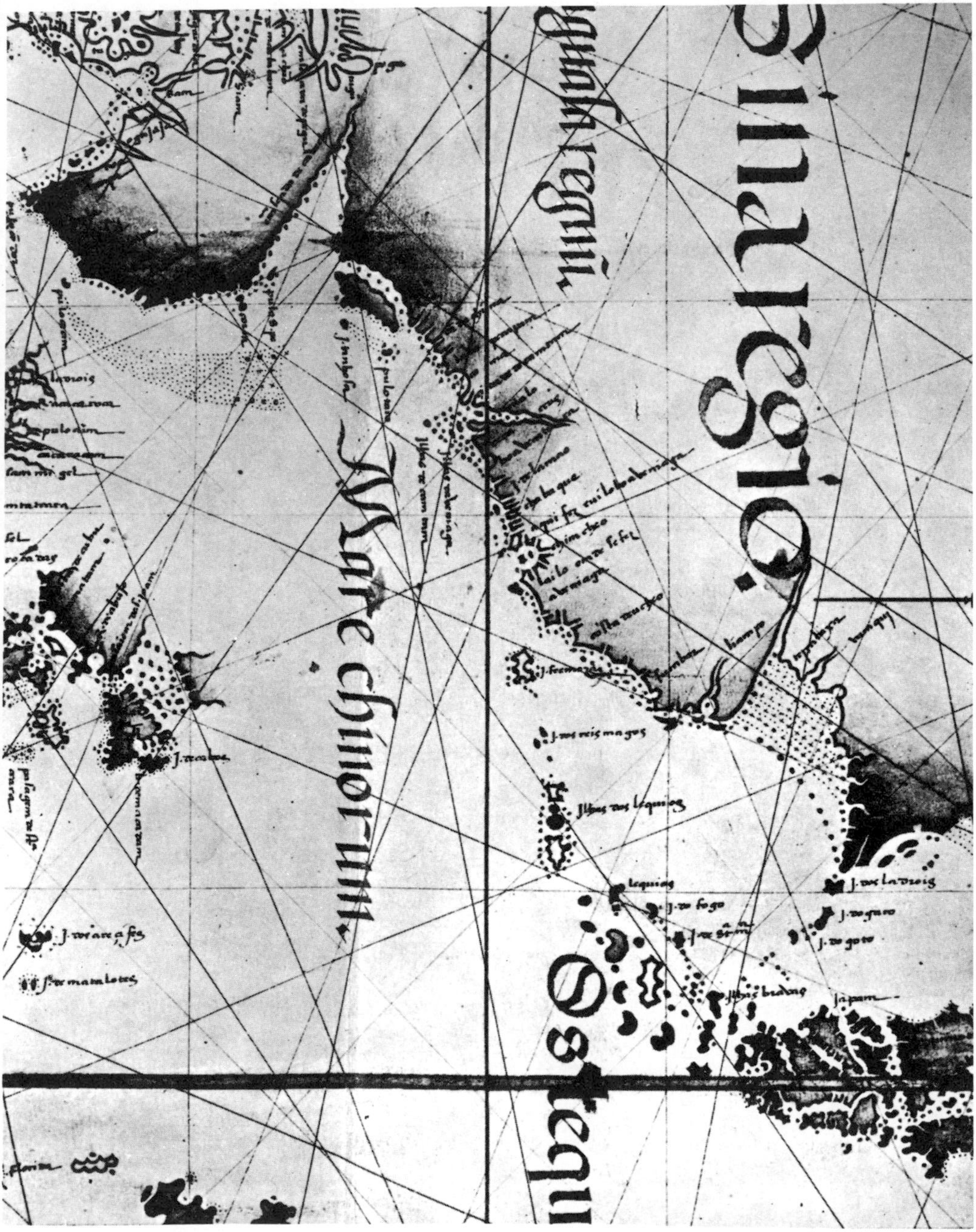

圖一　1554 年 Lopo Homem 所繪世界圖東亞部份圖

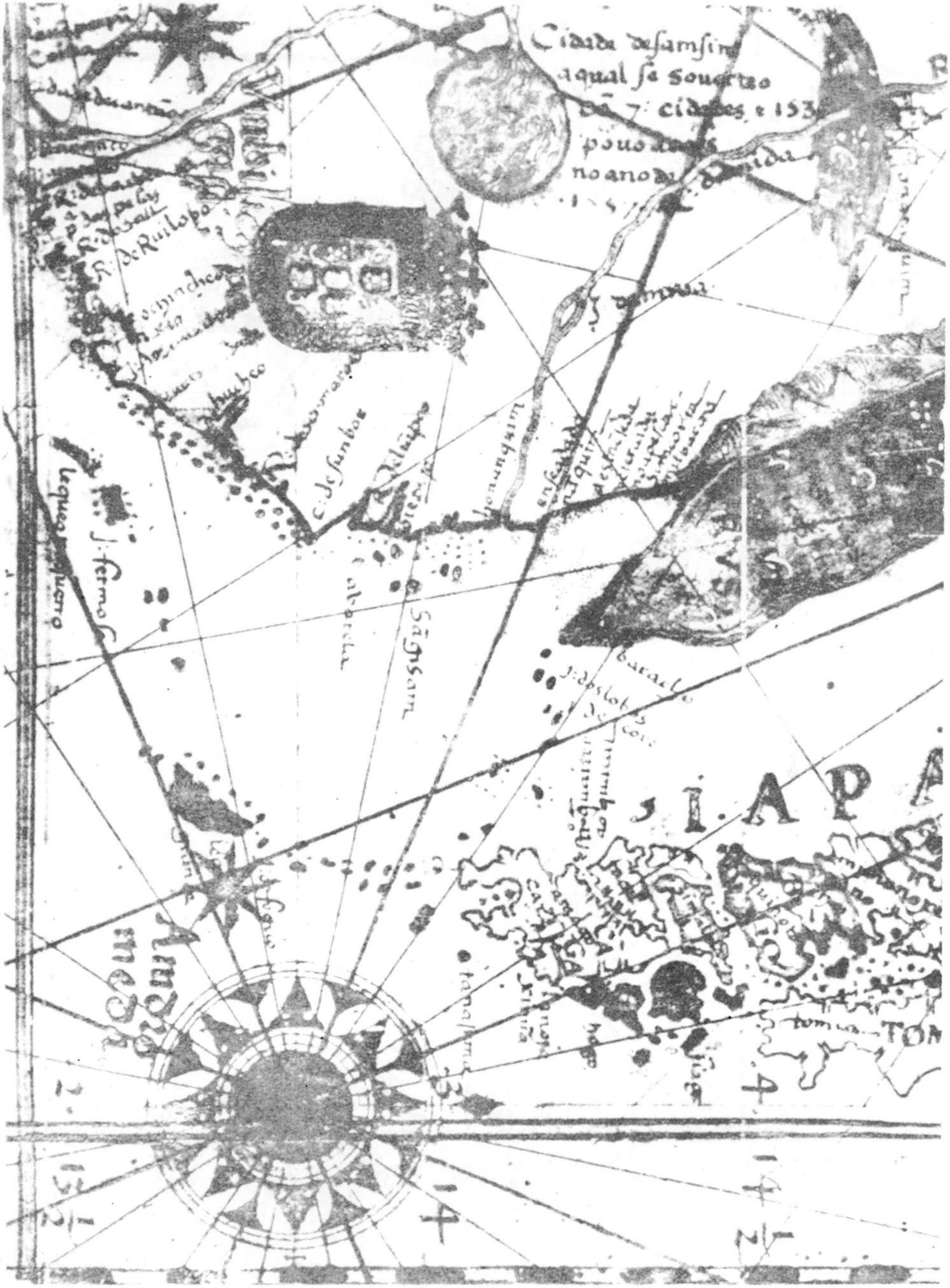

圖二　1561 年 Bartolomeu Velho 所繪世界圖部份圖

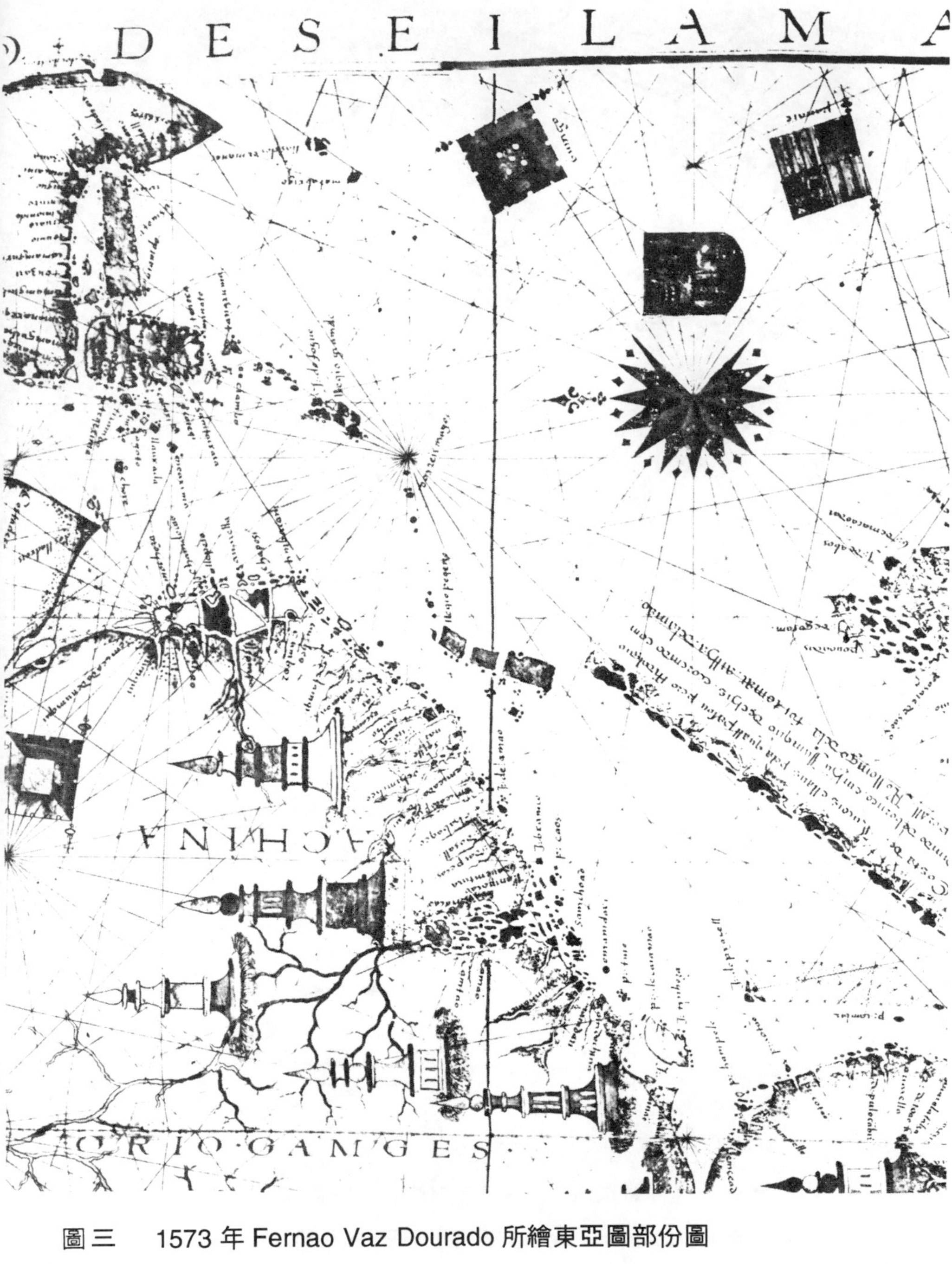

圖三　1573 年 Fernao Vaz Dourado 所繪東亞圖部份圖

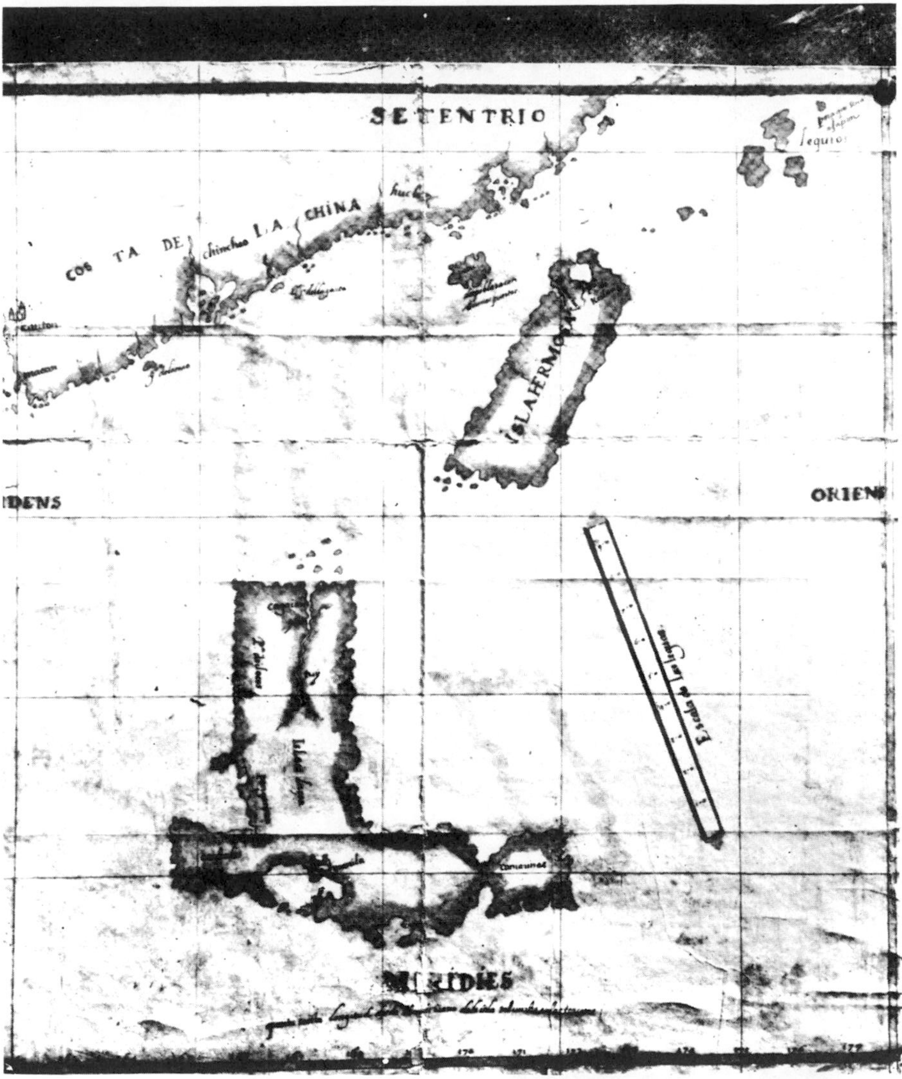

圖四　1597 年 Hernando de los Rios 呈獻給西班牙國王之臺灣圖

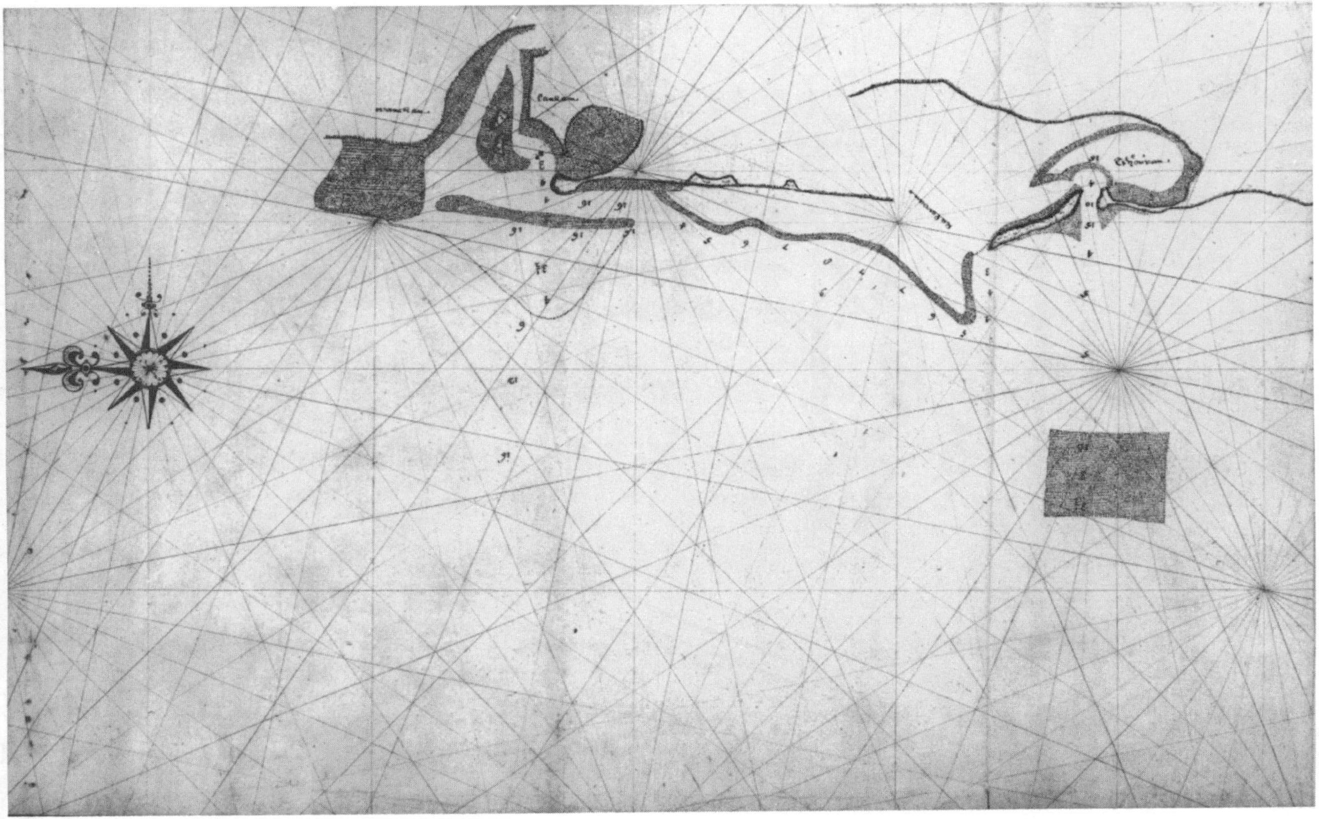

圖五　1624－25 年間所繪大員灣、魍港圖

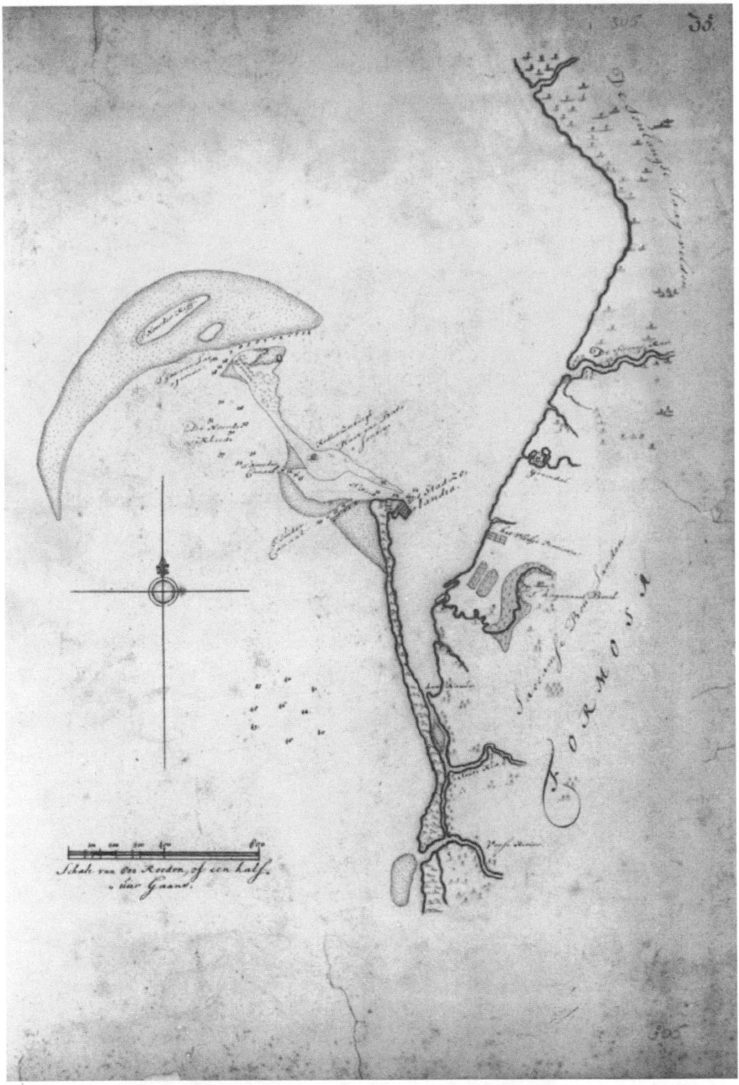

圖六　17 世紀 Zeelandia 市等地及暗礁圖

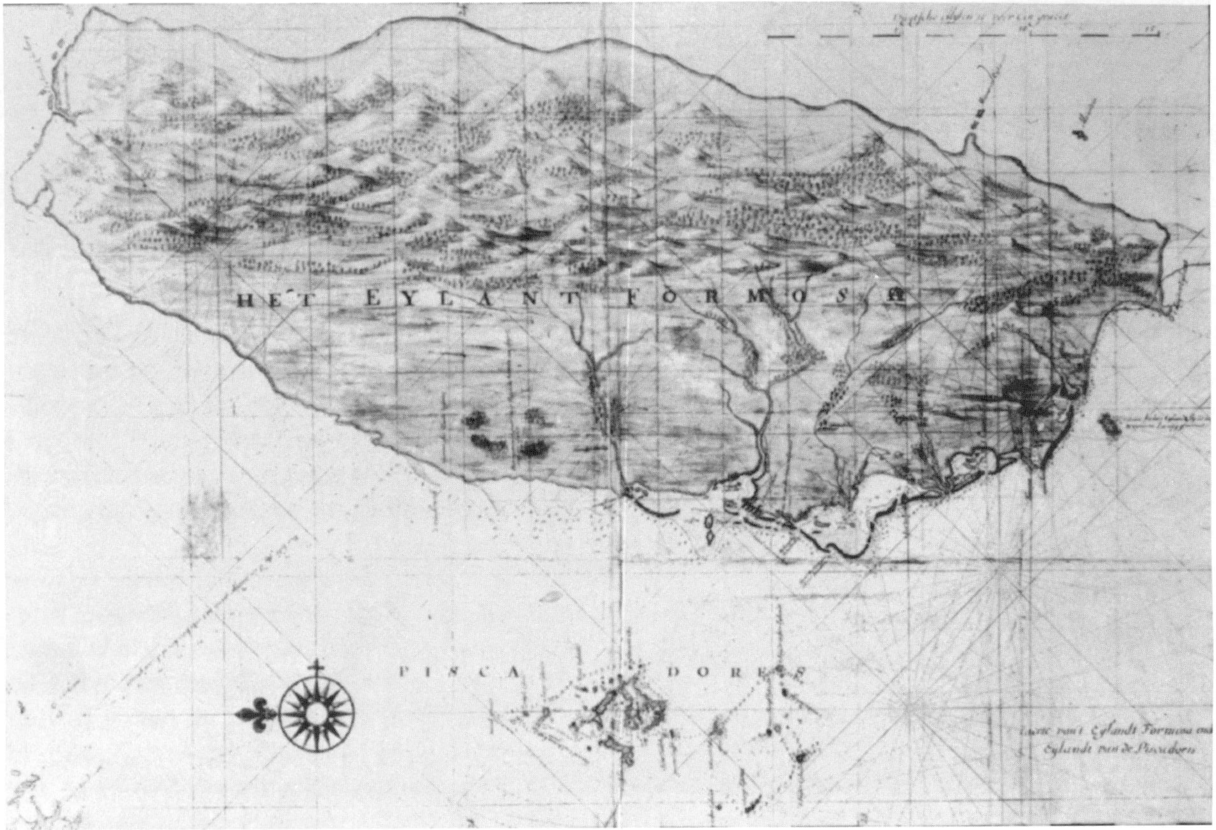

圖七　17 世紀臺灣圖

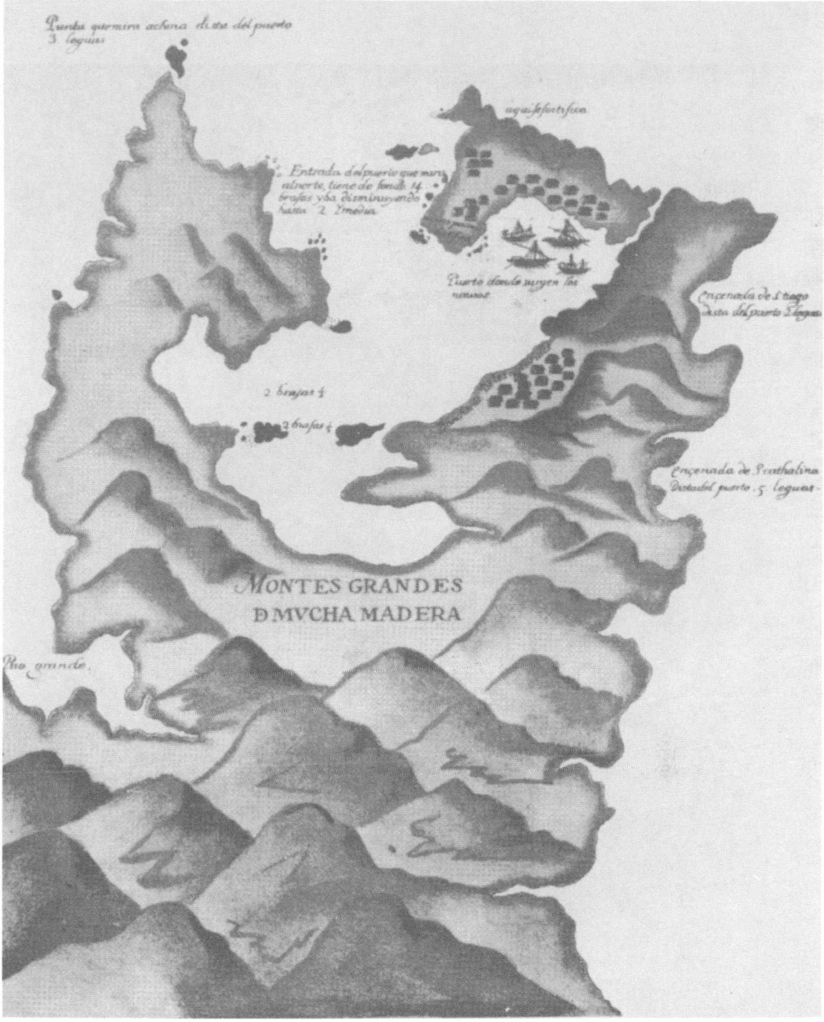

圖八　1626 年西班牙所繪臺灣島西班牙人港口圖

圖九　荷蘭臺灣長官 Pieter Nuyts 被日人綁架圖

圖十　1633 年在廈門近海之中荷海戰圖

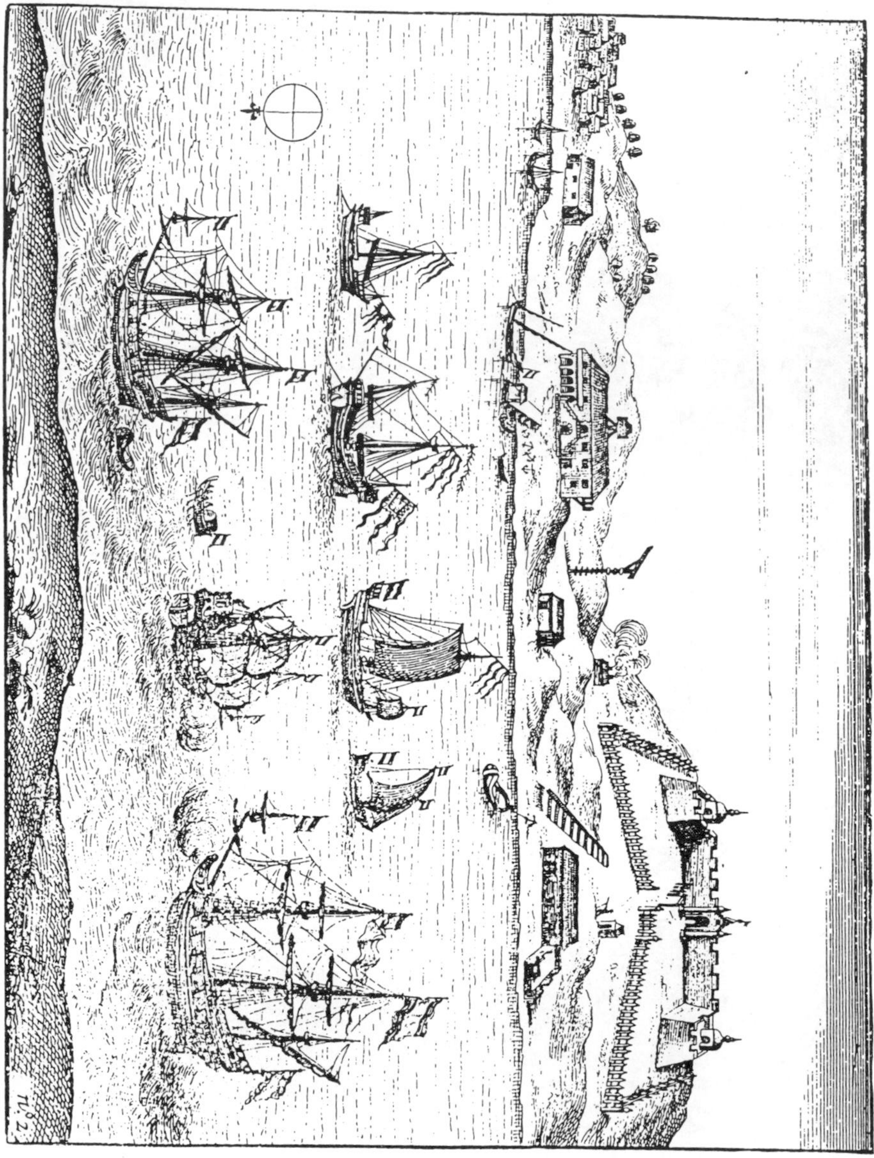

圖十一　早期熱蘭遮城

圖十二　牧師 Robertus Junius 像

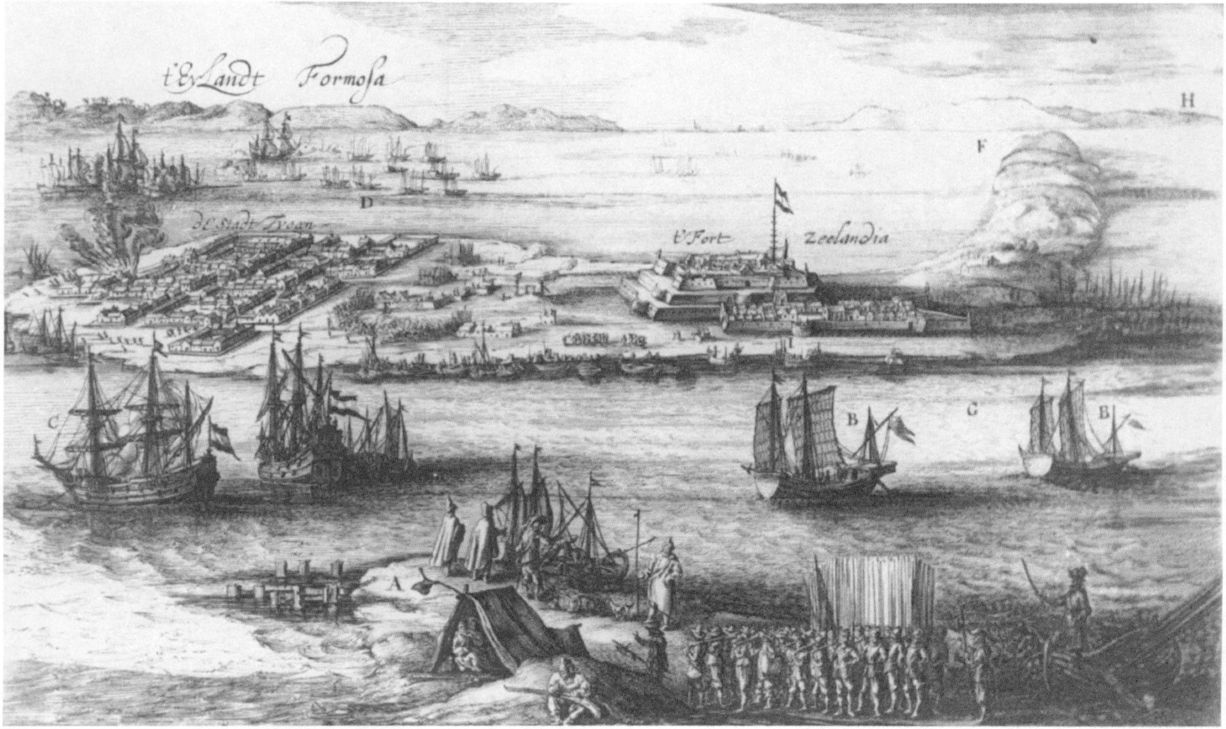

圖十三　鄭成功入臺灣驅荷圖(1662 年刊銅版圖)

圖十四　1661 年 5 月 24 日牧師 Hambroek 被派入城投信後，與其女兒訣別圖

十七世紀作為東亞轉運站的臺灣

一、臺灣的出現

臺灣戰略上處於東亞之中，但直到十六世紀仍少爲人知。漢人早在西元前，已廣泛地繁衍到亞洲各地，而這個大且肥沃的島嶼是如此的接近中國大陸，但直到明朝（一三六八－一六四四）中期以前，漢人對臺灣所知甚少。臺灣孤立於漢人之外，是因爲臺灣沒有大量市場需求的產物來吸引貿易者，以至於這個島嶼一直處於那些時代的亞洲貿易網路之外。①

從西元早期，經由中亞細亞及海路，漢人對外貿易發展得很好。中國主要的海上口岸最初是位在現今所稱的東京區域。之後，廣東發展成為漢人商業中心，藉著海路、陸路使南中國連繫到北中國。當時，中國與南亞、西亞間的海上商業穩定成長。因為佛教與中國文化的傳布，中國與韓國、日本間的商業關係也變得緊密。與韓國、日本間的貿易是作為亞洲本身貿易的一個分支，使中國與南亞、西亞連結。但是此時的漢人仍未準備好海外航行。海上貿易主要是在北方貿易的新羅時代韓國人與往南方的波斯人（後來是阿拉伯人）手中。②

當新羅沒落，中國商人開始主導韓國與日本間的貿易，從唐朝晚期到宋朝，漢人逐漸參與海外貿易，經由南中國海到達東南亞，進而到印度洋。這個時代標示了漢人成為航海民族的開始。廣

① 詳見曹永和，〈早期臺灣的開發與經營〉，《臺北文獻》第三期，一九六三年四月，頁十二—二〇。
編按：本文由陳宗仁、陳俐甫合譯

② 關於新羅時代韓國人在東亞的海上活動，參見 Edwin O. Reischauer, *Ennin's Travels in Tang China* (New York, 1955),pp.272-294. 及小野勝年：《入唐求法巡禮行記の研究》（東京，一九四二—一九四九），頁四〇二—四一九。

州、泉州與明州成爲對外貿易的主要中心，而管理商船的機構（市舶司）設立在這些港口。一個貿易路線從長江下游三角地帶經東中國海到韓國與日本被建立，另外一個路線則是沿著海岸，穿過南中國海到東南亞。宋朝商人從熱帶地區進口奢侈的貨品如象牙、珊瑚、犀牛角、香料與藥材到廣州與泉州。很多這些海外貨品伴隨著特殊的國內產品如絲與瓷器再從明州出口到韓國與日本。

在一二七七年，元朝的統治達到中國南方與東南方的濱海省區，提供機構使國際性貿易能維持。政治疆界的開放明顯地增加了亞洲與西方的商業交通。在這一時期，海上貿易的主要中心是在泉州（刺桐）。

臺灣在此時被認爲是琉球，一些中國探險者在三到十三世紀來到臺灣。因爲臺灣沒有在國際貿易上具商業價值的貨品，這些早期的探險者並沒有在這島上做永久的停留。除此之外，臺灣仍然處在亞洲貿易路線之外。

當時，在唐代以前尙屬半野蠻狀態，相對來講還未開發的福建，到了唐代與宋代，被經由北方來的中國移民開墾。福建逐漸人口膨脹，沿海區域的人民爲了生計開始仰賴大海。有錢的人從事貿易，而窮人從事漁撈。在南宋時代，澎湖群島已經是中國人的漁場，而且被納入中國版圖的一部。③

從南宋開始，至遲到元代，作爲中國戎克船貿易路線的「東洋針路」被探測出來，臺灣南部成爲到菲律賓群島的必經之路，因而中國人和臺灣原住民間某種程度的商業接觸被建立。④

在十一世紀晚期到十二世紀，日本商人來到韓國海岸，冒險穿過東中國海到宋朝領域，他們的海上貿易在東亞水域逐漸發展。在一二七四年、一二八一年蒙古兩次侵略日本不成功後，日本人的海外貿易活動時常轉變爲海盜行爲。結果，他們持續的掠奪成爲韓國與中國嚴重的問題。⑤明朝第一位皇帝洪武禁止中國船隻下海，使他們的搶奪減少。所有私人海上貿易被禁止，沿海島嶼居民被強迫移到內陸。明朝也放棄管轄澎湖群島，居民被移回中國大陸。臺灣與大陸之間的連結被切斷，而中國關於臺灣的認識在十四世紀又漸歸於蒙昧。⑥明朝對外關係是在朝貢體系的架構之下，只有

---

③ 曹永和：〈早期臺灣的開發〉，頁一三—三〇。

④ 同上，頁二四—二八、六三。

⑤ 森谷克己：《日宋貿易の研究》（東京，一九五五年）。

⑥ 曹永和：〈早期臺灣的開發〉，頁二九—三五。

上貢給朝廷的外國船隻才被允許進入中國港口。在永樂皇帝（一四〇三—一四三三）派出到南方海域的大海上遠征行動後，朝貢貿易達到最高潮，並且形成很好的運作方式。朝貢貿易有很多關於朝貢期限、使者人數和船數的限制，以至於東南亞國家的貢船進口的熱帶物品，不能供應中國所有的需要，更少有貨品可以從中國再出口到韓國和日本。在那時候，琉球王派遣他的東南亞航線的戎克船，主要是到暹羅與麻六甲，去收集熱帶貨品，然後再出口這些貨物到中國、日本與韓國。如此，從十四世紀末到十六世紀初，琉球作爲一個中介者，從事東亞的國際性貿易。⑦

由於財政負擔的加重，明朝逐漸加多對朝貢制度的限制，東南亞、南亞來的使節團日益減少。日本只被允許十年一次的朝貢。中國朝貢貿易的崩壞導致中國走私與日本倭寇行動的增加，而中國沿海走私者開始又時常到琉球、東南亞和日本。在一四〇四年，日本進入與中國的朝貢關係，而明朝建立勘合貿易體系，希望日本倭寇經由被控制的商業活動而減弱。但明朝官方常發現管理難應付

---

⑦ T'sao Yung-ho, "Pepper Trade in East Asia" (Paper International Conference on Asian History, University of Hong Kong, 30 August-4 September 1964), *Toung Pao*, LXVIII/4-5 (1982), pp. 237-239.

的日本武士是困難的。當足利幕府的威望降低，走私貿易繼續流行。當一場血腥衝突發生在敵對的大內氏與細川氏家族間，寧波港的焚燒事件使得到中國的朝貢使節被中斷。中國與日本的關係最後正式的終止是在一五四九年。中日關係的結束意味著亞洲內部貿易一個重要連結的停滯。

一方面，整個亞洲之中，各國經濟的成長，另一方面，伴隨著作爲歐洲人到達的結果——傳統國際關係架構的瓦解，在東亞產生全球性影響的變動。沿著東亞海岸，在海上商業出現了激烈的競爭。而因爲這情勢的變化，臺灣正處於一個非常具戰略性的位置。

首先，日本海上劫掠成爲國際關係中的變數，而這國際關係在十六世紀中葉變得劇烈。日本襲擊者成群出現在浙江、福建和廣東的港口。這些海盜實際上包含許多來自中國東南沿海，特別是福建的漢人海盜。在那時候，澎湖群島和臺灣是這些海盜的避難所，結果，臺灣變得重要起來。明朝的當政者努力的壓制海盜，接著沿著海岸置巡邏艦隊，海盜商人便離開明朝的勢力範圍到臺灣。臺灣島因此變成中日走私者和貿易者到東南亞港口的一個會合地。

歐洲人的來臨毫無疑問的在東亞的轉變上是一個重要的促進因素，在一五一一年葡萄牙人佔據麻六甲後不久，便在一五一三年來到中國，他們在中國與南亞、東南亞之間從事海上商業活動。一五四三年葡萄牙人意外地到達日本，成爲中國與日本之間貿易的中介者而中斷了原先東亞的貿易。澳門成爲一個貿易中心而興隆。貿易主要奠基於中國絲、金和日本銀的交換。

在此時，新西班牙（墨西哥）征服之後，西班牙人又立足於菲律賓群島。在一五七一年他們建設馬尼拉，並建立與中國、日本的關係。馬尼拉作爲東亞貿易與橫越太平洋的大帆船貿易的轉運站，很快地成長。在十六世紀結束之前，四十到五十隻戎克船每年從福建來到馬尼拉。他們供給絲和其他中國貨品給馬尼拉的大帆船，以交換從新西班牙來的大量銀子。

從十六世紀中葉，日本銀的開採有極大的進展，而日本人正渴望中國的絲，如同中國人需要日本的銀。雖然明朝當政者禁止所有的貿易與日本的交往，但在豐臣秀吉統一日本之後，一個和平但非法的中日交通興起。直到十六世紀末，福建的中國商人來到日本，且在一個經常性的基礎執行貿易。日本人本身也來到中國海岸或到東南亞從事貿易。

葡萄牙帆船（carrack）航線如同中國戎克船一樣，是從澳門沿著海岸到漳州，穿過臺灣海峽，沿著臺灣北部，經過琉球群島到日本。福建戎克船到馬尼拉，則是從漳州穿過海峽，沿著臺灣西南海岸，經過巴士海峽到呂宋島北端，然後沿著海岸到馬尼拉。因此，臺灣現在正好位在國際貿易航線的中央。

臺灣位置的重要性被許多國家所認知。一五八六年四月二十日，一場將領會議在馬尼拉召開，而一份備忘錄被送到西班牙。在這備忘錄中，西班牙人爭論著是否爲了軍事及傳教目的而征服菲律賓周遭海域，Femosa 島的名稱也被列在這份備忘錄上，⑧一五八九年得到國王的允准。

在一五九二年，日本的執政者豐臣秀吉侵略韓國且計畫隔年要征服臺灣。爲了回應豐臣的侵略計畫，明朝官方加強海岸防衛，且派出一支艦隊定時的巡邏澎湖群島。在馬尼拉的西班牙人考慮佔領臺灣，以便能阻止豐臣秀吉往南擴張企圖的威脅。因此，Leon Juan De Zamudio 在一五九八年想要佔領臺灣，但西班牙船卻因一次風暴，被吹回菲律賓群島。⑨

在十七世紀早期，東亞發生另一次變化，豐臣秀吉在一五九八年過世，德川家康與豐臣秀吉的支持者、豐臣秀吉的幼子間發生爭奪領導權的爭鬥。在一六〇〇年，德川家康贏得關原之役，並在一六〇三年建立了德川將軍家。家康放棄了豐臣秀吉的侵略性外交政策，因此中國戎克船到日本的直接貿易快速增長。日本朱印船的海外貿易也開始繁盛。東南亞港口和臺灣做爲中日走私者的會合點，逐漸變得更重要。

---

⑧ 岩生成一：〈豐臣秀吉の臺灣島招諭計畫〉，《臺北帝國大學文政學部史學科研究年報》第七輯（臺北，一九四一年），頁七五至一一三。

⑨ E. H. Blair and J. A. Roberhson：*The Philippine Islands 1493－1803*, VI（Cleveland, 1903－1905）, p.186.

在那時候，日本對鹿皮有很大的需求。因爲臺灣有很多鹿群，鹿皮很快地成爲重要的出口品。鹿皮的確成爲臺灣第一項國際貿易的主要商品。因此，臺灣在國際貿易上不止是一個重要會合點，也是中日探險者、貿易者的目的地。在一六〇九年，有馬晴信派出武裝團體來臺灣建立日本人的居住地。⑩在一六一〇年二月十七日，葡萄牙王寫信給印度總督 Ruy Lourenco de Tavora，命令他打斷日本人的這項侵擾。⑪隨後在一六一六年，村山等安也試圖佔領臺灣。⑫這兩次日本人的探險行動失敗，但臺灣在東亞貿易的新地位帶來中日到臺灣交通的增長。

另外一項東亞局勢變遷的主要因素是荷蘭與英國這兩個歐洲新教的競爭者的出現。當這些新的歐洲人出現，他們發現不止爲了歐洲市場而需要中國絲，而且他們在亞洲國家的交易中也需要絲。中國貿易的開通對他們而言因此變得不可或缺。他們做出一些努力，想要在中國獲得一個貿易據

---

⑩ 岩生成一：〈有馬晴信の臺灣島視察船派遣〉，《臺灣總督府博物館創立三十年記念論文集》（臺北，一九三九年），頁二八七—二九五。

⑪ C. R. Boxer, *The Great Ship from Amacon* : *Annals of the Macao and the Old Japan Trade*, 1555–1610 (Lisboa, 1959), p. 79.

⑫ 岩生成一：〈長崎代官村山等安の臺灣遠征と遣明使〉，《臺北帝國大學文政學部史學科研究年報》第一輯，頁二八三—三五九。

點，可以據此主導在中國的貿易，而在此時，他們盡其所能攔截所有前往澳門、馬尼拉的船隻，以便將他們的天主教敵人趕出澳門、馬尼拉。但是，荷蘭人、英國人每次試著和明朝官方建立關係時，卻被冷落。荷蘭與西班牙人在歐洲極度不和，也在全世界對抗，因此，一系列複雜的對抗也在東亞水域爆發，又增加了臺灣戰略性位置的價值。

在一六〇四年，一支荷蘭艦隊在 Wijbrant van Warwijck 領導下出現在澳門，但恰巧遇上颱風，八月七日被迫停在澎湖島。Van Warwijck 想要和鄰近的福建方面中國官方協調，但並沒有成功，最後在十二月十五日必須駛離。⑬等到荷蘭人一六〇九年在日本平戶建立據點後，他們比以往更渴望進入中國貿易。在一六一三年荷蘭東印度公司在平戶的商館長 Hendrick Brouwer 建議在臺灣設立基地。⑭一六二〇年荷蘭與英國聯合防衛艦隊以平戶爲根據地，巡弋臺灣海峽，且攻擊他們的天主教敵人船隻，且能夠有效地阻止中國戎克船與在馬尼拉的貿易。一六二一年，馬尼拉的西班

---

⑬ 中村孝志：〈沈有容諭退紅毛番碑について〉，《臺灣總督府博物館創立三十年記念論文集》（臺北，一九三九年），頁二八七—二九五；Leonard Blusse, "Impo, Chinese Merchant in Patani" in : *Proceedings of the Sevengy IAHA Conference* (Bangkok, 1979).

⑭ 《大日本史料》，第十二編之一，頁二一〇—二一一。

牙人提出一項佔領臺灣的建議給西班牙國王，但這艘船被荷蘭人捕獲。在一六二二年六月，荷蘭人在艦隊司令 Cornelis Reijersz 領導下，又一次努力要佔領澳門，但在遭受極大損失後，他被迫放棄圍攻澳門。而後，Reijersz 在澎湖群島建立據點。從這一新基地，有兩年時間，他嘗試促使中國人展開貿易，但沒有成功。中國人聚集戰船和軍隊，強迫荷蘭人退出澎湖群島。在一六二四年四月，荷蘭人移到臺灣西南海岸的一片沙洲土。他們先在那裡建了一個堡壘，稱爲 Orange 堡，接著又重新命名爲 Zeelandia 城⑮。

二、作爲東亞轉運站——臺灣的興衰

荷蘭人佔領臺灣主要是兩個目的，首先是戰略的重要性，即作爲軍事基地以攻擊他們的伊比利半島敵人和阻止中國戎克船航行到馬尼拉。其次是商業原因：將臺灣建立成與中國貿易的轉運站，且使這項貿易連結到世界的商業網絡中。

---

⑮ W.P. Groeneveldt, "De Nederlanders in China, Eerste stuk : De Eerste Bemoeiingern om den Handel in China en de Vestiging in de Pescadores, 1601 – 1624", Bijdrahen toit de Taal – , *Land – en Colkenkunde van Nederlandsch – Indie* 48 (1898) .

因爲 Zeelandia 城持續作爲荷蘭攻擊前往馬尼拉戎克船的基地，中國貿易者改變他們的航行路線，而冒險直接從中國到馬尼拉。⑯在一六二六年，西班牙人在臺灣北方的基隆建立一個居住地，作爲和荷蘭的 Zeelandia 城相對的戰略據點。稍後，在一六二八年，他們也佔領淡水以增加他們的軍事力量，而且甚至做了一個不成功的嘗試，即將他們的敵人趕出臺灣。但是在一六四二年，西班牙人被荷蘭人驅逐，而兩個敵對勢力在同一島嶼建立據點的狀態結束。

日本貿易者在臺灣進行與中國人的生意，對荷蘭人也形成阻礙。衝突發生在荷蘭人與日本之間，爭議的焦點是一項對所有貿易品征收的荷蘭稅。在綁架荷蘭長官 Pieter Nuyts 時達於爭論的極點，接著在一六二八年禁止荷蘭在平戶的貿易。⑰這項禁止荷蘭貿易的行動在一六三二年十月解除。從一六三三年到一六三九年，德川幕府發布一系列法律（「海禁」）禁止所有日本人出國。在一六三九年，日本人與荷蘭人在臺灣的中國貿易上的敵對狀態被解除。

---

⑯ Dahg－Register genouden int *Casteel Batavia vant passerende daer ler plaetse als over geneel Nederladts－India*：*Anno 1624－1629*（The Hague 1896－1931），p.165.

⑰ W.ph. Coolhaas, "Een Lastig Heerschap tegenover een Lastig Volk", *Bijdrahen en Mededelingen vzan het Historische Genootschap 69*（Utrecht, 1955），pp.17－42. 永積洋子，《平户オランダ商館の日記》（東京，一九六九），頁一四七以下等等。

當時，臺灣的荷蘭人主要關心的事情是中國貿易。當荷蘭人自澎湖群島撤離，並移至臺灣，他們希望中國人能大量的來到這新地點貿易。在此時，一位荷蘭以前的通譯人鄭芝龍，又名一官，成爲海盜首領，殘暴的搶奪福建沿海。但在一六二八年，他自願歸順明朝官方。消滅他的海盜競爭者，且負責對抗荷蘭人以防衛中國海岸。他取得對沿岸水域的控制，操控對外貿易，且進行大規模的海上商業交易。⑱

在臺灣的貿易受到鄭芝龍與其競爭海盜們的敵對狀態的極大影響，一方面，荷蘭人試圖進行與中國人自由貿易，所以他們與福建官方結盟，協助平定海盜，以得到獎賞並取得在廈門貿易的許可。另一方面，他們和海盜們聯手，封鎖中國港口，強迫中國戎克船與他們貿易。但荷蘭人由於戰爭與颱風，遭受到嚴重損失，最後放棄使用武力。他們放棄要求開放大陸港口以自由貿易，而集中

---

⑱ 岩生成一：〈明末日本華僑甲必丹李旦考〉，東洋文庫研究部，十七（東京，一九五八），頁二七—八三。Leonard Blusse, "Minnam-jen or Cosmopolitan? The Rise of Cheng Chih-lun alias Nicolas Iquan" in：E.B. Vermeer ed., *Development and Decline of Fukian Province in the 17th and 18th Century* (Leiden, 1969), pp.245-264.

於取得能讓中國貿易的戎克船來到臺灣的允許。⑲

中國商人開始帶著商品到臺灣，他們之中，鄭芝龍是賣中國貨物給荷蘭人的最大的供給者。中國帶到臺灣的主要商品是荷蘭人長久以來期望於中國大陸取得的：絲、金、糖與瓷器。因此，臺灣成爲一個中國貨物、日本銀與銅、東南亞香料與其他東西的分配中心。除了這些主要商品外，荷蘭人爲了日本的貿易，每年在臺灣自行收集五到七萬張鹿皮。而在荷蘭人的鼓勵下，臺灣也開始種植甘蔗。大量的臺灣糖出口到日本、波斯，甚至到歐洲。⑳貿易穩定的增長，直到一六六一年，鄭成

---

⑲ N. Machleod, *De Oost-Indische Compagnie als Zeemogendheid in Azie* (Rijswjik, 1927) I, pp.507-525; II, pp.19-39; W. Ph. Coolhaas, *Generale Missiven van Gouverneurs Generaal on Raden aan Heren XVII der Verenigde Oostindische Compagnie* I (The Hague, 1960), pp.205-209, et seq.; 永積洋子：《近世初期の外交》，第三編。

⑳ 曹永和：〈荷蘭與西班牙佔據時期的臺灣〉，《臺灣文化論集》（臺北，一九五四年），頁一一二—一一六、一一九。"The Acceptance of Western Civilization in China: A Brief Observation in the Case of Taiwan, with Special Emphasis on Its Interrelation in the Settlement of Chinese in Taiwan", *East Asian Cultural Studies* VI (March, 1967), pp.63-69。中村孝志：〈臺灣における鹿皮の產出とその日本輸出について〉，《日本文化》三三（一九五三年七月），頁一〇一—一三二；Kristof Glamann, *Dutch-Asiatic Trade, 1620-1740* (Copenhagen, 1958), pp.153-159.

功的艦隊控制了這個島，荷蘭人被鄭成功驅逐之前，臺灣成爲荷蘭人在東亞重要的轉運站。

當荷蘭正發展在臺灣產生龐大利益的繁盛貿易時，一系列重要事件在中國發生。滿洲人襲擊明帝國。在一六四四年，他們占領北京，並建立清朝。鄭成功——國姓爺，如他在歐洲文獻中的稱呼，在他父親鄭芝龍投降滿洲人後，繼承他父親的海上勢力，並成爲滿洲的一個有力反對者。從一六四六年到一六五八年，他主控很多中國東南沿岸區域，在廈門建立基地。他用對外商業所得來維持他的艦隊與供給他的軍事花費。他每年固定的派出戎克船到臺灣、長崎與東南亞港口貿易，並獨占荷蘭人統治下臺灣的中國商品的供應。[21]在一六五八年他的勢力達到高峰。一年後，鄭成功試圖占領南京，但被打敗，影響力喪失大半。他的據點變得不安全，他必須尋找一個新的避難地與抵抗的根據地。被滿洲人剝奪了補給的來源，他在一六六一年被迫攻擊臺灣，並在此設立總部。荷蘭人在一六六二年二月一日只好投降鄭成功。

當中國內戰蔓延到中國東南海岸，中國對臺灣的貿易嚴重地受到影響。從一六五〇年代之前，

㉑ 曹永和：〈從荷蘭文獻談鄭成功之研究〉，《臺灣文獻》十二卷一期（一九六一），頁一——一四。

荷蘭人靠著載運已取代中國絲的東京絲到日本，從此一貿易取得了可觀的利益。㉒結果，臺灣喪失了在一六五〇年作爲荷蘭東印度公司轉運站的重要特殊地位。

鄭成功在一六六二年六月過世，但鄭氏家族繼續維持臺灣有效的控制，以作爲他們追求商業利益和抵抗清朝的根據地。相對的，清朝廷命令中國沿岸區域遷界，希望切斷對臺灣的人力、食物與貿易品的供應。清朝也禁止中國大陸與臺灣之間所有的船隻交通。在那時候，鄭成功的兒子鄭經一直停留在廈門，且在中國沿岸掌控一些前哨站。但鄭氏家族因不和而很快的衰微，最後清朝在荷蘭人的幫助下，逼迫他們退出廈門、金門地區。鄭經放棄他在廈門、金門、東山、南澳的據點，在一六六四年到臺灣掌理大權。雖然與清朝的對抗使得中國絲的供應形成問題，但臺灣的鄭氏集團聯合同夥，繼續進行與大陸秘密貿易。

對鄭經來說，與日本的貿易是最重要的商業。在一六六三年二十九艘中國貿易的戎克船到達長崎，即三艘從暹羅來，三艘從柬埔寨、四艘從廣南，一艘Lubon（東京）、三艘從臺灣、十一艘從

㉒ 同上，頁六七。Oskar Nachod, *Die Beziehungen der Niederlandischen Ostindischen Kompagniezu Japan im siebzehnten Jahrhundert* （Leipzig, 1897）, p. 334, Pieter van Dam, *Beschrijvinge van de Oostindische Compagnie* Ⅱ／Ⅰ, 383 et seq.

安海、一艘從金門、一艘從南京、兩艘從溫州。㉓在一六六五年，中國戎克船的數量：十二艘從中國海岸來、九艘從廣南、兩艘從東京、一艘從巴達維亞、一艘從大泥、三艘從柬埔寨、一艘從暹羅、八艘從臺灣，總計三十七艘船。㉔在一六六六年，有三十五艘中國戎克船到長崎，他們出發的港口如下：兩艘從漳州、十一艘從臺灣、八艘從廣南（其中一艘返回臺灣）、四艘從柬埔寨、五艘從暹羅、兩艘從大泥、兩艘從六崑（Ligor）、一艘從宋居勝（Singora）。㉕因此，在鄭經放棄他在大陸的前哨站後，從中國海岸出發的貿易船數表現出相當程度的減少，而從臺灣和東南亞港口來的船隻則顯著增加。鄭氏家族因此控制大量的進入日本貿易的戎克船。在一六八三年，鄭氏在臺統治的最後一年，二十七艘戎克船到達長崎，即：一艘從南京、一艘從廣東、三艘從廣南、六艘從暹羅、一艘從大泥、兩艘從巴達維亞、十一艘從臺灣，另外兩艘則不知來源。㉖

㉓ Dagh-Register, *Casteel Batoavi. Anno 1663*, p.645.

㉔ 岩生成一：〈近世日支貿易數量的考察〉，《史學雜誌》六二卷一一期（一九五三年十一月），頁六。

㉕ 《唐通事會所日錄》I，東京，一九五五年，頁五四—五五。

㉖ 據《華夷變態》（東京，一九五八）計算。maki 8. Factory Records, *Java*, IV, 1664-1676（India Office Library, Commonwealty Relation Office, Office, London），《十七世紀臺灣英國貿易史料》，臺灣研究叢刊五十七種，頁一九六。

一六六二年驅逐荷蘭人離開臺灣後不久，鄭成功派出一位義大利多明尼各敎會的神父 Vittorio Ricci 到菲律賓群島，要求馬尼拉的西班牙人每年繳交貢稅。西班牙在馬尼拉的官方了解他們情勢的嚴重性，急忙地召回派駐其他島嶼的軍隊來加強馬尼拉的防禦。謠言在散播，許多在菲律賓首府的中國人被殺害。鄭成功接著著手組織一支遠征隊到馬尼拉，但在這一年六月他過世，這項計畫就被放棄。㉗

後來，鄭經一如他父親般注意菲律賓群島，而馬尼拉一度被鄭氏的侵略所威脅。但在一六六九年到一六七六年擔任長官的 Manuel de Leon y Sarabia 派遣 Francisco Enriquez de Losada 先生作爲他的使者到臺灣來之後，在一六七〇年早期，友好的訊息也隨著時常從臺灣、廣東，甚至從寧波來

㉗ Blair and Robinson, *The Philippine Islands* XXXVI, pp.218－260；XLI, p.311. Willi Lytle Schurz, *The Manila Galleon*（New York, 1959）,pp.90－91；Edgar Wickberg, *The Chinese in Philippine Life*, 1850－1898（New Haven, 1965）,p.11. 賴永祥，〈明鄭征菲企圖〉，《臺灣風物》四卷一期（一九五四年一月），頁一七—三三。

到馬尼拉的戎克船。每年有五到六艘鄭氏的戎克船帶著中國絲航行到馬尼拉來。㉘

鄭經也派出一支使節團到班達島，邀請英國人加入臺灣的貿易。在一六七〇年，一位班達島的代理商派出兩艘船：the Bantam Pink 和 the Pearl 到臺灣來，而且訂定一項開展貿易的合約。一個英國東印度公司的代理店在一六七二年設立在臺灣。對英國人來講，和日本與中國的貿易才是他們的主要動機。但在臺灣，英國人發現條件並不適合貿易，因爲主要商品是由鄭家獨佔。然而，因爲鄭經需要英國的槍炮和火藥，爲了回報英國人，他供應相當數量的日本銅和金幣（小判）給英國人，作爲他們與 Coromandel, Surat 與孟買的貿易之需。㉙

當反清的三藩之亂在一六七五年爆發，鄭經反攻大陸，甚至也佔領了一些海岸區域。他在他掌

㉘ Coolhaas, *Generale Missiven* III, pp.678, 815, 839. Blair and Robinson, *The Philippine Islands*, XLII, pp.117－119. J.S. Commins ed., *The Travels and Controversier of Friar Domingo Navarrete, 1618－1686* II (Cambridge, 1963), p.377. Factory records, *China and Japan* I, *Java* IV, 1664－1676, pp.79, 92, 196.

㉙ Hosea Ballou Morse, *The Chronicles of the East India Company Trading to China, 1635－1834* I (New York, 1966－1969), pp.41－49. Factory records, *China and Japan*, pp.95－98 et seq. 賴永祥：〈臺灣鄭氏與英國的通商史〉，《臺灣風物》一四卷二期（一九六五年六月），頁一—五〇。

握的港口進行貿易，且允許英國人在廈門開設代理店。㉚清朝短暫地喪失在南中國的影響力，而嚴厲的禁止海上貿易命令變成一張廢紙。委託商的船隻，特別是屬於反叛的總督廣東的平南王與福州的靖南王的貿易船，也進行中國與長崎之間的貿易。㉛但隨著清朝回復他們在南中國的影響力，嚴厲查禁所有海上貿易的命令又被實施。鄭家中國貨品的供應嚴重地被縮減，但他們每年仍然派出許多戎克船到廣東和普陀山以及許多地方進行中國絲的走私。㉜鄭氏貿易船也造訪東京、廣南、柬埔寨、暹羅和東南亞其他港口，取得中國和日本市場所需的貨物。他們在暹羅和其他地方以中國絲、日本銅和金交換米，以供給他們自己的軍隊。銅和金再被出口到印度其他港口。

活躍的貿易持續在鄰近區域進行，而因爲清朝的海禁與遷界，鄭氏因臺灣的有利位置獲利甚多，且在東亞的國際貿易上，能保有他們作爲重要中介者的主導地位。在一六八〇年，鄭經已耗盡他的國力，且在一次驅趕滿洲人，卻又被迫退回臺灣的無益嘗試中，喪失他在大陸的據點。鄭經次

㉚ 同上。

㉛ 《華夷變態》，頁九八、一六六、二五八—二六〇。John E. Wills, "Ch'ing Relations with the Dutch, 1662–1690" in : John K, Fairbank ed. *The Chinese World Order : Traditional China's Foreign Relations* (Cambridg Mass, 1968), pp.234–236 et seq.

㉜ 《華夷變態》，頁二九八、三〇二以下等等。

年過世，在鄭氏家族內，誰能繼承他的問題，很快的爆發權力鬥爭。領導階層的分裂象徵鄭氏力量的衰竭。最後，一六八三年，鄭氏的武力在澎湖群島被施琅領導的清朝遠征艦隊徹底打敗，實際上結束了鄭氏家族的勢力。鄭經的兒子兼繼承人鄭克塽投降清朝，滿洲勢力在一六八三年十月佔領臺灣。㉝

三、清朝統治下的臺灣

起初清朝並沒有想要保留臺灣。但施琅在一六八四年二月七日（康熙二十二年十二月二十二日）上奏給康熙皇帝，闡釋了臺灣的戰略價值，並強調唯有臺灣納入大清帝國版圖之內，福建、浙江、廣東和江蘇的安全才得以確保。施琅的意見被採納了，於是在一六八四年五月二十七日（康熙二十三年四月十四日）皇帝批准了設立包含三個縣的臺灣府作爲福建省的一部份，並常駐正規軍一萬人守備臺灣與澎湖。

鄭氏向清朝投降後不久，一六八三年十二月皇帝再度下令准許中國人定居在海岸地區。隨後

㉝《臺灣文獻叢刊》，第十三種，頁二七—五三；第一百六十五種，頁一二七、一三一、一三二。

㉞同上，第十三種，頁五九—六二；第一百六十五種，頁一二七、一三一、一三二。

在一六八五年康熙皇帝開始了一連串步驟開放海上貿易。海上貿易的禁令接連在福建、廣東和浙江解除了。稅關被設立了，關稅也修訂了，由北京派來了財政官員。一六八四年十二月一日（康熙二十三年十月二十五日）皇帝下詔將沿海各省的海上貿易禁令全部廢除。㉟

因此，對外貿易政策也跟著在海禁至開放之間轉變。一六八五年起，海上貿易對所有的中國商人開放，中國的戎克船與長崎及東南亞口岸進行貿易的船隻數量持續增加。十七世紀後半期中國戎克船每年駛抵長崎的平均數目，計算於以下的表（見附表一），它將能非常清楚的顯示這個情況的轉變。

當德川幕府執行鎖國政策並禁止日本船航行到外國，中國戎克船造訪日本的數目每年平均在六十到八十艘之間。在一六四一年時達到九十七艘。㊱許多來自福建和浙江的戎克船都和日本貿易，但在鄭芝龍的領導下福建商人佔有優勢地位。從一六四七至一六六一年，中國戎克船和長崎貿易的

㉟《臺灣文獻叢刊》，第一六五種，頁一三〇，一三二—一三三；《華夷變態》，頁四二七、四四三、四五一；《清朝文獻通考》，第二六卷，頁五〇七七、第三三卷，頁五一五四—五一五五；《大清聖祖實錄》，第一一五冊第二一—二二件，第一一六冊第三、十八件，第一二〇冊第十五—十六件，第一二四冊第十二件。

㊱村上直次郎：《長崎オランダ商館の日記》Ⅰ（東京，一九五六年），頁一〇七。

平均數目減少到四十八艘，這是由於反滿活動仍在華南活躍著。鄭成功控制了福建沿海並掌握了海上貿易。在一六六二年至一六七二年之間，鄭氏的領袖們自廈門撤軍並以臺灣爲基地。自一六七三年至一六八四年鄭氏抓住了三藩之亂的機會反攻大陸，但是再度敗退至臺灣，最後投降了滿洲人。由連續而顯著的戎克船數目的在這些時期的衰退，可以很容易看出清朝嚴禁海上貿易與大陸沿海全面遷界的政策效應。在這些時期中，來自臺灣和東南亞口岸的戎克船平均數目佔據總數中很大份量。在鄭氏統治時期臺灣仍然在東亞貿易中扮演一個重要的轉運站角色。

一六八四年時，只有九艘中國戎克船自中國沿海駛抵長崎港，這個數目在一六八五年時急增至七十七艘，一六八八年達到一百七十四艘。這樣突如其來的情勢轉變震驚了德川幕府，開始限制中國貿易戎克船數爲七十艘，並規定了每年貿易量最高六十萬兩的限制。因此，自一六八九年起，中國戎克船前往日本的數目就縮減了。

生絲與來自長江下游三角洲地帶的各種纖維總是構成中日貿易商品中最重要的部份。在當時，中國的絲除非先經由陸路運送到福建和廣東的港口或是利用浙江和江蘇的船，否則無法出口到日本。他們也和砂糖及熱帶貨品一起由普陀山或寧波運送出來。但是，當一六八〇年代開放了海外貿易，由浙江和江蘇直航長崎的船就顯著的增加。他們逐漸取代福建商人的地位，自一八九〇年代起開始掌控日本貿易。㊲閩粵商人此時以東南亞口岸做爲他們貿易主要目標，而廈門和廣州仍然是中國南洋貿易的主要轉運站。康熙皇帝開放海外貿易是一個主要的轉捩點。在十七世紀的最後一年，東亞貿易的架構重回在十六世紀中期被破壞的傳統秩序。北方的中國戎克船貿易主要是從寧波與南京（上海）前往日本；南方的貿易則是自廈門與廣州的港口前往東南亞。臺灣再一次被定位在東亞貿易的主要路線之外的一個微小的邊陲區域。

十六世紀之前並沒有任何在國際貿易中有價值的產品由臺灣出口。但稍後由於荷蘭人所推廣的甘蔗種植，使砂糖變成一種重要的出口商品。砂糖是一種典型的可作爲船之壓艙物，且在日本市場也有大量的需求。砂糖由華南、臺灣和東南亞進口。因此，即使臺灣自亞洲內部主要貿易路線被排除出來，但也非如古代時期一樣全然與世界疏離。

當臺灣被大清帝國強佔時，由於對於商業比較關心，當局沿用鄭氏的政策，他們試圖將臺灣的

㊲　山脇悌二郎：〈近世日支貿易における福州商人の沒落〉，《東方學》十二（一九五六年六月），頁七四—八八。

產品——砂糖和鹿皮——在政府的控制下出口到日本，使收益成為政府的財富㊳。在一六八四年時，政府對臺灣砂糖設定了一個每年兩萬擔（譯者按：一擔等於一百斤）的運輸限額。㊴但是實際上，在一六八四年時臺灣縣的配額只有六千擔，鳳山縣有一千五百擔及諸羅縣有三千五百擔。總數達到一萬一千擔，但一六八六年時數量就增加一倍。㊵

臺灣的砂糖和鹿皮依據官方的命令被運送至廈門和福州。根據日本的紀錄，在一六八五年八月二十五日有十三艘來自福州和廈門的官方戎克船到達長崎，船上還有兩位滿洲官吏押送貨物一併到日本。他們是因福建巡撫王國安與提督施琅為執行皇帝之詔令而派遣的。這些戎克船裝載著臺灣的砂糖和鹿皮，收益將用來支付在臺駐軍的費用。但是九月二十六日日本當局決定要維持他們的鎖國政策，並拒絕和清朝有任何的官方關係。他們要求將這些貨物運返原來的口岸，自此之後也不再有

㊳《臺灣文獻叢刊》，第十三種，頁六六—六七。Factory Records, *China and Japan*, pp. 173－174.《華夷變態》，頁四七〇—四七一。

㊴《臺灣文獻叢刊》，第十三種，頁六七—六八。

㊵《臺灣文獻叢刊》，第八十四種，頁一六九。

任何的清朝官吏隨貨物被派遣到日本。㊶臺灣貿易中的福建官方企業被中止了，臺灣的貨品開放給私有企業。㊷

當福建政府操控臺灣貿易時，自一六八四年至一六八七年間，沒有任何戎克船由臺灣開到長崎。一六八七年，兩艘中國戎克船由臺灣駛抵長崎，這是自清朝併吞臺灣以後首次有臺灣貨物到達。在這一年還有一百二十九艘船由中國沿海、五艘來自東南亞駛抵長崎。一六八七年那年中國戎克船總共有一百三十六航次。一六六八年有四艘來自臺灣、一百七十四艘來自中國沿海及十四艘來自東南亞，總數有一百九十二艘。因爲難以對抗中國戎克船的急速增加，日本當局在一六八九年只限定七十艘船。請見附表二。

就如我們可以看到的，來自臺灣戎克船並沒有在這個分配表內。㊸無論如何，在一六八九年至一六九九年之間，每年都連續有一至三艘中國戎克船由臺灣到長崎。平均每年有兩艘船。一七〇〇

㊶《華夷變態》，頁四九一—四九六、四九八—五〇一。《通航一覽》5（東京，一九一三年），頁二二八—二三四。

㊷《華夷變態》，頁六〇〇、六六六。

㊸《通航一覽》4，頁三一八—三一九。

年有五艘、一七〇一年有三艘、一七〇二年有四艘、一七〇三年有十二艘、一七〇四年有十四艘、一七〇六年有十一艘，一七〇八年則超過八艘。我們可以看到，來自臺灣的戎克船在十八世紀初期一直增加。在鄭氏投降以後，因爲許多在臺灣的人被遣返回大陸，臺灣的農業輸出減少了，但是由十七世紀末起，因爲新移民的增加，臺灣的耕作復甦了，出口也逐漸增加，所以此時由臺灣出發的戎克船數目也逐漸增加。

一七一五年，德川幕府加緊對外貿易的控制以避免大量的日本銅外流，幕府限制每年來日之中國戎克船數量爲三十艘。附表三是第一個中國運輸分配計畫。㊹附表四是一七一五年六月的分配。㊺

根據以上的數字，我們可以知道，因爲絲和其他纖維的交易，江蘇和浙江的商人宰制了中日間的貿易。但即便是臺灣作爲一個轉口站的價值已經衰落，她仍然是日本市場的一個重要的砂糖供應

㊹《通航一覽》4，頁三六〇。
㊺《通航一覽》4，頁三四八—三四九。

者。中國的海外貿易幾乎都因爲清朝之海禁政策而被整個排除了。㊻當鄭氏向清朝投降以後，富有的臺灣商人幾乎全部被遣返回大陸，因而他們無法在臺灣繼續任何實質性的商業。㊼

由一六四四年前期起，日本當局透過來到長崎的中國和荷蘭人接受海外世界的資訊。當時中國戎克船依照每年到達的次序被編號。依據一位來自廈門、在此之前居住在臺灣的船長——黃書光對長崎當局的一份報告，他是因爲不能在臺灣繼續經商才遷移到廈門，該次係他第一次由廈門航行到日本。㊽據這些由一六八七至一六九〇年間來自臺灣的船長們對日本當局所宣稱的，漳州、泉州和廈門的商人掌握了在臺灣的商業交通，沒有來自其他地方的戎克船。㊾因此，一開始臺灣的貿易就被閩南商人的貿易資本所宰制。

臺灣的砂糖和鹿皮被運送到福建後，再轉運到日本。部份砂糖也進入華北市場。漳州的第六十

㊻ M.A.P.Meilink－Roelofse, *Asian Trade and European Influence in the Indonesian Archipelago between 1500 and about 1630*（The Hague 1962）,p.265. 山脇悌二郎，《近世日中貿易史の研究》（東京，一九一三），頁一一一九。

㊼《臺灣文獻叢刊》，第八十四種第二册，頁一六八。

㊽《華夷變態》，頁七四六—七四七。

㊾《華夷變態》，頁六八九、七〇五、九六九。

五號戎克船一六九〇年在漳州裝載了臺灣鹿皮與砂糖，然後運送到日本。㊿一六九〇年至一六九二年由廈門航向日本的第八十八、四十六、二十七與五十一號戎克船則攜帶了大陸的砂糖和臺灣的鹿皮。㊶一六九三年的第六十四號戎克船，原是在前年冬天自廈門航往獅城，然後回到廈門卸下一些貨物，再裝載臺灣砂糖航向日本。㊷一六九九年的第三十六號與一九〇九年的第四十五號戎克船由廈門航向臺灣，購買砂糖後回航廈門，然後再航向日本。㊸上述所有的例子都解釋了閩南商人正操控著與臺灣間的海運商業。

一六九五年，從臺灣回來的第三十一號戎克船船長報告說：該年有七至八艘由寧波與福州來的戎克船在臺灣訂購砂糖。㊹一六九七年時，來自福州的第三十七號和寧波的第三十八號戎克船到臺灣採購砂糖。該年還有其他來自福建和浙江的船來臺灣載運砂糖。㊺高州的第三十五號戎克船原本

㊿《華夷變態》，頁一二四六。

㊶《華夷變態》，頁一二八六、一三四九、一四三七、一四六二。

㊷《華夷變態》，頁一五七三。

㊸《華夷變態》，頁二〇六五、二六三四。

㊹《華夷變態》，頁一六三九。

㊺《華夷變態》，頁一八八四—一八八五。

是一六九九年來自寧波，爲了砂糖和鹿皮造訪臺灣，然後航往日本。56同年，海南的第六十六號戎克船原本是來自南京，前去臺灣載運一些白糖再駛向海南，然後才由海南北上長崎。57依據第三十三號戎克船船長所作的陳述，一九〇四年該年有很多來自浙江和南京的船在臺灣。58一七一三年來自寧波的第一號戎克船報告該年有十艘船前往東南亞，並有四到五艘由寧波前往臺灣。59這可以視爲：在一六九〇年代以後，浙江和江蘇的貿易商也建立了他們前往臺灣的方法。

根據《華夷變態》——一本中國船長們的口傳故事集——有七十五位來自臺灣的船長，只有一位名爲鄭宜的船長——他是一六八七年第四十八號戎克船的船長——清楚的表示他居住在臺灣。在文件中顯示出一些船長們的出身地。如下所示：

一六九六　第二十一號　楊亦官　廈門
一六九六　第三十三號　陳聯官　泉州

56《華夷變態》，頁二〇六四。
57《華夷變態》，頁二〇九四—二〇九五。
58《華夷變態》，頁二三七九—二三八〇。
59《華夷變態》，頁二六九一。

一七〇二	第三十七號	陳招官	寧波
一七〇二	第三十八號	陳好官	寧波
一七〇二	第四十五號	吳辰官	泉州
一七〇二	第四十八號	陳興官	廈門
一七〇三	第七十五號	周棟官	廈門
一七〇四	第三十九號	林大輔	寧波
一七〇四	第四十號	林二官	寧波
一七〇四	第四十五號	鄭衡儒	南京
一七〇四	第四十六號	李叔若	福州
一七〇九	第五十一號	林二官	福州
一七一〇	第三十八號	齊箕公	福州
一七一一	第〇二號	林朝日	福州

當我們接著每一年檢視每一艘船的根源地時，我們發現其中很多艘每年都由臺灣出發，也有其他船由各個不同的地點出發。

在清朝於一六八七年四月十九日開放貿易之後，第三十號由臺灣駛向長崎的戎克船船長吳德官表示：他於一六八六年由泉州航行至長崎，同年他沒有回到泉州而是直接前往臺灣，然後再從臺灣經普陀山回返日本。他是一六八五年自廈門而來，一六九二與一六九三年則來自廣州。一六九四年時，他是一艘於一六九三年離開暹羅的戎克船上之乘客，這艘船在潮州停靠，接運了一百一十九位乘客，然後在一六九四年駛抵長崎。一六九五年他擔任一艘來自泉州的戎克船之大副。一六九九年他仍由泉州出發，擔任船長工作。一七〇〇年他報告說自己是一位來自寧波的船長。在一七〇三年時，我們再度發現他自寧波來，但此次他只是個乘客。一七〇四年他再度擔任一艘來自寧波的船之船長。這是一個閩南商人在一七〇〇年以後將自己的商業基地轉換到寧波的例證㊿。

許安官是一六八八年自臺灣航向長崎的第一百八十七號戎克船的船長，這次也是這艘船的處女航。一六八九年時，我們發現他由廈門前往日本。一六九〇年他再度來到臺灣，但此次他搭乘來自東京的戎克船，該船原本是一六八九年來自廈門。一六九一年時，他的起源地再度變成臺灣。從這個例子我們可以了解許安官的活動半徑是在廈門、臺灣與日本之間。(61)

㊿《華夷變態》，頁六一一、六八九—六九〇、一四四二、一五六一、一六五五、一七一六、二〇九六、二一六三、二三〇七、二三七七—二三七八。

(61)《華夷變態》，頁一〇五〇、一一四〇、一二三三、一一一五—一一一六、一三七一。

侯以泰是一七〇三年來自臺灣的第四十九號戎克船船長。他於一七〇一與一七〇二年自福州出發。一七〇三年他的大副是三年來和他一起工作的陳亦佳。一六九五年陳亦佳是一位從寧波出發，朝巴達維亞航行的戎克船上之乘客。該船在巴達維亞載貨之後，經過舟山再航向長崎。一六九六年據報告說陳亦佳來自普陀山，一六九七年則是由舟山來。[62]林瑞官是一七〇三年自臺灣來的第五十號戎克船的船長。在這一年之前，在一七〇〇年他已經由寧波到過日本兩次，一七〇一年由普陀山，一七〇二、一七〇四和一七〇八年由寧波出發。由此可知，林瑞官的經營基地主要是在寧波。[63]

由以上的例子可以知道，臺日間商人的貿易活動基本上分成南北兩個集團。南方商人的活動基地在廈門、泉州和漳州，而北方商人的活動基地則設在福州、寧波、南京（上海）及其他地點。自一六九〇年代初期開始，北方商人將他們的活動擴展到臺灣，從一七〇〇年起，他們掌控了臺日間的貿易。當時，臺灣的砂糖是僅次於中國大陸絲帛第二重要的產品。

清朝時期，在臺灣已經成立一些同業公會的組織。依據《臺灣私法》所載，三郊是一七二五年

---

[62]《華夷變態》，頁二三一四、二二八五、二二〇六、一七五五、一八三七、一九一四。

[63]《華夷變態》，頁二三一五、二一四〇、二一〇九、二二一二、二二六一、二三七三、二五四七。

在臺灣成立，包括北郊、南郊和港郊。可惜並沒有留下直接的資料來支持早期記載。根據方豪教授所作的研究，最早關於在臺灣同業公會的記載是一七六五年的北郊，然後是一七七二年的南郊。[64]無論如何，根據以上提出許多在臺灣的貿易活動之事例，說明了在十八世紀的極早期，就有同業公會組織在這個島上成立。

譯者附註

本論文為曹永和教授原著，陳宗仁、陳俐甫合譯，譯文前半部為陳宗仁負責，後半部由陳俐甫擔任。英文原文載於：T'sao Yung－ho, "*Taiwan as an* Entrepot in East Asia in the Seventeenth Century", *Itinerario*, VOL.XXI（1997）, NO.3，經作者授權同意翻譯，特此致謝。

---

[64] 方豪：〈臺南之郊〉，《大陸雜誌》四十四卷四期（一九七二年四月）。

附表一　每年到長崎之中國戎克船平均數

	江蘇與浙江	福建	廣東	中國沿海總數	臺灣	東南亞	總數
一六四七－一六六一	三	二六	一	三六	—	一二	四八
一六六二－一六七二	二	四	二	一四	一〇	一四	三八
一六七三－一六八四	一·七	一·七	二·六	六	八	一一	二五
一六八五－一六八八	四九	五二	一一	一一七	一·五	一〇·五	一二九
一六八九－一六九九	三三	一九	七	六三	二	一二	七七

附表二

江蘇與浙江		福建		廣東		東南亞	
南京	一〇	福州	一三	廣州	六	東京	一
寧波	一二	泉州	四	潮州	二	廣南	三
普陀山	三	漳州	三	高州	二	柬埔寨	一
		廈門	五			暹羅	二
						北大年	一
						巴達維亞	二
合計	二五	合計	二五	合計	一〇	合計	一〇

附表三

江蘇與浙江	
南京	七
寧波	五
普陀山	一
溫州	一
舟山	一
合計	一五
福建	
福州	一
廈門	二
漳州	一
臺灣	四
合計	八
廣東	
廣州	二
合計	二
東南亞	
東京	一
廣南	一
柬埔寨	一
暹羅	一
巴達維亞	一
合計	五

附表四

江蘇與浙江	
南京	一〇
寧波	一一
合計	二一
福建	
福州	二
臺灣	二
合計	四
廣東	
廣州	二
合計	二
東南亞	
廣南	一
暹羅	一
巴達維亞	一
合計	三

澎湖之紅毛城與天啟明城

一、前言

澎湖位於大陸與臺灣之間，不但爲中華民族開拓臺灣之跳板，因處在東亞海上交通樞紐之地，其戰略價值甚大。因此明清兩代澎湖屢次遭受外患，軍事防務上的設施，比臺灣本島猶多，爲構成今日澎湖古蹟的另一特色。荷蘭人在未佔據臺灣以前，曾有兩次入侵謀據澎湖，想作爲其基地，以開闢中國貿易。荷蘭人謀據澎湖，不但是明末中外交涉史上的一項重要史事，就中其第二次入侵澎湖，其結果竟演變爲轉據臺灣，對臺灣史上也具有極大歷史意義。然明史和臺灣的各種方志均有許多荷蘭人侵據澎湖及所修築城堡的記載，但這些史籍，可能纂修時未充分引證明季當代資料，或所採訪民間傳聞失實，於是各書記載多有錯誤，有些竟以誤傳誤，沿襲至今。現在由於明實錄和部份明內閣大庫檔案的刊印流通，我們比過去有較豐富的史料可資參證。如再與荷蘭方面的資料比對，我們就可訂正明史等書的錯誤，也更了解此段中荷交涉的經過①。對於此段中荷交涉的史事，其詳細雖留待學者將來研究的問題尚多，惟茲就荷蘭人在澎湖修築的所謂「紅毛城」和明當局驅荷後，爲善後所規劃築建的所謂「天啓明城」，從當時的中荷雙方資料，互相參證，考證此役重要史蹟，訂諸書之謬誤，藉此以了解這一段史事之一斑。

二、《明史》與《臺灣方志》中有關紅毛城記載

荷蘭人自一五九六年（明萬曆二十四年）初次來到爪哇以後，爲拓展其海外貿易，除想獨占南

---

① 此段史事的的大概，讀者可參閱：村上直次郎：〈澎湖島に於けるオラソダ人〉，《臺灣時報》，第一五八號（昭和八年一月），包樂詩：〈明末澎湖史事探討〉，《臺灣文獻》，第二四卷第三期（民國六十二年九月）（按吾友 Leonard Blussé 博士發表此文時，其中文名字爲「包樂詩」，但他後來改稱爲「包樂史」）。Blussé, Leonard, "The Dutch occupation of the Pescadores 澎湖群島(1922 – 1624)" *Transaction of International Conference of Orientalists in Janan*, No. XV111, (1973).

海香料貿易以外，也亟思直接與中國通商。荷蘭人初次入侵澎湖是在一六〇四年（明萬曆三十二年），由司令官韋麻郎（Wijbrand van Waerwijck）親率兩艘船隻，於八月初七日（農曆七月十二日）到達澎湖後，即派人去福建求市。其時福建當局一面嚴禁人民出海接濟，一面派都司沈有容帶兵船五十艘，於十一月十八日（農曆九月二十七日）來到澎湖，在娘媽宮會晤韋麻郎，要求其撤退。韋麻郎本擬行賄稅監高寀，然由於求市無望，接濟路窮，終於是年十二月十五日（農曆十月二十五日）駛離澎湖，結束了這次中荷兩國人的接觸。②

嗣後，荷蘭人於一六〇九年（萬曆三七年）在日本平戶設立了商館，一六一九年（萬曆四七年）又在爪哇建設了巴達維亞（即今印尼首都雅加達）作爲其總督府所在地後，爲著建設巴達維亞和拓展亞洲貿易，更痛感有與中國通商的必要。於是至一六二二年（天啓二年）再次侵據澎湖。此次竟遣將率艦隊，帶大兵；到澎湖後，即築城駐兵，謀久據。又自澎湖出擊劫掠福建沿海，訴諸武

---

② 現在馬公天后宮後進清風閣有「沈有容諭退紅毛番韋麻郎等」斷碑，即此役紀功碑殘碑。又董應舉於天啓年間寫給福建巡撫南居益的信中，有：「彭湖港形如葫蘆，上有天妃宮，此沈將軍有容折韋麻郎處也。」之語，見於《臺灣文獻叢刊》第二三七種《崇相集選錄》（民國五十六年）頁三六，可知馬公天后宮即沈有容接見韋麻郎曉諭撤退之地點。

力，想威迫明當局開市通商。但荷蘭人的求市仍爲明當局所峻拒，並於一六二四年（天啓四年）派兵圍攻澎湖的荷蘭人，於是荷蘭人終於是年八月二十六日開始拆城，撤退澎湖而轉據臺灣。

天啓年間荷蘭人侵據澎湖一事，《明史・和蘭傳》有如下記述：

「然是時佛郎機橫海上，紅毛與爭雄，復汎舟東來，攻破美洛居國，與佛郎機分地而守。後又侵奪臺灣地，築室耕田，久留不去，海上奸民，闌出貨物與市。已，又出據澎湖，築城設守，漸爲求市計。守臣懼禍，說以毀城遠徙，即許互市。番人從之，天啓三年果毀其城，移舟去。巡撫商周祚以遵諭遠徙上聞，然其據臺灣自若也。

已而互市不成，番人怨，復築城彭湖，掠漁舟六百餘艘，俾華人運土石助築。

尋犯廈門，官軍禦之，俘斬數十人，乃詭詞求款。

再許毀城遠徙，而修築如故。

已又泊舟風櫃仔，出沒浯嶼、白坑、東碇、莆頭、古雷、洪嶼、沙洲、甲洲間，要求互市。而海寇李旦復助之，濱海郡邑爲戒嚴。

其年，巡撫南居益初至，謀討之。上言：臣入境以來，聞番船五艘續至，與風櫃仔船合，凡十有一艘，其勢愈熾。有小校陳士瑛者，先遣往咬　吧宣諭其王，至三角嶼遇紅毛船，言咬　吧王已往阿南國，因與士瑛偕至大泥，謁其王。王言咬　吧國主已大集戰艦，議往澎湖求互市，若不見許，必至搆兵。蓋阿南即紅毛番國，而咬𠺕吧、大泥與之合謀，必不可以理喻。爲今日計，非用兵不可。因列上調兵足餉方略，部議從之。

四年正月遣將先奪鎮海港而城之，且築且戰，番人乃退守風櫃城。居益增兵往助，攻擊數月，寇猶不退，乃大發兵，諸軍齊進。寇勢窘，兩遣使求緩兵，容運米入舟即退去。

諸將以窮寇莫追，許之，遂揚帆去。獨渠帥高文律等十二人據高樓自守，諸將破擒之，獻俘於朝。澎湖之警以息，而據臺灣者猶自若也。」

《明史·和蘭傳》的這一段，荷蘭人第二次侵襲澎湖和福建當局驅荷的經過，都有一些錯誤。包樂史（詩）據中荷文資料比對，曾做過大概的介紹。③

《明史·和蘭傳》說先佔臺灣、後據澎湖，其實是先據澎湖、後佔臺灣；對此，稍有臺灣史知識的人均知道，故不需贅言。明史又說荷蘭人侵襲澎湖，曾築城設守，謀求互市。由於福建守臣允

---

③ 同註①。又關於《明史·和蘭傳》有張維華的注釋可參考。張維華：《明史佛郎機呂宋和蘭意大利亞四傳注釋》（北平：哈佛燕京學社，民二三年六月），有臺北學生書局影印本。

諾若毀城遠徙，即許互市；於是天啓三年荷蘭人果毀其城，但互市卻不成，荷人遂復築城。然對於築城地點並沒有說明。對此事，荷蘭方面資料且不說，中文方面如《明實錄》，天啓三年四月壬戌（初三日）條：有福建巡撫商周祚以紅夷遵諭拆城徙舟報聞④，至同年六月乙酉（二十六日）條，又謂：「紅夷久據彭湖，臣行南路副總兵張嘉策節次禁諭。所約拆城徙舟及不許動內地一草一木者，今皆背之。」⑤同年八月丁亥（二十九日）條，又有南京湖廣道御史游鳳翔奏曰：

「臣閩人也。閩自紅夷入犯，就澎湖築城，脅我互市。及中左所登岸，被我擒斬數十人，乃以講和愚我，以回帆拆城緩我，今將一年所矣。非惟船不回、城不拆，且來者日多。擒我洋船六百餘人，日給米，督令搬石，砌築禮拜寺於城中。進足以攻，退足以守，儼然一敵國矣。……又言總兵徐一鳴冒矢石督戰。中左所副總兵張嘉策閉城自守，不肯應援。身不至海上，詭言紅夷恭順，欺罔舊撫。甚有言其通夷，必欲遷延以成互市。」⑥

---

④《明熹宗實錄》卷三三（臺北，中研院史語所本）一二八冊，頁一六八一。又《臺灣文獻叢刊》第一五四種《明季荷蘭人侵據彭湖殘檔》（臺北，民五一）頁二，以下簡稱《侵據彭湖殘檔》。

⑤《明熹宗實錄》卷三五，第一二八冊，頁一八二八；《侵據彭湖殘檔》頁三。

⑥《明熹宗實錄》卷三七，第一二八冊，頁一九二七—一九二九；又《侵據彭湖殘檔》頁三—五。

從《明熹宗實錄》的這些記載，我們可知商周祚並未允許互市，止允遵舊例在大泥及咬𠺕吧和閩商貿易，而所謂拆城徙舟其實是受了副將張嘉策的欺罔，荷蘭人並未曾毀城遠徙，復回重建之舉。

《明史・和蘭傳》又說，南居益代商周祚任福建巡撫後，謀以武力驅逐荷蘭人，收復澎湖，上言方略，調兵籌餉。自天啓四年正月開始軍事行動。荷蘭人最後據守地點是風櫃尾城，由於明大軍齊進，荷蘭人勢窮，兩次遣使要求緩兵，容其運糧入船以便撤離。明軍許之，荷蘭人遂揚帆而去。然獨高文律等十二人頑抗自守，明軍遂發動攻勢，攻破風櫃尾城內高樓，擒獲高文律等人，而獻俘於朝，至是結束了驅荷之役，收復了澎湖。從此記載，我們可以知道風櫃尾有個荷蘭城。高文律，自伊能嘉矩以來，許多認為人名，甚至「高文律」三字用閩南語音翻字為 Koboenloet。⑦其實高文律是 Commandeur（司令官）的音譯，係職名。按一六二二年四月被派率艦來侵據澎湖司令官是雷爾生 Cornelis Reyersen 或 Reyersz。他於一六二四年五月請辭，其後任長官 Martinus Sonck 於八月三日到達澎湖後離任，於是年十二月九日回到巴達維亞，一六二五年正月二十八日引率三艘船隻回

---

⑦ 如伊能嘉矩：《臺灣文化志》（東京，昭和三年）上卷頁五五；又臺灣省文獻委員會：《臺灣史》（臺中，民國六六年）頁七〇。

歸本國；但回航中因病去世，葬於東菲 Madagascar 島。故被擒獻俘於朝的高文律，當然不會是雷爾生。一六二三年六月二十日率增援艦隊來澎的 Christian Francx 也具有司令官的職名。Francx 於一六二三年十月二十八日率四艘船自澎湖來到浯嶼，與福建當局交涉互市，至十一月中旬 Francx 應明方邀請登陸赴簽約時而被擒。

對此南居益嗣後於崇禎二年陳閩事始末疏言：「第相度進剿之勢，見大海澎湃中，萬難接濟。戰夷舟堅銃大，能毒人於十里之外，我舟當之，無不糜碎。即有水犀十萬，技無所施。乃多方用計，誘夷舟於廈門港口，生擒夷首高文律等，並斬級六十名，……乃具疏以聞，且言擒獲夷首高文律等，俟蕩平之日，俘解闕下，聽候宸斷，以威四夷。」而澎湖平定後，「臣查照前疏，始將擒獲高文律等俘解闕下，蒙熹宗皇帝採廷臣議，祭告郊廟，御門受俘，刑高文律等於西市，傳首各邊，以昭示天下。」⑧可知高文律被擒，從明方資料也顯示並非在攻破風櫃尾城之時，而用計擒獲於

---

⑧《明清史料》乙編第七本第六二九葉；又見於《侵據彭湖殘檔》頁三一—三二；荷方資料見《巴達維亞城日記》一六二四年二月十六日條，臺灣省文獻委員會中文譯本第一冊（民國五九年）頁二七—二九。荷方所云參畫用計中國隱士是生員陳則賡，見於《廈門志》卷十三列傳〈隱逸〉。又兵部題〈彭湖捷功〉殘稿亦有「標下贊畫生員陳則賡，妙算風生羽扇，奇謀雲湧旌施，效著焚舟，功成掃穴」之語，敘陳則賡參畫之功。《明清史料》乙編第七本第六二八葉；《侵據彭湖殘檔》頁三七。

廈門。據熹宗實錄所錄兩朝從信錄，有關居益的奏捷節錄，云：「改分兵三路齊進，而夷恐甚。牛文來律隨豎白旂，差通事同夷目至娘媽宮哀稟。……孫海道恐攻急彼必死鬥，不如先復信地，一網盡之爲穩，姑許之。夷果於十三日拆城，運米下船。止東門大樓三層爲舊高文律所居，尙留戀不忍，乃督王夢熊等直抵風櫃，盡行拆毀。夷船十三隻俱向東番遁去。」⑨按牛文來律是荷蘭語 Gouverneur 的音譯，等於是英語 Governor，即長官 Martinus Sonck。明代資料是說風櫃尾城內高文律所居，荷人留戀不拆，由王夢熊拆毀，也非攻城擒獲高文律，如此《明史·和蘭傳》對於明季荷蘭人和中國的關係雖有一個較爲完整的敘述，然不但與荷方資料，與明季當代資料比對，頗有錯誤。明天啓間荷蘭人在澎湖所修築「紅毛城」，從明代資料可知即在風櫃尾。

那麼荷蘭人在澎湖所築紅毛城，清代臺灣各方志究有如何記載？上海圖書館所藏康熙二十四年臺灣知府蔣毓英纂修《臺灣府志》，近有影印行世；此爲臺灣最早方志。在這本蔣修府志中，有關荷人築城事有二處記載：「瓦銅港澳。在城仔澳西，相距四里許，前年紅毛城曾築銃城於此。」（卷三敘川附海道潮汐）「澎湖瓦銅港澳銃城。係紅毛所築，明金門哨兵尙駐紮於此，今圮。」

---

⑨《明熹宗實錄》（梁本）卷四七，第一二九冊，頁二四六〇；又《侵據彭湖殘檔》頁一〇。

（卷六規制城郭）

高志、周志均將瓦銅作爲瓦硐，記事大致相同。嗣後劉志、范志、余志、陳文達《臺灣縣志》、胡建偉《澎湖紀略》、《澎湖廳志》等書均有瓦硐和紅毛銃城記載。

至於地方一般所說紅毛城，文字上較早的記載有胡建偉《澎湖紀略》。其卷二〈地理紀〉城池云：「澎湖本無城也。……惟廳治迤西二里許，有紅毛城廢址一處，周圍一百二十丈，舊傳爲紅夷所築云。」⑩又同書〈澳社東西衛澳記〉「紅毛城址在文澳西」⑪，同治初年的《臺灣府輿圖纂要》曰：「紅毛城，在澎湖廳治西北二里許，周圍一百二十丈。城垣半頹。其一在大城山頂，遺跡尚存。」⑫，同書又曰：「文澳衙署無城池，惟有紅毛城遺址。」⑬，至光緒時，《澎湖廳志》卷二規制城池項：「紅木埕，在舊廳治西北二里許，前明時有小城，周圍一百二十丈，今城垣已頹。」過去所云紅毛城址改稱紅木埕，但僅說「前明時」，並沒有說是紅毛所築。除這些文字記載

⑩《臺灣文獻叢刊》第一〇九種頁三〇。
⑪《臺灣文獻叢刊》書頁三三。
⑫《臺灣文獻叢刊》第一八一種頁五一。
⑬《臺灣文獻叢刊》頁三四三。

以外，有關澎湖輿圖所標示「紅毛城」，卻比澎湖紀略出現較早。美國國會圖書館所藏康熙五十九年陳文達所纂修《臺灣縣志》澎湖輿圖，在媽宮北邊繪有「紅毛城址」（附圖一）⑭

其他澎湖輿圖，繪有紅毛城的有雍正年的海國聞見錄，乾隆初年周于仁、胡格的澎湖志略，劉良璧的《重修府志》，范咸《重修府志》（附圖二），《續修府志》，胡健偉《澎湖紀略》；而在《澎湖廳志》的圖上，將原紅毛城的位置作紅木埕。如此一般所說紅毛城在康熙末始見於輿圖上。

至於奎壁澳、赤嵌澳、吉貝澳等處，均有紅毛城的記載，似始於乾隆中葉的《澎湖紀略》。然荷蘭所築，大致方志都說瓦硐銃城和紅木埕的紅毛城爲多。另外，乾隆十七年王必昌重修《臺灣縣志》卷二，記曰：「風櫃仔尾澳，在禪垵西二里，可容小艇。有山高七、八尺，凹其中，周圍如雉堞狀；即明天啓間紅毛築城陳銃處。」記風櫃尾有紅毛城址。⑮

三、荷文資料有關建城記載

那麼荷蘭資料對於澎湖修築城堡有如何記載呢？在一六二二年一月十五日巴達維城的總督與參

---

⑭《臺灣文獻叢刊》第一〇三種頁二二，又省文獻委員會影印本頁九六。

⑮《臺灣文獻叢刊》第一一三種頁四二。

議員的會議，已經決議爲拓展中國貿易，考慮攻佔澳門，同時也提起澎湖有良港，⑯是年三月二十六日總督 Coen 寄給本國的書信，也說：要奪取澳門如發覺不智或者失敗，我們的意思是在澳門或漳州附近最適當的地點建築一座城堡，我們的意思是應建於澎湖（Piscadores）或小琉球（Loqueo Pequeno）。我們知道在澎湖有廣闊良好的停泊處，又是最靠近漳州的最適當地點。惟遺憾的是這些島嶼盡是不毛沙地，沒有樹木，也沒有岩石。⑰而次日，即三月二十七日開會決定派遣船隊到中國並挑選雷爾生 Coinelis Reyersz 爲指揮官，並授與 Commandeur（司令官）的職銜。於四月九日總督 Coen 給雷爾生訓令，命先攻澳門，如失敗到澎湖或勘查小琉球（臺灣）在適當的地點建築一城，向中國求市並破壞中國和葡萄牙、西班牙間的貿易關係。⑱次日四月十日雷爾生即引率八艘船隻，一〇二四人出發，航海中又四艘來會合，六月二十四日登陸攻擊澳門，結果失敗，荷人死亡一三六人，負傷一二六人，於是轉駛澎湖，七月十日到虎井嶼，七月十一日進泊媽宮澳。七月二十六

---

⑯ Colenbrander, H. T., ed, : Jan Pieterszoon Coen, vol. III, p.809.

⑰ Ibid. vol. I,p.715.

⑱ 以下根據 W. P. Groeneveldt 的 *De Nederlanders in China* （'S－Gravenhage, 1898）所收雷爾生的日記及決議錄。

日起雷爾生親率兩艘船到臺灣勘查港口，而不能發現比澎湖本島更良好港口，七月三十日開回澎湖，七月三十一日和八月一日兩天開會，於八月一日決議在澎湖主島南西突端築城，是日下午就劏地動土。雷爾生的八月十日的日記又說：我們一直在築城，城牆原計畫用石頭，但因缺少堅固材料，故以塡土，外面敷草皮，其日記又記：

九月十九日，上午下大雨，築城工程不得不延緩。

八月二十三日至二十七日，一切沒有甚麼變故，率全員築城。

九月二至三日，一切如常，率全員盡力築城。這個城堡是方城，長寬各一八〇呎。

九月十三至十五日，吹強大北風又下雨。

九月十六日，城牆數處及城牆相接的外側破壞。

九月十七日，重築上記城牆。

九月二十一日，自船上開始卸下數門大砲，搬到城堡。

以後所築城牆常倒塌，需重建。一六二二年十一月已大致完成三個稜角，備六門大砲。因爲許多士兵罹病很多，後來拿捕航往菲島中國船，役使中國捕虜。至一六二三年九月已完成四個稜角，大砲也裝二十九門。城堡是塡土敷草皮，但逐漸用板圍外圍，面向陸地部分逐步用石灰或石頭加強。如此據何蘭文獻，荷人所修築是在澎湖大島西南突端即風櫃尾。

現在奧地利維也納國立圖書館，藏一些荷蘭的古地圖，其中有一幅「澎湖港口圖」（如附圖三）。⑲這幅圖分為三部，中央為地圖，左右兩邊均有文字說明。中央地圖部份上面說：「在澎湖漁夫島的此港入口，水深有二五、一二、一〇及九噚，滿月在南南東和北北西即高潮，可容一〇〇艘以上船隻。」圖上面註有A、B、C到L等字母和若干文字註記。左邊L字右角上繪二軒房屋，註明「中國寺廟」（Sinessche Tempel）即媽祖宮，可能表示其時廟宇已有前後二進。再上面澳內岸邊有K字，有一行註明：「水井，可汲得最好的水」（Water Put, waer't Beste water gehaelt wordt），岸邊繪有方形，旁邊註云：「中國村舍」（Sineesche Hofstee）。對岸H字下面註記：「城堡所需水井」（Putten tot behoef vant fort）可知其時荷人用水汲取於此處。左邊下面海中繪一岸礁，有三行註記，意即「岸礁，低潮時浮出水面，不然的話，在水面繼續舉火起來」。馬公灣海中記有數字，表示水深。左邊文字部份是有關地圖的說明如下：

---

⑲ 維也納的國立圖書館所藏荷蘭古地圖，日據時代總督府博物館曾複製過其中之熱蘭遮城圖，已相當為眾所周知。我於一九八七年留荷在海牙的國立總檔案館研究時，獲知檔案館正在設法製作微卷，但我離荷時微卷尚未做好，故無緣看到有關臺灣古地圖。後於一九八〇年檔案館友人，故M. E. van Opstall女士應聘到東京大學史料編纂所，路經臺北時，帶來幾幅影印的臺灣古地圖，做為她與包樂史博士給我的禮物，我始獲睹這些地圖。這幅澎湖港口圖即其中之一，在此感謝兩位的好意。

「城堡位於一山丘上
稜角A有二四呎高，除稱爲 Zierickzee 稜角以外，通常稱呼爲 Teunis 叔稜角。⑳
稜角B乃有二三呎高，稱 Capiteijn 稜角。
C是一個廣場，堆置薪柴及其他必需東西。方便的時候，此處可蓋一屋，以貯藏糧米。
D是在山丘上伸出去的稜角，用土堆成，高度不到五至六呎，稱爲 Delft 角。
此稜角下面添一個半圓堡壘，從這裡可以水平開砲射擊，也可供若干艘船隻停靠岸邊下椗，此處停放三艘短艇。
城堡外側，A和B是不好攀登，除非用小路。此路已塞住，應用土填，現在已經完全沒有了。
那邊有C點，從那裡人們可以攀登，但必須用手把草抓緊的。
D點和E點也很陡峭的，從那裡要上來，人們須用全部手和腳爬上來。
F點將挖一乾溝壕。
G點有一低谷，那裡高潮時，有十或十二呎高，水將會穿過去。

---

⑳ 按 Zierickzee 是雷爾生所率船隊旗艦。Teunis 是 Zierickzee 號船長 Teunis Jacobsz. Engels 的名字。

H點又有一山丘，與城堡同一高度。

城堡和有I記號的地點之間，可以飼養上百隻的牛、家畜。家畜是中國人小廟後面那邊最好的動物。

K是一口井，短艇於低潮時，在那裡可以汲水。所汲的水運到北邊。

在K地點的南邊，水不多，或沒有水。

L是中國人的寺廟。

自稜角D點向L角，用Musket步槍射擊是打不到的。

稜角D差不多像一座石山。是費極大的勞苦，用粗石做的。從那裡人們繞過有E和F記號的側面，可以下到平地。

城堡的內側，大部份係就地取土加高至四或五呎。

Jan Jansen Visscheer」

又地圖右邊的註記是：

「根據Teunis Jacobsz. Engels的記述，司令官Cornclis Reijersz率他的艦隊，來到澎湖所發現在小廟旁，有三名中國人廟祝，在那裡飼養若干山羊、雞和牛，他們說明該島南邊有很多漁夫居住。

小廟附近的海灣是砂質海灣。

在該地西北角下也有北風季的停泊處，距陸地有 Musquet 步槍處，水深十潯。

在一月末至二月十二日人們每天在海岸可捕得很多魚，這些魚用適當的方法可以吃。

「Teunis Jacobsz. Engels 言明，自稜角D的砲架，人們可以掠過稜角E，掩護到G點的所有海岸，甚至比稜角更好的。」

這一幅圖是荷蘭人侵佔澎湖，尚未轉移臺灣，可能一六二三年間所繪地圖，頗爲珍貴。然從此圖很清楚告訴我們澎湖紅毛城是位於風櫃尾，在俗稱「蛇頭」山上。我們如仔細看此圖，可以看出方城四隅稜角註明A、B、D、E，而面向馬公灣的D、E間城壁中間起，其外側有一條道路通往海邊，岸邊似爲一碼頭，繪有四艘小艇停靠著。其海上又有一艘懸掛三色旗的荷蘭船停泊。城內緊靠A、E間的城壁繪一排似是營舍。D、E的中間通路的內側，繪一棟懸掛三色旗的樓房，可能就是中文資料所云：「高文律所居風櫃城內高樓」。靠近稜角D，尚繪似一小排建築物。如此可知當時城內的配置。

四、驅荷善後所建明城

福建巡撫南居益在驅逐荷蘭人，收復澎湖後，參考福建文武各官意見和各界輿論，㉑於天啓五年向明廷條陳澎湖善後事宜十款。中央研究院歷史語言研究所編印《明淸史料》乙編第七本，收有兵部題行「條陳彭湖善後事宜」殘稿㉒，據此可知其時南居益所規劃善後十款內容是：㈠議彭湖添設路將；㈡議戍守中左；㈢議增兵，照得彭湖遊擊一營，水陸官兵非二千餘名不可；㈣議增餉；㈤議彭湖築城濬池，建立官舍營房；㈥議彭湖路將之設；㈦議屯田；㈧議築銃臺；㈨議用人；㈩議內地防禦宜嚴。

以上無異是築城增防實邊的建議。其中第五款議築城濬池，建立官舍營房，云：「查得彭湖築城去處，惟媽宮少寬，與風櫃水陸犄角，最稱形勝。合無于此地築城一座，四面各闊三十丈，高一丈五尺，厚半之，約用銀五百兩。」另建立官舍營房，通計需銀二千餘兩，應於餉銀內動支。第八

㉑ 福建詔安人沈鈇曾向南居益提出有關善後建議，見於《天下郡國利病書》所收〈上南撫臺暨巡海公祖請建彭湖城堡置將屯兵永爲重鎭書〉。此澎湖議也收於《澎湖廳志》卷十三藝文中，惟名字誤作沈鐵。

㉒ 此殘稿又收於《侵據彭湖殘檔》頁二〇——二五。

款，議築銃臺，謂：「查得彭島浮于海上，儘稱天塹，……惟媽宮，暗澳澳口，兩山對峙，左爲風櫃仔，右爲西安，計水面相距止五百七十餘丈。而案山鼎立，其中最稱要害。……向爲夷之所必爭，今爲吾之所必守。合無於風櫃、西安、案山三處各築銃城一座。今風櫃業有舊址，修之可用。並西安、案山新築二座，約共費銀三百餘兩。設有異色等船，睥睨揚帆，三處巨銃一齊俱發，而岸上陸兵，持滿橫槊，以相犄角，此萬全之築也。」

南居益的條陳善後奏疏應在天啓五年三月就已送到北京；因爲此件殘檔後面有關用間諜，制倭夷部份，於《明熹宗實錄》天啓五年四月戊寅朔條，見有其摘錄。㉓又《實錄》天啓五年四月己丑（十二日）條，有：「巡撫福建南居益條陳彭湖善後事宜：一議彭湖添設路將，一議戍守中左，一議增兵，一議增餉，一議建城池營舍，一議屯田，一議墩臺，一議用人，一議內地防禦。章下該部。」㉔然兵部〈條陳彭湖善後事宜〉殘稿文末曰：「天啓五年四月二十三日，太子太保本部尚書趙等具題，二十六日奉聖旨：是，欽此。欽遵抄捧送司，案呈到部，擬合就行。」爲此於天啓五年五月初九日合咨福建撫按及禮、工、戶各部欽遵查照施行。即可知有關澎湖善後的規劃，於天啓五

㉓《明實錄》（中央研究院史語所本），第一三〇册，頁二六六一。
㉔《明實錄》，第一三〇册，頁二六八九—二六九〇。

年四月已得到明廷的照准實施了。陳仁錫撰《皇明世法錄》一書，成於崇禎年間；雖係抄撮群書而成，但卻保存一些極重要史料。其卷七十五收有〈彭湖圖說〉㉕。謂：「正中爲娘宮嶼，……涵虛平穀，無海潮溯奔激射之勢，其狀如湖，故彭以湖名。湖面寬轉可里許，深穩可泊南北風，我舟汛守皆頓其中；故夷人窺以爲窟穴。面爲案山仔，右爲西安，原無戍守；今各新置銃城，案山則以中標舟師守，西安則右翼哨兵守。又左爲風櫃，夷所築銃城處也。山略高至七、八尺，夷人拗其中。上壘土石雉堞，安銃數十門；每一發，川鳴谷應，水波爲皺。今毀；然亦略因其舊，多列巨銃，乃分撥右翼把總一員、哨官二員、兵三百餘名守此，蓋與案山、西安相犄角。……娘宮稍後可二里爲穩澳山，山形頗紆坦。自紅夷遁去，奉議開築城基，通用大石壘砌。東西南共留三門，直北設銃臺一座，內蓋衙宇營房及鑿井一口，左翼官兵置此以控制娘宮者也。」

又《皇明世法錄》同卷有「備紅夷議」，云：

「紅夷船高銃烈，我舟雖乘風潮之利恃強直進，終難阻遏。宜設城一座，內屯兵列銃，以與舟師犄角爲勢。而陸兵露處，終非久計；宜於城中搭蓋營房，令其屯聚爲便。遂於穩澳山開築城基，

㉕ 臺北學生書局，民五四年影印，國立中央圖書館藏明刊本，第四冊，頁一九八九—一九九〇。

其疊砌通用湖口巨石，高可丈有七，厚可丈有八，廣可丈三百有奇。」㉖

從此可知依南居益善後規劃，荷蘭所築風櫃尾毀城，曾修復利用，並在穩澳築城，案山、西安各建銃城，設防駐兵。

又顧祖禹撰《讀史方輿紀要》卷九十九福建〈彭湖嶼〉項所錄有關澎湖防戍情形，與《皇明世法錄》大致相同，可能利用同一資料來源。從這些記載，我們知道驅荷善後所規劃的設施，而驅荷後所建明城是在穩澳，另新築西安、案山二銃臺，並修復利用風櫃尾爲銃臺，計有三座銃臺。

那麼這座明城究竟何時建造？是在天啓時或於崇禎年間呢？《明清史料》乙編第七本第六二七葉至六三〇葉收錄一件兵部題〈彭湖捷功〉殘稿。這一件明末檔案，除上面有缺文外，後面大致完整，是前後二件文件連在一起成爲一件的。前面文件是到第六二八葉背面：「既經該司會勘前來，相應具題，伏乞敕下該部議覆，上請施行。天啓五年六月二十四日奉聖旨：該部知道，欽此。」到此爲止，是一件天啓五年福建巡撫南居益題報會勘澎湖功次奏疏，下面接著：「又該總督倉場戶部侍郎南居益奏爲微臣因勞賈罪，忤奸見抑，謹陳閩事始末，仰希聖鑒，更乞皇上南顧海邦，終臣愚

㉖ 臺北學生書局，民五四年影印，國立中央圖書館藏明刊本，第四冊，頁一九九一。

計，以永奠南服事。……緣敍述前事不敢太略，致字數踰格，統惟聖明鑒督。」到此是崇禎二年，南居益時爲總督倉場戶部侍郎，因天啓五年題報澎湖功次時，未曾歸美於當時專權的太監魏忠賢，被擱置未行；魏閹失敗後，再陳平夷閩事始末，重請敍功，其後面即明毅宗崇禎二年三月初十日聖旨和兵部到崇禎二年閏四月十三日處理敍功，即天啓五年題請被擱下來，至崇禎二年重新處理的二件文件相連爲一案的事。㉗

然在崇禎二年的南居益奏疏中，有「且臣條盡善後諸款，出自苦心，參諸輿論，舉而措之，或亦可以少裨疆場，卒戢海氛。無奈身旣見斥，言亦見廢，一得之愚，原無足重，以區區保障之計，格而未行，如地方何。」之語。又「崇禎二年三月初十日奉聖旨：南居益剿夷制勝，著有成勞，並有功將士，著遵前旨查敍；善後事宜，並與議覆；用過庫銀，覆覈淸銷。該部知道，欽此。」從這些文字，即可認爲不但平夷敍功，連澎湖善後諸款，也都擱下未行。㉘如善後規劃被擱下來，則澎湖明城也是不是應在崇禎二年閏四月以後興建呢？

㉗　對此天啓五年和崇禎二年一案二件文件，《侵據彭湖殘檔》卻分作爲崇禎二年二月〈總督倉場戶部侍郎南居益謹陳閩事始末疏〉和崇禎二年閏四月十三日兵部題〈彭湖捷功〉殘稿二件二案。

㉘　《侵據彭湖殘檔》的弁言即表示此種看法。

其實據《熹宗實錄》的記載，南居益所條陳的澎湖善後事宜，於天啓五年四月十二日章下兵部所司，而過四天後的天啓五年四月癸巳（十六日），南居益陞爲工部右侍郎，總理河道㉙，天啓五年五月己酉（初二日）太僕寺少卿朱欽相陞任爲福建巡撫㉚；即南居益已不在規劃實行善後事宜之位。

實錄天啓五年六月甲申（初八日）條云：「命鑄協守副總兵轄管泉南、彭湖二遊擊及彭湖新設遊擊關防」㉛。這是善後十款中之第一款「議彭湖添設路將」和第二款「議戍守中左」之實施。又天啓五年九月丁卯（二十二日）條「戶部題覆福建新舊關稅凡十二處，以添設紅夷兵餉。從撫臣南居益請也。」㉜這是關於善後第四款議增餉的措施；從這些措施可知南居益離開福建後，其善後各款由其後任執行實施。但到了天啓六年四月起，朝廷搜括應天各府貯庫銀，以充殿工。

天啓六年五月丙午（初四日），將新設，欽依中軍千把總等官盡行裁革，改用名色，總計每年

㉙《明實錄》第一三〇冊，頁二六九五。
㉚《明實錄》第一三〇冊，頁二七二九。
㉛《明實錄》第一三〇冊，頁二八〇九。
㉜《明實錄》第一三〇冊，頁二九八三。

減丁廩銀二千二百一兩有奇㉝。福建西庫原貯銀三十七萬兩，備防海之用，以紅夷發難，調兵增餉，動支開銷十七萬兩，尚存二十萬兩，命解進助大工。㉞可知爲助大工，已影響到善後的財政和用人。但天啓六年九月丙子（初七日）條：「巡撫福建右僉都御史朱欽相信：近奉明旨，停止榷稅。……惟是閩中稅分新舊，海澄洋稅與福州稅課司從來額徵以給兵餉。且彭湖向爲紅夷竊據，今築城增兵，遠海長戍，儼然一重鎮，兵不可撤，則舍洋稅餉無所出。」㉟據是，雖助大工，增餉和用人受影響，但澎湖築城一事，已在天啓五、六年間就興建了。

築城工程似由王夢熊辦理。按明軍圍攻澎湖的荷蘭人時，王夢熊曾於天啓四年正月初二日第一次開進澎湖，而據前述善後事宜第九款的「議用人」說：「惟是名色守備王夢熊，名色把總葉大經拚命先登，始終與夷對壘而居。百凡調度，多出夢熊心計，此莫大之功也。自大將班師之後，獨留二官在彼，與兵士臥起風濤之中，略無內顧之私。身既與海相習，情又與兵相安。若使他人代之，

㉝《明實錄》第一三二册，頁三四一六。
㉞《明實錄》第一三二册，頁三六〇〇。
㉟《明實錄》第一三二册，頁三六七三。

則彭事復壞，前功可惜。相應即以王夢熊陞補彭湖遊擊，或以守備管遊擊事。」㊱善後事宜獲准後，兵部有一劄付王夢熊。早在一六二二年八月七日 Van Meldert 到大陸沿岸，在浯嶼手交雷爾生求市的信給 Ongsoepi（王守備），至九月二十九日王守備就帶巡撫商周祚令荷蘭人速離澎湖的信到澎湖來。可知王夢熊自始就參與中荷交涉。

瀋陽東北圖書館明清內閣大庫史料中，藏有一件崇禎四年九月十四日，兵部爲查催未完等事，其福建未完崇禎四年三月分，云：「一件循例舉劾武職官員，本部覆福建巡按羅元賓勘回王夢熊罪案，行福建撫按查修城一節，限本年七月中回奏。」㊲又有一件兵部尚書張爲註銷事，文中亦曰：「一件循例舉劾武職官員事，兵部覆福建巡按劉調羹勘回王夢熊修城贓銀緣繇，奉聖旨王夢熊著監候處決。前件崇禎六年五月十四日抄出到部，十七日行福建巡按，限十月中追贓報完。」㊳如此，王夢熊修城，曾有過貪汙行爲。

㊱《明清史料》乙編第七本，第六〇四葉；《侵據彭湖殘檔》頁二四。

㊲《明清內閣大庫史料》第一輯（民國三八年東北圖書館；民六〇年臺北、文史哲出版社影印）頁五〇五。

㊳同上書頁一一五；《明清史料》壬編第二本第一一〇葉兵部行〈查取違限經承職名〉殘稿，也有大致同一文字記載。又見於《明清史料》癸編第一本第六四葉，〈一件遵例舉劾防訊等事〉殘稿。

荷蘭臺灣長官Putmans曾於一六二九年十二月七日到達澎湖，其日記八日條云：

> 同月八日，長官Putmans閣下與船長Jan Isebrantsen、下級商務員Paulus Traudenius、秘書Dirck Janssen，率同八至十名兵士和水手走遍澎湖全島，而來到半小時行程的一個中國廢城。此城位於一高山上，用自附近就地採掘的很堅緻的岩石建造的。從那裡往西約一哩半的行程另有一城。此城同樣是荒廢的，城內的房屋也已倒壞了。其規模，周圍約有三四〇步，城壁有一人半的高度，一個人長的厚度，卻沒有胸壁，也沒有稜角，位於平地。從這城約半小時行程靠近一海灣，有一小廟，裡面供奉偶像，有一油燈，不斷地點燃。
>
> 在此處，看廟的人，煮若干的地瓜給我們，自此走約小時半的行程，來到此島的一個海角，那裡約有二十個戰壕，有八門荷蘭砲，一門中國砲和十三門*basse*砲，而由於氣候的關係，很多都毀壞而生銹腐蝕了。這裡也沒有看到人，一切都很荒涼，好像多年來都沒有人住過的樣子。這裡正對岸，有司令官Cornelis Reyersz所建造的我們廢城。這些地點，可以水平越過海上砲擊對方的，是位於西南而對方是東北邊，各自在於同一高度。在島上一棵樹也沒有，有甘蔗、有地瓜，雖然有人斷言說有野豬，但是沒有看到。靠海邊有居民，可是我們只看到少數，都是貧窮的漁夫。土地大概多石和低矮平坦的山地。自大員（Teyouan）跟我們一起回來的若干中國人，對我們說：上述城塞，派有每六個月駐守，六個月撤防，但是

荒廢的程度，好像五十年來沒有人來住過的樣子。城塞和房屋都毀壞，荒草蔓延。

同月九日，到我們的廢城去查勘一下其情況。此城位於自我們停泊船隻的海灣差不多離一浬的地方。與前述中國城一樣，全城已荒廢，位於突端高地上面。是方城，約有一六〇步，附有四個稜角，自山上砌成的，屹立險要，依常理似很難攻下。在城堡前面以及下面，看到可發射五、六、九、十二、十四磅鐵彈的十七門荷蘭砲和十四門 *bassen* 砲，而大部份由於氣候的關係，很多毀壞了。從此正對面越過海那邊，可以看到昨天去過的中國戰壕。站在城堡的一稜角上，就可以瞭望整個島。該城下而有若干的中國人的小屋子，自我們遺棄我們城堡以後，曾經有人居住過的，但為了在大員築城，船隻不斷地來此停泊，裝載石材以來，現在已經沒有人居住了。㊴

一六二九年十二月八日，即崇禎二年十月二十四日，臺灣長官 Putmans 在澎湖查勘天啓明城時，因王夢熊的貪汙行爲和氣候關係，又常駐戍守，復爲春冬汛守，已成爲廢城了。

一六六一年，鄭成功入臺驅荷後，一六六二年荷蘭人曾來福州與清軍聯軍，想收復臺灣而未

㊴ Blussé, J. L. etal. eds.: De Dagregisters van het Katseel Zeelandia, Taiwan, Deel I: 1629－1641, uitgegeven door J.L. Blussé, M.E. van Opstall en Ta'so Yung－ho（'S－Gravenhage, 1986）p. 6－7.

果。一六六三年末，荷蘭司令官 Balthasar Bort 攻擊金廈後，一六六四年一月一日來到澎湖，曾與鄭軍有過小衝突，焚燒了媽祖宮，十三日駛離澎湖，到安平外海，交涉釋放尚被鄭氏囚禁的荷人等事而未果，於二月十六日駛離臺灣，三月二十一日回到巴達維亞。㊵關於 Bort 的航海記，出版於一六七〇年，書中有一張澎湖圖（附圖四）。㊶這張圖左邊上面，有圖中A、B……到H註記的說明。在風櫃尾外面海中有A，即入口，灣內繪一些荷蘭船，註明B，即停泊處。C即繪成像一禮拜堂，註明小寺廟，即媽祖宮。風櫃尾突端繪一城堡，有D的註記，係荷蘭人的廢城。另繪二座城堡，註記E，即荒廢的中國城。海面馬公灣口外繪四艘中國木船，有F的註記，即在逃敵船，係鄭氏船隻。又G是「大桌」（Groots taffel）應是虎井嶼，E是「小桌」（Cleyne taffel）應是桶盤嶼。

此圖也見於 C. Imbault－Huart 著《臺灣島之歷史與地誌》㊷。從這張圖，我們很清楚的看出

㊵ 同註①村上直次郎文；又 John E. Wills, jr.：Pepper, Guns & Parleys；*The Dutch East India Company and China, 1622－1681*（Cambr. Mass., 1974）, pp. 78－81.

㊶ 國立中央圖書館臺灣分館藏有此書。

㊷ 黎烈文翻譯中譯本（臺灣銀行經濟研究室，臺灣研究叢刊第五六種，民四七年）頁九；法文原書頁一七。

清代澎湖與輿圖上所註明的紅毛城，卻是驅逐荷蘭人後於天啓年間建造的明城，而荷蘭人所建造的所謂「紅毛城」是在風櫃尾。

五、結論

一六二二年四月十日司令官雷爾生奉荷蘭東印度總督的命令，率艦隊，帶大兵駛出巴達維亞，六月二十四日攻擊澳門，遭重創而失敗。於是轉駛澎湖，七月十一日入泊媽宮澳，七月二十六日至三十日到臺灣南部沿海勘查港口後，於八月一日開會決議在澎湖建城謀久據。

荷蘭人所佔據澎湖是由於澎湖的位置處在其時東亞海上交通樞紐之地，想據此作爲開闢中國貿易的基地，同時也可以在此處切斷葡萄牙船通往日本的航路，又可以控制福建海商，經澎湖、臺灣，再往南行販菲律賓的航線，可以說其位置的戰略價值頗高。

荷蘭人侵據澎湖後，建城駐兵，集結船隻，出擊福建沿海，訴諸武力，想威迫明當局開市通商，而沿海商賈漁民深遭其寇掠，不得安生樂業。明福建當局遂於一六二四年派大兵圍攻荷蘭人，收復澎湖，荷蘭人遂轉據臺灣。這是一項明季重要中外交涉史事，因此《明史》以及各種史籍方志均記其事。然這些史籍可能纂修時未充分引證明季當代資料，民間傳聞又失實，各書記載多有錯誤。

本文即利用《明實錄》、《明內閣大庫》殘餘檔案等明季當代資料與荷蘭文獻和古地圖比對，訂正一些明史等書的錯誤，荷蘭人在澎湖建造的「紅毛城」是位於風櫃尾的蛇頭山上，而臺灣各方志和民間所流傳所謂「紅毛城」，其實是驅逐「紅毛」後，規劃善後，於天啓五、六年間所構築的明城。

村上直次郎與包樂史兩位博士，於一九三二年和一九七二年分別往訪風櫃尾，查勘紅毛城的墟址，均稱尚能看出城壁與四隅稜角。此遺址是荷蘭人在臺澎地區最早構築的城堡，不但對臺灣早期歷史，更對明末中西交涉史和十七世紀歐洲海外擴展史上均具有很大歷史意義。鄭成功驅逐荷蘭人後，此城堡爲抗清，又曾有鄭氏派兵戍守，也是一處明清鼎革時期的重要史蹟。如此風櫃尾的紅毛城址，不但是澎湖地方的重要古蹟，更具有全國性、國際性的歷史意義，爲澎湖縣發展國際性觀光的重要文化資產，是一處值得勘查維護保存的古蹟。同時相對的天啓明城也是地方人士應好好地勘考其確實地點的一處重要古蹟。

附記

筆者參加「澎湖開拓史」學術研討會後，於民國七十七年八月三十一日上午，與臺中的國立自然博物館秦裕傑、王嵩山，建築家楊仁江、梁明昌等諸位一行，由莊世瑩小姐帶路前往風櫃尾蛇頭山上就地觀察其面貌，發現方城四圍和四隅稜角，雖為仙人掌等植物所掩蓋，尚可辨認其墟址。面向馬公的一片城壁，仍有石壁的遺留，四周頗似一六二三年荷蘭古地圖所繪形狀，可確認是紅毛城址。這無疑是澎湖縣所擁有的全國性、國際性的歷史價值極高的文化資產。澎湖縣政府與有關當局亟須重視、審慎處理的重要古蹟。

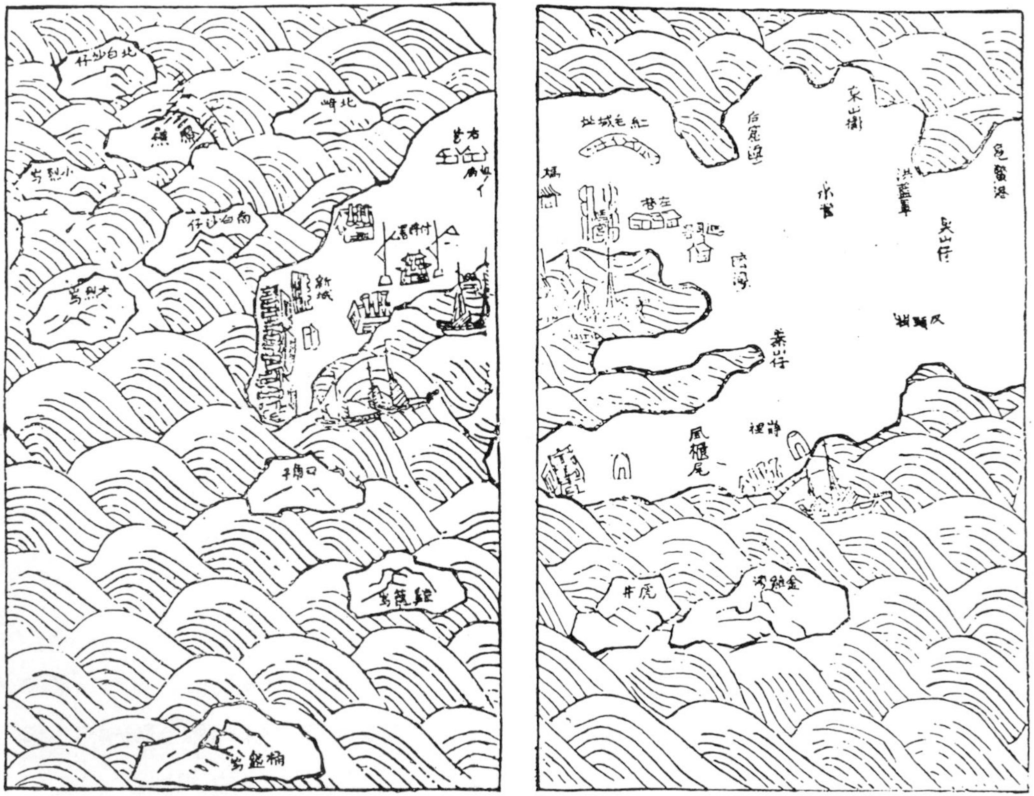

圖一　陳文達《臺灣縣志》澎湖圖

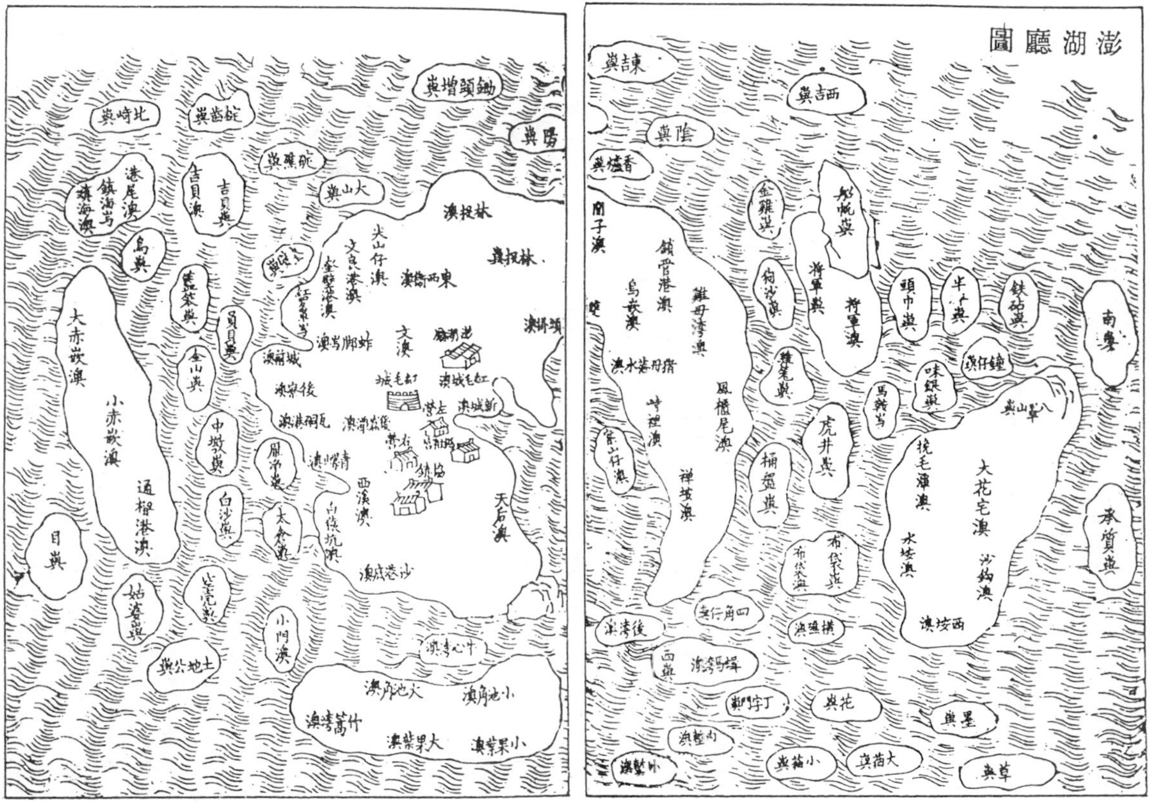

圖二　范咸重修《臺灣府志》澎湖圖

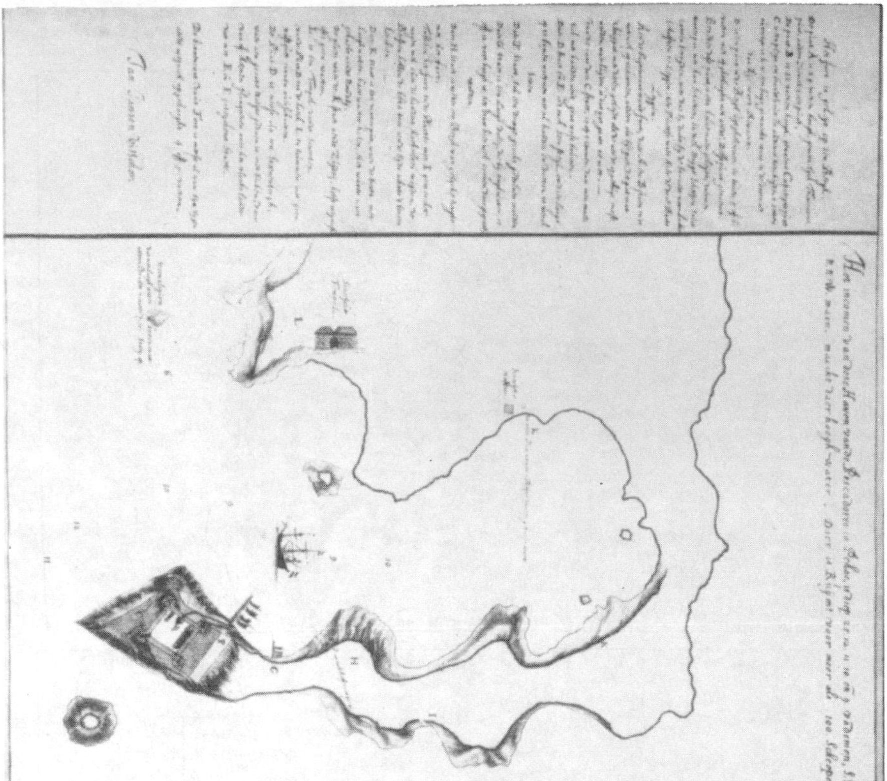

圖三　荷蘭人所繪澎湖港口圖（約在一六二三年）

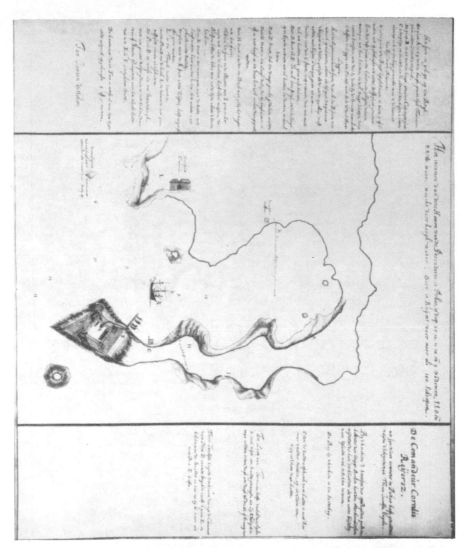

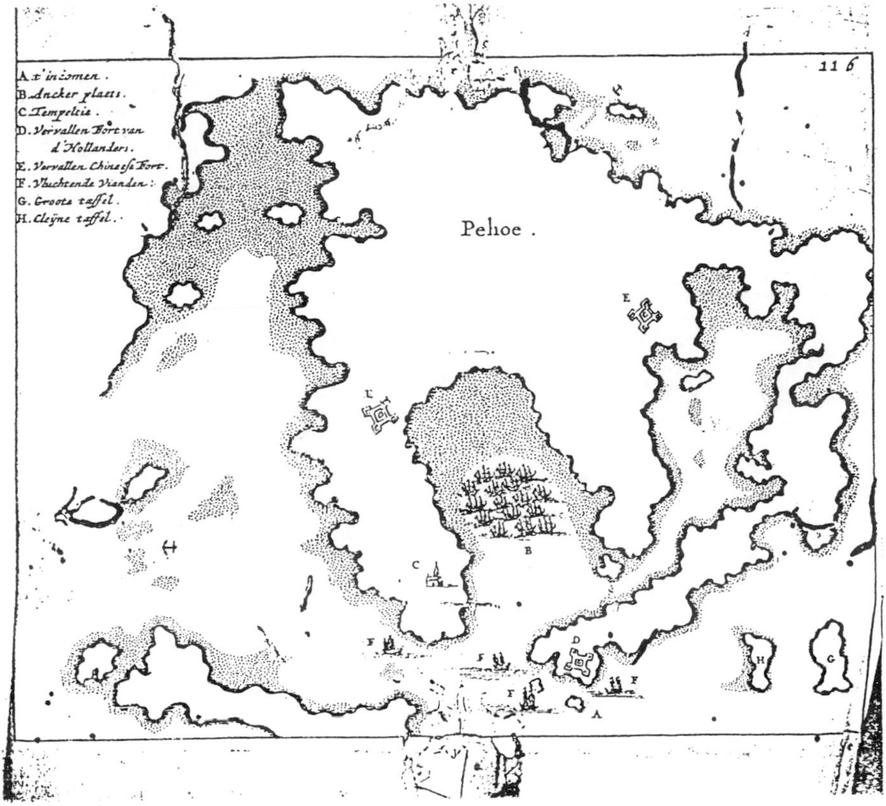

圖四　1664 年荷蘭人所繪澎湖圖

小琉球原住民的消失——重拾失落臺灣歷史之一頁

一、前言

近年來，臺灣史日受重視，研究趨盛，也帶動了學術研究的反省，有人提出史觀，亦有呼籲本土化和自體性。筆者也曾提出「臺灣島史」的觀念，重視海島臺灣的地理特性，跟著國際學界的趨勢潮流，擴大視野，吸收新方法，打破舊觀念，架構出結構性（structural）、總體性（total）、全球性（global）的史觀，放在世界史的脈絡中加以探考，以建立區域總體史的臺灣新史學①。

第二次世界大戰後，歷史研究的方法、觀念、視野等均有巨大的轉變和擴展。資料不限制於文字，而利用其他任何形式的輔助資料，也吸收了社會科學、自然科學等，其他學科各領域的成果和方法，在科際整合互動之下，領域擴大到無文字的族群，時間範圍也擴展到史前時期。

又戰後，由於許多殖民地紛紛獨立，擁有殖民地的西歐諸國退回本國，新獨立國家試圖發現自己的歷史，歐洲中心的歷史觀、白人種族優越意識受到批判，並在努力克服民族和種族的局限性。對事實判斷與價值環境的混淆，文明對野蠻，純正對異端等偏見獲得糾正。這一方面，歷史學頗受人類學的影響並採取其成果。

歷史學要建立一個世界，每個地區的各個民族和各個文明都在平等的地位上，都有權利要求對自己進行同等的思考和考察，不允許將任何民族或任何文明的經歷加以歧視和排斥。歷史不僅僅是

＊本文係與包樂史（L. Blussé）合著。

① 曹永和：〈臺灣史研究的另一個途徑——「臺灣島史」概念〉，《臺灣史田野研究通訊》第十五期（一九九〇），頁七—九。曹永和：〈臺灣史的研究〉，《臺灣研究通訊》第一期（清華大學人文社會學院臺灣研究室，一九九三），頁二〇—二三。

指那些高文明的歷史，也要求更廣闊、更長遠的觀點。它要包括那些所謂「高文明」的歷史，也要包括被稱爲「缺乏歷史的民族」的歷史。

臺灣漢人的歷史並不就是全部的臺灣史。因爲漢人以及其他荷蘭人、西班牙人、日本人來臺灣以前，臺灣島上的主人是南島語民族。過去棲息於平地的南島語民族的許多族群體，即所謂平埔族，幾乎已被同化或消失，現在尚有所謂高山族的原住民棲息於山地與東部。我們不應以漢人爲中心來研究臺灣史。臺灣史是漢人移入臺灣以後，與平埔族發生接觸來往、互相影響的歷史。我們應拋棄種族優越的偏見，來研究平埔族的歷史。因爲平埔族的歷史是臺灣歷史研究中一個不可缺少的構成部分，重建平埔族的歷史，才能架構出完整的結構性臺灣史。

十多年前，美國人類學者 Eric R. Wolf 製造一新詞「缺少歷史的民族」（People without history），出版了《歐洲與缺少歷史的民族》（*Europe and the People without History*, 1982）一書，②不僅注意已消逝的非西方民族，或者，雖然尚存在，卻缺少過去的歷史而需要發現有自己的歷史。他置身於舊式歐洲爲中心的殖民史之外。過去的殖民史是西方傑出的拓殖者如何征服非西方

② Wolf. Eric R.: *Europe and the People without History*. （Berkeley, 1982）.

民族，經營拓殖，獲取殖民地的叙述。然 Wolf 的主要重點是人類的世界，歷史上應看做一個整體，是複合體的網絡，互相糾纏，牽連互動的多元社會。眞正歐洲擴展史是包括缺少歷史的民族，其犧牲和無言的證詞。Wolf 的這本書，很顯然對臺灣平埔族的歷史研究是值得參考的。

平埔族除了極少的所謂「新港文書」以外，差不多沒有自己的文字流傳下來。所以平埔族歷史的研究要靠漢人等外人的紀錄，之外還須利用人類學、語言學、考古學、地理學等各種相關學科的方法和成果。

一九六六—一九六七年筆者獲 UNESCO Fellowship，在東京參加聯教組織國際東西文化互相鑑賞研究計畫，於東京大學史料編纂所查對有關臺灣荷蘭檔案時，查到藏置於臺灣大學人類學系的戰前所拍照荷蘭檔案中有若干遺漏沖洗的文件。其中有一件文書是一六三三年十一月十二日至十九日征伐小琉球指揮官 Claes Bruyn 所記該島情況簡述。③一九六七年四月返臺時，我曾把它放大沖

---

③ "Corte beschrijvinge van 't Goude Leeuws eijlant, 1633." in Algemeen Rijksarchief. 's－Gravenhage, VOC 5051.（Kamer Amsterdom der O.I.C. Losse Stukken, 4464－U－23），見於《臺北帝國大學文政學部史學科年報》第五輯〈和蘭ハーダ國立文書館所藏臺灣關係文書目錄〉no. 1219（1938）。又《東京大學史料編纂所日本關係海外史料目錄4，オうユテンダ國所在文書（4）》（一九六四），頁三四七。

洗回來（見圖一）。

嗣後，一九八〇年四月國分直一教授來臺大做幾次考古學演講時，筆者去旁聽之餘，也與國分教授聊起小琉球烏鬼洞和小琉球荷蘭資料。國分教授即告訴我，他在小琉球的發掘情形，這是考古與歷史的切點，鼓勵我發表。他返日後，即贈書於我。一九九一年，荷蘭萊頓大學包樂史博士來臺灣時，知道我們個別都對小琉球有做一點研究，均未撰文發表，故我們一起把 Bruyn 的小琉球簡述，從檔案的照片錄出合譯。

一九九二年和一九九三年包博士重訪臺灣時，一起重新再看我們的譯稿，決定將互相的研究結果合併爲一篇發表。

二、小琉球的考古遺址

小琉球，現稱琉球嶼，屬屏東縣琉球鄉，爲臺灣島附近十四個屬島中唯一的珊瑚礁島嶼。位於北緯22°19′48″，東經120°20′25″，北寬南狹，沿岸有隆起珊瑚礁，南部海岸因斷層而成懸崖。有兩條直線狀地溝帶，一條從東北走向西南，另一條略作東西走向，兩條構造線相交於島之中央。因此覆蓋在島上的珊瑚礁石灰岩，遂分成四塊小臺地（見圖二）。

國分直一教授曾與金關丈夫教授於一九四八年五月二十日來到小琉球作過考古調查，一九五七年發表一篇〈小琉球嶼的先史遺跡〉，後於一九七九年收於他們合著的《臺灣考古誌》一書。④在此書以前，又於一九五四年在《民族學研究》第十八卷第½號的〈臺灣先史考古學的近年工作〉一文中，也對他們的小琉球考古調查略有介紹⑤。

以下是金關丈夫、國分直一兩位先生有關小琉球的考古報告，略說：

烏鬼洞遺址：小琉球嶼西端奧仔口港附近的烏鬼洞，洞內近年來崩壞有顯著地擴大。洞窟內深處有用三十—四十公分的土角鋪上的土床。這些土角似在洞外製作的。土床的深度約六公尺，其前面有或爲前庭的空間。遺物有紅褐色粗面先史陶器的破片，褐色上釉的近代中國日常用的陶瓷片及與安平壺同質的白色陶瓷片，洞內又發現了鹿科動物的顎骨和長管骨。金關、國分兩先生說，此洞窟爲先史時代的居址應沒問題。

蕃仔厝遺址：烏鬼洞北方天臺北側，叫著蕃仔厝，此處現時已成爲花生園，在表面採集到紅褐色無紋粗面陶器，壺形，有頸，口緣向外。也採取到一紅褐色陶錘。同時也獲兩件橄欖石玄武岩製的磨製石斧。石材是澎湖產，也有近代中國日常用的陶瓷片的共存。近代中國陶瓷片中有與烏鬼洞

④ 金關丈夫、國分直一：《臺灣考古誌》（東京，一九七九），頁八三—九七。

⑤ 同上書，頁三一—三四。

內同樣的白色陶瓷片。遺址中也發現貝類的散布，可能爲其常食，蕃仔厝的遺物和烏鬼洞的遺物因爲兩者之間有共同之處，金關和國分兩位先生推測蕃仔厝的先住民的一部份，大概有某些事情，一時曾經利用洞窟爲住居。究竟什麼事情是一個問題。由於有漢蕃抗爭或其他先住民與外來者抗爭的傳說，可以推想很可能蕃仔厝的先住民部落，遭到更有力的外來民族的襲擊被毀滅，敗殘者的一部分一時利用烏鬼洞居住。

大寮的石棺遺址：蕃仔厝遺址東方，在大寮的村落中及附近發現過九例的石棺。附近因爲漢人的民居和墓地的營造，遺址受到破壞。其中一例比較可以推測其原形是長方形，石材是該島的珊瑚石灰岩。埋葬形式是仰臥伸展葬。附近也採集到橄欖石玄武岩的石器片。金關、國分兩位先生推測大寮石棺遺址是蕃仔厝遺址的先住民所遺墓地。石棺的構造、埋葬的形式、遺物等與墾丁遺址很相似。所以可能墾丁爲中心的恆春半島的原住民曾遷移至小琉球。

一九六七年宋文薰教授對金關丈夫、國分直一兩教授的推定提出批判，說：

金關丈夫、國分直一二氏根據小琉球諸遺址「有石板棺文化」與「中國近代瓷片」等物混合出土的現象，判斷「石棺人」在小琉球一直存續到漢人的移殖。但在這些地區，「石棺文化」盛行的年代可能距離漢人移民的年代相當遠，又恆春地區及小琉球諸遺址的文化層非常淺薄，而很可能有不同時代的，尤其是後代遺物的混入。故我們認爲金關、國分二氏見解乃有重新加以檢討餘地。

國分教授受批判後再查核他們當時的調查資料，在大寮石棺遺址卻沒有近代中國陶瓷片一起出土。對蕃仔厝、烏鬼洞的地名加以推想，很難想像漢人渡來小琉球時會沒有先住民。不過對於石棺埋葬的原住民一系是否一直連續到與新來漢人接觸的先住民，對此國分教授不敢有肯定的說話⑥。

按墾丁文化，一九七七年李光周教授做過發掘。碳十四年代是3985±145B.P.，年代相當遠。小琉球大寮的有石板棺文化，沒有中國近代瓷片一起出土。雖其年代我不清楚，但可認爲烏鬼洞遺址和蕃仔厝遺址是同一文化層，而與下述荷蘭時代的記錄對比，可以認定是荷據時期的遺址，與漢人移植年代相接續，所以才有近代中國陶瓷片的一起出土，並有許多有關烏鬼洞傳說的流傳。至於大寮遺址，可能是另一先史文化遺址。

三、小琉球烏鬼洞的傳說

如上節，小琉球烏鬼洞是一處考古遺址，顯然現在的漢人族群移入以前，曾經有原住民住過。從「烏鬼洞」這一名詞，我們也可料想民間有傳說的流傳。自臺灣島內推廣旅遊以後，小琉球烏鬼

---

⑥ 金關丈夫、國分直一：《臺灣考古誌》（東京，一九七九），頁九二—九四。

洞也成為一處觀光地點。現在烏鬼洞洞口經過整修，洞口旁也有民國六十四年二月十一日鄉長洪江城所立石碑。碑文如下：

烏鬼洞風景區記事碑

明永曆十五年，延平郡王鄭成功，克復臺澎，驅走荷人。少數黑奴未及歸隊，逃來本嶼，潛居此洞。數年後，有英軍小艇在此洞西北之蛤板登陸，觀賞風光，黑奴乘虛搶物燒艇，並盡殺英軍。旋被搜尋之英艦發現艇燬人亡，乃上岸搜索，但黑奴潛伏洞中，百般誘脅，誓死不出，乃灌油引火，黑奴盡死洞中。

後人遂名之為烏鬼洞，意指黑洋人曾棲息之洞也。清朝時洞中石床、石桌、石鑼、石鼓、銀器、珠寶等時有發現，因而烏鬼洞之名，遂聞遐邇。

茲為發展觀光事業，美化環境，乃以公共造產方式，籌資整建，俾略具規模，藉助遊興耳。

鄉長　洪江城　恭記

兼公共造產委員會主任委員

中華民國六十四年二月十一日　立

這塊石碑是地方為公共造產、發展觀光事業而整修時所立的。此碑文所說緣起，應可以說是關於烏鬼洞的地方流傳說法之定型。如再在民間採集，也許還有其他說法。茲從書刊中筆者所看到有關烏鬼洞傳說，從近往古，摘錄如下：

㈠吳永英：〈琉球嶼之研究〉，《臺灣文獻》第二十卷第三期（一九六九年九月）一文，所收關於烏鬼洞的說法：

據當地鄉老黃榮合先生告稱，該洞約在三百年前，荷蘭佔據臺灣時，歐洲各國輪船，經過琉球嶼附近時，經常發生原因不明的沉船事件，後來引起航海船隻的注意。經過調查，發現洞中的黑人，利用黑夜，潛行海中，以鏢器擊破船隻，俟其侵水沉沒時，洞中黑人全部出來把船內所有物件食品搬走。調查隊確定了事實之後，於是利用深夜將柴草堆積洞口，引火焚燒，燒了三晝夜後，再查洞內，發現屍體骨灰無數。此後琉球嶼附近再也沒有沉船的事件發生，現在該地洞口刻有烏鬼洞三字，並建有涼亭一處，爲遊人憩息之所，是琉球嶼有名的古蹟。

㈡王崧興：〈臺灣外島之人口〉，《臺灣銀行季刊》第十八卷第四期（一九六七年十二月）一文，所記烏鬼洞傳說：

島上之名勝古蹟甚多，有烏鬼洞、龍蝦洞、花瓶岩、山豬溝、碧雲寺、三隆宮和琉球嶼燈台等。其中以烏鬼洞爲有名，在島之南岸。相傳昔日洞中住有黑人，島民稱之爲烏鬼，洞內器用完備，有石桌、石凳、石碗、石盆等，都是石器。小琉球與呂宋島遙遙相對，中外船隻經過時，爲避風浪，常在島邊停泊，此際烏鬼乘機潛入水底，把船鑽幾個洞，俟船沉沒後，再把船內東西搬進洞中，有一次在黃昏時分，一個停靠在該島船隻上的外國人，突然發現草叢中人影閃動，忙用望遠鏡檢視之，發現一位全身漆黑的裸體小姑娘，手中提著一桶水，從洞口進去，於是發現該洞，就利用深夜以烈火從洞燒進去，次日進洞一看，屍體骨灰無數。有人爲這些烏鬼立了個墓碑，今尚存。不少學者說臺灣曾經有過小黑人（Negro）的分布，此段傳說又給予了這方面研究的一些線索。

㈢曾有德：〈琉球嶼概況〉，《臺灣銀行季刊》第一八第四期（一九六七年十二月），烏鬼洞作爲黑鬼洞，其記載傳說如下：

黑鬼洞，位於島西南，即在天福村海邊，山岩臨水，爲礁所成，玲瓏曲折，成爲天然岩洞。因年久受地震搖動，洞口堵塞未修，由洞口俯視，洞裡黑暗，深邃莫測，令人心悸。此洞的由來掌故傳說如下：

當三百年多前荷蘭竊據臺灣時，歐洲諸國經臺灣的海運航線，都要通過琉球嶼附近海面和臺灣菲律賓之間的巴士海峽。當時荷蘭、葡萄牙、西班牙以及英國的貨船，雖可安然地通過洋流險急的巴士海峽，常常在那風平浪靜的琉球嶼海面，發生原因不明的沉船事件，於是引起各國的探究。荷蘭往來的船隻較多，損失也較重大，所以很快就派調查隊來到琉球嶼。據初步調查，在附近一帶，既無海盜出沒，也沒有暗礁叢集，那究竟是什麼奇怪的原因呢？某一天，島上有一居民，在一個黃昏的時候，發現一個披頭散髮的女鬼，從天苔海岸的大洞口出來，到附近的巖石下面，挑淡水回去。繼續窺探的結果，才發現這女鬼又接二連三的出沒無常。不久，這消息傳到調查隊，引起他們的注意和懷疑，必須進一步的追求，是不是和沉船事件有關。恰巧，在這時候，又有人再看到那個女鬼出現。調查隊於是選擇了一天清晨，前往天苔搜索，一行來到洞口附近，輕腳輕手，爬上洞外約五十公尺高的岩石，掩身窺視。果然，發現洞深處，有兩男性的黑人，腰圍著灰色布巾，還繫著一把鏢器，好像正在忙於在些什麼工作似的。這些黑人，個子高大，頭髮散亂，臉孔到頸部，都有奇形怪狀的刺紋；尤其是兩腮下的紋形，好像魚鰓一般，看起來令人畏懼。他們利用天然的洞穴，再加挖掘，築成這牢固的巢窟居住；因爲他們不敢接近常人，全賴捕拾海裡的動植物爲生。調查隊偵查結果，仔細研究，認爲過去的沉船事件，一定和這些黑鬼有關，他們可能利用黑夜，潛行海中，以鏢器擊破船隻，使其浸水沉沒，然後撈獲一些食物和生活必需品而去。調查隊即確定這些黑人正是貨船的剋星，但又不敢貿然行動。最初，他們打算直接進攻，以槍彈擊斃黑鬼；可是，又恐怕洞裡有什麼陷阱，也可能遭到弓箭刀槍的暗襲。因此，決定改用火攻，把柴草堆積洞口，引火焚燒，並派兵實施戒備，以隊萬一。動手之後，熊熊的大火，燃燒了三晝夜，始終沒有看見黑人跑出來。可是，從此以後，就再沒有沉船的事件發生了。傳說，當時那三晝夜焚燒洞穴部分火煙，曾穿過海底，火煙直透對岸的鳳鼻頭（高雄縣林園鄉）。如果這傳說是眞實的話，這段隔海的地底下，也許還有天然的小隧道。後來，日據時代曾派專家進去搜索，但只發現了石桌、石椅和一些骸骨。

他們把這些骸骨帶回化驗，證明確是人類的骸骨，身長竟有二公尺高。現在這個大洞穴裡裡的石桌、石椅，竟無損毀的遺留著，成爲小琉球的古蹟。

㈣《小琉球嶼警察官駐在所須知簿》，是日據時代爲小琉球警官所備未刊簿冊，有如下的紀錄：

小琉球嶼，開基前似亦稱謂沙馬磯嶼。根據口碑，嶼曾有身軀魁偉，頭髮紅，皮膚黑，有魅力；好會入水中，把船筏覆沒的，不能當人的叫烏鬼番的一族，穴居於現今天臺的南面。然康熙元年，即距今二百五十餘年前，據說洋人搭一小艇，將登陸時，被烏鬼等覆沒。於是洋人大爲震怒，自本船大批船員登陸來屠殺。其穴居硓砧石的洞窟，今尚在天台西方海岸。從此以後，居住於現今山腳部落的一部份熟蕃也約一百五十年前，其時清國人陸續移來居住，而不堪雜居一起，據說轉居到元港東西里放索庄。現今天台的一部有土名蕃仔厝，據說就是原熟蕃的居住遺址。

此文收錄於金關丈夫、國分直一合著，〈小琉球嶼的先史遺址〉一文中。⑦《須知簿》年代不詳，可能是明治時代編製的。

---

⑦ 金關丈夫、國分直一：《臺灣考古誌》（東京，一九七九），頁八五。

㈤盧德嘉彙纂《鳳山縣採訪冊》，成書於光緒二十年十二月十六日（一八九五年一月十一日），其乙部地輿㈡諸山，有小琉球嶼烏鬼洞的記載：「上有石洞，在天台澳尾。相傳舊時有烏鬼番聚族而居，頷下生腮，如魚腮然，能伏海中數日。後有泉州人往彼開墾，番不能容，遂被泉州人乘夜縱火盡燔斃之。今其洞尚存。好事者輒往遊焉。」⑧這本書是鳳山縣採訪造送臺灣通志總局之清冊，目前在清代方志類中，似唯一可以找得到有關烏鬼洞傳說之記述。伊能嘉矩於一九〇〇年（明治三十三年）七月二十九日起至九月十二日到南部踏勘實地調查史蹟時，於八月九日曾與盧德嘉晤談，八月二十四日擬自東港往小琉球踏勘，因下雨不通船而未成行。故留在東港對小琉球做預備調查。此則傳說因之曾經伊能氏所介紹⑨。

此五則傳說外尚可找到若干，但是同一類型即不提。這五則傳說和烏鬼洞石碑，採取刊載時間不同、詳簡有差，比較起來大概可歸納如下：

其一是關於名稱，除第㈢則作「黑鬼洞」以外，餘均作「烏鬼洞」。

「黑」字在臺語文音是 Hek，語音是 O，但黑色較多用「烏」字。臺人一般稱為 O－ku'i－

⑧《臺灣文獻叢刊》，第七十三種，第一冊（臺北，一九六〇），頁三一。

⑨伊能嘉矩原著、森口雄稔編：《臺灣踏查日記》（板橋，一九九二），頁一八二。

tong，故名稱用「烏鬼洞」較多。

「烏鬼」這一名詞，在清代臺灣文獻中屢有出現。如：「烏鬼橋，在永康里，紅毛時烏鬼所築。烏鬼，番國名，紅毛奴也。」（王必昌乾隆《重修臺灣縣志》）⑩

「烏鬼井，在鎮北坊，水源極盛，雖旱不竭。烏鬼，番國名，紅毛奴也。其人遍體純黑，入水不沈，走海若平地。……」（同上書）⑪

「烏鬼埔山，在（鳳山）縣東北十五里，與橫山綿續。相傳紅毛時爲烏鬼聚居於此，今遺址尚存。樵採者常掘地得瑪瑙珠、奇石諸寶，蓋荷蘭時所埋也。」（王瑛曾《重修鳳山縣志》）⑫

盧德嘉的《鳳山縣採訪冊》對烏鬼埔山所記大同小異。⑬可知清代臺灣舊誌有關烏鬼的紀錄，大多認定爲荷蘭之黑奴。所以烏鬼洞的名稱，也可推想與荷蘭時代有關聯。

按自葡萄牙、西班牙向海外擴展以來，他們都在各地役使有色人種爲奴僕。荷蘭人也曾役使

---

⑩《臺灣文獻叢刊》，第一百一十三種，第一冊（臺北，一九六一），頁一〇〇。
⑪《臺灣文獻叢刊》，第一百一十三種，第四冊，頁五三五。
⑫《臺灣文獻叢刊》，第一百四十六種，第一冊（臺北，一九六二），頁一五。
⑬《臺灣文獻叢刊》，第七十三種，第一冊，頁二二。

Makkassar、Bali、Banda 等諸島嶼或印度的 Coromandel、Malabar 等沿海地區的人，甚至也購自緬甸的 Arakan 等地人。他們的肌膚顏色比一般較深，被稱爲黑人（swart），卻並不是非洲黑人。其時明末閩粵海商也時常役使這種有色人奴僕，而文獻上稱謂黑奴、烏鬼、鬼奴等。如《巴達維亞城日記》一六四〇年十二月六日條，有記載十一月三日 Hambuan 自大員（即今臺南安平）開帆後遇風遭難，搭乘人員三〇五名中獲救有中國人十四名、黑奴九名（14 Chinese ende 9 swarten）。同年十月十五日有鄭芝龍船三艘載貨到達大員，其時鄭芝龍曾希望令其黑奴二、三名（2 a 3 syner swarten）搭乘該船以監視商品。⑭C. E. S. 所著《被遺誤之臺灣》一書，對來臺攻圍荷蘭城堡鄭軍的描述，有鄭成功「也有兩隊年輕黑人兵」（twee Compagnien Swarte Jongkens），其中有許多以前做過荷蘭人的奴隸，練習過燧發鎗」的記載。⑮中文方面，如《明史·和蘭傳》，有：「其〔荷蘭人〕所役使名烏鬼，入水不沈，走海面若平地」之語。又屈大均撰《廣東新語》卷七，有

---

⑭ *Dagh – Register gehouden int Casteel Batavia, Anno. 1640—1641*; uitgegeven door J. A. van der Chijs. (Batavia, 1887), p.113, 119. 村上直次郎譯注、中村孝志校注：《バタヴイア城日誌》，第二冊（一九七二），頁二九、四〇。

⑮ C.E.S.: *'t Verwaerloosde Formosa*, Deel II (Amsterdam, 1675), p.11. 中譯本見《臺灣經濟史三集》（《臺灣研究叢刊》，一九六五），頁六三。

「黑人」一目，謂：「予廣盛時，諸巨室多買黑人以守戶，號曰黑奴」。鄭代養有「黑奴」，除上引荷蘭文獻以外，在中文方面也留有若干文獻記載。如鄭成功的世孫鄭克𡒉在鄭經死後不久，即被他叔父鄭聰等殺害，然後「聰即含烏鬼將𡒉屍拖於旁院」。⑯可知鄭氏不但軍隊有「黑人兵」（烏鬼隊），其內府也役使「黑鬼奴」。如此，臺灣在荷蘭及鄭氏兩時代，支配階層役使有色種族的所謂「烏鬼」，與其他海上交通貿易興盛的地域相同，相當普遍。臺灣其時有這種「烏鬼」奴僕是一項歷史事實⑰。

其二的共同特點即烏鬼番頗具水性，所以產生「頷下生腮」，能潛入海中數日的誇張說法。明末文獻有關荷蘭船上水工，如上引《明史·和蘭傳》的敘述，或明萬曆年間沈有容所編《閩海贈

---

⑯ 江日昇：《臺灣外紀》，臺灣文獻叢刊第六十種，第三冊（臺北，一九六〇），頁三八二。

⑰ 臺灣的「烏鬼」問題，可參見伊能嘉矩：《大日本地名辭書續編·臺灣部》（東京，一九〇九），頁一三四—一三五，烏鬼蕃項。又黃典權：〈臺灣文獻中「烏鬼」問題初探〉，《臺灣人文》第二期（一九七八），頁三七—四九。至於臺灣原住民間，往往留有「小矮黑人」的傳說，如賽夏族的矮人祭等，這表示屬南島語族的臺灣原住民以外，其以前曾有 Negrito 棲息於臺灣的痕跡。但這是原住民間的流傳，與役使於荷蘭、鄭氏時代的奴僕，因而流傳於漢人間的「烏鬼」不相同。這些傳說中的「烏鬼奴」身軀魁梧，並不是矮人。

言》一書所收陳學伊〈論西夷記〉和李光縉〈卻西番記〉俱言：「水工有黑鬼者，最善沒，沒行可數里」之語。⑱無論在葡萄牙船或在荷蘭船，在船中所役使水工，許多是東南亞慣海的南島語族人，於是明季中文資料有如此誇張傳聞的記述。

其三的共同特點是火燒洞窟，屠殺烏鬼番。屠殺原因《鳳山縣採訪冊》的說法與其他不同，說是泉州人往開墾，漢番不能相容，泉州人乘夜燔殺。其他均說是烏鬼番潛入水底，破擊來泊外船，殺人劫財，引起外船的報復。如此雖是民間似是無稽的傳說故事，仍可透露漢人拓墾臺灣的過程中，各地曾經有漢人襲殺原住民、侵地佔墾情況的投影，也可揭露臺灣近海的船難所引起報復「番害」的慘案。

四、荷蘭人的征伐小琉球

小琉球，荷蘭人命名稱爲「金獅子島」（'t Gouden Leeuw Eiland），是荷船金獅子號在這裡曾出事而命名之。金獅子號是550 last（1100噸）的大帆船，Rotterdam所屬的船。於一六二一年

---

⑱《臺灣文獻叢刊》第五十六種（臺北，一九五九），頁三五、三六。

四月十九日自荷蘭的Goeree駛出，途中一個人也沒有損失，一六二一年八月二十三日直駛至巴達維亞，共費一二七天，樹立十七世紀最快又安全的航海記錄。⑲於一六二二年七月三日受總督Coen的命令載運八萬real的銀幣，去澎湖補給正謀開闢中國貿易的Reyersen。金獅子號於八月十三日到達澎湖，但九月六日Coen又命令這些銀幣對中國貿易如尚沒用處，即帶去Jambij購買胡椒。⑳根據Reyersen的日記，十月八日和十日條，金獅子號因遇逆風尚未能出帆㉑。在此航海時，金獅子號寄椗於小琉球，派若干船員登岸去取鮮水，而這些船員消失於蒼翠繁茂的草木後，一去不返。金獅子號又遇到狂風，無法搜查救援而離開，嗣後他們獲知這些登陸的船員全部遇害，被吃

---

⑲ Bruijn, J.R., F.S.Gaastra & I. Schoffer: *Dutch – Asiatic Shipping in the 17th and 18th Centuries.* (The Hague, 1987) I. p.56, Ⅱ, pp.489; Coolhaas, W.ph., ed.: *Generale Missiven van Gouverneur – Generaal en Raden aen Heren* XⅦ *der Verenigde Oastindische Compagnie.* Deel I. (Den Haag, 1960), p.118, note 1 (T.G.P.Grote serie, 104).

⑳ Groeneveldt, W.P.: *De Nederlanders in China. Iste Deel.* (Den Haag, 1898), p.111, 364; Colenbrander, H.T.: *Tan Pietersz. Coen. Bescheiden omtrent zijn bedrijf in Indie,* Deel I. (Den Haag, 1919), p.727.

㉑ Groeneveldt, W.P., Op cit. p.119, 370, 371.

掉。因之荷人命名小琉球為「金獅子島」。當時的小琉球人稱呼該島為 Lamey㉒。

一六二九年七月十三日，臺灣長官 Nuyts 帶一部隊往麻豆社，搜捕中國海賊而未果。Nuyts 先回城，而此一部隊在回程過河時，五十二名士兵全部中伏被麻豆社人殺害。㉓對此二件「番害」，荷蘭人一直想找機會加以教訓報復，以樹立在臺灣的權威。一六三〇年十二月二十九日，臺灣長官 Putmans 派一部隊，並帶同一隊新港社戰士，經水路自魍港征伐麻豆社。這是怕經陸路會中伏，然而遭遇北風，不能到達魍港。為安撫新港社戰士，在船中決定改駛南方，攻打淡水沿岸的部落，對懲罰麻豆社雖沒成功，但也能收買新港社之心順從荷蘭人㉔。

其時荷蘭人雖然痛感膺懲諸社之意，因在專心打開對中國的貿易，力不從心。但是到了一六三三年八月 Putmans 與鄭芝龍訂立貿易協定後，就有心來懲罰麻豆社和小琉球。

㉒ Campbell, W.M.：*Formosa under the Dutch*.（London, 1903）, p.14.

㉓ Coolhaas, W.Ph：*Generale Missiven. Deel I.*（Den Haag, 1960）, pp.271—272.；Blussé, Leonard：'Dutch protestant missionaries as protagonists of the Territorial Expansion of the VOC on Formosa, in Dick Kooiman, et al.eds,：*Conversion, Competition and Conflict*.（Amsterdam, 1984）, p.172.

㉔ Blussé, L., M. E. van Opstall en Ts'ao Yung－ho, eds.：*De Dagregisters van het Kasteel Zeelandia, Taiwan, 1629—1662. Deel I.*：*1629—1641.*（Den Haag, 1986）, p.39.

但懲罰麻豆社，自熱蘭遮城須陸路行軍兩天，且對付強大的麻豆社恐需更多兵力；反之，對付小琉球，由海路可以用較少的兵力，又可以帶其他社人，讓他們有報仇出氣的機會，所以認爲較容易達成。於是一六三三年十一月四日，決議由 Bruyn 率軍討伐小琉球，八日再確認，將三百名荷蘭兵士和水手，配合新港社和蕭壠社人出征小琉球㉕。至一六三三年十一月十二日早上，Claes Bruyn 帶快船 Wieringen 號和 Bleyswijck 號，另帶四艘戎克船出帆㉖。

《熱蘭遮城日記》一六三三年十一月十八日條記載：是日，於十二日出帆往征小琉球四艘戎克船的一艘回來。報告說，在窄道行軍時死一名荷蘭人和新港社人。我們與新港社人、蕭壠社人和漢人一起到山頂時，他們即刻逃竄到洞窟，那是天然的，在地下約長達半哩，他們逃避後再也沒出來。

把形成一大村落的房舍全部燒掉，殺死很多豬。其餘我們無法再作進一步行動，並報告該島的情況。十九日條記載，中午，司令官 Bruyn 帶 Wieringen 號和其餘戎克船自金獅子島回來，確認前

㉕ Ibid., p.140.

㉖ Ibid., p.141.

一日所報告的事情。如此可以說討伐的目的完全沒有達成㉗。

當在該島搜索時，發現於一六三一年十一月二十六日駛往中國沿岸，遇風失蹤的快船 Beverwijck 號的遺留品。Beverwijck 號也是在小琉球失事，故更引起荷蘭人對小琉球島人的憤慨。長官 Putmans 決定等到巴達維亞當局派增援軍來時，再次征伐。

嗣後再三受了總督 Hendrick Brouwer 的命令，Lamey 島（即小琉球）的居民殺害荷蘭船員的凶手應該要清除，要準備該島的鎮壓。一六三五年十一月討伐麻豆社後，懲罰小琉球之舉，變爲更迫切的問題。

由於對小琉球情況不熟，致使一六三三年 Bruyn 的遠征失敗，但他回來熱蘭遮城以後，即向上級提出如下節詳述的書面報告。於是荷蘭當局就知道對小琉球島人逃去躲避的洞窟，如沒有採取對策，就無法達到懲罰凶手的目的。

一六三六年四月五日，臺灣長官 Putmans 和臺灣評議會決議，牧師 Robert Junius 和中尉帶同十五、六名兵士，應放索社及南方各社的邀請簽訂協議，結成友好關係，同時也要訪查尋求放索社

㉗ Ibid., pp. 141—142.

人是否能一起來對付金獅子島人。四月七日 Junius 與中尉帶兵去放索諸社，㉘四月十一日傍晚回來熱蘭遮城報告放索等社的情況。對金獅子島的事情，放索社多少知道他們的語言，但對該島的情況，洞窟及人口有多少卻不知道。放索社及金獅子島保持友好關係，一、二年前該島頭目們曾經有來放索社要求建立和平。㉙四月十六日決議對攻伐金獅子島一事最近將要開始。加之，氣候和快滿月期來說，現在是適當時期。鑒於一六三三年的失敗，及愼重起見，可能需滯留一個月，並盡所有辦法，禁絕糧食和飲料，用硫黃或其他會作嘔的惡臭，從他們躲避的洞窟，迫他們出來並予以逮捕。㉚於是緊急準備金獅子島的討伐，於十九日 Johan Jeuriaensz. van Linga 爲指揮，率一百名兵士和水手，並帶同約七、八十名的鄰近村落強壯原住民，分搭三艘戎克船及若干舢板船，上午出航往征。㉛四月二十一日全軍到達金獅子島，發炮擊退猛攻來的居民，打死三名，抓到二十名而進攻部落，但在該島因缺水又下雨遇強風，全部隊轉泊於下淡水。㉜到了二十六日，獲約八十名放索社

㉘ Ibid.,p.240.
㉙ Ibid.,p.241.
㉚ Ibid.,p.242.
㉛ Ibid.,p.243.
㉜ Ibid.,p.244.

人和許多新港社人的援助，再駛往金獅子島，克服困難全隊登陸，在適當場所設營。其間新港社人和放索社人去搜索而找到居民所躲避的一個大洞窟，於是用四十名兵士看管，奪取所有糧食、飲料，塞住所有洞口，用煙要燻他們出來。三天以後，最先的四十二名爬出洞來。其中八名是男士，以外全是婦女孩童。自五月一日以來陸續自小琉球運載俘獲的原住民到大員並報告經過。㉝到了五月七日，一艘船隻又送來二十九名俘虜到大員。大部份仍是婦女和小孩。並寄來五月五日的書信，說五月四日已經沒有自洞窟聽到聲音。於是進入洞內發現二、三百具屍體，因為很臭無法點算。陸續被逮捕而輸送到大員有三百二十三名。這三百二十三名中五十三名是男士，婦女一百二十五名，其餘小孩一百四十五名。從這些生還者和洞中的屍體，日記中估計躲避到洞窟大概約五百四十名。這是一項悲慘事件。《熱蘭遮城日記》說，他們頑固不肯投降，致使成為這樣的慘事，並說：這些不人道、不信上帝的異教徒，對我們和其他很多人所犯的罪行，這是對於有天理公道的全人類的敵人。以這樣的方法來處罰他們，也許是全能者所嘉許的㉞。

一六三六年五月十日《熱蘭遮城日記》，又說一艘戎克船自 Lamey 島來到大員，帶八日寄發

㉝ Ibid.,p.245—246.

㉞ Ibid.,p.247.

的信和二十一名俘虜，是在另一新發現的洞窟抓到的。這一個洞窟位於距以前的洞窟約一鳥槍的射程。大概尚有三十八名至四十名的男人不肯投降。其他殘留者都是男士，尚在保衛該島。他們不留在洞窟，大概都逃至高地、斷崖間的森林。因爲全島遍地都有椰子果和香蕉，使他們不致缺少糧食，要剿滅他們可能需很久時間。十一日又抓來三十一名㉟。而往後仍有擒獲小琉球人送到大員來。到了六月二日傍晚，中尉 Johan Jeuriaensz. van Linga 留三十名在小琉球駐守以外，帶同全隊回到熱蘭遮城。是日的《熱蘭遮城日記》說小琉球全島大概有一千名人口，被消滅掉有五百名，活擒送到大員來有一百三十四名男士，一百五十七名婦女，小孩一百九十二名，共四百八十三名，被消滅掉的人中，約有三百名即在洞內被燻死的。㊱如此漏網之魚也不多了。但嗣後對駐軍仍有零星偷襲。

一六三六年七月一日夜晚。在門扉已閉關後，自 Lamey 島一兵士乘杉板船板來報三十日駐軍指揮官中士 Van Daellen，和另一名下士與一名海軍見習官三名被殺害。於是七月二日決議無論死活將殲滅全島居民。動員新港社、蕭壠社、麻豆社、目加溜灣社以及南方的放索社、Tackerejan 社

㉟ Ibid.,p.248.

㊱ Ibid.,p.255.

以及Delatocq社等七社及三十名兵由中尉指揮再去討代，而於五日出帆，再上懲罰的征途，搜捕小琉球島上殘留的原住民㊲。對於一六三六年五至七月剿蕩小琉球的戰果，在《巴達維亞城日記》，一六三六年十一月二十六日條記載說：長官Putmans於五月至七月，引率約一百名兵士和同數新港社及若干放索社人往征金獅子島，把殺人者用饑餓及放火的方法，從他們躲避的場所和洞窟迫出來，殺死三百人以上，又捕獲男女及小孩共五百四十四人，其中男士繫鎖鏈，在大員供勞役，婦女和小孩即配置於新港社，如此充分達成報復，而他們大部份都死了，對方好殺戮的人，用寬嚴兩種手段，從該島消除。又自動向我們投降的一百三十五名與用武器迫降的五十六名，分別配載於五艘帆船及快船送到巴達維亞城。因此我們把生存者及死者合計一千名以上，從該島消滅。於是我們得到了很大的名聲，也使與我們訂盟的各部落及漢人滿意。漢人是因爲從事農耕，不斷與這些Lamey人作戰之故也。如此被擒獲送到大員來的，或放逐流放去巴達維亞的小琉球原住民繫鐵鏈被役使於建城等各項苦工勞役，致使很多死亡。所有婦女和小孩也分置於新港社，以待巴達維亞當局進一步的指示，在熱蘭遮城內當工友的二十五名少年少女被選，要施予基督教的教育，算是比

㊲ Ibid., pp.260－261.

較好運氣的。其他的小孩即分配到新港社以備驅使。婦女被迫與丈夫、孩子分散，配置於新港社卻無法適應環境，日日思念丈夫、孩子，或思鄉怨嘆，夜夜可以聽到她們的哭聲。她們有些不能忍住新港人的虐待，逃到別家的新港社人，但是他們的境遇無法改善，有時候更壞。她們很難得到新港社人的憐憫㊳。當時，駐在新港社的牧師 Junius 看到小琉球社人的苦境、聽到她們的哭聲，頗為同情，向長官 Putmans 建議將他們遣返回鄉，讓他們能住在族居祖地，甚至 Junius 表示願意到小琉球，一起與他們居住，如此當局應不必擔心將來。Putmans 和評議員仍認真執行上級命令，屢次派船去小琉球搜捕原住民來大員，再於一六三六年九月十五日決議，將這些全部捕獲的小琉球人輸送去巴達維亞㊴。Putmans 卸任臺灣長官的職務後，繼任者受巴達維亞當局嚴命，仍然認真地執行對小琉球徙民墟地的政策。屢次被發現的老幼男女隱匿殘留者都自小琉球放逐。如上，臺灣荷蘭當局，自一六三六年四月以來，把原住民自小琉球搜捕，一批一批遷徙放逐，小琉球將變成無人島

㊳ *Dagh – Register gehouden int Casteel Batavia, Anno. 1636*; Uitgegeven door H. T. Colenbrander.（Den Haag, 1899）, p.287. 村上直次郎譯注，中村孝志校注：同書日譯本一（一九七四），頁二七九—二八〇。

㊴ Blussé, van Opstall en Ts'ao Yung – ho, eds., *De Dagregisters van het Kasteel Zeelandia, Taiwan*, Deel I（Den Haag, 1986）, p.272.

時，荷蘭人另一方面就想將小琉球出租給漢人以謀增加公司收益。《熱蘭遮城日記》一六三九年五月十五日條有漢人 Samsjacque，不久包租了 Lamey 島，今天派出一艘戎克船去那裡要載運熟椰子來的記載。這一天，中士 Jan Barentsz. 也帶二名兵士同去搜尋小琉球的殘留原住民。㊵從每次被擒獲而強迫遷到大員的人口比例來看，很多是婦幼，男人不多，而被擒男人也多是老人。勇壯男士則躲避在洞窟，在山野做頑強抵抗。但後來，由於夫婦家庭被拆散，村落共同生活被破壞，每日心驚膽戰，日夜躲避於隱匿處，又不知何以蒼天忽降如此災厄。日久，心理上也失去英勇不屈的氣概。對於這種小琉球原住民的悲慘境遇，不只是牧師，連 Putmans 等歷代長官、往征的 Barentsz. 等也萌動了惻隱之心。因隱匿殘留的小琉球人，人數既不多，又多是老幼病弱已不能爲害。於是屢次請求巴達維亞當局允許他們還鄉或不必再遣逐。上級不接受，仍執意徙民墟地的政策，督促臺灣當局認眞執行。於是臺灣的荷蘭當局時常派兵去捕捉小琉球人。到了一六四四年發現小琉球尚留有十五名居民，荷蘭當局即責成包租該島嶼的漢人 Samsjack，捕捉這些小琉球人。一六四五年一月 Samsjack 即將其中的十三名捕獲運到大員來，獲荷蘭當局100 real 銀幣的獎金，一個月後逃脫的二

㊵ Ibid., p.460.

名也捉到，至是小琉球原住民的生存者全部被遷走消失㊶。

臺灣長官 Putmans 於一六三六年十一月卸任離臺後，是年十二月二十九日回任母國船隊的司令官，一六三七年八月抵達 Texel。又牧師 Junius 於一六四三年秋離臺，一六四四年回到故鄉。因在臺灣傳教的成就受到熱烈歡迎。Junius 歡迎的熱潮過了以後往訪 Putmans，一六四七年連袂向東印度公司董事會告訴對小琉球過當的復仇。董事會聞此慘事後頗震驚，要求巴達維亞的總督 Van der Lijn 和曾經當臺灣長官而其時任事務總長的 Francois Caron 協議檢討這件事，一六四八年也向總督指示，嗣後對臺灣倔強的部族，處理不要那麼嚴厲。受巴達維亞總督的命令，當時的臺灣長官 Overtwater 即整理臺灣的有關檔案，於一六四八年十一月二日向巴達維亞報告並彙集提出自一六三六年六月二日至一六四五年二月二十七日間有關 Lamey 的決議，一六三五年十月九日至一六四五年二月二十七日間的日記有關摘錄，一六三五年至一六三九年間對屢次討伐的指令等檔案㊷。總督 Van der Lijn 即把臺灣的報告做一總結，於一六四九年一月十八日向總公司十七名董事會報告。

㊶ *Dagh－Register gehounden int Casteel Batavia, Anno.1644－1645*；uitgegeven door j. de Hullu（Den Haag,1903）,p.133, 165.

㊷ 見於〈和蘭ハーグ國立文書館所藏臺灣關係文書目錄〉，no.907, 908.

即：

以各種船隻，發配至巴達維亞	一九一名
分配在新港社與暫時安置於新港社	四八二名
依荷蘭習俗被荷蘭家庭收養的兒童	二四名
生存者計	六九七名
猛烈戰鬥時被刀劍殺死或中鳥槍等火器，包括絕望自殺而發現屍體的	四〇五名
一六四四年尚生存而仍留在該島，實際上加算在新港社	十七名
總計	一一一九名

四百八十二名是全部留在新港社而與社人結婚同化。又一六四六年十四名兒童配置大員，由荷蘭家庭領養教育。很多 Lamey 人高興珍重他們這樣的幸運。因爲大部分女兒將會與荷蘭人結婚成

為好家庭主婦，而前述二十四名兒童已經很多成為富裕商家主婦㊸。總督 Van Der Lijn 如此報告，很顯然是對董事會的一個好交代託辭，極多的小琉球原住民沒有總督所說那麼好造化，只是成為荷蘭人的奴僕奴婢，而其中或許有些比較境遇好些吧！董事會對總督的報告並不是十分滿意。彙集當時在熱蘭遮城內有關 Lamey 島征伐的檔案，報告給總督的臺灣長官 Overtwater 是一六四〇年自荷蘭巴達維亞服務，一六四一年十月來臺任檢察官，一六四九年十月起和一六四四年十一月起兩次任兩年的駐日本商館長，一六四六年至一六四九年任臺灣長官。所以他任臺灣的檢察官時，應對臺灣當局如何一直認眞執行總督交下來的小琉球徙民墟地的事情相當了解。在《巴達維亞城日記》一六四四年十二月十二日條，有日本商館人員的名字。其中有一名商館長 Overtwater 的男僕，叫著 Lamey 島人的 Pieter，說機敏又溫良㊹。這位 Lamey 人 Pieter 雖只有這一點點的記載，也許是小琉球原住民的幸運兒。

㊸ Coolhaas, W. Ph.：*Generale Missiven. Deel* II.（Den Hang, 1964）. pp.352—353.

㊹ *Dagh – Register gehouden int Casteel Batavia, Anno. 1644—1645*：uitgegeven door J. de Hullu.（Den Haag, 1903）, p.217. 村上直次郎譯注，中村孝志校注；同書日譯本三（一九七五），頁八七；同書中文重譯本第三冊（臺中，一九九〇），頁八九。

清時黃叔璥撰《臺海使槎錄》卷五〈番俗六考〉，謂：「新港、蕭壟、麻豆各番，昔住小琉球，後遷於此。㊺」這可能是荷蘭時代小琉球原住民被迫遷移至新港等社的流傳。又臨時臺灣舊慣調查會第一部《番俗慣習調查報告書》第五卷第一冊，是關於阿猴廳下排灣族的調查，調查時期為一九一三及一九一七—一九一八年間。其第四節有如下傳說的收錄：

第十五，關於古代小琉球嶼人的傳說。

小琉球嶼，位於東港西方的島嶼。自靠近平地之本族部落，遙遙可以望之。本族稱此嶼為キポア。（カカ社以南的番人說，這キポア，古昔曾有與我們同樣的番人居住。他們時常乘舟來到西方海岸，與我們作物品交換。又據云：枋山、枋寮中間的平埔塵庄是該キポア的人來開的部落。又內文、率芒、カカ三社有キポア人曾來他們的番社，成為該社人的傳說。即在內文社說：該社人有一位名叫ロジヤキジヤン，下山到平地遇到一個外表不大一樣的人。盤問他，他即說，我是キポア人。即帶他回社，而做バソソ家的後嗣。又在カカ社的說法是古昔自キポア，有一人來到本社居住。其狀貌與我們排灣族沒有兩樣。其子孫今天叫著ゾヌカゾヌ家還在。又此小琉球嶼人登陸於西

㊺《臺灣文獻叢刊》第一百二十四種（臺北，一九五七），頁九九。

邊海岸，成一部落，即今日平埔庄㊻。

如此小琉球的原住民，在荷蘭人的討伐後到徙民墟地的政策下雖然自小琉球永久消逝了，但在臺灣本島曾經有其遷移棲息的流傳。

五、Bruyn的小琉球記述及其詮釋

如上所述，荷蘭人對金獅子號船員在小琉球嶼遇害，至一六三三年十一月派 Claes Bruyn 率軍往討，卻未能達成目的。失敗回到大員後，Bruyn 向臺灣長官提出報告，並附一份小琉球的情形報告文章。這一篇字數不多，比幾年前的 Candidius 有關新港社的記述簡單，又沒那麼多人知道，但仍不失爲一篇有系統介紹早期臺灣平埔族的一項重要資料。這一篇有關小琉球的記述，我們合譯如下：

金獅子島的地方和形勢簡述

㊻《臨時臺灣舊慣調查會第一部番族慣習調查報告書》第五卷第一冊，小島由道調查（一九二〇），頁一九一。

曹永和、包樂史（Leonard Blussé）合譯

一六三三年十一月十二日至十九日，遠征 Lamey 的指揮官 Claes Bruyn 所記。

金獅子島（Het Gouden Leeuws eijlant）由 Formosa 的居民稱爲 Lamey，是位於赤道北緯二十二度二十一分，從 Formosa 南角位於南南東—北北西，從打狗角約四浬，南南東—北北西向約距三浬。它不高也不低，是中度的陸地，周圍三—四浬，大約圓形，可是在東北和西南有一點橢圓形的，有很多椰子，到處還有叢林和草叢，可是大都在東南南和東北邊。周圍除了從岸邊半個加農砲射程，有二八—三〇噚砂地混雜有珊瑚礁以外，沒有寄椗地。接近北島是暗礁和岩礁，在西北邊有三個小砂灣，在西南邊同樣還一個。這裡有各種毫無疑問的殘留物，相信 Jacht Beverwijck 遺留物，是曾到這裡而失事了。又在東南邊有白色珊瑚礁的砂灘，還有滿有椰子樹和其他樹木的美麗山谷。此白砂灘有濃密的叢林，而此處就是我們隊伍登陸的地方。此叢林約有一 musket 槍寬，通過此叢林，我們可以到上述滿有那麼美麗的椰子樹的山谷，這是很驚異的。樹下的各地種有甘薯和其他植物，很整齊，看得很舒適。我們經過此山谷，就到達丘陵，爲此島差不多中間的背部，是從東北到西南的方向，也剛位於中間，兩邊有美麗又寧靜的山谷和牧草地。這個丘陵登上去，也有很密又大的叢林，與在山谷與其他到處可看到一樣的。這裡上面土地很美麗又寧靜而也種甘薯，還有椰子樹和棕櫚。

我們所燒掉的村子（或negrie），是在這丘陵的最高處西南邊，與所有印度民族（Indische natiën）㊼的做法一樣，可是很多方面沒有像新港（Sinkan）或者其他村子那麼好，而比它們相當小，村子有兩排，兩排中間有大又寬的街道，在中間或兩邊可做爲市場似的。村子後面往西在一投石可及的距離即在該丘陵最高處，有一可驚奇又值得看的洞。據他們說敵人來攻打（同時可以相信，他們總是能攜帶的東西都帶著往那個洞逃去避難）。我告訴你這個洞是很驚奇的深孔，在那麼高的丘陵，大部份都是岩石的，跟著這丘陵長度達到差不多有半浬長，而到同一邊的山谷爲止，而那邊還有一適當的出口（像這樣的還有二、三個地方）。這丘陵的洞口那靠近村落的背面，而像有階梯一樣可以慢慢地，很方便地往下去。洞穴上面很狹窄，若干地方人們可以跳下去的。又因爲叢林可以很繁盛覆蓋，使得不容易發現，而不小心或天黑暗走的時候，不無跌下去的危險。但下面是不同，比較寬，兩邊往下去，而且那麼深，人們從上面是看不到底的。是的，人們相信下面還有許多孔穴在丘陵下，在逃走是很不容易捉出來的。這些地方，是他們的敵人來襲時的隱匿處，因此想

㊼ 印度（Indië）一辭，指現時印度以外，自哥倫布到達美洲後，誤認美洲爲印度，後地理知識的增進，分開稱東印度和西印度。東印度也有指稱整個東印度公司活動的全域，也有指印度諸島嶼（即荷領印度，也是東南亞諸島嶼區域），大致屬今印尼共和國的疆域。這裡應是指東南亞諸島嶼。

把這個島滅絕人口墟其地的話，應需要驟然地又不能預料地來，把入口塡塞起來，使得在短時間內，居民因爲饑餓，而毫無疑問地他們自己會出來投降。

那裡居民據我們所瞭解，聽説原來是蕭壠人（Soulanghers）來的。他們在雷雨的時候，與妻子和孩子們搭乘竹筏漂過來的。爲了證實他們這種話，他們瞭解此語言的有些字句。不過他們的語言跟 Formosa 的語言很不一樣，可是在他們的習慣，身體的形狀與顏色以及宗教方面是大致一樣的。很野蠻和殘酷，殺死所有其他別種人，又沒有朋友，只住在島裡面的人才能成爲朋友。根據臺灣人（Formosaanen）的習俗可以用頭或頭蓋（因爲他們認爲是最寶貴的東西）來誇耀他們的英勇和男子氣慨。他們如此習俗以外並沒有其他宗教。

他們的水果是很多的椰子果、棕櫚類、甘薯和粟（那裡還有像 Formosa 的 massycauw 或者可以做酒而喝了就會驚人地大醉），可是沒有米。雖然土地和山谷對此似乎很適合，應可有豐饒的生產，卻沒有聽説，也不知道有其他水果。

鳥類很少，也沒有家禽，有若干鴿子和像麻雀的小鳥。當我們的隊伍在那裡登陸的時候，在村子裡面發現一隻燒好的鳥，像一隻鵝那麼大，或許更大的。我們認爲這顯然是一隻在水裡或者沼澤捉到而養肥的鳥。沒有獵獸或是四隻腳的動物。只有些養馴的豬和房裡看到三至四隻的家貓以外，不知道有其他獸類可以說了。

他們用竹筏，亦即 catte merauwen（sic！＝catamaran）來捕魚養活。他們的竹筏像船一樣，前面有一點彎曲高起來，可以隨波浪搖晃。儘管那裡有機會又有樹木，可是他們並沒有製作其他的船隻。他們又很多疑，既不允許任何人來島上交易，也不與任何人閒逛。如與中國人接觸時，中國人即用一些不值錢的小東西來交換很多的，好幾千的椰子果。每年在一月到二月（全是當中國人來Formosa 沿岸捕烏魚的時候）來交易。而他們的這種交易（如果我們可以相信中國人的話），他們是互不相見的。因爲中國人來到那裡海濱，放好他們的東西就走開，然後島上的人就放那麼多的椰子果，對著或者放在旁邊想要交換。那麼如果中國人滿意的話，就拿椰子果，而另一方面島上的人即拿東西，如果不願意，就各自拿自己的回去。

因爲這些人不相信任何人，沒有朋友，如上述所有世界上的人都認爲是敵人，特別是 Formosa來的人是他們的死敵人，於是他們也時常在夜裡或未注意時，用小船，以他們的方法來突襲，——不是對全島，只對一房屋，偷偷摸摸的像小偷那樣，未被注意地，沒有一個人發覺的時候，破門進入。他們就殺死所有看到的人，甚至於初生的孩子也殺死，帶走頭、手和腳。但是如在打開那間房子時，被發覺又喊叫起來，奇襲者即刻逃跑到他們的船，而沒有任何抵抗就離開。

人們推測，這島上的人也與 Formosa 的居民一樣，用這種該詛咒的方法殺死小孩，因爲這樣人口就不會增加。由那麼多可觀察，又從別人聽到，島上人口少——但他們在衆人不能想像的那麼長時間，早就已居住在那裡——這是可以相信的。

在山上沒有水，居民必須要從山谷拿到上面來。他們有很大的，從樹幹挖空的水槽的貯水。上述這個島是讓人愉快舒適的。如果沒有親眼看到的話，任何人都不會相信。是的，有好多人確認在諸印度島嶼，是的連Poelewij㊽，那裡是愉快舒適而很出名的在內，全都與這裡不能比的。他們也相信這裏正確地耕作經營的話，因這土地又好又肥沃，世界上的各種各類的果實，尤其是印度尼西亞的也將可以栽培。

（譯自：海牙國家總檔案館所藏荷蘭東印度公司檔案第五〇五一號文書）

這一篇的內容，先是名稱。荷蘭人稱金獅子島，原住民叫Lamey，漢人稱此嶼為小琉球，不知起於何時不詳。按在明初，即洪武五年自琉球中山王國朝貢明廷以來，小琉球是一般籠統地指臺灣或北部臺灣，而指現在的琉球嶼，起源不詳。不過歸清後，康熙二十四年（一六八五）蔣毓英修的首部《臺灣府志》卷二〈敘山〉，就有「小琉球山」的名字。所以可以推測最遲鄭氏時代末年，小琉球即指此嶼了。

㊽ 在Banda島。

其次是自然環境的叙述。位置、地形和植物生態的介紹。Lamey 島是一個珊瑚礁的島嶼，沒有寄椗地，有美麗的山谷林野而椰子特別多。對此，蔣毓英的《臺灣府志》卷二〈叙山〉，對鳳山縣的山，即說：「西南洋海中突出一峰，林木蓊鬱，則小琉球山也。」、「此山在鳳山西南，在海洋中。週圍約有三十餘里，埼岪巉險，並無拋泊舟隻處。上多出椰子，竹林，並無人居。」嗣後其他清代方志類大都有類同的記述。

原住民的村落是建立於丘陵上的台地，已被荷蘭人燒掉，原來有兩排，中間有寬大街道。規模比新港等社小，就此可以類推小琉球原住民的人口數目，與臺灣本土的新港社、麻豆社等社比較起來大概不會太多。在村落後面往西在一投石可及距離又是丘陵最高處有一大洞窟。其餘尚有二、三個洞窟。其實，我們知道現在小琉球，除了烏鬼洞以外，尚有美人洞和龍蝦洞等。這是原住民遇到外敵時逃去避難的場所。從這篇 Bruyn 的報告，荷蘭人已經知道有這個洞窟，一六三六年第二次來討伐小琉球時，雖原住民躲避於此洞，卻如上述，被荷蘭人杜塞洞口擬迫降，卻燻死了二、三百人的慘劇。此洞顯然是烏鬼洞。烏鬼洞的傳說有將柴草堆積洞口，引火焚燒，燒了三晝夜後，再查洞內，發現屍體骨灰無數的說法。所以一般常常會被認爲無稽口傳，其中乃會顯露些歷史事實。烏鬼洞出土的考古遺物，年代又能與漢人移來年代相連接，似可推測是這些小琉球原住民的遺留品。番仔厝，位於烏鬼洞東北，又有考古遺物，其遺物與烏鬼洞遺物相同，位置又與 Bruyn 所記原住民部落符合，地名又是番仔厝，可以想像 Lamey 人的村落就是在目前地名番仔厝的地點。在小琉球的考古遺物的出土，除了上述的金關丈夫、國分直一、宋文薰等考古學家的記述以外，民間或文獻上也有流傳。如伊能嘉矩的日記明治三十三年八月二十四日條，對烏鬼洞說：烏鬼洞舊居；石洞在天台澳尾，而引用《鳳山縣采訪冊》。其文末附記：「烏鬼蕃舊居，蓋人類學上及歷史學上應要研究之所。其他天台高地有一遺址，據云上中發現陶瓷。恐爲先住民平埔族遺物。」㊾這是表示烏鬼洞以外在天台尙有考古遺址，似爲平埔族遺物。伊能氏的小琉球勘查之行，因雨未果，應當是其時在東港所聽聞的。同日記八月二十八日條，伊能氏又記云：「東港人洪占春的筆談曰：小琉球嶼，前有烏鬼蕃穴居於其地。今其遺址在天台澳，現存穴內有白螺盤，蓋烏鬼蕃所遺也。」㊿洪占春的筆談沒有烏鬼洞的傳說，卻有提到烏鬼洞的遺物。又伊能嘉矩的《大日本地名辭書續編臺灣部》，在烏鬼蕃遺址一項中，對《烏鬼洞錄采訪冊記事》之外，又說：「據東港人洪占春的實查，自該遺址曾獲得古陶瓷與白螺錢。」51據盧德嘉的《鳳山縣采訪冊》自序中，采訪共事者有港東里

㊾《伊能嘉矩の臺灣踏查日記》（板橋，一九九二），頁一八二。
㊿同上書，頁一九二。
51 伊能嘉矩：《大日本地名辭書續編‧臺灣部》（東京，一九九〇），頁一三五。

生員洪占春的名字。故《采訪冊》所收錄的傳說洪占春也應當知道。似由於洪占春已知道伊能看過《采訪冊》或已見過盧德嘉，故沒有再提到傳說，而對伊能報知他實查所看到的遺物。

一九三一年在臺南市為紀念熱蘭遮城興建三百年，回顧臺灣三百年來的文化變遷，曾舉辦臺灣文化三百年紀念會，包括紀念儀式、演講會，各種如史料、教育、衛生、產業、花卉等展覽會，棒球、網球、足球等運動會，放煙火、扒龍船、遊行、演劇、南北管音樂等頗為盛大。其時所舉辦臺灣史料展覽會，東港郡役所即曾展出烏鬼洞的照片一張。這一張照片收於此展覽會目錄《臺灣史料集成》中。書中對於烏鬼洞照片的解說即：「在小琉球嶼天台澳的石洞，俗稱烏鬼洞，距今三百年前荷蘭人所帶來黑奴一時避難於此處。洞內寬度約有三疊之廣。曾有古器物自洞內發現，似是他們的遺物。」[52]如此洞內遺物有所解說，卻沒有提到黑奴被燒死的傳說。這也許顧慮到日本、荷蘭兩國的親善，不過值得留意是曾自此洞發現有遺物。又日本雖是異族的統治者，還相當重視臺灣文化，舉辦了那麼大的紀念盛會。現在烏鬼洞經鄉公所為推動觀光事業，整頓立碑，卻失去原貌。我們只從這展覽目錄《臺灣史料集成》所收照片以了解其原貌了。

---

[52] 臺灣文化三百年紀念會：《臺灣史料集成》，解說，頁四五。

又 Bruyn 的這篇報告，也留有一些人類學上的事實。小琉球原住民的習俗、身體的形狀、顏色以及宗教大致與臺灣本島一樣。同樣也有出草獵取人頭，以誇耀他們的英勇和男子氣概。又被認爲以該詛咒的方法殺死嬰孩是對人口壓力增長的一項自然的抑壓手段。並留有他們自己的口碑，說是自蕭壠社移來的。語言雖有差異不完全一樣，但如上述仍可與放索社等互相溝通，也與放索社等有和善的往來，也與臺灣本土各社彼此仇視，各有出草獵首。可知小琉球雖較爲隔絕於外界，但各族間尙有互相接觸。由於隔絕的離島比較排斥外族進入境內，也留有幾個字的語言。他們的交通工具是竹筏，有其形狀的描述。生計即用竹筏捕魚，也已是定居農耕的階段而種甘藷、粟等。從這些事實來看，小琉球原住民似可認爲屬於 Siraya 族的 Makatau 支族。

有很多椰子果的生產。這些椰子是否自生或是經耕植的，不知，但由於盛產椰子，成爲小琉球交易的資財。也有記述交易的形態是與漢人，交易方式是沈默交易，而交易時期是每年一月到二月，正是臺灣烏魚漁訊期，自大陸沿岸來臺灣的時節。可知當時已有與漢人的交易。但是根據 Reyersen 於一六二二年七月來臺灣探查尋找港口時，在二十八日條有記載，是日 Reyersen 所乘船隻曾碇泊於小琉球外海。看起來島嶼似乎肥沃，有很多椰子樹，也看到耕地，但人連一個也沒有看到。想帶兵士若干名登陸，但通譯的漢人不肯同行。那裡有四百人以上的人居住。凶暴的吃人者如看到人就躲起來。三年前據說漢人被殺了三百多人。該島因爲沒有良好停泊處，故打消了登陸踏勘的念頭。⑬被殺漢人數目也許誇張，但由於是會吃人肉的族群，漢人頗爲懼怕。可是在 Bruyn 的報告，原來互相懼怕與仇視的關係，其時已有進展，與漢人建立沈默貿易的關係了。椰子果是小琉球一項可以輸出與外界交易的資財。自一六三九年以來小琉球的原住民大部份被消滅後，小琉球產椰子果即成爲荷蘭臺灣當局的收益來路。一六三九年出租給漢人 Samsjacque 後，在《熱蘭遮城日記》就可以看到小戎克船或舢仔船到小琉球運載椰子來大員的記載。荷蘭當局於一六四〇年代在臺灣確立了承包稅捐，即贌社、贌港的制度後，小琉球也於同一時日推出投標，大概都由漢人 Samsjacque 一年以七十 real 銀幣承租，後來於一六四七年四月八至九日的投標時，允許 Samsjacque 在小琉球自椰子釀酒，以六年爲期，改爲每年包租調高爲一百五十 real 銀幣。⑭一六四七年五月二十三、二十四日的日記有一艘小戎克船，自 Lamey 載回一千八百粒椰子、二十二擔魚、五十壺魚油。搭乘人員十七名。⑮可知自這時期，漢人也開始到小琉球捕魚。如此一六二二年

---

⑬ Groeneveldt, W. P., op cit,. p.101.

⑭ "Affschrift van't dachregister des Casteels Zeelandia, beginnende sedert 14en maert 1647 en eyndigende den llen november daeraenvolgende," VOC 1164, f.574—574v, 576.

⑮ Ibid., f590.

間漢人懼怕原住民，漢人不敢前往，小琉球是全爲南島語系民族的天地。而一六三三年時已有互相沈默貿易的接觸。一六三九年原住民大致被荷蘭人消滅後，小琉球改變爲漢人的活動圈，成爲其採集椰子和捕魚的場所。臺灣隸淸當初，小琉球據康熙二十四年（一六八五）蔣毓英修《臺灣府志》的記載：「上多出椰子竹木，並無人居」。[56]但到了康熙末年，據康熙五十八年（一九一九）陳文達纂修《鳳山縣志》，即謂：「近有駕小舟到此，砍取薪木」。[57]然黃叔璥撰《臺海使槎錄》卷七〈番俗六考〉對小琉球記曰：「久無番社，……山多林木，採薪者乘小艇登岸，水深難於維繫，將舟牽拽岸上，結寮而居。近因偵緝餘孽，所司絕其往來矣」。[58]即康熙六十年（一七二一）朱一貴起事後，小琉球被劃定爲禁界。乾嘉年間仍爲禁地。嗣後封禁鬆弛，漸有漢人漁戶定居。據同治年間纂輯的《臺灣府輿圖纂要》的〈鳳山縣輿圖冊〉中說：「小琉球山……所居皆漁人蜑戶，寥寥數十家而已」。[59]光緒五年（一八七九）夏獻綸的《臺灣輿圖》中說：「又有小琉球嶼者，在縣南六

---

[56] 一九八五年，中華書局影印康熙年間刻本，頁三八。
[57] 《臺灣文獻叢刊》第一百二十四種（臺北，一九六一）頁七。
[58] 《臺灣文獻叢刊》第四種（臺北，一九五七）頁一四九。
[59] 同上書，第一百八十一種（臺北，一九六三），頁一三八。

十里，與東港對峙，孤懸海中，周圍約二十里，居民三百四十戶，男女二千餘口，地不產五穀，以捕魚兼蒔雜糧爲生。光緒三年，恐宵小之易於藏匿也，屯兵戍守之。」⑥⓪至光緒二十年（一八九四）盧德嘉的《鳳山縣采訪冊》，對小琉球的人口即說有澳莊各六，居民四百餘戶，男女二三千口。如此到了清末，小琉球的定居人口始有相當增加。如此原爲南島語系圈的小琉球，遂完全轉變成爲漢語圈了。

六、結語

本來屬於南島語系文化圈的臺灣，如何轉變爲漢語文化圈，其過程即是臺灣史的一個大主題。臺灣平埔族的歷史是構成臺灣史的另一重要成分。近年來臺灣史學界已開始注意平埔族歷史研究的必要。可是平埔族幾乎沒有從自己手裡留下來的自己族群的歷史資料。優勢的外族所留存資料往往是片段零碎的。我們爲重建平埔族的歷史，即須去搜集外族所留記述，利用配合相關科學領域的方法和成果去研究。然既然是歷史，文獻還是很重要的資料。尤其是檔案，由於其性質比經過編纂的

⑥⓪ 同上書，第四十五種（臺北，一九五九），頁一五。

文獻較少有優勢族群的歪曲和變造，也許較能反映出歷史的眞相。

對於無文字族群的歷史，神話、口碑、考古學、民族學、語言學以及地名學等有許多線索可加以利用。但對於歷史學來說，還是需要當時所接觸外族的記錄來配合仍很重要。但仍有其局限性。我們雖然盡量免除或過濾偏見誤解，這還是外族所看的平埔族歷史，無法到達平埔族本身的歷史。

本文是筆者對建構平埔族史的一項嘗試，也是其中一個案的例子。我們從此文，可以知道由外族所流傳烏鬼洞傳說的主角，並不是荷蘭人的黑奴，而是小琉球的原住民，似應是屬於 Siraya 族的 Makatau 一支族。南島語系的民族，學界都知道是慣海民族。可是目前現存臺灣原住民中除了雅美族以外，卻很難看出南島語民族的慣海特性。但我們從荷蘭文獻有關小琉球與臺灣本土各族群間的接觸互動來看，仍隱約可看出其時臺灣西部平埔族，尙具有慣海民族的特性。

小琉球的考古遺物應可以更具體讓我們知道小琉球原住民的文化，也可以使我們更了解在隔絕離島的自族與異族的關係。異族的船隻如遭風漂到離島時，對原住民來說，也許是一項很懼怕而須面對的事情，也是一項獲取外界財物的難得機會。所謂所謂「番害」又會引起異族的入侵報復。一個島史的特色在於與異族接觸互動的形態及其影響。小琉球的船難「番害」，尤其是有食人習俗（cannibalism）時，對於具有文化優越感的種族來說，認爲這是違悖天理，人神共憤，對於其行爲的懲罰征討認爲是正當符合公道的教訓，而其結果成爲臺灣史上一項極悲慘的滅種行爲

（genocide），小琉球原住民也永遠自歷史消失，這是一件人類由文化差異而不能理解所產生的悲劇。出草獵首，或對來犯異族襲殺獵首食其肉，並狂歡慶祝。獵首或吃人肉，這是一項所謂「未開化」民族的生命祭儀。所以對於小琉球原住民，也許根本不知道爲什麼荷蘭人來侵犯。

現在我們已知道文化價值觀，其心性沒有優劣高低之分別，如有只是自我中心的種族優劣的偏見。這種偏見即會產生沙文主義和族群間的文化摩擦。過去的白人沙文主義或漢民族沙文主義均如是。這是我們研究平埔族史的陷阱。對於將來，我們更不能陷入於漢族沙文主義，成爲建設健康的臺灣新文化的障礙。

參考書目

一、中文論著

王必昌

一九六一　《重修臺灣縣志》（文叢一一三。臺北，臺灣銀行經濟研究室）。

王瑛曾

一九六二　《重修鳳山縣志》（文叢一四六。臺北，臺灣銀行經濟研究室）。

臺灣銀行經濟研究室（編）

——《臺灣府輿圖纂要》（文叢一八一。臺北，編者）。
臺灣銀行經濟研究室（編）
一九六五《臺灣經濟史三集》（臺灣研究叢刊三四。臺北，編者）。
伊能嘉矩
一九〇九《大日本地名辭書續篇·臺灣部》。
伊能嘉矩（原著）、森口雄稔（編）
一九九二《伊能嘉矩の臺灣踏查日記》（板橋，臺灣風物叢書九）。
江日昇
一九三〇《臺灣外記》（文叢六〇。臺北，臺灣銀行經濟研究室）。
村上直次郎（譯注）、中村孝志（校注）
一九七〇—七五《バタグイア城日誌》（東京，平凡社）。
沈有容
一九五九《閩海贈言》，文叢五六（臺北，臺灣銀行經濟研究室）。
金關丈夫、國分直一
一九七九《臺灣考古誌》（東京，法政大學出版局）。

移川子之藏
一九三八　〈和蘭ハーグ國立文書館所藏臺灣關係文書目錄〉，《臺北帝國大學文政學部史學科年報》五。
陳文達
一九六一　《鳳山縣志》，文叢一二四（臺北，臺灣銀行經濟研究室）。
黃叔璥
一九五七　《臺海使槎錄》，文叢四（臺北，臺灣銀行經濟研究室）。
黃典權
一九七八〈臺灣文獻中「烏鬼」問題初探〉，《臺灣人文》二。
曹永和
一九九〇　〈臺灣史研究的另一個途徑——「臺灣島史」的概念〉，《臺灣史田野研究通訊》一五。
一九九三　〈臺灣史的研究〉，《臺灣研究通訊》一。
蔣毓英
一九八五　《臺灣府志》（北京，中華書局）。

盧德嘉

一九六〇　《鳳山縣采訪冊》，文叢七三（臺北，臺灣銀行經濟研究室）。

臨時臺灣舊慣調查會

一九二〇　《臨時臺灣舊慣調查會第一部番族慣習調查報告書》第五卷。

——《臺灣史料集成》。臺灣文化三百年紀念會。

二、西文論著

Blussé, L., Van Opstall, M.E., en Ts'ao Yung-ho, eds.

1986　*De Daghregister van het Kasteel Zeelandia, Taiwan, 1629—1662.* Deel I (Den Haag).

Bruijn, J.R., F.S. Gaasstra & I. Schoffer

1987　*Dutch-Asiatic Shipping in the 17th and 18th Centuries* (The Hague).

Campbell, Wm.

1903　*Formosa under the Dutch* (London).

C.E.S.

1675　*t'Vorwaerloosde Formosa Deel* Ⅱ (Amsterdam).

Colenbrander, H.T.

1899 *Dagh－Register gehouden int Casteel Batavia, Anno. 1636* （Den Haag）.

1919 *Jan Pietersz. Coen. Bescheiden omtrent zijn bedrijf in Indie, Deel I* （Den Haag）.

Coolhaas, W. Ph. ed.

1960 *Generale Missiyen uan Gouverneur－Generael en Raden aen Heren* XⅦ *der Verenigde Oost Indische Comrpagnie. Deel I* （Den Haag）.

van der Chijs, J.A. ed.

1887 *Dagh－Register gehouden int Csteel Batavia, Anno. 1640—1641* （Batavia）. de Hullu, J. ed.

1903 *Dagh－Register gehouden int Caasteel Batavia, Anno. 1644—1645* （Den Haag）. Dick Kooiman, et al. ed.

1984 *Comversion, Competion and Conflicht.* Amsterdam.Groeneveldt, W.P.

1898 *De Nederlanders in China.* Iste Deel （Den Haag）.

Wolf, Eric R.

1982 *Europe and the People without History* （Berkeley）.

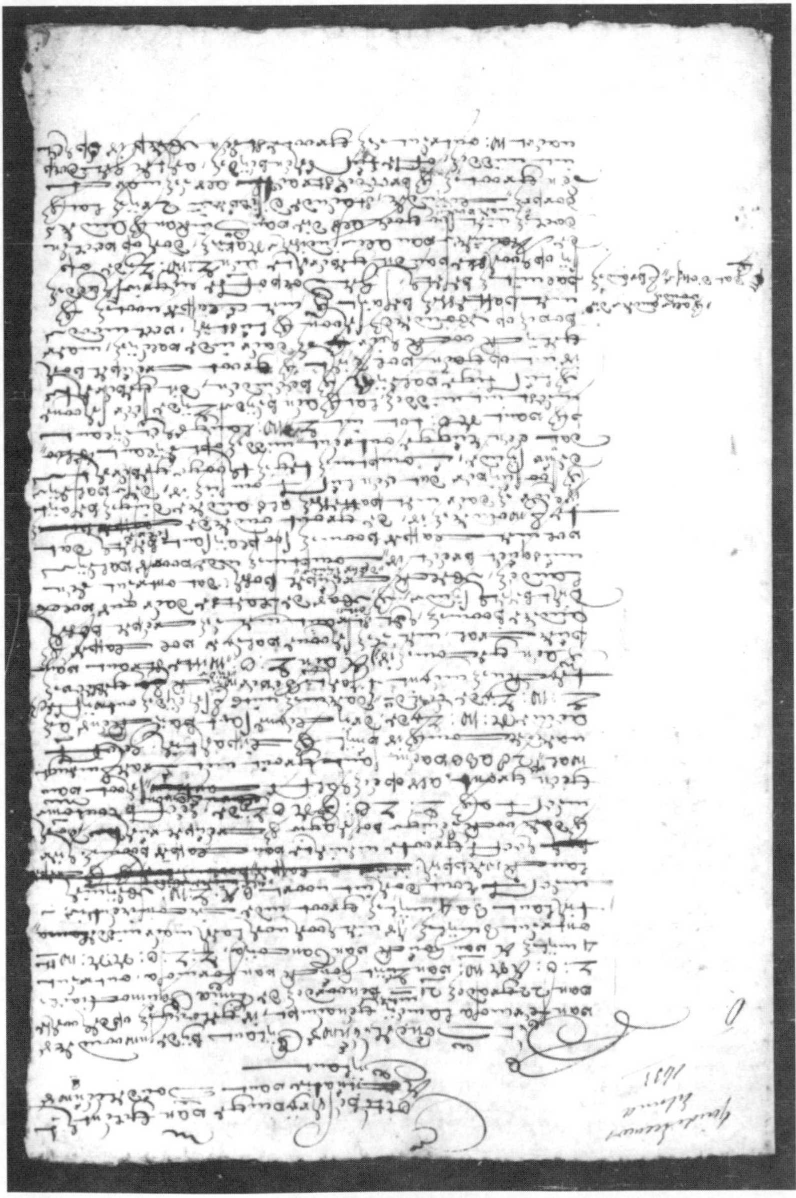

圖一　海牙國家總檔案館所藏荷蘭東印度公司檔案（ＶＯＣ）第5051號文書原件影本

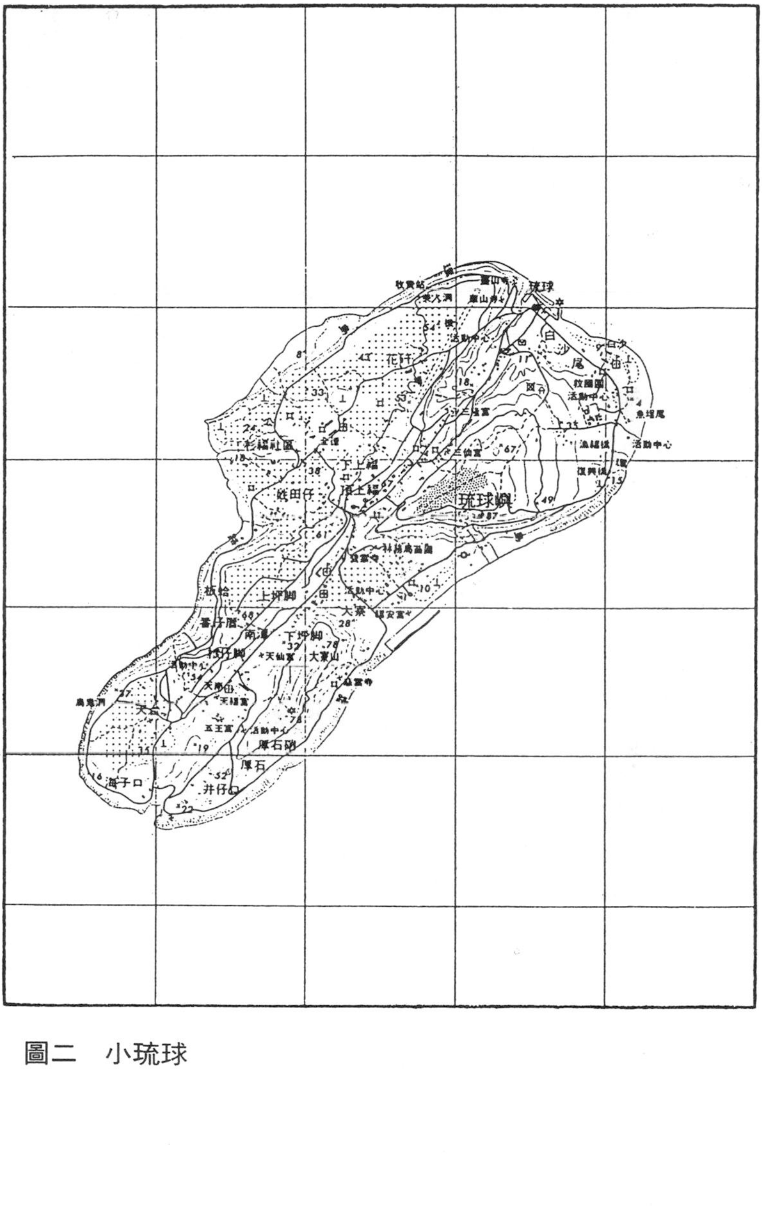

圖二　小琉球

英國東印度公司與臺灣鄭氏政權

一、前言

鄭成功於一六六一年四月三十日帶兵入臺，次年二月一日困守 Zeelandia 城的荷蘭人終於開城投降，鄭成功遂在臺灣建立其政權。嗣後傳其子孫三代，至一六八三年十月八日（康熙二十二年八月十八日）鄭克塽削髮降清。其間臺灣史上一般分期稱爲鄭氏時代或明鄭時期。

鄭氏保有臺灣的時間雖然不長，卻確立了漢人治臺的基礎，對臺灣史具有甚深的影響，在臺灣史的斷代中仍是一重要時代。

迄今爲止，已有頗多有關鄭氏的中、日、西文資料的發掘和出版。中文資料大致多詳於鄭氏在大陸與滿清軍事對抗方面資料，而鄭氏活躍於東亞海上交通貿易的資料即多需要引用日文及西文資料。然與有關鄭氏政權在臺灣的資料比較起來，卻頗感缺少。因此，對於鄭氏時期臺灣史的建構，與其他分期比起來，較為困難。

英國東印度公司曾於一六七〇年派船來臺，至一六七二年在安平設立商館，三藩之亂鄭經西征時，英國東印度公司也在廈門續設商館，鄭經自廈門撤退至臺灣時，英國廈門商館也撤退至臺灣，迄至鄭氏降清，公司都派商務人員駐臺。故英國東印度公司有關臺灣、廈門商館事務的檔案是研究鄭氏政權在臺灣時的最重要一手資料，很多可補中文資料之缺。

先師岩生成一博士戰前任教於臺灣帝國大學史學科。於一九三〇—三一年間留荷蘭研究時，曾前往倫敦探訪資料，並摘抄英國東印度公司有關東南亞、臺灣、日本資料若干回臺。戰後筆者與友人賴永祥教授，承岩生師的允許，抄了一份整理，並附周學普教授的中文翻譯，於一九五九年十月由臺灣銀行經濟研究室出版《十七世紀臺灣英國貿易史料》一書。隨後賴永祥教授於一九六五年發表〈臺灣鄭氏與英國的通商關係〉一文，刊登於《臺灣文獻》第十六卷第二期。

岩生成一師所摘錄英國臺灣、廈門商館的資料，因其留英時期的限制，難免缺漏與錯誤。一九六〇—六一年中村孝志教授留荷研究時，回國前也曾順道前往倫敦，想對岩生師所摘錄資料作一些校補工作，而也因滯留時間太短而未能如願。

一九九二年在臺灣大學歷史學系前主任張秀蓉教授與大英圖書館的 India Office Library and Records 的副館長 Anthony John Farrington 氏兩位推動策劃之下，臺灣大學與大英圖書館合作，將出版英國東印度公司鄭氏時代在臺灣與廈門商館的相關檔案。此項出版顯然可以提供比《十七世紀臺灣英國貿易史料》一書更完善的資料，對於鄭氏時代臺灣的歷史以及當時臺灣處在整個國際貿易網絡中所扮演的角色之研究可以提供翔實的資料，以促進其研究（張秀蓉，一九九四：五〇，七〇）。

茲在其出版前，對臺灣鄭氏政權與英國東印度公司的關係及其歷史背景略作介紹，至於詳細探討當留待將來的研究。

二、鄭氏勢力的崛起

臺灣是一個島嶼。在東亞大陸外緣，北自庫頁島有一連串南北向的弧形列島，南接東南亞的海洋諸島嶼。東南亞諸島嶼南邊以爪哇爲中心有東西向相連的島嶼。其西端 Sumatra 島即與馬來半島以馬六甲海峽相向，成爲南海往印度洋的出口。這些南北向和東西向島鏈中，在西太平洋與東亞大陸邊緣形成了幾個內海。臺灣在這種島嶼世界中，位於南北向諸列島中間，與大陸極爲接近，分隔了東海及南海，其地理位置至爲優越。在史前時代臺灣曾經是文化、種族南漸或北進的分叉路口。①

東西交通開闢了所謂陸上與海上絲綢之路，又延伸到日本，成爲海上主要國際交通路線後，臺灣因沒有國際貿易商品的出產，又遠離國際幹線之外，臺灣就成爲東海孤島，鮮受外界所注目。到了十六世紀以後，東亞海域的貿易有很大的改變。其一是以前朝貢貿易爲主，而以後即私商貿易爲主導。對於這種形勢的轉變，明朝的外交體制卻一直不變，對外貿易仍然墨守封閉禁海的政策。此反致使所謂倭寇、海盜繼起與猖獗。至一五六七年（隆慶元年）明朝指定月港爲中國商船的出入口，海禁有了部份開放，出海貿易只限於東西二洋，至於行販日本仍然被禁絕。臺灣此時成爲倭寇、海盜侵擾中國沿岸的一個基地。到了十六世紀末葉至十七世紀初期之間，日本曾有三次遣兵圖臺，以求推展中日貿易，但均未成功。然就在此期間，臺灣也已成爲中日商人的貿易會合地點，而漸漸發達。

另一大轉變是自十六世紀初葉以來，開始有葡萄牙人爲首，西班牙人、荷蘭人和英國人等歐洲

---

① 臺灣在東亞海域交流史上的地位之大概，可參閱曹永和，1988：611－639.

武裝商人接踵進入了東亞海域，引起了東亞各國各地域首長、商人與西方武裝商人，既提攜又互相競爭的複雜局面。

歐洲諸國人中，東進最早的是葡萄牙人。葡人於一五一一年佔領馬六甲後，東進至香料群島，一方面向北出現於中國南部海上，輾轉於廣州、漳州、浙江的雙嶼等地，以尋求貿易根據地，一五四三年又到達日本九州，至一五五七年在澳門獲得落腳地，[illegible]六世紀初葉以來，經營歐亞間以及印度洋、東亞海域各地的轉販貿[illegible]是自十六、[illegible]十七世紀前期，葡萄牙人幾乎壟斷了中日間的貿易。

這一期間，[illegible]美洲獲得了廣大的殖民地，一方面又自美洲出太平洋到香料群島與葡人[illegible]至一五二九年[illegible]兩國簽訂 Zaragoza 條約，確定兩國的勢力範圍，西班牙放棄香料的權利。一五六五[illegible]西人佔據宿務（Cebu），開始經營菲律賓，至一五七一年再進佔馬尼拉做爲其根據地。想在香料群島、中南半島、中國、日本等鄰近地域貿易與傳教。然西班牙人在亞洲的擴展，時常遭到葡人和晚來的荷人勢力等的阻礙，但由於自墨西哥的 Acapulco 大量的銀元流入，吸引了從中國、日本、暹羅、柬埔寨和香料群島來的商人常去馬尼拉。馬尼拉遂也成了東亞國際貿易的一個交換媒介站。尤其是中國的船隻、貿易商人、手藝工匠等爲美洲銀元所吸引，頻繁往來，不但有大量銀元流入中國，自十六世紀末葉在馬尼拉已形成了一個相當大的華人社會。

荷蘭由於其地理條件自古即靠海生活，北海漁業與北歐、南歐間的轉販貿易成爲他們的重要經濟命脈。一五六八年荷蘭反抗西班牙的獨立戰爭爆發，而西班牙王兼併了葡萄牙王位後，即禁止荷船駛入里斯本販運香料。此舉更促進了荷蘭人欲直接航行到東方的企圖。一五九五年第一支船隊啓碇開往東印度，而於一五九七年回到荷蘭。於是紛紛組成公司競相東來，引起惡性競爭，在亞洲各地又遇到強敵葡西兩國人的阻礙與衝突。至一六〇二年各公司遂合組聯合東印度公司（俗稱爲荷蘭東印度公司，簡寫爲ＶＯＣ）。荷蘭東印度公司擁有強大武裝艦隊，在各地進攻葡西兩國的貿易基地，一面繼續其獨立戰爭，一面謀取壟斷香料貿易之利。荷蘭人在香料群島排除葡西勢力，基本上壟斷香料貿易之後，下一步驟是推展一直在尋求卻不能稱意的中國貿易之開闢，以及一六〇七年設在平戶商館的日本貿易的展開，以取代葡萄牙和西班牙在遠東的地位。於是一六二二年派一支艦隊先攻佔澳門而失敗，即轉往澎湖，築城據爲基地，以截擊往來日本的葡船和航行漳州、馬尼拉間的中國商船，並與明福建當局談判在中國的自由貿易。

明福建當局對荷蘭人佔據澎湖，認爲是對明帝國領土的侵略，要求荷蘭人拆毀城堡，撤走澎湖，並允許在不屬於明中國領土的臺灣建立貿易基地。由於荷人遲遲不肯撤走澎湖，福建巡撫即於一六二四年派重兵包圍澎湖的荷蘭城堡，此時僑居平戶的華商李旦出面斡旋。李旦當時以臺灣爲中心從事中日間的走私貿易，在日本平戶與荷蘭人和英國人均有來往。於是荷蘭人終於一六二四年八月撤走澎湖，轉據臺灣，在大員（即今安平）築城以為其貿易基地。

大員在荷蘭人佔據以前，早已是中日兩國商人貿易的會合地點。荷蘭人在臺灣立足不久，對來臺的日本商人即課稅而引起與日本商人的摩擦衝突，後升高至一六二八年的濱田彌兵衛綁架荷蘭臺灣長官，演變至平戶荷蘭商館被迫關閉達五年，至一六三三年所謂「臺灣事件」落幕，次年平戶商館才得重開貿易。一六三五年德川幕府禁止日本商人的出國，一六三九年日本又禁止葡船駛往日本，僅准荷船與華船到日本貿易，荷蘭人在日本貿易的地位終於確立。荷蘭臺灣商館對日貿易的推展，卻需要中國貿易的順利開展。然臺灣的對岸福建沿海地方，此時「通夷販海」的海賊（也是海商）群起，並發生一連串海上霸權的爭奪。這些海上爭霸最後勝利者是鄭芝龍。鄭芝龍年輕時離開家鄉去澳門。旅澳期間，學習到當時的國際語言葡萄牙語，並了解西方貿易實務。後來從澳門去日本平戶，在平戶成為李旦屬下的一員，又娶田川氏，生鄭成功。大概在一六二四年春由李旦的安排，來到澎湖，受僱為荷人的通譯。後來成為暗受荷蘭人指使的海盜之一，襲擊劫掠前往馬尼拉的中國商船，而很快成為一支海上勢力。

此時原在大陸為李旦主要合作夥伴的許心素，承攬生絲等貨以供應在臺灣的荷蘭人。鄭芝龍於一六二八年正月攻入廈門，襲殺許心素，是年秋天受官方招撫，後著手平靖諸盜，逐次將昔時海盜夥伴，同時也是競爭對手的李魁奇、鍾斌等消滅，至一六三五年五月二十三日擊敗劉香之後，大陸沿海的制海權完全落入鄭芝龍之手。

荷蘭人佔據臺灣後，其貿易頗受大陸沿海情勢的影響，而無法開展。荷蘭人有時師往昔葡萄牙人之故智，以協助討滅海賊為餌，冀望取得中國方面允許自由貿易；有時卻又與海賊配合，以武力向中國要脅自由貿易。

於一六三三年十月二十二日荷蘭船隊在金門料羅灣被鄭芝龍所率約一百五十艘船隻所打敗而逃回臺灣。嗣後荷蘭人不得不放棄在大陸口岸自由貿易的念頭，只接受鄭芝龍的安排，依賴中國海商運貨品來臺灣供應。

自一六三四年以來，荷人對日貿易迅速擴張起來，至此荷人在中南半島、印度洋各地的貿易也獲得推展，臺灣成為荷蘭國際網絡的一個重要基點。鄭芝龍則很巧妙地周旋於荷蘭人和中國官憲之間，擴大其勢力。在潰滅敵手後，衆海盜集團也就統合到鄭氏旗下，以鄭芝龍為首，鄭氏家族為核心，構成以武力為後盾的強大貿易集團，而一般海商即向鄭氏繳納保護稅，以利他們的貿易活動，鄭氏集團儼然形成一個海上王國。

由於大陸許多中國商人自一六三四年以來開始帶豐富貨品來臺灣，致使大員商館缺乏資金。時常等巴達維亞當局的調撥或自日本商館借貸。但因船期等關係，資金的調動卻趕不上臺灣貿易的迅速擴展。由於臺灣荷人無法消化鄭氏集團所帶來的商品，於是鄭芝龍自一六四一年直接開展與日本貿易。

對荷蘭人而言，鄭氏不只是其中國商品的最重要供應者，更是他們在東亞海域最有力的競爭對手。

自臺灣輸往日本的中國生絲自一六四一年以來激減，荷蘭人即改以東京生絲與孟加拉生絲來代替。

一六四五年清朝勢力推進至江南後再進逼福建，鄭芝龍爲保持其勢力，先擁立南明唐王，後轉而降服清朝。鄭芝龍被挾持到北京後，福建海上勢力一時分裂，群龍無首，鄭成功即打敗同族的競爭對手並加以吸收，以金廈爲基地，再度統合解體的海上勢力，並從海商集團聯合體走上鄭氏政權的建立。鄭氏集團的船隻仍以「國姓爺船」控制臺灣海峽兩岸貿易，也在東亞海域各地活躍。鄭成功與荷蘭人的關係比鄭芝龍時期更不融洽。

鄭成功北伐南京失敗後，在大陸已難立足，他需要一塊比廈門更大的土地，以保存其勢力，同時也可經營其海上貿易。於是鄭成功東征驅荷據臺，建立新政府。隨之還想招諭呂宋，卻因鄭成功逝世，而事未果。

鄭成功逝世後，留在廈門的嗣子鄭經於一六六二年入臺平息內紛，繼位後再回廈門。此時荷蘭則在各海域攻擊鄭氏船隻報復，並擒捕鄭氏船隻的貨物以補償失陷臺灣的損失。同時又尋求與清朝結盟聯合對付消滅鄭氏勢力，並想在大陸獲得與清朝的自由貿易（Wills 一九七四）。

一六六三年十一月，清荷聯軍攻克金、廈兩島，而鄭經則退守銅山。但是由於許多鄭氏部屬降清，銅山難守，故於一六六四年自銅山撤退至臺灣。嗣後繼續推行屯墾，經營臺灣，又利用各種關係，進行與大陸沿海走私貿易，也仍到日本、暹羅、柬埔寨、東京、廣南、萬丹、馬尼拉等地發展其貿易，並請別國來臺灣貿易，約定將予以優待。

三、英國與鄭氏政權

十六世紀英國人也出現過 William Hawkins, Sir Francis Drake, Sir Walter Raleigh 等人冒險事業，又因英國毛織業的發展，英國商人也曾嘗試幾條航線想到東方來貿易。十六世紀末即與爭取獨立的荷蘭人合作向葡西挑戰，並於一六〇〇年成立所謂英國東印度公司參加國際商戰，但由於資本以及武裝力量都不如荷蘭東印度公司，香料貿易一直都走荷蘭人的後塵。一六一三年英國也在日本平戶設立商館，利用中國人海上航線經營東亞貿易，也曾透過李旦的斡旋想開關中國貿易，卻受到李旦的欺騙，加上經營不善，虧損累累，終於一六二三年關閉商館，撤走日本（Iwao, 一九五八；Farrington, 一九九一）。此時在 Amboina 的英商館人員及受雇的日本人爲荷蘭人所殺，發生所謂 Amboina 慘案，又東南亞各據地陸續虧損，資金及武裝力量都比不上荷蘭的公司，無法與荷蘭競爭。一六二〇年代撤收暹羅、大泥、香料群島、巴達維亞各地據點，經營重點轉移到印度、波斯方面，而萬丹遂成爲其東南亞方面的重要基地。

在歐洲，自一六五一年英國制定航海條例，於一六五二、一六六五、一六七二年經三次荷英戰爭，英國打敗荷蘭，荷蘭海上霸權逐漸轉移成以英國爲優勢。又自一六五一年萬丹的 Aboel Fatah（Tirtajasa）繼承 Sultan 後，反抗荷蘭，致力回復萬丹的貿易活動，招致荷蘭人以外的外商到萬丹。故華商、印度的回教商人以外，英國人、瑞典人、法人等歐洲商人都集中到萬丹來。於是英國製毛織品以獲得日本白銀來發展東亞貿易的企圖（Massrella，一九九〇；Idem，一九九三）。

此時在萬丹收到鄭經招致外商到臺灣貿易的信函，一六七〇年五月末，由華人 Succo 操船，英船 Bantam 號和 Pearl 號兩艘駛出萬丹，於一六七〇年六月二十三日到達臺灣。三天後，Ellis Crisp 謁見鄭經，以英王名義呈萬丹英國商館經理致臺灣王（即鄭經）的信函申請准許貿易和開設商館。英人受到鄭氏款待，於九月十日鄭英雙方訂定非正式的通商協議。②其協議的條款共有二十條，主要有：

---

② I〔ndia〕O〔ffice〕R〔ecords〕：G/21/4B, pp. 53－54.

•海上掛有英國旗幟的船隻，不受國王的戎克船的阻撓，允許自由貿易。
•英國人可以載運鹿皮、砂糖以及其他臺灣產物到日本、馬尼拉或其他地方。
•可選用自己通譯、書記，不受監視，享有行動自由。
•國王或其商人所出售貨物概依照時價交易。英國人可以輸出黃金和白銀。
•英國人可以隨時撤銷商館，運走其財物。
•英國人一週可宰一頭牛，其他糧食可隨意購用，國王所購貨物免繳關稅。輸入食米免稅。

除上列條款外，有必要時可另行要求。除此條款以外，鄭氏還要求英人履行五個項目和每艘英船需帶來十三項物品。

1. 英人所租用前荷蘭市廳舍作商館，年須付租金五百銀元。
2. 進口稅售後繳百分之三，出口免稅。
3. 英船入港時，將所有槍砲、火藥以及其他武器交給國王，駛離時發還。
4. 經常派駐二名砲手爲國王服務。
5. 經常派駐一名鐵匠爲國王製造槍砲。要求供應的物品是火藥兩百桶，火繩純槍二〇〇挺，英國鐵一〇〇擔，黑胡椒三〇〇擔，織品、珊瑚、琥珀、白檀等貨。

從此很顯然可以看出英方所需要的是自由貿易，而鄭方所需的是爲應付時局，透過英方的供應可加強軍事力量，又可以避免荷蘭船的擄掠，獲得東南亞物品，推展鄭氏的中日貿易。所以英國東印度公司之前來臺灣是鄭氏所歡迎的。

根據十月二十二日 Ellis Crisp 在大員向萬丹英國商館所做報告說：

在大員獲歡迎與款待，而華人船長 Succo 是一位狡猾的惡棍，想居中阻撓英人貿易。在大員每日有中國戎克船出入，帶來很多貨品，售價比英人遠為低廉。國王已收買鐵和黑胡椒。欲將貨物運入中國很困難，尤其是體積龐大的商品，因沿海一帶皆有堡壘阻止貨物之輸入。若有人在牆外被發現，即被處死。一切都以賄賂行之。從此地輸往大陸的是日本小判（金幣）。因輸出貨物比輸入較為容易。

目前貿易情況，大量貨物不易銷售。但每日指望清廷和議的使者到這裡來。如和議成功，臺灣將是很適當的貿易場所。這裡屬大員的大小船隻有兩百艘。今年十八艘開往日本，其中大半為國王所有，鹿皮全為國王的貨物，年產有二十萬張。臺灣每年產糖五萬擔。他們所遇到戎克船，如果沒有國王的護照，就遭緝捕。

國王的政府甚嚴。登册兵士有七萬名。在最初三年間，賜錢及米，並撥給一塊土地為生活，又配給牲畜以施肥。嗣後就停發錢及米。他們不被允許回去中國。

在臺灣通用的貨幣是西班牙銀元，尚有少量荷蘭貨幣留存。國王也鑄一種銅錢，其價值漲落不定，如金幣小判。國王的一名大臣受命交涉英船 Pearl 號搭載一名中國人和他的僕人到萬丹，他們的推薦書是給 Shawbander（即管外商和外船的港務長官）。③

Pearl 號先於一六七〇年十一月十三日，而 Bantam 號則於一六七一年一月二十九日回到萬丹。美國初次在臺灣貿易的嘗試雖然不是很理想，但仍認爲鄭經已給予公平條件之約束，期待可以促進公司對中國和日本貿易的利益，更希望透過大員可能達到與日本貿易的目的。於是萬丹的經理於一六七一年七月一日派 Bantam Merchant 號，Crown 號以及戎克 Camel 號開往大員和長崎，但只戎克船到達臺灣後回到萬丹，而另兩艘船隻在海上失事，因此第二次嘗試仍歸於失敗。

倫敦總公司獲知初次到臺灣開闢貿易後，即原則上批准萬丹經理的計劃，在倫敦準備 Return 號、Experiment 號和 Zant 號，於九月自本國駛往萬丹，並對於一六七〇年的非正式鄭英通商協約提出修正意見。指令此三艘自萬丹再駛往東京、大員和長崎開設商館。其載貨主要是英國製毛織品以在日本交易黃金、白銀和銅。對臺灣的貿易，總公司希望用英國毛料交易砂糖和鹿皮，輸往日本。④萬丹分公司還警告商館員，對於中國人，包括在臺灣的中國人，應對其欺騙提高警惕。

---

③ IOR：G/21/7B, pp.54－58.

④ IOR：E/3/87, pp.472－85.

三艘船來到萬丹後，Zant號駛往東京，Return號和Experiment號於一六七二年六月二十日與戎克船Camel號一起駛開萬丹。此時巴達維亞的荷人曾囑英人船長如到達大員，請營救鄭成功攻臺時被俘，至今尚被囚禁於臺灣的荷人。

Return號等三艘英船於一六七二年七月十六日抵臺後，即開設英國商館於舊荷蘭市廳舍。鄭氏對英人運來火藥、槍砲等供應很滿意，英人獲得相當有利的交易。鄭氏和英人再協議雙方的通商條款，於一六七二年十月十三日正式簽訂通商協約，此協約將一六七〇年二十條的臨時性協約濃縮爲十三條，對於英人可以購買鹿皮、砂糖以及其他臺灣產物運往日本、馬尼拉等處，改爲砂糖和各種皮革，年產量三分之一供給英人；前約所規定的黃金、白銀的輸出，每週可屠殺一隻牛等取消，其他大同小異。又在以前所附帶鄭氏要求的軍需品等品目也不見於協約條文。鄭氏所要求留砲手和鐵匠爲鄭氏服務的條款，在正式協約的第四條改爲：公司所屬英國人或其他國人得被留用或徵用爲國王或其臣民服務，但應有英國首長之允許和本人的同意（Chijs, 1901：81－83）

英船三艘初抵臺灣時，即停泊於大員外海拋錨處。後遇風轉泊於澎湖島。由於種種遷延，致使失去駛往日本的風期。又所有將輸往日本的貨物，僅有一艘船隻的載量，故將貨物全部集中轉載於Return號，而Experiment號和Camel號改駛回萬丹。由於是年三月十七日第三次荷英戰爭爆發，四月初七日法國又向荷蘭宣戰，巴達維亞荷蘭總督獲消息後，即派船隊巡航Banca海峽，想伏擊英船。Experiment 號於十二月十九日被捕獲，而 Camel 號即於一六七三年三月二十七日在萬丹外海也被荷船所俘（Ibid.：106－107）。Return 號在澎湖過冬後，於一六七三年六月十日開往日本，六月二十九日抵達日本長崎，想重開日本貿易。然英船所帶到日本的貨物主要為英國製毛料，完全不符合日本商情，又受了駐日荷蘭商館的阻礙，因當時的英國王后是天主教國葡萄牙之王女，在日本嚴格禁教政策下，英人被拒重開商館貿易，而於是年八月二十八日駛離長崎，英國東印度公司所渴望重開日本貿易歸於失敗，給英人東亞海域貿易的企圖打擊甚大。如此一六七二年英國的臺灣和日本的貿易失敗又受虧損（Massarella，1990：359－363）。但是倫敦的董事會對開闢日本貿易以便推銷英國毛織品的企圖不死心，而想透過臺灣王對日本皇帝的斡旋和從萬丹、臺灣、馬尼拉、中國、暹羅等地交易網絡來打開日本貿易。一六七三年發生三藩之亂，一六七四年鄭經反攻大陸，卻給英國商館另一個好機會。一六七五年七月九日 Flying Eagle 號自萬丹抵達大員港，船中載有槍砲火藥，對鄭氏正在大陸擴張勢力，軍火需求甚殷時，英船的來臺頗受歡迎。一六七五年改訂協約，增訂英船應運銷貨品，其中有槍二〇〇挺，鐵一〇〇擔等規定。但英國公司董事會一直執意透過臺灣商館推銷英國毛料，做為公司東亞貿易，故其政策不符實際商情，其他貨品的貿易又與鄭氏集團本來的東亞貿易牴觸，故英國商館的貿易一直未能進一步發展。但由於英人可以透過萬丹分公司運銷胡椒等東南亞物資，以換得日本銅等貨輸往印度的 Coromandel，故尚可維持。

鄭英間的有關協約雖規定英人可以購買鹿皮和砂糖，鹿皮也是鄭氏輸往日本主要商品之一，然英人因無法打開與日本的直接貿易，故此條協議對英人來說，並沒有實質利益。

由於鄭經的反攻，初期頗順利，英人被招致到廈門開設商館。一六七六年萬丹分公司派一艘船到廈門，並設立商館，於是英國東印度公司初次在中國建有立足點，倫敦總公司期待從廈門可發展中國和亞洲貿易，改臺灣商館置於廈門商館之下。但英人所寄希望鄭軍不斷的成功沒有出現，鄭軍開始節節敗退，僅占有廈門一帶，英國商館處在戰爭邊緣，且鄭氏對貿易的控制也很緊，英人所希求的自由貿易在臺灣、廈門均沒有出現。

一六七八年由於劉國軒、吳淑等的善戰，鄭軍聲勢復振，英人也期待能做盛大貿易，但一六七九年情勢又轉爲不穩，清廷復嚴格執行遷界禁海，鄭軍所受影響甚大，其貨品和糧食來源斷絕，鄭氏產生財政危機，爲維持軍力，乃壓搾人民，使人心怨恨不安。一六八〇年三月清將萬正色攻陷廈門，人心已亂，鄭經遂率軍退回臺灣。

在英人筆下，對廈門的失陷，鄭氏集團領導階層的混亂、背信、怯懦，鄭軍雖尚有抵抗力量，卻無抵禦清軍的決心，陸海軍隊又分派對立，兵變降清，鄭經慌忙逃回臺灣，英商館也蒙受軍隊搶奪等都有詳細記載。⑤

鄭氏撤守廈門，退回臺灣後，臺灣社會混亂動搖。爲維持其兵力，以保持其勢力，不得不加重民間的徵稅攤派，導致民怨沸騰，人心離散。一六八一年鄭經逝世，繼位又引起內紛。鄭氏集團的權柄落入馮錫範手中。在鄭氏政權危機、社會不安之下，施琅就容易攻略臺灣，鄭氏集團至此崩潰。一六八三年鄭氏降清後，英人仍向施琅透過關說賄賂，想保持商館繼續貿易，但其企圖失敗。⑥

英國商館文書除貿易通商關係以外，對鄭氏撤離廈門，在臺灣的社會不安，鄭氏的末日，鄭氏及施琅等中國官場的醜陋面貌等有詳細記載，可彌補中文資料的不足，無疑是研究鄭氏珍貴資料。

鄭成功的驅荷據臺是爲維持其政權，繼續經營其東亞海域的貿易。鄭成功去世後，鄭經繼位。政權維持與壟斷海外貿易兩者息息相關。鄭經需與清武力對抗，在海上各地又遇到荷蘭的報復，而其貿易的經營是靠各地間的運輸。因此鄭氏集團所求於英人的是軍需品的供應以加強其武力，又利用荷英在國際商業的競爭，英國尚保持萬丹，故能獲得東南亞的胡椒等物品。

---

⑤ IOR：G/21/7A,pp.67－82.

⑥ IOR：G/12/16,ff128r－29v,ff131v－32.

如一六七二年十一月，英國臺灣商館報告臺灣有五或六艘船，每年一月開往馬尼拉，四、五月自馬尼拉回臺灣後，準備駛往日本，在六、七月間有十二至十四艘，有時候有更多的船開去，而於十一月或十二月回到臺灣。或者鄭氏船隻自臺灣開往暹羅、柬埔寨、萬丹等地貿易再去日本。在日本禁海鎖國下，經營以日本貿易爲軸心、與中國和東南亞各地結成一網路，是鄭氏集團所代表中國海商在東南亞各交易圈的市場構造。英國東印度公司倫敦當局卻疏於東亞貿易的實情。當時日本禁教、禁海，日本過去所盛產的白銀也已激減，自一六六九年長崎貿易已對荷蘭禁止以銀支付，對日本有銷路的商品是中國絲綢，而英國東印度公司董事會卻一直把亞洲沒有銷路的英國毛料做首要物品，想透過臺灣開拓日本貿易，而其想推展的東亞間貿又是鄭氏貿易的命脈，故英國與鄭氏政權間的通商一直無法暢通，英人僅能得到鄭氏貿易的剩餘而已。

但在其間，英商館也能獲中國絲、瓷器、茶葉運到歐洲。其數量一直有增加趨勢。於十八世紀以後，成爲英國的中國貿易之大宗。

鄭氏在大陸反攻失利之時，英人就已開始與清交涉，想在福州、漳州、泉州、廣州等地設商館。

一六八二年荷蘭攻佔萬丹，英國失去其東南亞之立足點，退至印度，一六八三年鄭氏降清，嗣後英國即自印度來到廈門、澳門、廣州各地，追求與中國貿易。進入十八世紀後，中英貿易定型，英國超越其多年來的對手荷蘭，而執中國貿易之牛耳。

荷蘭人在失去臺灣以後，與清朝聯軍打擊鄭氏的海上勢力，追求在福州或廣州貿易並不順利，至一六八四年清廷收臺灣爲其版圖，並開海禁。於是一般海商紛紛出海到日本和東亞各地經商。到巴達維亞行販的華人海商增多，荷蘭就在巴達維亞接受華商帶來的中國貨，而沒有積極追求中國的直接貿易，在中國的貿易終於爲英國所超越。

四、結語

臺灣在十六世紀以前，國際貿易上處於東亞海上一孤島。十六世紀以後，由於情勢的變遷，成爲倭寇、海盜的巢穴，後變爲中日海商會合地點，歐洲諸國在東亞海域相爭時，爲荷蘭與西班牙所割據，而於一六四二年荷蘭驅逐西班牙成爲荷蘭國際貿易網絡的一基地。

荷蘭出現於東亞海域時，由於以武力爲後盾擴張其貿易勢力，故中國海商爲避免其武力干擾，以及爭取在中國沿海的霸權，福建沿海產生亦海商亦海盜，在其爭霸過程中，鄭芝龍周旋於明當局、荷蘭人和海盜同夥中，終於掌握了大陸沿岸海域的霸權。鄭芝龍吸收了衆海盜集團，以鄭氏家族爲核心，形成以武力爲後盾的強大貿易集團。他的性格爲衆海上英雄的老大，是龍頭。

鄭芝龍降清後，其子成功則站在守護海上利益的立場，打敗同族的競爭及其他對手，並加以吸收，從而再度統合已解體的海上勢力。鄭成功的抗清之戰雖是尊王攘夷之戰，也是海上利益的保衛戰。鄭成功掌握海上貿易，慢慢走上專制的地方政權之路。他屬下的海商也成爲其政權的官僚。攻略南京失敗後，陷入連金廈也難保的局面。遂驅荷據臺，在海外建立其新政府，以保持其海上王國。

鄭成功去世後，臺灣鄭氏政權仍是結合海上貿易的諸多利益集團而成。隨著其領導人的更迭，每每造成內部的紛擾，而不得不加以調整。鄭經歿後，仍引起內紛、權臣爭鬥，鄭氏勢力衰弱。清軍攻臺後，鄭氏海上集團被消滅，臺灣在海上貿易所扮演的角色也消失。

鄭氏據臺期間，英國東印度公司爲拓展其東亞貿易而設立商館。從世界海上商業史來看，十六世紀是先爲葡、西相爭，後爲荷、英聯手攻擊葡、西，以奪取海上霸權。其後是荷、英相爭，而十七世紀爲荷蘭獨霸，後荷蘭趨衰，十八世紀英國轉強。荷蘭撤退臺灣、英國來臺，正是荷、英勢力進入交替時期。所以英國能掌握茶葉爲主導的中國貿易，而超越荷蘭，英國東印度公司在臺灣與廈門的經驗也是具有重要意義。

參考書目

張秀蓉

一九九四　〈英國東印度公司檔案中的臺灣史資料〉，《臺灣史料國際學術研討會論文集》，臺北：國立臺灣大學歷史系。

曹永和

一九九八　〈環シナ海域交流史における臺灣と日本〉，見箭內健次（編），《鎖國日本と國際交流》上卷。東京。中文譯文見於《臺灣風物》四一（一）：一七—四三，一九九一

Chijs, J. A. van der (ed.)

1901　*Dagh – Register gehouden int Casteel Batavia vant passerende daer ter plaetse als over geheel Nederlandts – India Anno 1673* (*Batavia*).

Farrington, Anthony (ed.)

1991　*The English Factory in Japan 1613 – 1623*, (2v. London).

Massarella, Derek

1990　*A World Elsewhere : Europe's Encounter with Japan in the Sixteenth and Seventeenth Centuries* (New Haven).

1993　"Chinese, Tartars and 'Thea' or a Tale of Two Companies : The English East India

Company and Taiwan in the Late Seventeenth Century," *JRAS, Ser. 3, 3, 3. pp. 393-426 (London).*

Iwao, Seiichi

1958 "*Li Tan, Chief of the Chinese Residents at Hirado, Japan, in the Last Days of the Ming Dynasty,*" *Toyo Bunko, Memoirs,* 17 : 27-83.

Wills, Jr. John E.

1974 *Pepper, Guns and Parleys : The Dutch East India Company and China, 1622-1681* (Cambridge, Mass).

有關日本長崎華商「泰益號」文書與臺灣商界的關係

一、緣由

一九七九年五月十日神戶華商陳東華向長崎市博物館表示願意贈送其祖父陳世望（一八六九—一九四〇年），在長崎所經營「泰益號」的有關文物。這是因爲在長崎市新地町十三番十二號之明治後期建置的泰益號房屋和倉庫將拆除，故趁此機會有關文物擬贈送給公家機構保存，以供研究。嗣後居於香港與臺灣的陳氏兄弟姊妹均表同意捐贈，遂將其有關器物類和文書、帳簿類分別贈與長崎市立歷史民俗資料館和長崎市立博物館。

自一九八〇年八月起，有關泰益號的文書由長崎市立博物館館長杉村邦夫、宮崎大學教授市川信愛、大阪大學許淑芬等人曾做過初步調查，遂由博物館負責整理，先由帳簿類分類目錄，至一九八四年四月二十日止，有關簿冊類獲知有三三五一冊，繼之再整理泰益號從商埠所收有關書信，計使用中央印有紅帶的舊中式信封者有一四、三四七封，使用一般信封有一六、〇七九封，總計達三〇、四二六封。其他尚有契約書、明信片、電報等類尚未整理。

從此數目可知這是一項很豐富又很具體的僑居日本一華商家族的紀錄。

筆者於一九八六年十月曾往訪長崎市立博物館，略查其收藏情況。今年中央研究三民主義研究所同意從日據時期臺灣經濟發展的角度，由同仁張炎憲、湯熙勇、朱德蘭等與筆者和日本市川信愛等人合作研究。茲從臺灣史新資料的出現和發掘與蒐集，對此泰益號有關文書略作介紹，並請與各地單位和同好，對我們的研究調查惠予鼎力協助。

二、泰益號簡史

長崎華商泰益號是一八九〇年八月，金門出身陳世望設於長崎市新地町二五番地，而經營陸海產以及各種雜貨的進出口。

鴉片戰爭中國戰敗，一八四二年被迫簽訂南京條約以後，清廷開放通商口岸，於是中國有了新的通商制度。日本方面也在一八五四年以來，其鎖國政策被美國打破以後，陸續被迫與歐美各國簽訂友好通商條約，開埠通商，於是東亞的海上交通貿易有了新的轉變。在轉變時期即有一些閩粵商人，或成爲買辦隨歐美人士，或私自來到橫濱、長崎等地經商貿易。陳世望父親陳國樑（發興）即此時期自金門與同鄉若干人來到長崎，共同經營商業，後事業發達，遂成爲當地僑領。

陳世望，一八六九年生於金門新頭，年少時被父親國樑帶到長崎，學習並幫忙家業。及年長由於對經營敏銳，發現夥伴的不正，遂於一八九〇年獨資開辦「泰益號」，經營陸海產及雜貨的進出口。國樑看到世望在長崎經營安定，就一切交給世望，回歸故鄉金門，終未再到過日本，去世於金門。陳世望所經營泰益號，生意興隆，三十八歲時，已是長崎海產進出口商的領袖，擁鉅資，又有人望，遂於一九一〇年任長崎中華商務總會董事長，一九一一年任長崎福建幫副董事，一九一二年陞任爲長崎福建幫正董事，一九二四年任長崎中華總商會會長，如此他長年擔任長崎僑領並熱心公益，於一九四一年去世於長崎，葬於長崎悟眞寺的唐人墓域。

據家系簡譜，陳世望生一子一女。其女陳會治（一八八九年？），現尚存居住金門。其子金鐘（一八九〇—一九七四年）即一生居住長崎守家業。金鐘所生兒女，現在多在日本神戶、大阪以及香港等地從商，其有二名女兒嫁在臺北和高雄。

陳世望尚有一名義弟陳世科，原爲陳國樑所雇日本人，頗聰慧，受國樑賞識，認養爲義子，曾經在金門生活一段時期，後分號在神戶開「泰益洋行」，曾以火柴賺大錢，資產多過陳世望，後回復日本姓名高山七太郎。

陳國樑父子在日活動，也見於民國五十七年《金門縣志》卷七，云：「明末，日本元和年間，長崎等地發生基督教、天主教亂，華僑避免此項無謂糾紛，故自建佛廟，以示不與其教發生關係。蘇浙及北方人建興福寺，粵僑建聖福寺，我閩福州幫建崇福寺，泉漳永屬建福濟寺，後遂成為團結之中心，即日人所謂四大唐寺也。此種僑團，後多發展為同鄉會或商務局會。長崎之八閩會館及漳泉、永會館，均為吾邑先僑陳發興（新頭人）〔按即陳國樑〕於道光年間創設，任該兩館總理多年。八閩後改稱福建會館，長子陳世望又繼為主席多屆。次子陳世科歷任神戶商務總會董事主席。旅日邑僑皆從事商業，最著著，為清末先僑陳發興之泰錩貿易行，當時為吾閩旅居長崎之華僑首富。其子世望繼營泰益洋行，世科分號於神戶，規模更大。……現今所知較著著，……長崎有陳金鐘、陳道生（新頭人）之貿易行，東京有陳東華（新頭人）經營果園及林業。」

可知金門新頭陳國樑（發興）以來，世望、金鐘祖孫三代為長崎華商領袖，其保存文書當為清末以來近代日本華僑之寶貴的實證資料。

三、「泰益號」文書簡介

陳代昆弟所贈送給長崎市立博物館有關泰益號的文書資料，經博物館整理結果，有如表一。分類項目A－F項爲泰益號的營業紀錄。A項是主要帳簿，共二七種八二二冊。B項爲補助帳簿類，有一四種三九三冊。C項爲各項書信的存底，分爲一一種二八五冊。D項爲泰益號所收書信等類，已整理出使用舊中式，中央有紅帶信封者一四、三四七封，使用一般信封者一六、〇七九封，共計三〇、四二六封，除外尚有明信片、電報、土地房屋租賃契約、各郊各埠兌貨單、銀行存款摺、支票簿存根以及其他文書、貿易關係印刷品等仍未整理。E項爲雜類七一四冊。F項爲泰益洋行。有五種九〇冊。總計三、三五一之中，泰益號營業紀錄簿冊計二三〇四冊，年代最早是一九〇一年，最晚爲一九三九年有關A項與C項的內容表示，如表二和表三。可知其帳簿分的相當細，相當複雜，也可以知道其經營嚴密。

分類G項爲泰昌號關係一五八冊，應是陳世望父親陳國樑與其他同鄉共同合資經營時期，其最早「泰昌和記」七冊中，自咸豐一一年（一八六一年）至同治一三年（一八七四年）有五冊，另有年代不明二冊，「泰昌永記」是光緒元年（一八七五年）至光緒一二年（一八八六年）計二一冊；「泰昌振記」是光緒一三年（一八八七年）至光緒一七年（一八九一年）計二五冊。「泰錩震記」

（光緒一八—二七年；一八九二—一九〇一年）計九三冊，「泰錩號」有光緒二〇—民國一三年（一八九四—一九二四年）計二冊。

分類H項爲其他商號簿冊計二一〇冊，可能是合資經營關係，或是陳世望主持福建會館時，代爲保管或未知。I項爲福建會所、福建會館等同鄉會所、僑團關係文書計四五冊。J項爲有關長崎華僑學校文書等計五〇〇冊。K項爲長崎福濟寺等有關華僑宗教關係計八五冊。I項爲國民黨的團體三冊，M項爲雜類四六冊。

如上長崎市立博物館所藏泰益號文書，包括陳國樑的合資共同經營的泰錩號以來祖孫三代的營商紀錄，年代自一八六一年至一九三九年。其間日本即自一八五四年至五八年間被迫與歐美簽約開市開埠，一八六八年明治維新，嗣後日本即急速改制，吸收西洋文物，走向資本主義化的道路，國運昌隆，一八九五年打敗清朝，一九〇五年打敗清朝，一九〇五年戰勝帝俄，至第一次世界大戰，日本趁機對德宣戰，乘強不暇東顧，獨佔了東亞市場，日本經濟界一時空前繁榮，其國際貿易顯著發展。但大戰結束後，日本經濟發生恐慌，後又遭遇到世界性恐慌，日本經濟陷入了深刻的危機，加以政黨政治腐敗，軍部抬頭，侵略大陸，一九三七年，七七事變起，更走向軍部獨裁，終陷入了太平洋戰爭至戰敗。陳氏三代在長崎營商的翔實記錄，正處在這日本一連串的政治、社會、經濟的轉變，可提供日本華僑的處境和對應的經濟活動盛衰的個案具體事例，值得研究。又因其尚有長崎華僑社會的僑校、僑團的寶貴資料，對長崎華僑社會方面的研究也可提供難得史料。因此受到日本學者斯波義信、市川信愛等教授的重視，以及當地鄉土史家的關切，成立長崎華僑研究會，以泰益號文書爲基礎，正對長崎華僑作研究。

宮崎大學市川信愛教授，原任教於長崎大學，受日本的有名華僑研究學者故須山卓教授誘掖下，曾研究東南亞華僑，自泰益號文書出現以後，近年來市川教授成爲長崎華僑研究的主要推動者。除長崎華僑研究會以外，在宮崎大學亦組織華僑史研究會，又向日本文部省申請科學研究費，也有長崎的十八銀行社會開發基本對研究會活動的補助，現有四冊的研究成果出版。要目如下：

△長崎華商泰益號關係資料（第一輯）（一九八五年三月）

一、長崎華商「泰益號」文書的研究—序章（市川信愛、杉村邦夫）

二、八閩會館總簿的解讀（福宿孝夫）

三、長崎華僑諸團體章程、規約等。

四、「泰益號」關係資料目錄。

△長崎華商泰益號關係文書的研究（第二輯）（一九八六年三月）

一、從書信所整理泰益號有關交易商一覽（市川信愛）

二、長崎華僑史略年譜（小沼新・福宿孝夫）

三、八閩會館帳簿的收支一覽（山內正博・山內芙美子）
四、長崎華僑商會的二件章程（市川信愛校注、吉田藤一　）
五、八閩會館總簿的功能與解說（福宿孝夫）
六、關於福建會館總簿（丙申—庚子年）（黑木國泰）
七、長崎華僑時中小會學校創校前後的中日關係㈠（增田史郎亮）
附一、泰益號關係資料目錄、續（書信）
附二、崇福寺的唐人墓碑。
△關於近代日本華僑社會的由來與開展研究（第三輯）（一九八七年三月）
一、長崎華僑與長崎聖廟（上）（中西、啓）
二、長崎悟眞寺等國際墓地的唐人古碑類及有關資料解說（福宿孝夫、劉序楓）
三、長崎華裔關係諸規程（市川信愛）
四、長崎福建會館總簿（辛丑—丙午年）（黑木國泰）
附一、長崎華商泰益號關係書信目錄
附二、興福寺的唐人墓地。
△續・長崎華僑史稿（史・資料編）（第四輯）（一九八八年三月）

一、關於日本華僑社會的由來與開展之實證研究（市川信愛、增田史郎亮、高橋強）
二、八閩會館電話簿的收支一覽（續）（山內正博、山內芙美子）
三、戰前中國人團體名簿。
附、悟眞寺所藏唐人墓地關係資料（黑木國泰、劉序楓、福宿孝夫、市川信愛）

如此其成果大部份屬於長崎僑團、僑校的研究和資料的整理等。又另有大阪大學許紫芬女士的有關帳簿分析的研究。

四、泰益號與臺灣商界

根據上面表二，分類A項的內容，泰益的生理交關的分戶總帳有海味總部二五冊，山珍總部二九冊，華商總部三〇冊，臺灣總部有自一九〇六－一九三三年份，計五四冊，關門總部一二冊，顯然臺灣來往客戶較多，單獨有轉記總帳，而冊數也比其他較多。又關於配貨的原始簿也有各郊配貨六六冊，而臺灣配貨就單獨自一九〇二年至一九二八年間計一二八冊。又據表三，C項的泰益號所寄發書信存底簿共二八六冊中，一九〇二－一九三五年間的臺灣信底有八六冊，臺灣書底借有一九〇四－一九一一年間七冊，臺灣批底存有一九二八－一九三三年計一五冊，總共二八六冊中，有關臺灣書信底冊有一〇八冊。這些專爲臺灣交易而所占的帳簿以外，整理在E雜項中，據「長崎華商泰益號關係資料」第一輯所收目錄，有E——臺灣各米兌出計數，乙巳接丙午（一九〇五—六年）一冊；E三六臺埠各項暫登元冊，丙午（一九〇六年）一冊；E五六臺灣信底，民國二六年（一九三七年）一冊；E七八臺灣諸號配貨，己酉（一九〇九年）一冊，又E一〇〇臺灣配貨留底元冊，丙午接丁未戊中（一九〇六—八年）一冊，「怠」字可能是「台」之誤，爲臺灣配貨留底。E一四九神台往來電音全部，壬寅（一九〇二年）一冊，可能是神戶、臺灣往來電音，E一五四崎臺電部，壬寅—乙巳（一九〇二—五年）一八冊，崎臺料是長崎臺灣間往來電音。如此雖分爲雜項中尚有臺灣關係簿冊。

F項是以泰益洋行名儀的簿冊，而F—一是戊辰至民國二六年（一九二八—三七年）計一九冊。F—三臺郊配貨單也是戊辰至民國二八年（一九二八—三九年）計三六冊。歸於F—5中也有臺郊總部、民國二四年（一九三五年）一冊。如此泰益號簿冊中有相當多有關臺灣各項帳簿。

合資共同經營的泰昌關係文書中也有G—四—四四號臺廈、神濱、參崴、叼嶼、各處信底、己亥（一八九九年）一冊，G—四—五七；G—四—五八是臺北配貨，庚子（一九〇〇年）二冊；G—四—三五臺廈神崴信稿，庚子（一九〇〇年）一冊。如此前後與臺灣商界來往有關簿冊存有一八九九年至一九三九年，即臺灣自日據初期至臺灣受日本戰時統制經濟籠罩控制以前的差不多經濟活動比較自由的整個時期。

泰益號文書尚有「各埠諸號位處街名番戶總錄」自一九〇一年至一九三一年間，存有一九〇一、一九〇四、一九〇六、一九〇八、一九〇九、一九一三—一五、一九一七、一九二八、一九三二年計十一年份十三冊，另有年代不詳計十八冊。這是與泰益號往來的客戶商號與地址的名簿。根據其一九一五年份的來往商號，計有：

日本人：福岡六戶、函館一戶，其他五六戶

華　人：臺灣一二九戶，廣東一戶、香港一五戶、大連二戶，廈門九戶、朝鮮二戶、新加坡三三戶，上海二一戶、神戶一二戶，其他東南亞一二戶

從此，很顯然表示泰益號生理交關主要是與華商交易，而臺灣商界卻是其最主要交易圈。

根據臺灣總簿的目次，與泰益號來往臺灣商號，往來五年以上，如表四：

如前述泰益號所收各埠來信現存有三〇、四二六封（內使用舊中式信封一四、三四七封；使用一般信封一六、七〇九封），其目錄已分別著發錄於長崎華僑研究會成果報告第二輯和第三輯。據第三輯的報告，對使用一般信封的信件一六、〇七九封，有依地域的統計，如下表：

臺灣的商號達八五四戶，佔總戶數的百分之五一・二四；信件一〇、二三七封，佔信件總數百分之六三・六七，來自臺灣的信件，臺北最多，依次臺南、基隆。

有關泰益號的資料，無論從帳簿等營業紀錄，或從書信等，顯示臺灣的商業界與泰益號有密切

交往關係。因此在日本，以市川信愛教授爲中心，這三年來曾到臺灣來，對泰益號與臺灣交易作過調查。今年起更以臺灣爲中心的閩南華商系統的交易研究，向日本文部省提出二年期的研究計劃。

中央研究院三民主義研究所幾個同仁也認爲泰益號文書，從其質與量無疑也是一項很寶貴研究臺灣的資料。不但其紀錄和文件是日據時期臺灣商業界發展的分析研究的重要資料，從其書信的行號和地址，更可作爲臺灣史研究的新史料發掘蒐集的重要線索。我們幾個同仁經本研究所同意，與市川教授等人合作，日方已將臺灣總簿的微捲和臺灣信件陸續複印寄來。我們正擬依調查和研究。趁此機會略作泰益號文書的介紹，並敬請與會各地單位和同仁惠予鼎力協助資料的發掘蒐集。

五、結語

日本長崎市立博物館藏有一批「泰益號」文書，這是泰益號創辦人金門出身的日本華僑巨賈陳世望的後代所贈送的。其文書據初步整理，簿冊類有三、三五一冊，書信有三萬多封。其年代包括日本的明治、大正、昭和三代，亦即明治維新以後，日本近代國家形成，國運昌隆，遂擠入爲列強，而中國卻淪爲列強爭霸之半殖地時期。在此中日兩國關係變化中，僑居日本華商其處境頗艱困，這是泰益號在長崎辛苦經營的紀錄，無疑是近代日本華僑史研究的寶貴資料。

然由於臺灣屬於泰益號首要商業交易圈，其年代又自日本統治臺灣初期至末期盧溝橋事變後，日本進入戰時體制爲止，包括整個自由的經濟活動時期。其資料有豐富有關臺灣帳簿和書信一萬數千封，來往臺灣商號前後共達一千多家，臺北爲中心，分布於島內各地。可謂不只是日本華僑史重要資料，也是日據時期臺灣商業史的很寶貴研究資料。

按從臺灣史來說，無論日本的殖民政策的功過如何，日據時期卻是一個社會經濟發生重大變化的時期。對日據時期研究目前雖有趨盛之勢，然其研究只有政治史即站在臺灣人的立場研究抗日運動，至於經濟史大多站在日方立場，研究農業發展，或糖業資本爲主的日本資本家的活動等類研究。對於臺灣本土資本家，尤其是中小資本家的臺灣商人活動的研究——日本帝國主義下臺灣本土的商人，如何開闢自己活躍的空間，卻似是尚未研究，而值得研究題目。尤其是隨臺灣的社會經濟近年來有很快速的發展和變化，因此過去的寶貴資料也有意無意中喪失和毀壞頗速。因此資料的發掘搜集保存也很迫切的今日，對尚未研究之日據時期臺灣本土商人的資料的調查發掘和研究，無疑是一個緊要的課題。泰益號的簿冊和信件，不但是這項研究的寶貴資料，也是再去發掘搶救搜集資料的很重要線索。

「泰益号」の略家系図

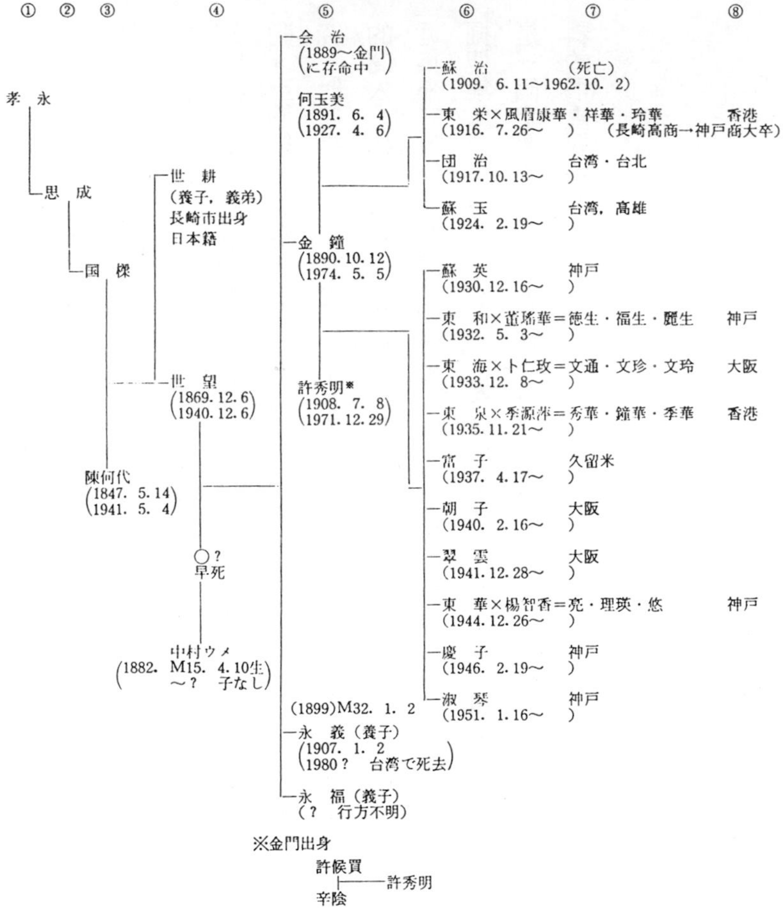

① ② ③ ④ ⑤ ⑥ ⑦ ⑧
孝 永
思 成
国 樑
陳何代
(1847. 5.14
1941. 5. 4)
世 耕
(養子, 義弟)
長崎市出身
日本籍
世 望
(1869.12.6
1940.12.6)
○?
早死
中村ウメ
(1882. M15. 4.10生
～? 子なし)
会 治
(1889～金門
に存命中)
何玉美
(1891. 6. 4
1927. 4. 6)
金 鐘
(1890.10.12
1974. 5. 5)
許秀明※
(1908. 7. 8
1971.12.29)
(1899)M32. 1. 2
永 義(養子)
(1907. 1. 2
1980? 台湾で死去)
永 福(養子)
(? 行方不明)
蘇 治 (死亡)
(1909. 6.11～1962.10. 2)
東 栄×風眉康華・祥華・玲華 香港
(1916. 7.26～) (長崎高商→神戸商大卒)
団 治 台湾・台北
(1917.10.13～)
蘇 玉 台湾, 高雄
(1924. 2.19～)
蘇 英 神戸
(1930.12.16～)
東 和×董瑞華＝徳生・福生・麗生 神戸
(1932. 5. 3～)
東 海×卜仁玫＝文通・文珍・文玲 大阪
(1933.12. 8～)
東 泉×季源萍＝秀華・鐘華・季華 香港
(1935.11.21～)
富 子 久留米
(1937. 4.17～)
朝 子 大阪
(1940. 2.16～)
翠 雲 大阪
(1941.12.28～)
東 華×楊智香＝亮・理瑛・悠 神戸
(1944.12.26～)
慶 子 神戸
(1946. 2.19～)
淑 琴 神戸
(1951. 1.16～)
※金門出身
許候買
許秀明
辛陰

(注) この作表には, 陳東栄氏, 陳東華氏にご協力いただいた。

附圖

「泰益号」関係資料一覧　　　昭和59年4月20日現在　整理分

分類項目		細分類項目	冊（点）数
泰益号	A	元帳関係①〜㉗	822
	B	補助簿関係①〜⑭	393
	C	書簡・通信文控綴簿①〜⑪	285
	D	通信文関係文書及び印刷物等	未整理
	E	雑（1冊または一種類程度で残存しているもの）	714
	F	泰益洋行①〜⑤	90
G 泰昌号		① 和記（7）　② 永記（21）　③ 振記（25） ④ 泰錩謖記（93）　⑤ 泰錩号（12）	158
H その他の諸商号		① 振成号（113）　② 鼎大号（56）　③ 乾元保安公司（10） ④ 和昌号（22）　⑤ 豊泰号（5） ⑥ その他〜和哀，興泰記，東源成記（4）	210
I 福建会所		① 福建会所（18）　② 福建会連合会（8） ③ 福建会館（4）　④ 福建長生会（5） ⑤ 八閩会所（2）　⑥ その他（8）	45
J 学校教育		① 時中小学校関係（106）　② その他の学校関係（64） ③ 教科書，参考書及び一般図書（331）	500
K 宗教関係		① 福済寺関係（62）　②悟真寺関係（15） ③ 宗教関係一般（8）	85
L 諸団体		① 中国国民党 ② 中華民国領事館 ③ 米国領事館	3
M 雑		一般（地図・章程・文書類など）	46
合計（冊・点数）			3,351

註 1. 分類欄のA〜Mは「分類項目」を示し，細分類（内容）欄の○で囲んだ数字は「分類細項目」を示す。
2. 細分類（内容）欄の（　）内の数字は，冊数を参考のため示した。

表一

分類項目
A

泰益号関係・元帳関係

分類項目				A 1	2	3	4	5	6	7	8	9	10	11	12	13	14	15	16	17	18	19	20	21	22	23	24	25	26	27		
干支	中国年	西暦	日本年	海味総部	山珍総部	銀行総部	各貨総部	晁宝明宗	乾商富業	華商総部	台湾総部	関門総部	台湾配貨	各郊配貨	滾存	厳配査存	各郊来貨	銀行査存	各貨転口	電費総登	駁力雑費	外欄暫登	各号総登	現戸総登	崎商総登	厳票留底	結彩費録	各埠諸号住処街名番戸総録	随登	各項総登		
辛丑	光緒27	1901	明治34																		1						1	1				
壬寅	28	2	35										△2			○1	1				1		2	1	1				2	1		
癸卯	29	3	36										○3	○1		1	2				1		4	1	2				2	1		
甲辰	30	4	37										○2	○2		1	1				1		3	2	2			1	1	1		
乙巳	31	5	38										○3	△1		1	2				1		2	1	1				2	1		
丙午	32	6	39								△1		3	△2●		1	2	1			1		1	3	2			−2	3	1		
丁未	33	7	40	△1	○1	1	△1	1	1	1	2		3	1	2	1	1	1			1	1				△1						
戊申	34	8	41	△1	○1	1	1	1	1	1	2		4	1	2	1	1	2			1	1				1		1				
己酉	宣統1	9	42	1	1	1	△1	1	1	1	2	1	4	2	1	1	1	1			1	1				1		1				
庚戌	2	10	43	1	1	1	△1	1	1	1	2	1	4	3	2	1	1	1			1	1				1						
辛亥	3	11	44	1	1	1	1	1	1	1	1	1	4	3	2	1	1	1			1	1		1								
壬子	民国1	12	45 大正1	1	1	1	△1	1	1	1	2	1	5	4	3	1	1	1			1	1				1						
癸丑	2	13	2	1	1	1	△1	1	1	2	2	1	6	4	3	2	1	1			1	1						1				
甲寅	3	14	3	1	1	1	△1	1	1	1	2	1	3	5	3	1	1	1	1		1	1				1		2				
乙卯	4	15	4	1	1	1	1	1	1	1	2	1	6	4	3	2		1			1	1				1	1	1				
丙辰	5	16	5	1	1	1	1	1	1	1	2	1	5	4	3	2		1	1		1	1				1						
丁巳	6	17	6	1	1	1	1	1	1	1	2	1	5	4	3	2		1	2		1	1				1		1				
戊午	7	18	7	1	1	1	1	1	1	1	2	1	4	3	3	2		1			1	1				1						
己未	8	19	8	1	1	1	1	1	1	1	2	1	6	3	3	2	△1	1	1		1	1				1						
庚申	9	20	9	1	1	1	1	1	1	1	2	1	5	2	3	2	△1	1	1		1	1				1			2			
辛酉	10	21	10	1	1	1	1	1	1	1	2		5	2	3	2	1	1	1		1	1							1			
壬戌	11	22	11	1	1	1	1	1	1	1	2		5	2	2	2	1	1	1	1	1	1										
癸亥	12	23	12	1	1	1	1	1	1	1	2		4	2	2	2		1	△1	1	1	1				1						
甲子	13	24	13	1	1	1	1	1	1	1	2		4	2	2	2	1	1	3	1	1	1				1						
乙丑	14	25	14	1	1	1	1	1		1	2		7	3	1	2		1	3	1	1	1										
丙寅	15	26	15 昭和1	1	1	1	1	1	1	1	2		7	3	2	2		1	5	1	1	1					1					
丁卯	16	27	2	1	1	1	1	1	1	1	2		10	2	2	1		1	8	1	1	1				1						
戊辰	17	28	3	1	1		1	1	1	1	2		5	1	2	2		1	8	1	1	1				1		1				
己巳	18	29	4	1	1	1	1	1	1	1	2				2	2		1	4	1	1	1				1						
庚午	19	30	5	1	1	1	1	1	1	1	2				2	2		1	3	1	1	1										
辛未	20	31	6	1	1	1	1	1	1	1	2				3	2			3	1												
壬申	21	32	7		−1	1	1	1	1	1	2					1		1	2		1	3						1				
癸酉	22	33	8		−1		1	1	1	1	2				1	1			1		1	3										
甲戌	23	34	9		−2		1	1	1	1					1	1		1			1	2										
乙亥	24	35	10																1			1										
丙子	25	36	11							△1								1														
丁丑	26	37	12													2																
戊寅	27	38	13																													
その他																						(民国28 1						不詳 5				
合計冊数				25	29	25	28	28	27	30	54	12	124	66	61	52	21	29	50	10	33	33	12	9	8	17	3	18	13	5		82
備考（異なる標題記述）				−「海味商部」	−「山珍商部」△「山海珍味総部」		−「各貨総登」			−「華商総簿」	△「台商総登」		○「台号配貨」△「配台単底」	●「各埠配貨」○「泰記益記配貨」−「申江配貨」●「海[illegible]配貨」			−「各貨来源」		−「各貨運転」		△「寄尾暫記」		△「内一各友総登」	各々の書名に相違あり		−「厳票暫登」		「内1各埠号家総録」				

表二

分類項目
C

泰益号関係・書簡控綴簿関係

分類項目				C1	2	3	4	5	6	7	8	9	10	11		
干支	中国年	西暦	日本年	台湾信底	内外各埠、上海、廈門 [illegible]信底	各埠信底	申神書底	台湾書底	平安家信	台湾批底	各埠批底	各埠配貨単底	廈門、上海、香港 神戸各埠留底	関係雑	梱包区分記号	冊数
辛丑	光緒 27	1901	明治 34		1	△1									A	2
壬寅	28	2	35	△1		△3						△1			A	5
癸卯	29	3	36			△8			△1						A G	8 1
甲辰	30	4	37	1		○1	2	1							G	5
乙巳	31	5	38	1			2	1				1			R	5
丙午	32	6	39	2			1	1	×1						I	5
丁未	33	7	40	3										△2	I	5
戊申	34	8	41	△2			1					1			L	4
己酉	宣統 1	9	42	2	1		1	△1				2			V	7
庚戌	2	1910	43	1			△2	○2				3			B	8
辛亥	3	11	44	1	1			×1				3	1	×1	N	8
壬子	民国 1	12	45 大正 1	3	2				1			2	1		E	9
癸丑	2	13	2	×4	×4							3			O	11
甲寅	3	14	3	×3	×5							3			U	11
乙卯	4	15	4	×4	×5							3			K	12
丙辰	5	16	5	×4	×3							3	×1		C	11
丁巳	6	17	6	×4	×5							3			S	12
戊午	7	18	7	×2	×4							2		○1	W	9
己未	8	19	8	×5	×5							3			J W	12 1
庚申	9	1920	9	×5	×4							2			F	11
辛酉	10	21	10	4	3							2			H	9
壬戌	11	22	11	4	4							2			M	10
癸亥	12	23	12	3	×3							2			P	8
甲子	13	24	13	3	5							1		1	T	10
乙丑	14	25	14	3	×3							3	×1		D	10
丙寅	15	26	15 昭和 1	5	×5							3		△1	Q	14
丁卯	16	27	2	×4	×4							4			X	12
戊辰	17	28	3	×4		×4				2		2			Y	12
己巳	18	29	4	5		2			1						L	8
庚午	19	1930	5							1	2				R	3
辛未	20	31	6							3	2				Z	5
壬申	21	32	7						1	4	1				Z	6
癸酉	22	33	8							5	1				G Z	4 2
甲戌	23	34	9	2		3			1						V	6
乙亥	24	35	10	1											A	1
丙子	25	36	11													
丁丑	26	37	12									1			M	1
戊寅	27	38	13													
その他														不明 2	A	不明 2
合計冊数				86	67	22	9	7	6	15	6	55	4	8	285	
備考（異なる標題記述）				×「台湾信録」 ∴「上海・台湾信稿」	×「……信録」 △「……信稿」	×「信録」 △「信稿」 ○「書稿」	△〈「申厦神書扱留底」 「申厦神浜信礼留底」〉	×「台部伝書」 △「台湾書信留底」 ○内ノ「台湾魚書留底」		×「家報書底」 △「平安家報書稿」		△「台湾配[?]」	×「留底」の記載なし	△「神配信底」 ×「鴻雁伝進」 ○「中貨転台[illegible]証明書他」 •「各貨配出」 △「各項副単底」		

表三

「台湾統簿」の目次による取引先商号名調査

(1)　5年以上の取引関係があったもの

区分記号	取引先商号	場所	丙午	丁未	戊申	己酉	庚戌	辛亥	壬子	癸丑	甲寅	乙卯	丙辰	丁巳	戊午	己未	庚申	辛酉	壬戌	癸亥	甲子	乙丑	丙寅	丁卯	戊辰	己巳	庚午	辛未	壬申	癸酉
台　1	金安隆		■	■	■	■	■	■																						
	金元春		■	■	■	■	■	■																						
	振　承	台南	■	■	■	■		■	■	■	■	■	■	■	■	■	■	■	■	■			■	■	■	■	■	■		
	瑞　発		■	■	■	■	■	■																						
	日　発		■	■								■	■			■														
台　2	益　記		■	■	■	■	■		■	■	■	■	■																	
	振　益		■	■	■									■		■	■	■												
	泰　源		■	■	■	■	■	■	■																					
	和　源		■	■	■	■	■	■	■	■	■	■	■	■																
	泉　興	台北	■	■	■	■	■	■	■	■	■	■	■	■	■	■	■	■	■											
台　3	瑞　記		■	■	■	■	■		■	■	■	■	■	■																
	和　春	台南	■	■	■					■	■	■																		
	成　利		■	■	■	■	■	■	■	■	■	■	■	■																
	金建順	基隆	■	■	■	■	■	■	■																					
	恒　記	台北	■	■								■	■	■	■	■			■	■	■	■	■	■	■	■	■			
台　4	陳源順			■	■	■	■	■	■	■	■	■	■	■	■	■	■	■	■	■	■	■	■	■	■	■	■	■		
	長　順			■			■	■	■				■	■																
	震順記			■	■	■	■	■						■	■	■	■													
	金義興	台南		■	■	■	■	■	■	■	■	■	■	■	■	■	■	■	■	■	■	■	■	■	■	■	■	■	■	■
	金和興	台南		■	■	■	■	■																						
台　5	益茂隆				■	■	■	■	■																					
	源　泰	台北			■	■	■	■		■							■	■	■	■	■	■	■	■						
	裕　泰	台北			■	■										■	■	■	■	■	■	■	■	■	■	■	■	■		
	金源益	台南			■									■																
	瑞　珠	台南			■	■	■	■	■																					
	鼎興隆	台南			■			■	■	■	■	■	■	■	■	■														
	泰　亨	台北			■	■	■	■	■	■	■																			
	義　芳	台北			■	■	■	■	■	■	■	■	■	■								■	■	■	■	■	■	■	■	
	隆　順	基隆			■					■					■	■			■	■	■	■	■	■	■	■	■			
	泰　記				■	■	■			■							■	■												
	永　発	台南			■	■	■			■	■	■																		

表四之一

（註）備考欄には長期間（10年以上）取引関係があった「商号」を列挙した。

「(1)　5年以上の取引関係があったもの」（つづき）～

区分記号	取引先商号数	場所	関係干支（西暦年）	備考 商号名	場所	取引期間（関係干支年）
台　6	9	基隆 台北 台南	乙酉～辛未 (1909)～(1931)	永茂	台南	23年間（己酉～辛未）
				永隆泰	台北	20年間（己酉～庚午）
				東美	台北	19年間（己酉～辛未）
				王安受	台北	10年間（己酉～己未）
				林合成	台北	（己酉～壬戌）
台　7	12	基隆 台北 台南	庚戌～癸酉 (1910)～(1933)	金聯発	台北	22年間（庚戌～癸酉）
				時春	台北	（壬子～癸酉）
				東源興	台北	12年間（辛亦～壬戌）
				老裕興		10年間（庚戌～己未）
				東隆	台北	
台　8	11	基隆 台北 台南	癸丑～癸酉 (1913)～(1933)	捷茂	台北	20年間（甲寅～癸酉）
				謝裕記	基隆	17年間（甲寅～癸酉）
				陳和会	台南	15年間（癸丑～戊辰）
				頼成発	基隆	13年間（癸丑～乙丑）
				連成興	台北	11年間（癸丑～癸亥）
				一両全	台南	10年間（癸丑～壬戌）
台　9	10	基隆 台北 台南	乙卯～辛未 (1915)～(1931)	悦隆	台北	17年間（乙卯～辛未）
				和記	台南	
				林振源	台北	16年間（乙卯～庚午）
				郭怡美	台北	11年間（乙卯～乙丑）
台　10	9	基隆 台北 台南	丙辰～癸酉 (1916)～(1933)	捷豊	台南	16年間（丁巳～癸酉）
				新合豎	台北	10年間（丙辰～乙丑）
				海陸物産会社	基隆	（丙辰～辛未）
台　11	7	台北・台南 艋舺・基隆 嘉義	戊午～癸酉 (1918)～(1933)	林協興	艋舺	15年間（戊午～癸酉）
				荘義芳	台北	14年間（戊午～辛未）
				捷茂泰	台北	13年間（戊午～癸酉）
台　12	14	台北 台南 基隆	己未～壬申 (1919)～(1932)	郭勝和	台北	13年間（己未～壬申）
				余裕	台北	12年間（己未～庚午）
				恒豊	台南	（庚申～辛未）
				台湾薬業	台北	10年間（壬戌～辛未）
				黄南谷	台北	（癸亥～壬申）
台　13	14	台北・台南 基隆	甲子～癸酉 (1924)～(1933)	乾元薬行	台北	10年間（甲子～癸酉）
台　14	10	台北・台南 基隆・園林 新竹	丙寅～癸酉 (1926)～(1933)	8年間取引～3商・5年間取引～4商 7年間取引～2商・ 6年間取引～1商・		
台　15	16	台北・台南 台中・基隆 員林	丁卯～癸酉 (1927)～(1933)	7年間取引～6商 6年間取引～6商 5年間取引～4商		

表四之二

地域（埠）別差出人数と書簡数

区　　分	取引店数	信　書　数	1店当り信書数	%（枚）	%（店）
長　　崎	266	851	3.2	5.29	15.96
神　　戸	175	1,676	9.6	10.42	10.50
大　　阪	28	72	2.6	0.45	1.68
京　　都	2	5	2.5	0.03	0.12
横　　浜	7	17	2.4	0.11	0.42
東　　京	38	88	2.3	0.54	2.28
下　　関	36	473	13.1	2.94	2.15
その他の日本	125	1,497	12.0	9.31	7.50
（日本計）	(677)	(4,679)	(6.9)	(29.10)	(40.61)
台　　北	400	6,992	17.5	43.48	24.00
台　　南	179	1,631	9.1	10.14	10.74
基　　隆	275	1,141	5.9	7.10	16.50
高　　雄		44		0.28	
澎　　湖		101		0.63	
その他の台湾		328		2.04	
（台湾計）	(854)	(10,237)	(12.0)	(63.67)	(51.24)
朝　　鮮	25	210	8.4	1.31	1.50
その他の外国	82	754	9.2	4.69	4.92
不　　明	29	199	8.9	0.72	1.74
（計）	(136)	(1,163)	(8.3)	(7.23)	(8.16)
合　　計	1,667	16,079	9.0	100.00	100.01

表五

（台南）本町二丁目
金義興商行
61.2.8 しらぐ
238
完上田
170

長崎市新地町二五番
泰益寶行 啟

戊辰年舊曆六月拾七日

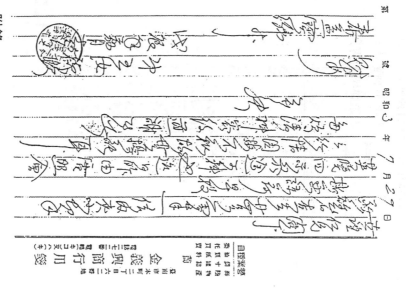

第　　號　昭和3年7月29日

英瑞仁兄閣下
啟者 前於本月廿四日寄奉一信，內表以知矣
[illegible]
[illegible]
[illegible]
[illegible]
[illegible]
此候
財安
泰益寶號列位
戊辰荔月[illegible] 金義興 頓

營業種目
海陸物産
[illegible]罐詰
油類紙料
委託買賣
商
台南市本町二丁目六二番地
金義興商行用箋
電話二七二番 電略（キコ）又ハ（キ）

附錄一

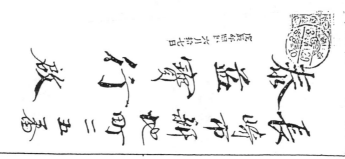

廣生 嘉義

4000008

[illegible]月[illegible]日 收對 代金 引換 金[illegible]元

[illegible]月[illegible]日 收對 又 又 金[illegible]元

[illegible]月[illegible]日 收對 又 又 金[illegible]元

[illegible]月[illegible]日 收對 又 又 金[illegible]元

共金[illegible]元

[illegible]月[illegible]日 付對 代 鄭句 [illegible]配 第[illegible] 貨[illegible] 金[illegible]元

[illegible]月[illegible]日 付對 又 又配 又 第[illegible] 又 又 金[illegible]元

[illegible]月[illegible]日 付對 又 又配 又 第[illegible] 又 又 金[illegible]元

[illegible]月[illegible]日 付對 又 又配 又 第[illegible] 又 又 金[illegible]元

共金[illegible]元

勘定

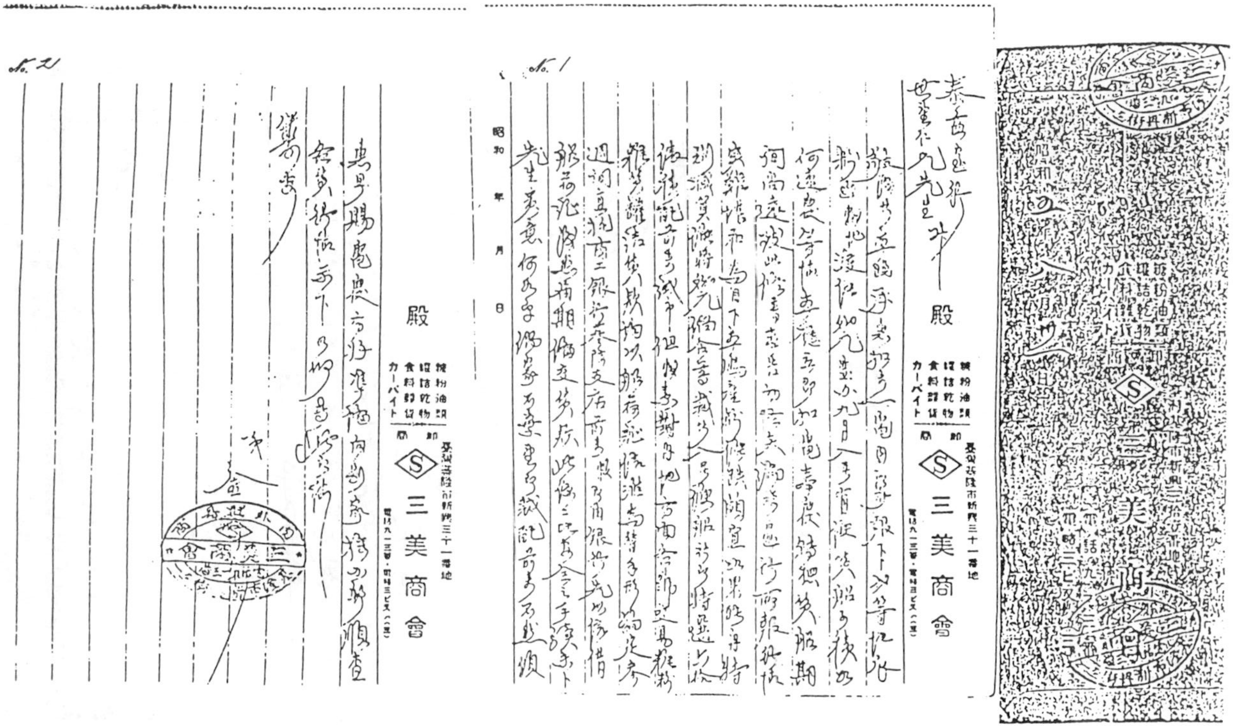

附錄三

(その二)

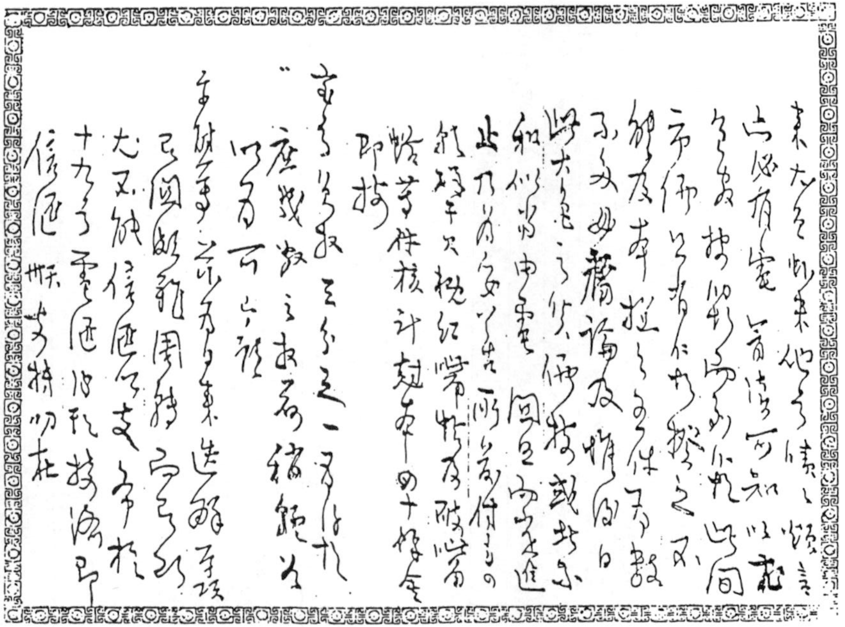

臺北大稻埕杜厝街三六番戶

香中內地貿易商 源順商行

電信略(三)

附錄四

華人在石垣島發展之事例

一九八七年十月十一日，我們一行往石垣市名藏村訪問觀光農園「樹庭夢樂園」的園主王田用能先生。石垣市的名藏和嵩田是臺灣移民到石垣島聚居的地方，故當地人俗稱爲「臺灣部落」（臺灣村莊）。我於一九八四年九月二十日由琉球大學上里賢一先生和國立臺灣大學歷史系吳密察先生一同曾來訪問過，這次算是重遊石垣島，再訪王田先生了。他原名爲「王能通」，臺中出身。據他說，他是於一九三八年初次來到石垣島。那時石垣島正在改修環島產業道路，他與臺中的同鄉二十人來從事造路，一方面考察土地狀況。其時石垣島，由於颱風多，瘧疾猖獗，當地農民耕作技術又停留於前近代的階段，還有許多未開墾荒野。他認爲農業開發尙具有其將來性，經過初步諒解後，暫且回去臺中，向雙親稟報，想到石垣島發展的意向。得到雙親首肯後，他就帶了半年分的糧餉和弟妹共三人一起，於一九三九年遷入石垣島的名藏村，從事農業開發。他不是單身到海外，而與弟弟妹妹三人一起遷徙到名藏村來是具有深意的。據王先生說，由於農業開發要上軌道，需要投下相當多的時間、勞力和資金，自開墾耕作尙未能生產出利以前，須能挨過一段生產無利可圖的時間。當時他們兄弟輪流，一個人去當道路工程的工人，賺得工資，另一個則留在田園從事農耕工作，而由妹妹在家煮飯菜、管理家事，使男人能專心工作，無需以家裡雜事來勞費精神和時間。如此兄弟與妹妹同心協力，同時進行開墾與做工賺錢。勤儉力行之結果，能積蓄些資金，購地或租地，把經營面積也逐漸擴大。

石垣島的名藏村，其時到處都是瘧疾猖獗的荒埔。在琉球王國時代以來曾有數次，自日本或沖繩本島等地移民遷入，嘗試過開發而均未能成功，到了一九一六年遂成爲廢村。當地居民都不敢到名藏來。臺灣人即移居遷入到這種當地居民所遺棄的瘴癘之地，辛苦經營。據王先生說，他們來到名藏，其時這一帶大約已有二百戶，約一千人的臺灣人，他們大都一面當工人造路賺錢，一面在瘧疾的威脅下，力耕栽種鳳梨以及其他蘿蔔、胡瓜、番薯等各種農作物。

遷入來的臺灣人，其時許多得了瘧疾，王先生也於一九四〇年患惡性瘧疾，一時徘徊於生死之間。由於弟妹悉心照顧，又病中每天吃了很多豚肉，注意營養，增加抵抗力，終能康復。臺灣人入殖開墾所以能成功，他們日常起居，比當地人攝取大量營養，克服瘧疾也是一項成功的因素。

一九四二年王先生他們的農業經營大致上軌道，是年自臺灣接父母等到石垣島來居住，全家終能團聚，雖不很富裕，卻能安居樂業，享受天倫之樂。但好事多磨，不久母親罹病去世，一九四三年父親也相繼逝去，更一起辛勤經營農場的弟弟卻誤墜古井也離開了這世界。王先生於是一九四四年與臺中市出身的妻子結婚，建立自己家庭，繼續奮鬥經營農場，但後來由於沖繩成爲戰場，他們於一九四五年四月不得不放棄辛苦經營的農地，與其他臺胞集體疏散回到臺灣來。

他們疏散回來臺灣以後，當然忘不了石垣島自己辛苦力耕經營的農地。所以日本戰敗投降的次年，一九四六年春，先單身回來石垣島名藏。掃雙親墳墓後，開始重建自己農地，種植番薯等。是年夏天自臺灣也接妻子回來，夫妻一起拚命耕作。他們種過茶、鳳梨等，並組織合作社，任合作社理事長，對當地農業合作有所貢獻。種植茶卻由於受颱風侵襲損失相當慘重，但鳳梨的栽培進行很順利。王先生所倡立合作社「鳳梨新興協同組合」嗣後與其他同業合併，合作事業上軌道後，王先生就辭去理事長，在名藏開一家雜貨店，農場由妻子管理，夫妻互相協力勤苦經營農與商，積蓄了資金，數年後投下這些儲蓄，購買了約四萬平方公尺的土地。一九六〇至七〇年間，他們又購進政府出售的毗連土地，現在屬於他們的土地已達七萬五千平方公尺之廣。他們起先以種植鳳梨爲主，後來逐漸改換熱帶果樹園，到了一九八〇年七月開闢爲觀光農園「樹庭夢樂園」。現在他的第三子東成也在對面竹富島經營姉妹農園，他們的農園栽種二百多種的花木和果樹，全年有各種花開。夏天觀光盛期時每天有上百人的觀光客來訪。他們每年仍時常回來臺灣，觀摩臺灣的精緻農業，引進新品種，不斷地改良他們的農園。

石垣島的名藏和嵩田均是日人或琉人無法開拓遺棄的瘴癘荒埔，自戰前由臺灣人遷入墾荒，墾成栽種鳳梨等亞熱帶農作物。戰後鳳梨成爲琉球重要農產，並發展鳳梨罐頭業，是臺灣移民的功勞。就中林發先生貢獻最大。林發先生於一九〇四年出生於臺中，一九一八年臺中州東勢郡石岡公學校高等科畢業後，一九二一年在臺灣總督府殖產局八屯營林署服務，一九二七年在埔里經營能高汽車商會，至一九三二年遇到由交通局統合經營公共汽車被強制收購，改經營鳳梨罐頭業，任台一鳳梨罐頭股份有限公司的董事長，嗣後與同業合併組織大同鳳梨販賣股份有限公司，任常務董事兼總經理，但又遇到日本在臺灣開始實施統制經濟，臺灣全島七十五家鳳梨工廠被統合，成立臺灣合同鳳梨股份有限公司，由日人主持經營，於是林發先生與謝元德、曹清權、詹益候等人，遷移到八重山求發展。他們於一九三四年以資金二十萬圓，設立大同拓殖股份有限公司，在嵩田從事拓墾。其時謝元益任董事長，林發和詹益候任常務董事，曹清權、謝金元等任董事。

開墾後，栽植主要農作物是鳳梨、甘蔗、茶、香蕉等各種亞熱帶農作物的多角經營，他們也引進了臺中六十五號的水稻。參加開墾拓殖事業達六百名。臺灣人的優秀農耕技術和帶進來的農具功能，對當地的農業曾造成衝擊。尤其是臺灣農民引進了臺灣的水牛從事開墾，卻因當地人的恐慌而曾一時遭到禁止。嵩田當地或稱茶山或大同，是由於大同拓殖公司的設立和在此地經營過茶業的關係。

臺灣農民入殖拓墾當初，由於臺灣人引進水牛，從事大規模的開墾，引起當地琉人的恐慌，曾展開阻止輸入水牛的運動。一九三五年居民竟向縣政府告發臺灣引進十萬鳳梨種苗，未曾接受植物檢疫。其實這些種苗在臺灣曾防疫消毒，並有臺灣方面的檢查證，卻以在沖繩縣未曾檢疫爲由，遭遇到縣政府全部燒燬的命令，甚至鳳梨農園的土壤也須焚燒。其時縣政府曾派塚田技師來監督。如種苗被燒燬，土壤被焚燒，對公司不但會造成嚴重損失，恐會破產須解散。林發先生即負責與塚田技師交涉，強調鳳梨是耐旱作物，很適合沖繩，爲扶植鳳梨事業，幸得到塚田技師的諒解，爲應付命令的執行，僅燒燬臨時栽植部份，而已種部份係以獲自縣政府分配給八重山支廳種苗繁殖爲由，得於延續免遭燒燬。

他們不但遭受居民的騷擾，又常受山豬的損害與瘧疾的猖獗，嗣後組織了「臺友會」，積極加強與當地居民溝通。如此慘澹經營，鳳梨收穫後製造罐頭，鳳梨業終成爲戰後沖繩的骨幹產業之一。由於林發先生一生努力扶植鳳梨事業於琉球，因此受到日本政府的表彰。林發先生已於一九七八年去世，而有遺著《沖繩鳳梨產業史》一書，由其哲嗣林謹正先生於一九八四年出版，從此書可以了解林發先生等臺灣人在石垣島艱苦奮鬥，經營發展的事績。

從臺灣人在石垣島的奮鬥，我們可以看到海外華人活躍成功的典型。臺灣在日本殖民統治下，經濟上受其剝削，如王能通先生，臺灣貧農子弟，赤手空拳，往海外謀生；或如林發先生，在臺灣原已有經濟基礎，事業卻受日人排拒，遂與有志人士攜資往海外求發展。他們遷徙入墾的土地是日人、琉人無法拓墾的瘴癘荒地，刻苦耐勞，勤奮工作。其初在當地人士懷有敵意、處境極困難之下，艱苦奮鬥，慘澹經營，憑漢人優秀的農耕技術，和衷協力，終經過艱苦勤奮時期，步上坦途發展。我們一行雖是短暫的訪問，他們的奮鬥和發展，留下甚深印象，他們的經營發展是海外華人發達的一個典型例子，值得作進一步有系統的研究。

臺灣荷據時代研究的回顧與展望

一、研究資料的出版與翻譯

㈠東印度公司的檔案之刊印與翻譯

關於荷蘭佔據時代之臺灣的研究，荷蘭東印度公司的檔案，無疑是最基本且不可缺少的原始資料。這些荷蘭東印度公司的檔案最主要的大都收藏於海牙的國立總檔案館（'t Algemeen Rijksarchief）。對於海牙的國立總檔案館所藏有關臺灣資料以及其利用價值，過去已經有若干文章介紹過①，現在又有胡月涵（Johannes Huder）先生的詳細介紹②，茲不必贅言。

這些有關臺灣資料，大都藏於該館的殖民地檔案（Koloniaal Arcnief）部門中之公司收到文書類（de Overgekomen Brieven en Papieren ter Kamer Amsterdam）。在這部門的有關臺灣資料的檔案約有二萬五千張，早在戰前已經拍攝爲照片並放大，現在收藏於國立臺灣大學。戰後日本學士院也與日本資料一起，拍攝爲顯微捲片，現藏於東京大學史料編纂所，這兩所大學均曾刊印過這些檔案的目錄，我們從這目錄可窺其大概。除這些公司收到文書之外，還有巴達維亞寄發文書（Bataviaasch Uitgaende Brief book）。這類文書原保存於巴達維亞，後來送回荷蘭本國保管，大

---

① 岩生成一：《和蘭國立文書館所藏臺灣關係史料に就いて》（《南方土俗》第二卷第一號頁四一—四九，一九三二年十二月）

移川子之藏：《和蘭の臺灣關係古文書》（《愛書》第十輯頁二～九，一九三八年四月）

中村孝志：オランダ東インド會社史料とハダーの國立總文書館（《アジア研究》第九卷第二號頁六七—九七，一九六二年七月）

中村孝志：《臺灣荷據時期的史料》（《臺灣文獻》第十五卷第三期頁一八七—一九〇，民國五三年九月）

② 請參看本刊本期所另載胡先生的文章〈有關臺灣歷史之荷蘭文獻的種類、性質及其利用價值〉。

約有二百冊。這類檔案是東印度總督在巴達維亞向亞洲各地發出的指令或書信，或傳達本公司的訓示指令等。所以其中也料想應有與臺灣有關的文件，惟這部份詳細情形尚待將來的探索。

荷蘭東印度公司的檔案，除了海牙的國立檔案館以外，另一個主要收藏單位是雅加達的印尼國立檔案館（Arsip Negara, Djakarta），即戰前的巴達維亞地方檔案館（'s Lands Archief te Batavia）。在這裏保存有爲人所周知的《巴達維亞城日記》以及《巴達維亞決議錄》。其餘的東印度公司時代的檔案，數量也相當多，惟目前其詳細情況還不清楚。但是從已經出版的《巴達亞城決議錄》的索引，可以推測此館也有許多荷據臺灣之資料的收藏④。

另外，在印度馬德拉斯文書局和錫蘭 Nuwara Elya 的檔案館也藏有荷蘭東印度公司的檔案，其中可能也有一些與臺灣有關的資料。又在荷蘭本國，在國立總檔案館以外，各地教會也藏有其本身

---

③《和蘭ハーグ國立文書館所藏臺灣關係文書目錄》（臺北帝國大學文政學部史學科研究年報第五輯第一—七六面，一九三八年十二月）
Historical Documents relating to Japan in foreign Ccuntries：*An Inventary of Microfilm Acquisitions in the Library of The Historigraphical Institute, The University of Tokyo.* vol. IV, pt IV, pp. 220–359（Tokyo, 1964）.

④ Realia, *Register op de Generale Resolutien van lut kasteel Batarvia, 1632–1803*（Leiden, 1882–85）. 3v.

的檔案。這些傳教資料，當然是零零碎碎的，如果再去發掘，可能也有些臺灣的資料。這些尚留待發掘的有關臺灣的荷蘭資料可能相當多。在民國五十三年八、九月間，日本天理大學中村孝志教授來臺時，我曾向中村教授請教過有關臺灣的荷蘭檔案究竟有多少？據他的估計，臺灣大學所藏二萬五千多張，大概只等於全部的三分之二，還有三分之一，有一萬多張是臺灣大學所沒有的決議錄、指令、書信等類檔案，仍在等我們將來的探索和發掘。

如此，有這麼多的關於臺灣的荷蘭檔案，可是已經刊印出來的，只有其中的極少部分。目前我們可以利用得到的，只有如下數種。其一是 W. P. Groeneveldt 所撰《在中國的荷蘭人；第一部：一六〇一——一六二四年間在中國求市之初次紛擾與澎湖的占據》（*De – Nederlanders in China Iste stuk*：*De eerst bemoeiingen om der handel in China en de vestiging in de Pescadores*, *1601 – 1624*）一書裡所收的資料。這本書出版於一八九八年，原載於《荷蘭印度語言、地理、民族學報》第四十八卷。同時也有單行本的出版。這本書共有五九八面，而這本書附錄資料將近全書的一半，收於第二九七—五九四面。所收錄文件包括一六〇二年給韋麻郎（van Warewijck）的指令，一六二二年四月九日東印度總督 J. P. Coen 給司令官 Reijersen 的指令，一六二二年四月十日起至一六二三年九月四日間的 Reijersen 的日記，和他的一六二二年四月十一日至一六二三年九月二十三日的決議錄，以及一六二二年至一六二四年間的巴達維亞當局與 Reijersen 和 Sonck 等間來往信件等類。可以說荷蘭人初來占據澎湖，撤退轉移至大員，這一段時期的主要荷蘭檔案，已收錄於本書附錄，刊印出來了。其中，Reijersen 的日記、決議錄，Sonck 的決議錄，一六二四年十一月五日 Sonck 呈給總督 Coen 的報告等幾件，戰前曾由村上直次郎博士翻譯爲日文，收於《臺灣史料雜纂》第二冊。惟這部書未刊，只有打字稿本分別收藏於國立中央圖書館臺灣分館和國立臺灣大學文學院的臺灣史研究室。

其次是 J.A. Grothe 所編的《早期荷蘭傳教史料》（*Archief voor de Geschiedenis der Oude Hollandsche Zending. Utrecht, 1884－1891*）一共六冊，其中第三和第四兩冊係熱蘭遮城日記、決議錄以及來臺宣教師和行政當局的許多報告、書翰等類檔案中，有關臺灣傳教史料部分之摘錄。所以這是一項研究荷據臺灣傳教史的基本資料。甘爲霖牧師的《荷蘭人占據下之臺灣》（*Rev Wm. Campball*：*Formosa under the Dutch. London, 1903*）一書中之第二部，其大部分係 Grothe 所摘錄資料的英文翻譯。這些資料戰前平山勳曾自英文重譯爲日文，收於他的《臺灣社會經濟史全集》第十至十四冊，惟日文翻譯相當潦草。又在《荷蘭印度語言地理民族學報》於一八五八年刊載一篇〈一六二四年臺灣之 La Santissima Trinidade 城砦的攻略〉"Leupe, P. A.: De verovering van het fort La Snatissima Triniade op Formosa, in 1642"，（Bijdragen tot de Taal－, Land－en Volkskunde ven Nederl. Indie 1359）這是 P. A. Leupe 將海牙檔案館所藏臺灣長官 Paulus Tradenius 給

Henrick Harrousee 的攻略基隆的西班牙駐軍的指令、Harrousee 攻略報文、荷西的協定等有關荷蘭驅逐在臺西班牙勢力的檔案，摘錄刊載出來的。這些文件曾有村上直次郎博士譯為日文收於《臺灣史料雜纂》第一卷（未刊），而最近由中村孝志教授收於他所校注《巴達維亞城日誌》第二冊附錄，已刊行於世了。

另外，雖然不是荷蘭原文，但是 Oskar Nachod 撰《十七世紀荷蘭東印度公司與日本的關係》（*Die Beziehungen der Niederlandischen Ostindischen Kompagnie zu Japan in Siehzehnten Jahrhundert. Leipzig, 1897*）這一本書中的附錄資料中，也有相當多的東印度公司檔案的德文翻譯。這些德文翻譯的資料中，有若干臺灣長官 Nuyts 與日人濱田彌兵衛間所引起事件的報告，Nuyts 與駐日本平戶商館長之間的來往信件，巴達維亞當局與日本間的來往文件等類文件。這也是有關臺灣荷蘭檔案的翻譯之出版。Nachod 這本書有天理圖書館長富永牧太氏的日文翻譯。刊行於一九五六年，所以這些文件從日文翻譯也可以利用得到⑤。

---

⑤ オスカー・ナホツド著：《十七世紀日蘭交渉史》，富永牧太譯（天理養德社，一九五六年），五五四頁。

中村孝志教授戰前曾在《南方土俗》第四卷第一號至第四號，發表過荷蘭時代的「蕃社」戶口表，戰後於一九五一年又發表過一篇《一六四七年的臺灣蕃社戶口表》（《日本文化》，第三十一號）。這幾篇是檔案裡面的臺灣土著民的戶口表之翻譯。中村先生又於一九五五年，《天理宗教學報》（英文）上發表一篇〈一六五九年的臺灣傳教巡視報告〉（"Report of the visit of Inspection to Formosa in 1659", *Tenri Journal of RiLigion*, No. 1, pp. 67 – 90）。這篇文中有荷蘭文件原文的發表。這件文書是一九三四年中村孝志教授陪伴村上直次郎博士到巴達維亞地方文書館，探索臺灣資料時所發現的。其日文翻譯收錄於一九七五年刊行的中村氏校注本《巴達維亞城日記》第三冊的附錄之中。以上是到目前爲止，我所知直接與臺灣有關係的荷蘭檔案之出版或其翻譯出版的大概情況。

由於駐在臺灣的荷蘭行政人員，時有向巴達維亞當局報告或與其他亞洲各地來往書信、互相通報貿易行情等，所以有關亞洲各地的荷蘭檔案中也有許多關於臺灣的記載。這類資料中，最爲人所周知是《巴達維亞城日記》。其原件尚存有一六二四年至一八〇七年的記載，海牙國立總檔案館藏有一六二四年起共七冊，德國 Karlusruhe 地方圖書館藏有一六三七年份一冊，其餘大部分是現藏於雅加達的印尼國立檔案館，有一三一冊。這些日記曾自一八八七年至一九三一年間共刊印了一六二四年至一六八二年計三十一冊。由於巴達維亞是荷蘭東印度總督駐在地，所以這部書可以說是十七世紀荷蘭東印度公司經營亞洲的最基本資料。村上直次郎博士服務於臺北帝國大學時，曾從事臺灣總督府的臺灣史料編纂事業，並曾將《巴達維亞城日記》中有關臺灣和日本的記事摘抄翻譯部份收於《臺灣史料雜纂》第三卷。僅有打字本，未印行，村上博士離開臺灣後，將這翻譯於一九三七年自東京的日蘭交通史料研究會刊行了上、中二冊。這兩冊已於民國五十九年，由臺灣省文獻委員會重譯爲中文印行，這本日譯本這幾年來，由村上博士的高足中村孝志教授，增添詳細的註和附錄，並整理未刊行的下冊，末後又附索引，於一九七〇年至一九七五年由東京的平凡社重新出版，計三冊。新的校注本附錄中，收有村上博士在臺灣時所翻譯而未刊的西班牙佔據基隆關係的資料、荷蘭驅逐基隆西班牙勢力的資料、荷蘭在臺灣傳教的資料，Combes 書中所收錄的鄭成功諭呂宋書等，許多荷西資料的翻譯。尤其是第三冊，收錄到一六六九年四月七日，其中一六六一年份有鄭成功驅荷的紀實，爲戰前未發表稿本的刊布。由於這部新的校注本三冊，年代自一六二四年荷蘭據臺開始，以至被鄭成功驅逐後，再來佔領基隆，不久撤退等可包括整個荷蘭佔據時期的記述，所以這部新校注本是很有利用的價值。這本書第三冊，原來在民國五十年中村教授自荷蘭回國途次來臺時，適逢臺灣各地正有籌備各種紀念鄭成功復臺三百周年之舉。當時我與中村先生晤談，話及此未發表稿本，我即向中村先生交涉請中村先生斡旋村上博士，將這本在日本尙無法發表的下卷，先翻爲中文在臺灣發表，並建議當時的臺灣銀行經濟研究室主任周憲文先生，由臺灣銀行經濟研究室出版，以作紀念鄭成功復臺之舉。周先生與中村先生兩位均贊成，中村先生回國後，雖得到了村上博士和夫人的承諾，惟因村上老先生已九十多高齡在卧病，不便在病床旁邊翻篋查尋，事遂未果。如果當時能找到未刊稿本，也許中文譯本就先問世了。雖然如此，我還是希望儘速有這部份的中文譯本的刊行，對於荷蘭末期和鄭成功的研究將有很大的幫助。

又在巴達維亞的東印度總督每年將其管轄的巴達維亞以及亞洲各地所發生的事情，根據各地寄來的日記和報告等，彙集作定期性的一般報告，每逢船隊駛回荷蘭時，寄回本公司報告。這類東印度總督的一般報告書也是一項荷蘭東印度公司的主要資料。在這一般報告中也有每年在臺灣所發生事情的扼要記述，對於臺灣研究頗有利用價值。現在海牙的檔案館尚保存自一六一〇年至一八〇〇年的這類總督的一般報告書。近年這一般報告書已由前 Utrecht 大學殖民史教授 W. Ph. Coolhaas 整理校注，自一九六〇年以來陸續出版。現在已經出版到第五冊，是十六開本，每冊八百至一千多面的大部書。*Generale Missiven van Gouverneur – Generaal en Raden aan Herem XVII der Verenigde Oostindioche Compagnie*, door W. Ph. Coolhaas s'–Gravenhage

Deel I. 1610 – 1638 1960

Deel II. 1639 – 1655 1964

Deel III. 1655 – 1674 1968

Deel IV. 1675－1685 1971

Deel V. 1686－1697 1975

Dl. VI, 1698－1713 1976

Dl. VII. 1713－1725 1979

這部書由於是總督每年的一般報告書，數量很多，爲節省篇幅，Coolhaas 教授將已經在《巴達維亞城日記》，以及其他史料集所可看得到的，或者他認爲不太重要的記述，刪除省略，在利用時或略感困難，是一件可惜的事。雖然如此，這部書還是一項重要研究資料。惟在東京大學史料編纂所卻藏有一六一四年至一七〇一年間全部一般報告的顯微捲片。

另外，原爲紀念總督 J. P. Coen 建設巴達維亞城三百週年，由 Colenbrander 教授編輯所有 Coen 的書信，自一九一九年至一九二三年出版了五卷，一九三四年又出版第六卷 Coen 的傳記。戰後再由 Coolhaas 蒐集各地寄給 Coen 的信件計二八〇件，作爲第七卷，分爲二冊，於一九五二至五三年出版，均爲十六開的大部書。

Colenbrander, H. T. & W. Ph. Coolhaas, eds.：*Jan Pietersz Coen*：*Bescheiden omtrent zijn bedrijf in Indie*（s'－Gravenhage, 1919－1953），7v. in 8

這是一部荷蘭殖民史的極端重要文獻，而這本資料集裡面，有許多關於佔據澎湖，在大陸沿岸求市貿易，佔據臺灣初期的狀況。又鄭芝龍以及其他福建海上勢力的糾葛等也有很寶貴資料的收錄。

又Coolhaas教授於一九四七年曾在《Utrecht歷史學會會報》第六十五期，校刊印行了Antonio van Diemen呈給本公司董事會的《一六三一年印度報告》。這位van Diemen後來於一六三六至一六四五年間任東印度總督，對東印度公司的發展頗有功績。在這報告中也有關於一六三一年這一年的臺灣及閩海情況，謀求中國貿易等報告。

Coolhaas, W. Ph.: *Een Indioch Verslag uit 1631, van de hand van Antonio van Diemen*
(Bijdragen en mededelingen van het Histroisch Genootschap te Utrecht, 65 1947)

以上是已經出版過的與臺灣多少有關的巴達維亞方面主要資料的簡介。其他日本方面，跟巴達維亞有《巴達維亞城日記》、臺灣有《熱蘭遮城日記》一樣，日本也有《日本商館日記》。這個日記戰前也已經由村上直次郎博士與原徹郎氏合譯，於一九三七至三九年前後出版了《出島蘭館日誌》三冊。這部書收錄日本商館自平戶移轉到長崎出島的一六四一年六月二十五日起至一六四八年十二月八日為止之日記。戰後村上博士再改訂，於一九五六年至五八年從岩波書店出版「長崎オランダ商館の日記」三冊。這部新版收錄日期自一六四一年六月二十五日至一六五四年十月三十一日。所以收錄期間比戰前版較長，但為相當自由的意譯，關於這一點，戰前版則比較忠實於原文。

日本商館尚在平戶這一段時期的日記，也在幾年前由永積洋子翻譯，自一九六九—七〇年岩波書店出版了四冊。這一部平戶荷蘭商館日記的翻譯是收錄自一六二七年七月二十四日至一六四一年六月二十四日間的日記，可與村上博士的長崎商館日記之翻譯連接。因此荷蘭佔領臺灣初期的一六二七年起至其末期一六五四年間的日本商館方面的記載，我們可從日本翻譯窺知。又最近東京大學史料編纂所也開始編印日本商館日記的荷蘭原文，已經於一九七四年列印了一六三三年九月六日至一六三七年八月八日之間的荷蘭原文日本商館日記二冊。

另外，還有一部東印度公司的資料集，是J. H. Heeres編輯，後來由F. W. Stapel續輯的《東印度外交文書集成》。這部書一九〇七年開始列印其第一卷，將近半世紀，於一九五五年刊印其第六卷始完成。

Heeres, J. H. & F. W. Stapel, eds. *Corpus diplomaticum Nederlando – Indicum* 第一至第五卷是刊在《荷蘭印度語言地理、民族學報》第六卷於戰後單獨出版。這部書是一五九六年至一七九九年東印度公司存在期間，公司與東印度各地土侯，以及其他與公司有貿易關係的日本、暹羅、印度、波斯等地所訂立條約、協定等類外交文書的集成。第一卷收有一五九六年至一六五〇年間的文件，第二卷是一六五〇年至一六七五年間的文書。在這二卷之中，雖然數量不多，也有一六二四年八月二十二日撤退澎湖的協定，鄭芝龍與臺灣長官 Nuyts 及 Putmans 的協定、麻豆社投降的條款、基隆西班牙駐軍投降條款、一六六二年二月一日的鄭荷條約、一六六三年十月二十二日的 Balthasar Bolt 與靖南王的清荷聯軍協約等共有十三件。這些文件有一些已經刊印於 Grothe 的傳教史料等資料集，但也有採錄自海牙的檔案館所藏條約集的。

以上是比較基本的，已經刊印過的檔案的大概情況。其數量與尚未刊行的檔案比起來，可以說已刊印的資料只是極小部份而已。

㈡十七、八世紀的刊物

除了荷蘭的檔案以外，在十七世紀時期當年出版的，最晚也到十八世紀初期的有關臺灣的刊物，也是一項荷據臺灣研究的重要資料。其中，最有名的一項是最初來臺傳教的 Georgins Cadnidius 於一六二八年十二月二十七日自新港社寄發呈報臺灣情況的〈臺灣略述〉（"Discours ende cort verhael van't Eyland Formosa"）這個報文早就刊載於一六四五年出版的 Isaac Ccmmelin 所輯航海記集《東印度公司的創業與發達》（*Begin ende Voortgangd van de Vereenighde Nederlandsche Geoctrogeerde Oost Indiche Compagnie, Amsterdam*, 1645 2v.）所收 Rechteren 的旅行記之中。Candidius 這個《臺灣略述》相當流行，收錄於十七、八世紀的各種語文的航海記集，同時也成爲十七世紀的臺灣地理概況的祖型，如後述 C.E.S. 的《被遺忘之臺灣》或 Valentijn 的《新舊東印度誌》的《臺灣志》部份，其概說記載頗多承襲的 Candidus 這篇記述。Candidius 的荷蘭原文到了十九世紀，也收錄於 Grothe 所編《早期荷蘭傳教史料》的第二卷第一—二八頁。甘爲霖 Campbell 牧師也譯爲英文收於他的《荷蘭人佔據下之臺灣》*Formosa under thd Dutch*（pp.9–25），日文有平山勳的翻譯，收於他的《臺灣社會經濟史全集》第十七冊，中文翻譯有陳奇祿教授翻譯，見於《公論報副刊臺灣風土》。對於國人的利用，當然陳教授的翻譯比平山氏的日譯較方便又較可靠。

另外一本重要的是有名的 C. E. S. 撰《被遺誤之臺灣》（*'t Verwaerloosde Formosa*, Amstrdam 1675）原書臺大圖書館和中央圖書館臺灣分館各藏一部。C. E. S.可能是拉丁文 Coyett et Socii 意爲「Coyett 及其同事們」之略。Coyett 即中國文獻裡的「揆一」是被鄭成功逐出的荷蘭臺灣長官。這本書如衆所周知，係 Coyett 被控負失陷臺灣的責任，被囚禁，至一六七四年始被開釋，翌年出版這本書中辯失去臺灣，並非他們而是由於公司當局所遺誤所致，這本書早就有德文和法文的翻譯，英文釋本有三種。其一是甘爲霖翻譯，收於他的《荷蘭人佔據下之臺灣》第三部。但甘牧師的翻譯刪了原書第一部底說，叙述臺灣之地理、住民的部份。因爲這部份是根據 Candidius 的《臺灣略述》的，另外 Campbell 也刪除了第二部後面所附關於鄭成功士兵對荷蘭的牧師等所作的暴行的記述。另外一種英文翻譯是日治時代臺灣總督府荷籍囑託 R. M. Lambach 的全譯本，惟這譯本未刊，僅有打字若干部流傳於世。第三種譯本是鮑克蘭女士（Madam Inez de Beauclair）所編。前年由美國中文資料中心出版的這部英譯本，第一部序說的前半由幾年前來過臺灣大學考古人類學系研究的包樂史先生 Leonard Blussé 重新翻譯，後面鄭氏對荷蘭人牧師等所作「暴行」的記述即由他的父親 A. Blusse Oud Alblas 翻譯，其餘即收錄 Campbell 的翻譯的。鮑女士原意是想 Lambach 的全譯本，由艾文博 R. L. Irck 博士所主持中文資料中心刊印出版，惟艾博士認爲 Lambach 的英文太差，不便出版，所以鮑女士請包樂史先生重新翻譯。後來包先生因自己本來的研究很忙，無法繼續，於是鮑女士與艾博士商量之結果其餘即收錄甘爲霖牧師的譯文，而甘牧師所刪除之部份即央託在荷蘭本國的包老先生 A. Blusse van Oud Alblas 翻譯。所以 Lambach 譯本未能刊行之下，這本書雖是湊集各譯成書，仍是目前比較容易看得到的全譯本。日本譯本有二種，一爲谷河梅人譯《閑卻されたる臺灣》，一九三〇年出版，係根據 Lambach 譯本的摘抄翻譯，另一爲平山勳所譯，以 Campbell 英譯文爲底本，收於他的《臺灣社會經濟史全集》第八和第九冊，出版於一九三四、五年。中文譯本也有三種。其一爲魏潤庵譯，以谷河梅人譯本爲底本，分載於《臺灣通志館館刊》，另一種中文譯是李辛陽、李振華合譯《鄭成功復臺外記》，民國四十四年刊行，收於《現代國民基本知識叢書》第三輯，是以 Campbell 的英譯本爲底本的。第三種譯文是臺灣大學外文系周學普教授所譯《被遺誤之臺灣》，是以 Lambach 英譯本爲底本之全譯，民國四十五年臺灣銀行經濟室出版，收於《臺灣經濟史》三集。

另外於一七二四年至一七二六年刊年的 Francois Valentijn 撰《新舊東印度誌》（*Oud en Nieuw Oest－Indien*）也是一部十七世紀荷蘭東印度各地的歷史、地理、宗教、貿易等各項事情的記述。計有五卷，其第四卷收有《臺灣誌》（*Beschryving van Tayouan, of Formosa*）敘述臺灣地誌、住民、通商貿易經過及宗教狀態等。撰者曾於十七世紀末年在 Amboina, Banda 等地從事傳教，雖不曾到過臺灣，但根據有關臺灣的資料編撰，仍不失爲荷蘭時代臺灣的一個很扼要的概說。原書五卷有分爲八冊和五冊二種，五冊本較罕見，中央圖書館臺灣分館所藏是八冊本，而臺灣部份收於第六冊，臺大藏本係五冊本，臺灣部份收於第四冊，又有一八五六至八年重刊本。Campbell 甘爲霖牧師的英文翻譯收於他的 *Formosa under the Dutche*《荷蘭人佔據下之臺灣》第一部。又有 Charles Gutzlaff 的摘譯見於 *Chinese Repository* 第六卷第五八三－五八九頁，刊於一八三八年。日文也有平山勳的翻譯，收於他的《臺灣社會經濟史全集》第十七冊。以上是十七、八世紀出版的有關臺灣的主要刊物或其翻譯。然而甘爲霖牧師的《荷蘭人佔據下之臺灣》這部書，如上述第一部是 Valentyn 及 Candidius 的翻譯，第二部是 Grothe 的傳教史料翻譯，第三部是 C.E.S. 的《被遺誤之臺灣》的翻譯，包括荷據臺灣的主要資料的翻譯，所以這部書可以說是研究荷蘭時代臺灣的最基本入門參考書。原書刊於一九〇三年，在倫敦出版，現在臺北有成文出版社的翻譯本，要購閱參考已很方便了。

另外有一部 Pieter van Dam 所撰《東印度公司誌》（*Beschrijvinge van de Oostindische Compagnie*）也很重要。這一部書撰者 Pieter van Dam 於十七世紀末年曾任東印度公司的貿易長官，受公司董事委囑，利用各項公司的秘密書類，經過八年的歲月，編撰這一部書，成書於十八世紀初年。因爲編得很好，所以公司存在的期間，供作爲公司重要資料，是對外非公開的密件。所以僅有稿本，而到了一九二七年至一九五四年始由 F. W Stapel 等校注收於《國家史料叢刊》Rijks Geschiedkundige Pullicatien 印行。所以這部書雖是成書於十八世紀初，但刊印卻在二十世紀。這部書的第二卷第一冊第二十二章是〈中國大陸與臺灣〉（"China en Tayoan", pp. 671－786）也是自荷蘭早期的求市，至佔據臺灣，嗣後被鄭成功逐出後，與清朝聯軍企圖收復臺灣，並交涉與清朝通商貿易等有很翔實的叙述，而注重於貿易。所以這部書也是荷據臺灣和中荷關係史研究的一部主要文獻。

另外，十七世紀的航海記、旅行記等這類刊物也是荷據時期臺灣研究的主要資料。這種航海記，現在多屬於罕見的善本。其中主要的有前述 Isaac Commelin 編《東印度公司的創業與發展》，是一六四五年刊於 Amsterdam。正如書名，這部書是收輯荷蘭東印度公司成立前和成立以後向各地發展時期的各種主要航海記或旅行記。臺大圖書館大鳥文庫藏有一部，是很稀罕的書，一九六九年有翻印版刊行。原版二冊，翻印版分爲四冊。這部 Commelin 所編《航海記集》裏面，收有一六〇四年曾來澎湖求市，終爲沈有容諭退的韋麻郎（Wybrant van Wwwrwyck）的《航海記》和一六二九年至一六三二年間來亞洲的 Rechteren 的旅行記，是與臺灣有關的。Rechteren 的旅行記裡面有前述 Candidius 的《臺灣略述》，也有一張初期尙很簡陋的熱蘭遮城圖。這 Rechteren 的旅行記，自一六三五年初刊以後有許多版本，也有英譯本收於 Thomas Astley 的《航海記旅行記集》，刊於一七四五—四七年。中央圖書館臺灣分館藏有這一部書。

另外一部重要的旅行記是 Willem Ijsbrantsz Bontekoe 的旅行記，他是一六一八年十二月二十八日自 Texel 開椗，其間歷過許多險難到達 Batavia。後來當 Schip Groeningen 的船長，於一六二二年四月被派參加 Reyersen 的艦隊來佔據澎湖，遊弋於福建沿海。他的旅行記由於他的離奇歷險和簡潔的文章在荷蘭文學上很有名，頗流行，所以有許多版本。近年於一九五二年自 Linschoten 協會叢刊有 G.J. Hoogewerff 校注本的出版。這一部書也是荷蘭人佔據澎湖求市時期的重要資料。

此外，又有 John Struys 的旅行記，他曾於一六五〇年來過臺灣，其有關部份已收錄於 Campbell 的《荷蘭人佔據下之臺灣》一書。又有 Hendrik Hamel 所記述的一六五三年 Jacht De Sperwer 號自臺灣開椗駛往日本，途中遭風在濟南島附近船破留在朝鮮，至一六六六年 Hamel 等被送到日本，其歷險記於一九二〇年經著名華僑史家 B. Hoetink 校注，自 Linschoten 協會出版。這部書對於臺灣雖沒有很多的記載，但 Hoetink 的解說和注釋裡面有一些如鄭芝龍和臺灣長官

Nicolaas Verburg 等的項目，對臺灣歷史是有參考的價值的。

又有一部 Albrecht Herport 的旅行記。他是瑞士人，服務於荷蘭東印度公司，來到巴達維亞以後，曾奉命參加 Johan van der Laan 所率遠征軍來臺灣增援。Van der Laan 來到臺灣後，認爲臺灣的局勢很好，並沒有受鄭成功攻擊的威脅，與臺灣長官 Coyett 意見不合，只留下三隻船及其士兵在臺灣，而回歸巴達維亞。Herport 其時即留在臺灣服務，後來參加了熱蘭遮城的保衛戰。這一本旅行記，一六六九年以德文在 Bern 初版刊行，於一六七〇年在 Amsterdam 出版過荷文版。這兩個版本中央圖書館臺灣分館各藏一部，臺大藏有一九三〇年重刊德文本。其有關臺灣部份已由周學普教授譯爲中文，收於臺灣銀行經濟研究室的《臺灣經濟史》三集裡面。

又有兩本書，這並不是荷蘭佔據時期的文獻，而是關於荷蘭人被鄭成功逐出臺灣之後，清荷聯軍，想收復臺灣，再來佔領雞籠時期的文獻。其一是《Bort 的航海記》，一六七〇年在 Amsterdam 出版的 Matthijs Cramer：*Borts Voyagie naer de Kust van China en Formosa*，以韻文稱讚統率荷蘭艦隊的 Balthasar Bort 的事蹟。中央圖書館臺灣分館藏有一部。另一本是Dapper 所撰《東印度公司在大清帝國及其沿海之值得紀念重大事蹟》（Olfert Dapper：*Gedenkwaerdig Bedryf der Nederlandsche Oost – Indische Maetschappye op de Kuste en in het Keizerrijk van Taising of Sina*）一書，前面有臺灣一般的記述，後爲清荷聯軍的詳細交涉的記述。又一六七一年在倫敦出版過 John Ogilby 翻譯的 *Atlas Chinensis*，註明為 Arnoldus Montanus 所輯，但實係 Dapper 之英譯本。

其他在各種目錄上我們可以看到若干航海記或旅行記，比方據 Cordier 和 Campbell 的臺灣書目，有 Paulus Olofsz Rotman 的自 Batavia 來臺灣遇颱風歷險，經中國大陸後回巴達維亞的旅行記一書的著錄，據此是刊於一六五七年現藏於大英博物館。所以如果再去尋找，應當還有這類已刊行過的航海記或者旅行記，因目前在臺灣看不到，故予從略。

上述航海記、旅行記等類之外，十七世紀出版的有關臺灣傳教的文獻，是一項重要資料。這種文獻可以分類為二大類。一種是以當時的臺灣土著民的語言出版的福音書、教義問答、祈禱文或土族語言的語彙等類，另一種就是報告他們傳教情況的書。

第一類有 Gravius 譯新港語《馬太福音》，刊印於一六六一年，現藏於荷蘭萊登大學圖書館，一八八八年 Campbell 曾重印刊行。又有 Gravius 譯《Siraya 語基督教信仰要理》，刊於一六六二年，也藏於萊登 Laiden 大學，淺井惠倫教授曾翻印收於一九三九年《臺北帝國大學文政學部紀要》第四卷第一號。其他這一類的書戰前淺井教授，戰後賴永祥教授也曾撰文詳細介紹過，因時間關係不再一一介紹。

另一種關於傳教情況的刊物，有一六五〇年在倫敦出版的 M. C. Sibellius 之《臺灣土人五千九百人改信》（*Of the Conversion of Five Thousand and Nine Hundred East - Indians, In the Isle Formosa*. By means of M.Ro. Junius, Related by his good Friend, M.C. Sibellius, tr. by H.Jessi London 1650）。根據 Cordier 的臺灣書目，大英博物館藏有一部，以前我留日時，在天理圖書館也看過一部。這是叙述 Junius 佈教成功之事蹟，Sibellius 原用拉丁文寫的書信，Jessei 英譯並附序文的 Campbell 於一八八九年出版的《臺灣傳教成功記》（*An Account of Missionary Success in the Island of Formosa*）在第一冊裡面收有這本書。Campbell 的這部書近有成文出版社的翻印本出版。以上是十七世紀刊行的傳教關係文獻的大概。

二、研究的回顧與展望

㈠研究的回顧

對於過去的研究，可以分爲三段時期。十九世紀的研究，即自清末到臺灣割讓給日本，以及日本的據臺初期幾年爲止的第一期；二十世紀初年到光復爲止的日據時期的第二期；和臺灣光復到現在的第三期。

第一期的研究

這一時期的研究，差不多都是清末歐美人士所作的。這一時期的研究，從 Campbell 的《荷蘭人佔據下之臺灣》一書末後所附書目可窺知其大概，同時也從這個書目可以看出其研究的傾向特色。

這一時期正是亞洲各地受西方勢力第二次衝擊的時期，於是這段時期的研究，無論是研究中國也好，或是其他亞洲地區也好，大都是來亞洲活動的人士：外交人員、海關人員、傳敎師或服務於殖民地的行政人員等人。其研究偏重於各地之地理、風俗、民情、商業貿易、傳敎及旅行等類之實地報告。當時的歐美人士所做有關臺灣的著作也具有這種特色，研究人士也以這種來亞洲活動的歐美人士爲多。其中有關荷蘭時代的著作大都是這些在亞洲活動的人士，對於過去荷蘭的殖民活動或傳道工作的回顧所引起興趣而所作的。所以屬於一般性的和介紹性的比較多，學術性的較少。只是若干上述的資料編纂刊行、翻譯、翻刻、重刊可說是扎根的業績。

這一時期的人士，對於荷蘭時代研究，最出力、貢獻最大的當首推 William Campbell，他是在故鄉 Glasgow 大學攻讀神學，後任長老會牧師，於一八七一年（淸同治十年）來臺灣南部傳敎，至一九一七年歸國，將近半世紀的歲月在臺灣傳道。⑥他的業績，如前述均是荷蘭時代的文獻資

---

⑥　淺井惠倫：〈和蘭と蕃語資料〉（《愛書》第十輯頁一〇—三一，一九三八年）
賴永祥：〈明末荷蘭宣教師編纂之蕃語文獻〉（《臺灣風物》第十五卷第三期，頁六一—七六，民國五四年八月）

料的翻譯和翻刻重印。又如前述摘譯 Valentijn 介紹荷據時期一般情況的 C.F. Gutzlaff，是德國出身的傳教師，參加荷蘭傳道協會，於一八二六年被派到巴達維亞，而在那裡從華僑學習華語以後，到曼谷、澳門、香港等地服務並傳教，一八五一年客死於香港。又如寫過《一六二九年在臺灣的荷蘭貿易》、《荷蘭人佔據時期的臺灣》和《國姓爺的生涯》等文章的 George Phillips 是一八三六年生於英國 Kent，一八五七年來中國任英國領事館員，歷任許多職位後，於一八九二年退休返國，一八九七年去世。⑦又寫過一篇《熱蘭遮城與荷蘭人佔據臺灣》的 H.E. Hobson 他是曾服務於海關的。⑧這一時期的研究以自歐美來亞洲服務或活動的人士比較多。

又這一時期，對於基督教的傳教，除了荷蘭的改革教會於十七世紀曾經來過臺灣傳教以外，新教方面是初次來東亞傳道，所以新教方面人士，對於荷蘭時代他們的先驅者過去的傳道工作是樂予

---

⑦ Phillips, George：*Dutch trade in Formosa in 1629*（Shanghai, Celestial Empire Office, 1878）26p.
——：*Notes on the Dutch occupation of Formosa*（China Review, X：123－128, 1882）.
——：*The life of Koxinga*（China Review, XIII：67－74, 1885）.

⑧ Hobson, H.E.："Fort Zeelandia and the Dutch occupation of Formosa,"（*Jour. North China Branch, Royal Asiatic Society*, 1876：37－40）

回顧，於是這時期的荷蘭時代研究，荷蘭的臺灣傳道頗爲出色，並有若干文章出版，⑨而最用力即前述的 Campbell。

一八三六年 Van der Vlis 博士在 Utrecht 大學圖書館發現了新港語彙的手抄本；於一八三九年在巴達維亞宗教評議會檔案庫，W.R. van Hoevel 發見了中部臺灣的 Favorlang 語彙的手抄本；又荷蘭碩學印歐比較語言學的大家 H. Kern 教授也於 Leiden 大學圖書館發現 J. Gravius 的《新港語馬太福音》的刊本等，在荷蘭本國和印尼兩地均曾有一些基督教「蕃語」文獻的發現，於是這類文獻的介紹、研究、翻刻、翻譯也是這一時期的比較特出的研究成績。⑩

關於歷史方面的論著，除許多一般性的文章外，似只有 W.P. Groeuevelat 的《在中國的荷蘭人，第一部：一六〇一－一六二四年間在中國求市之初次紛擾與澎湖的佔據》。這部論著，如上文

---

⑨ 例如：Campbell, w.："The early Dutch mission in Formosa."（*Chinese Recorder*, 1889：114－120）

⑩ 參看註⑥

Neurdenburg, J.C.：*Zal het zendingwerk onzen Vederen op Formosa eerlang door Nederlanders worden hervat* ?（Rotterdam, 1889）, 12p.

Toorenbergen, J. J. van："De Nederlandsche zending op Formosa. 1624－1661."（*De Gids*, 56〔3〕：31－68, 1892）

已提起過，後半部附錄資料係摘錄有關檔案，而前半部是荷蘭人於十六世紀末來到東南亞以後，認識了中國貿易的重要性，自一六〇一年 Jacob van Neck 曾來到澳門外海，一六〇四年韋麻郎來澎湖求市，一六二二年 Reijersen 攻擊澳門失敗後再來佔據澎湖，襲擾福建沿海，迄至撤退到大員爲止，根據檔案有很詳細的論述，至今利用價值仍然很高。

又在這一時期，值得一提的是所謂「新港文書」的介紹引起了歐美學界的注目。所謂「新港文書」係臺灣土著民受荷蘭傳敎的影響，能寫羅馬字，到了淸朝時代他們的羅馬注音文字尚流傳在漢「蕃」間契字中，到了嘉慶年間尚有以羅馬字書寫新港語等的遺留。這些所謂「新港文書」，年代雖屬淸代，但可表示荷蘭人傳敎所留影響，並且也是已變爲死語的新港語等土著民族語言的研究之重要資料。這一時期也有些關於「新港文書」的介紹與論著問世。⑪

第二期的研究

---

⑪ Steere, J.B.：“The aborigines of Formosa.”（*China Review*, III：181－184, 1875）
——：“The aborigines of Formosa.”（*Jour. Amer. Georg. Soc.* 6：302－334, 1876）
Lacouperie, Terrien de：“Letter on a native writing in Formosa.”（*Academy*, 9th April, 1887）
——：“Formosa notes on MSS., Language, and Races.”（*Jour. Roy. Asiatic Soc.*, 19：413－494, 1887）

日本人在日治時代所做的研究，可分為一九二八年臺北帝國大學創立以前與創立以後的研究。日治時代前期的臺灣研究，日人重點放在於臺灣的舊慣和「蕃族」的調查，關於荷蘭時代的著作只有一般性的叙述。其中伊能嘉矩的《臺灣蕃政志》等書較為重要，而伊能氏用的資料似是得自Campbell或Alvarez等在臺傳教人士。其他在這時期小川尙義教授曾對荷蘭時代的蕃語作過研究，又伊能嘉矩在《臺灣慣習記事》第四卷有發表過〈荷蘭時代的理番〉，村上直次郎於一八九七年也曾介紹過所謂「新港文書」。

臺北帝國大學成立以後，對於荷蘭時代研究最大貢獻是自荷蘭搜集有關臺灣的檔案回來的工作。這項工作起初是由岩生成一博士赴荷蘭時開始著手尋找，其時曾托檔案館館員抄寫過一些日記，決議錄及其他若干資料。後來改為拍攝原件，移川子之藏教授走荷時，即由移川教授出面與檔案館當局接洽，拍攝二萬五千多張的文件帶回臺北。這項自搜查拍攝、沖洗放大，與整理是一項花很大時間與金錢的研究預備工作，可以說由臺北帝大文政學部有關人士集體工作的這一時期的最大貢獻。另一項重要貢獻是村上直次郎博士的荷蘭資料的翻譯工作。其翻譯上文已有提到，不必贅言，村上博士的翻譯，到現在我們許多後學都受其益。村上博士除資料的翻譯以外，尙有〈熱蘭遮築城史話〉（一九三〇年刊，收於《臺灣文化史說》）、〈荷蘭的蕃化教育〉（收於同上書），〈基隆的紅毛城址〉（《臺灣時報》第一四四號，一九三一年）；〈在澎湖的荷蘭人〉（臺灣時報第一五八號，一九三三年）；〈新港文書〉（《臺北帝國大學文政學部紀要》第二卷，一九三三）；〈西班牙人的占據臺灣〉（《科學的臺灣》第二卷，一九三五年）；〈鄭氏以前的臺灣〉（《東洋》臺灣特輯號，一九三五年）；《長崎市史通交貿易編．西洋諸國部》（一九三五年）等論作。對於荷蘭時代的研究頗有啓發性的貢獻。

繼村上博士之後，主持臺北帝大南洋史講座的岩生成一博士，他的研究重點是十七世紀日本人在海外的活動，主要研究地區是東南亞，但對於臺灣的研究除荷據以前的豐臣秀吉、有馬晴信和村山等安等人的侵占臺灣的研究以外，對於荷蘭時代的有〈三百年前臺灣砂糖與茶的輸出波斯〉（《南方土俗》第二卷第二期）和〈在臺灣的初期日本移民〉（《臺法月報》第三十六卷第十至十二月合併號，一九四二年）等研究。其他岩生博士尚有一篇〈明末僑寓日本平戶華人甲必丹李旦考〉是值得一提的。這一篇是荷蘭佔據臺灣前後，頗爲活躍於中日貿易的僑領李旦的事蹟的研究。同時對於他的手下鄭芝龍的抬頭也涉獵中日和歐洲當時的重要文獻資料，頗有翔實的研究。這一篇在戰後再經岩生博士增訂，以英文於一九五八年刊於《東洋文庫紀要》第十七期。由於鄭芝龍的故主究竟是顏思齊或李旦，數年前在國內也引起了筆訟，已爲人所周知。這一篇就是對此初次提出問題的文章，不但是華僑史的重要研究，也是對於荷蘭佔據臺灣當初和鄭芝龍研究的重要論著。

當時的臺北帝國大學的總長（即校長）幣原坦博士也曾寫過若干篇的臺灣史研究的文章。其中有幾篇如關於濱田彌兵衛與荷蘭長官 Nuyts 的衝突事件；在臺灣北部的荷西兩國的角逐；國姓爺的攻略臺灣；早期臺灣的黃金、硫黃以及煤的探查等篇都收錄於他的論集《南方文化的建設》一書。幣原坦先生的研究，其所徵引荷蘭資料，似多得自村上、岩生兩位南洋史講座的教授的幫助。幣原先生的研究，是站在日本人的觀點的，但他自己身為臺北帝大的首長，而對於臺灣史研究的熱心倡導和表示關心，在這時期的臺大拍攝荷蘭檔案，搜購有關圖書資料和其介紹翻譯等，對臺灣史研究的推動有很大的貢獻。

又除上記歷史學的諸教授以外，其時尚是新進學者的中村孝志先生也曾發表過〈荷蘭時代之臺灣農業及其獎勵〉（《社會經濟史學》第七卷第三號，一九三七年）；〈荷蘭時代臺灣的地震〉（《科學の臺灣》第五卷第二號，一九三七年）和〈關於沈有容諭退紅毛蕃碑〉（收於〈臺灣總督府創立三十年紀念論文集〉，一九三九年）等篇，已經開始涉獵荷蘭資料，開始這方面的研究了。又當時的臺北帝大農業經濟研究室的奧田彧教授和陳茂詩、三浦敦史合撰一篇〈荷蘭時代之臺灣農業〉，雖是用第二手的資料，但是從農業經濟學的觀點寫的，曾於一九三二年發表於《臺灣農事報》第三一一—三一二號，後來又收於《臺灣文化論叢》第一輯。

在這一時期，臺北帝大尚有移川子之藏及其門下，在民族學方面，淺井惠倫對「蕃語」曾做過研究，後來由於戰爭等關係，未作刊布。對於「蕃語」資料的介紹，淺井教授曾於一九三八年在愛書第十輯發表過一篇〈和蘭と蕃語資料〉。

又村上直次郎博士對於新港文書一九三〇年出版了一本小冊：*The Bilingnal formosan Manuscripts*. 49.p.，後來於一九三三年臺北帝大文政學部紀要出版了 *Sinkan Manuscripts* 一冊。

另外栗山俊一於《臺灣文化史說》發表一篇〈安平城址與赤嵌樓〉，這是從建築學的立場勘查這二個遺址所作的研究。

以上是在臺日人的業績。另外東京帝大的日本史教授　善之助博士於一九三〇年出版一本《海外交通史話》，其中有一章是關於《濱田彌兵衛》事件。慶應大學的幸田成友教授於一九四二年刊印一本《日歐通交史》，其中也有一章在臺灣的日荷的衝突。幸田先生又曾寫過一篇在臺荷人牧師 Antonius Hambraek 的事蹟和曾任日本商館長和臺灣長官的 Francois Caron 及其周圍，其子女等四篇文章收錄於《和蘭雜話》（一九三四年刊）。

又石原道博先生曾發表一篇〈鄭芝龍的日本南海貿易〉（《南亞細亞學報》第一／第二號），後來收入他的《明末清初日本乞師的研究》（一九四五年）一書裏面。這是利用村上博士的荷蘭資料的翻譯，是對於日本、南海貿易之鄭芝龍與荷蘭關係的研究。

在日治時代由臺灣本地人所作荷蘭時代的研究，除上記陳茂詩與奧田彧教授合撰有關農業的論文以外，似只有黃及時於一九二五年發表一篇〈在臺灣之荷蘭的殖民政策〉，刊載於《東洋》第二八卷第七期和第八期。另外有連溫卿在《民俗臺灣》自第一卷連載〈臺灣民族性的一考察〉一文，其中第四、第五討論荷蘭時代，刊載於第二卷第二期和第二卷第四期。這些都是利用第二手的資料，以他們的觀點所作的論述。中國大陸方面只有民國二十三年張維華出版了《明史佛郎機呂宋和蘭意大利亞四傳注釋》而已。

這一時期西洋人的研究，有一些荷蘭人對於他們先人在臺灣的活動有如下若干篇的論作。H. Kern 教授於一九一四年發表一篇〈在臺灣的荷蘭人〉⑫，Hendrik P.N. Muller 於一九一七年發表了一篇〈在中國的我們的先人〉⑬，P. de Zeeuw 於一九二四年出版一小本的《一六二四年至一六六二年間在臺灣的荷蘭人；我們的殖民史和傳教史的一齣》⑭，這本書是總共只有六三面的一本通俗書。又於一九二六年 L. Knappert 在雜誌《荷蘭教會史資料》新第十九卷發表過一篇〈在臺灣的

⑫ Kern, H.：“De Hollanders op Formosa.”（*De Gids*, 1914：366－378）

⑬ Muller, Hendrik P.N.：“Onze Vaderen in China.”（*De Gids*, 81：321－353, 504－519, 1917）

⑭ Zeeuw, P. de：*De Hollanders op Formosa, 1624－1662；Een bladzijde uit onze koloniale en zendings-geschiedenis*（Amsterdam, 1924）, 63p.

荷蘭人拓荒者〉⑮，這一篇可能是對於荷蘭人來臺佈教事蹟的論述。關於荷蘭人在臺灣的傳教活動，W.A. Ginsel 所撰《一六二七—一六六二年間在東印度公司之下的臺灣改革教會》⑯一書卻值得一提的，刊行於一九三一年，一三八面，係他向萊登大學提出的博士論文。全書共六章，第一章是 Georigius Candidius，第二章是 Robertus Junius 的傳教的發展，第三章是自 Junius 離臺以後一六四三年至一六六〇年間的傳教的發展，第四章是基督教的教育，第五章是教會對行政工作的服務，第六章是在臺荷蘭教會的終局。他充分利用檔案，對荷蘭時代的傳教有翔實的考究，可以說這一時期最有分量的研究。

另外英國有 C. R. Boxer，於一九二七年發表過一篇〈一六六一—一六六二年之驅荷攻圍熱蘭遮城〉⑰，發表在倫敦《日本協會會報》第二四卷。他於一九三九年又在《天下月刊》發表過一篇

---

⑮ Knappert, L.: "Hollandsche pioneers op Formosa." (*Nederla ndsch Archief voor Kerkgeschiedenis*, NS. 19 : 97 – 121, 1926)

⑯ Ginsel, W.A.: *De Gereformeerde kerk op Formosa of de lotfevallen eener handelskerk onder de Oost – Indische – Compagnie. 1627 – 1662.* (Leiden, 1931), 138p.

⑰ Boxer, C.R.: "The siege of Fort Zeelandia and capture of Formosa from the Dutch, 1661 – 1662." (*Tramsaction of the Japan Society of London*, 24 : 15 – 47, 1927)

〈尼哥拉斯・一官（鄭芝龍）之抬頭及衰落〉⑱。這一篇是受前述岩生博士的李旦考的影響，為對鄭芝龍的事蹟利用當代西文資料的研究。

第三期的研究

戰後日人的荷據時期臺灣的研究，首屈一指應是天理大學的中村孝志教授。他的戰前業績已如上述，戰後任教於天理大學以後，涉獵荷蘭檔案，陸續發表過許多研究。其成果有：

《臺灣におゐオランダ人の探金事業》（《天理大學學報》第一卷第一號，二七一—三二四，一九四九年）（中文譯：〈十七世紀荷人勘查臺灣金礦紀實〉，賴永祥、王瑞徵合譯，《臺灣文獻》第七卷第一／二期，民四五年；又《十七世紀荷蘭人在臺灣的探金事業》，許粵華譯，收於臺灣銀行經濟研究室：《臺灣經濟史》五集，民四六。）

《オラソダ人の臺灣蕃人教育——一六五九年の巡視報告を中心として》（《天理大學學報》第四卷第一號，一九五二年）（中文譯：《荷蘭人對臺灣原住民的教育》，賴永祥、王瑞徵合譯，《南瀛文獻》第三卷第三／四期，民四五年。）

---

⑱ Boxer, C.R.: "The Rise and Fall of Nicholas Iquan."（*Tien-hsia Monthly*, 11〔5〕: 401-439, Apr./May, 1939）

《南部臺灣鰮漁業について》（《天理大學學報》第五卷第一號，一九五三年）（中文譯：《荷領時代臺灣南部之鰮魚漁業》，北叟譯，收於臺灣銀行經濟研究室編《臺灣經濟史》二集，民四四年。）

《臺灣における鹿皮の產出とその日本輸出について》（《日本文化》第三三號，一九五三）（中文譯：十七世紀臺灣鹿皮之出產及其對日貿易，許粵華譯，臺灣銀行經濟研究室編《臺灣經濟史》八集，民四八年。）

《臺灣史概要（近代）》（民族學研究第十八卷第一/二號，一九五四年）（中文譯：《近代臺灣史要》，賴永祥譯，《臺灣文獻》第六卷第二期，民四四年。）

《關於I. V. K. B.譯國姓爺攻略臺灣記》，（《神田博士還曆紀念書誌學論集》，一九五七年）（中文譯：賀嗣章譯，《臺灣文獻》第九卷第一期，民四七年）

《鎖國前後のオランダ交涉》（《歷史教育》第一〇卷第九期，一九六二年），這一篇對於濱田事件前因後果，其經過有很扼要的記述。

《オランダ治下臺灣における地場の諸稅について》（《日本文化》第四一/四二，一九六三/六四年）荷據下臺灣地方各項稅捐。（有拙譯未完稿）

《荷蘭的臺灣經營》（《天理大學學報》第四三號，一九六四）對於荷蘭時代的歲收、支出、

築城、薪俸、糧食、遠征費用等各項的研究札記。（有拙譯未刊）

如上，中村教授的研究，多已被譯爲中文，介紹於國內，對其人與其業績國人已甚熟稔，不必贅言。

岩生博士於光復後，做爲日本學士院的一項事業，曾設法自荷蘭拍攝有關日本的檔案外，有關臺灣及廣東商館資料也都拍爲縮影微捲片，現收藏於東京大學史料編纂所，總共達三一五捲，二五萬六千多張，是一項值得注意的貢獻。此外他仍對日本的海外交通貿易史有許多領導性的著作與貢獻，對於荷蘭據臺灣也有一篇〈江戶幕府代官平野藤次郎——近世初期一貿易家之系譜〉（《法政大學文學部紀要》第十三）。這一篇是一六二五年起至日本鎖國爲止，對於平野藤次郎在臺灣、交趾、東京等地貿易的事蹟，利用日本和荷蘭的原始資料做過很翔實的研究。另外岩生博士又有一篇〈鄭成功的一封信翰〉（《法政史學》第十七號，一九六五年），介紹《巴達維亞城日記》一六五七年二月十八日條所載鄭成功致東印度總督的信件，並引證各種荷蘭檔案，介紹這一時期的鄭成功海外貿易與荷蘭的關係。

又高索辰正在《都立北高研究紀要》發表過一篇〈明清與荷蘭東印度公司〉，原文未見。不過他在臺北帝大就讀過，其畢業論文是〈十七、八世紀時之中荷通商關係〉，主要討論清荷聯軍，對抗鄭氏勢力的史事，所以戰後發表這一篇可能就是與他的畢業論文同性質的。

關於淸荷聯軍對抗鄭氏的史事尙有現東京大學東南亞史的永積昭教授（他是前述荷蘭平戶商館日記的譯者永積洋子的先生），於一九六一年在《東洋學報》第四卷第二號發表過一篇〈關於攻略鄭氏，荷蘭東印度公司與淸朝間的交涉。（一六六二—一六六四年）〉。這是利用中荷兩方的資料，對淸荷聯軍攻略鄭氏的金廈兩島的雙方交涉的經緯之研究。

戰後，荷蘭的學界，由於印尼獨立，喪失了其東方的海外領土，一時冷落不夠活潑，所以對於荷據時期臺灣更沒有甚麼研究。只有一九五五年荷蘭殖民史權威 W.ph. Coolhaas 教授曾在歷史學會做過一次臺灣長官 Nuyts 與日本的關係的演講，而將其演詞整理刊登於歷史學會 會報⑲。另外，T. Volker 於一九五四年自 Leiden 的國立民族學博物館出版過一本專利，題爲《陶瓷與荷蘭東印度公司》⑳，是一本荷蘭東印度公司的一六〇二年至一六八二年間的陶瓷貿易的研究，書中有許多經臺灣輸出去歐洲的陶瓷的記述，是可以參考的。

---

⑲ Coolhaas, W. Ph.: "Een lastig heerschap tegenover een lastig volk." (*Bijd. en Med. Historisch Genootschap.* 69: 17–42, 1955)

⑳ Volker, T.: *Porcelain and the Dutch East India Company: as recorded in the Dagh – Registers of Batavia Castle, those of Hirado and Deshima and other contemporary papers 1602 – 1682* (Leiden, 1954), 243p. (Mededelingen van het Rijksmuseum voor Volkenkunde, Leien, 11)

J. Leonard Blussé van Oud Alblas 數年前曾來臺研究，其時故包遵彭先生給他取一個中文名字，叫爲包樂詩(這幾年他改叫著包樂史),後來自臺灣再去日本繼續深造,他在日本時於東方學會的國際東方學者會議曾發表過一篇〈荷蘭人的佔據澎湖〉㉑，同時他在《臺灣文獻》第二四卷第三期也發表過一篇〈明末澎湖史事探討〉。又有一位 Jef Last，他也來過臺灣遊覽而寫過一本通俗性的《荷據時期臺灣》的書，刊於一九六八年，有一二〇面。㉒

英國的 C.R. Boxer 於一九四八年出版過《在遠東的 Fidalgos（葡人顯貴）》一書㉓，裏面有一章是關於荷蘭攻擊澳門後撤至澎湖的史事。美國南加州大學的 John E. Wills，關於清荷間的交涉，曾於一九六八年發表過一篇《一六六二年至一六九〇年間的清荷關係》㉔，他又於一九七四年

㉑ Blusse, Leonard："The Dutch occupation of the Pescadores 1622－1624."（*Transaction of the International Conference of Orientalists in Japan*, 18：28－44, 1973）

㉒ Last, Jef：*Strijd, Handel en Zeerooverij*：*De Hollandse tijd op Formosa*（Assen, 1968）, 120p.

㉓ Boxer, C.R.：*Fidalgos in the Far East, 1550－1770*（*The Hague, 1948*），（一九六八年又自牛津大學出版社重印出版）

㉔ Wills, John E.："Ch'ing relations with the Dutch, 1662－1690"（In：John K. Fairbank, ed.：*The Chinese World Order*. 1968. pp. 225－256）

出版一本《胡椒、大砲與談判：荷蘭東印度公司與中國（一六六二—一六八一年）》是這一段中荷關係的專書㉕。這些雖不是荷蘭佔據下臺灣本身的史事的研究，但卻是荷蘭佔據前和荷蘭被逐出臺灣以後的情勢，有很高參考價值。又 Wills 於一九七二年九月在美國加州所開的臺灣史會議曾提出一篇〈臺灣史上的荷蘭時代——導論〉㉖。這一篇對於荷蘭的佔據臺灣，在臺灣的貿易，荷人的臺灣經營，漢蕃關係、傳教、鄭荷關係等各項問題，頗有啓發性的討論，對於這一時期的研究，是值得參考的論文。

這一時期國內的研究，若就其數量來說，可謂最豐富，但由於時間的關係，又在座各位對其情況也很清楚，所以從略不作贅言。惟約言之，從其性質大概可分爲三類。第一類是各方面的論著，但其大多以利用中、日、英文的第二手資料爲主。第二類是國外人士，主要是日人的著作的翻譯。第三類是站在地利，對於荷據時期的名勝古蹟作勘查和考證。總之，對於荷據時期的研究，我們國內已經有許多論作的發表，但從質言之，可以說尙起步的階段。

㉕ Wills, John E.：*Pepper, Guns, and Parleys：the Dutch East India Commpany and China, 1662 – 168 1.*（Camb. Mass. 1974）, 232p.

㉖ Wills, John E.：*The Dutch period in Taiwan history*：*A perliminary survey.*

(二)研究的展望

荷蘭時代，對於整個臺灣史來說，是一個多彩、有趣又很重要的時代。在這時期以前的臺灣，除《隋書》、《諸蕃志》、《島夷誌略》以及《東番記》等幾個記載較爲詳細具體的文獻以外，都是片段零碎的記載。國人與臺灣發生關係雖然甚早，但臺灣卻可以說自這個時代始眞正地邁進了歷史時代，且自這個時代起，也才有豐富的資料可資研究探討。然如前所述，這豐富的資料大部份尚爲未刊的檔案，即刊資料僅爲其極少一部份而已。因此這一時代的研究，必需克服語文的困難和涉獵資料之煩，始能眞正地去研究探索。由於這個原因，過去的研究成果，如上所介紹，不但其數量不能算很多。其中當然不少是有深度翔實的學術性研究，卻也有相當多的通俗性的、介紹性的或者通論性的論作。

荷蘭佔據臺灣，其主要動機，如衆所周知，是爲對抗葡西兩國的舊勢力，配合其世界性的商業競爭，來拓展中國貿易的。所以從十七世紀的國際貿易、國際關係的領域，有許許多多的問題可以去探究。又我國東南沿海商賈漁夫，雖早就來臺灣活動，不過由於荷蘭的佔據經營，臺灣始成爲國際貿易的東亞主要轉接基地，且更促進了內部的開發。在此時期我先人，自大陸濱海地方，橫越海峽，入殖開拓臺灣，奠定了漢人社會基礎。所以從國史的觀點看，這時期是中華民族擴展到臺灣來的重要一章，因而自有許許多多問題，尙待研究。前述 Wills 氏的〈臺灣史上的荷蘭時代——導論〉文中所提議的許多觀點和論題，可啓發研究者的心思，茲不贅言。

最後，對這荷據時代研究的現況，據我所瞭解，再略加介紹。在座的胡月涵（Johannes Huber）先生，正以「荷蘭東印度公司下的臺灣之貿易與開發」爲題，研究撰寫他的博士論文。又來過臺灣研究後，再去日本，回國後現任荷蘭國立萊登大學歐洲發展史研究中心研究員的包樂史（Leonard Blussé）先生也以荷蘭佔據臺灣當初至一六三〇年代間的貿易交涉和拓展爲中心題目做他的研究和撰寫他的博士論文。在荷蘭尚有一位 Roessingh 先生服務於海牙國立總檔案館，聽說他也對荷蘭時代的文化影響正在做研究。中國文化學院的江樹生先生，目前留學於荷蘭，他是在研究荷據時代的中國移民。我以前與中村孝志教授不約而同的，分別做過臺灣鹿皮貿易的研究，惟那時我的中文發表能力太差，未能發表，其時我所利用的資料僅是既刊資料，後來獲知中村教授已發表過同一題目，於是至今尚收於篋底。關於這個題目希望抽空將此舊稿重新研討改寫。鄭氏一家，自鄭芝龍的起家抬頭以來，與荷蘭有密切的關係。聽說 John Wills 先生正致力此項問題的研究。又岩生成一博士自戰前以來除對日人的活動外，對於鄭芝龍、鄭成功的海上活動的資料曾竭力搜集，如這些研究問世，對於這問題的研究，一定裨益甚大。中村孝志教授近年來所發表文章，都是有關東南亞史方面的。但他對荷蘭占據臺灣的研究，可謂最資深，他的荷蘭的經營臺灣的研究成果的發表，不待說是值得刮目以待的。最後值得一提的是，在包樂史先生策劃之下，萊登大學歐洲發展史研究中心近得荷蘭教育學術部的批准，有「熱蘭遮城日記」計畫。這是將海牙國立總檔案館所收藏的「熱蘭遮城日記」予以編訂校注，收入於〈國家史料叢判〉（Rijks Gesdried Kundige Publieutien）予以刊行的計畫。這個計畫，荷蘭方面由前述包樂史先生，檔案館的 van Opstall 女士和 Roessingh 先生，我國將由我和江樹生先生，日本方面則由岩生成一博士和中村孝志教授，組成一個編訂委員會，另該研究中心將聘若干研究助理，來進行國際研究計畫。由於這個計畫，荷據時期最基本資料「熱蘭遮城日記」在數年後當可刊行問世，對這時期的研究，一定會有很大幫助的。

總之，臺灣自荷據時期，始眞正邁進了歷史時代。又這個時期除了臺灣的土著居民和我們漢人以外，尚有日本人、荷蘭人、西班牙等人活躍於臺灣的歷史舞台上，無論世界史上或者從外國史的觀點，都是值得有志人士去發掘研究的時代。

附記

本文是民國六十六年六月十二日，筆者在林本源中華文化基金會第二次臺灣研究研討會所作談話改寫而成的。文中所舉文獻資料及研究著作，有許多還沒有機會閱讀，而僅從目錄或其他文獻所徵引，加以推測其內容，因此，文中難免有錯誤，甚希原著者與讀者之原諒。

臺灣早期歷史研究的回顧與展望

一

臺灣早期歷史，大致可分爲明末以前的古代、荷西佔據時代和鄭氏時代的三個時代。由於眞正大量漢人移殖於臺灣開始於明末，所以其以前的研究，主要在從歷史文獻中尋找有關臺灣的記述，並加考證，以瞭解臺灣大陸間的歷史聯繫。其中最主要問題，即在於討論隋書、北史、諸蕃志、宋史、文獻通考、元史、島夷誌略等典籍所記載的「流求」、「琉求」、「琉球」等各代名稱，其地究竟是指今日之臺灣，抑爲今日之琉球。

最初提出這問題的是法人d'Hervey de Saint－Denys 侯爵。他在研究並翻譯文獻通考四裔考

（此書後出版於一八七六年，一八八三年）時，於一八七四年在法國的《亞洲學報》（*Journal Asiatique*）發表一篇〈關於臺灣和中國人所稱琉球群島〉（*Sur Formose et sur les Iles applees en chinois Lieou－Kieou*），首次提出隋代流求是今臺灣與琉球島的總稱，唯隋代中國人所至是臺灣之說。嗣後至一八九五年，荷人希勒格 *Gustav Schlegel* 在《通報》（*T'oung Pao*）第六卷發表〈琉球國的地理問題〉（Problemes geographiques：Lieou－Kouo），主張元代以前的琉球是指今日臺灣，到了明初始，其名稱乃轉為指今日琉球。隨之，德國史學家 Ludwig Riess 應邀至日本，傳授西洋史學，於一八九七年刊行《臺灣島史》（*Geschichte der Insel Formosa*），贊成 d'Hervey de Saint－Denys 的臺灣琉球總稱說。

對於此問題，在日本學者也引起筆訟。其爭論大致分為所謂「臺灣論者」、「沖繩論者」和「折衷論者」。主張「流求即臺灣」說有市村瓚次郎、和田清、白鳥庫吉等，多為日本的所謂「東洋史學家」，而主張「沖繩論者」多為日本史方面的學者，如喜田貞吉、秋山謙藏等人，「折衷論者」有琉球學者伊波普猷等。

在戰前，歐美和日本人士對此所謂隋書流球問題，自 d'Hervey de Saint－Denys 以來，對於流球國與中國大陸之距離，地理位置、航行日程、土俗、物產、語言等各項問題，從文獻上做過詳盡解釋和考據，大致臺灣論者佔優勢，殆為定論，惟秋山謙藏卻極力反對，主張隋書所云流求即今日琉球。

戰後，在臺灣對此問題，自民國36年以來，梁嘉彬發表許多文章於新生報、中央日報、公論報等各報副刊，和學術季刊、臺灣文獻、東海學報、大陸雜誌等期刊，對於流求問題文章寫的最多，論點引據頗廣泛，主張流求即今日琉球也最強。這些文章主要大都已於民國五十四年結集爲《琉球及東南諸海島與中國》一書，自東海大學刊行。嗣後，梁嘉彬又發表一篇〈隋書流求國傳逐句考證〉（《大陸雜誌45〔6〕，民國六十一年十二月）仍力主「琉球論說」。

其餘，主張流求即今日琉球者尚有陳漢光，見於他的《琉球傳與東番記》（臺灣風物5〔11／12〕，民國四十四年十二月）；《臺灣的發現與早期開發》（臺灣風物7〔3／6〕，民國四十六年六月）；《宋代以前的臺灣文獻》（臺北文獻17／18，民國六十年六月）；《琉球邊界考」（《臺灣文獻》22〔2〕，民國六十年六月）。又近尚有吳幅員於民國七十二年五／六月發表一篇〈新元史琉求傳正謬——兼一申隋書流求非臺灣說〉，刊載於《東方雜誌》復刊16〔11／12〕，主張「琉球論說」。其餘有關文章，支持「臺灣論者」較多，主要有宋岑《隋代流求確爲臺灣》（中央日報，民國四十六年十二月三日，《學人》，第六十期）和《答琉球辨》（中央日報，民國四十七年二月十一日，《學人》，第七十期）。林鶴亭《隋書流求傳之研究》（《臺南文化》6〔4〕，民國四十八年八月，7〔1〕，民國四十九年九月），《隋代陳稜率兵進今安平港泊古

『臺江』破流求國》（《臺灣文物論集》，一至六十七頁，民國五十五年，華崗出版）。

對於隋書流求國問題的研究，可以參考賴永祥之《研究隋代流求是否臺灣之書目》，原刊載於《臺灣風物》四卷一期，後增補錄於他的《臺灣史研究初集》（民國五十九年刊行）。

戰後日本方面，雖筆者尙未獲見，但據目錄，有松本雅明承襲秋山謙藏、梁嘉彬的主張，持隋流求爲今日琉球說。見於《南島の世界》（收於《古代の日本》三，九州）；《沖繩の歷史と文化》；《南島における文化の交流》（收於《九州文化論集》一：古代アジアと九州）。又於一九八一年本位田菊士發表一篇《古代環シナ海交通と南島——隋書の流求と陳稜の征討をめぐって》，刊載於《東アジアの古代文化》第二十九號，從東亞海上交通討論陳稜征討之流求是今日琉球。

二

在三國時代，吳孫權所征伐夷州，其地望究竟是否臺灣，也是隋書流求國爭論所引發的一項問題，對此，戰前早有市村瓚次郎在他的論文《唐以前の福建及び臺灣》（東洋學報8〔1〕，大正七年），首先提出夷州就是臺灣。戰後凌純聲於民國四十一年十二月發表《古代閩越人與臺灣土著族》（《學術季刊》1〔2〕），從民族學的觀點，對太平御覽所引臨海水土志等記事討論夷州爲臺灣，可以說爲戰後有關夷州最重要文章，後又轉載於臺灣文化論集等。力主流求爲今琉球的梁嘉彬，對此問題，也主張夷州確爲琉球而非臺灣。他的文章有〈『隋書流求爲臺灣』的虛構過程及其影響——兼論東吳夷州爲琉球〉（《東海學報》1（1），民國四十八年六月）已收於前述梁氏著《琉球及東南諸海島與中國》一書。民國六十二年七月，梁氏又有一篇〈吳志孫權傳夷州亶州考證〉（《大陸雜誌》47（1）），考證夷州即今琉球。

關於臨海水土志，日本方面有一篇福本雅一的〈臨海水土志譯注稿〉，於一九七四年刊載於《帝塚山短期大學研究年報》二十二號，一九七八年又收錄於國分直一編《論集，海上の道》。這是把《太平御覽》卷七八〇所引和《後漢書》卷八十五東夷傳所引，沈瑩臨《海水土志》之日文譯注，並附有《臺灣省開闢資料彙編》（民國六十一年臺灣省文獻委員會印行）書中有關夷州部份，及編者盛清沂之按語加以譯注介紹。

三

繼隋書流求傳之後，在宋代關於流求之記述，重要文字有趙汝适撰《諸蕃志》、馬端臨撰《文獻通考》〈四裔考〉以及《宋史外國傳》。此三書關於流求（《文獻通考》作「琉球」）的記事，筆者曾在拙作〈早期臺灣的開發與經營〉一文中，與《隋書》〈流求傳〉的記載，逐句詳細對校，證明各書詳簡刪節雖有差，但皆承襲《隋書》而來，惟其中關於流求的位置和隋書記載不同，又有澎湖、毗舍耶等新增的記述。

關於流求的位置，隋書作「當建安郡東」，而三書均改爲「泉州之東」。三書有關毗舍耶的記述，文字大致相同，顯然來源係同一資料，均記毗舍耶的侵襲澎湖、寇擾泉州沿岸之事。

對於毗舍耶的侵襲寇擾，一九一七年藤田豐八從樓鑰撰《攻媿集》卷88汪大猷行狀，找到島夷毗舍耶入侵「平湖」，又登海岸殺略的記載，認「平湖」即澎湖，「海岸」則泉州沿岸（《南蠻の襲來に就いこ》，藝文8〔6〕），筆者也在周必大撰《文忠集》卷六七覓得周氏所撰汪大猷的神道碑，毗舍耶的寇襲敘述較清楚。

又三書均記澎湖，而現行《諸蕃志》繫於毗舍耶國條，云：「有海島曰彭湖，隸晉江縣，與其國密通，煙火相望」。《文獻通考》和《宋史》的記載「有海島曰彭湖，煙火相望」（《文獻通考》無「海」字），繫於流求國條「泉州之東」之後。因此，與澎湖煙火相望之地，究竟是流求抑或毗舍耶？對這問題，由《隋書》〈流求國傳〉的論爭，也連帶的引發了許多學者的討論。

對此，Hirth和Rockhill合譯《諸蕃志》爲英文時，因毗舍耶國與澎湖密邇，煙火相望，於是把毗舍耶譯爲Southern Formosa，而流求譯爲Northern Formosa（Chau Ju－Kua. St. Petersburg,

1911, pp.162－166）。

然大致學者多認爲毗舍耶是菲律賓的 Visaya 族，而非指臺灣。《諸蕃志》所載「毗舍耶與彭湖密通，煙火相望」，未必可信，不過，由於 Visaya 族人經臺灣澎湖而侵襲寇擾泉州沿岸，致有誤傳。對此問題，和田清〈明代以前中國人所知之菲律賓群島〉（《東洋學報》12（3））一文，網羅各家之說，所論尤爲概括，可資參閱。

然梁嘉彬力主流求爲今日琉球，與澎湖島密邇、煙火相望的毗舍耶確在臺灣。《文獻通考》與《宋史》所以與《諸蕃志》記載不同，係馬端臨東抄西錄的結果；原趙汝适在毗舍耶國旁的彭湖，被馬端臨搬到琉球國旁，爲後日臺琉記錄揉雜之主因（宋代「毗舍耶國」確在臺灣非在菲律賓考，《文獻專刊》二（3／4），民國四十年十一月；又《論隋書『流求』與琉球臺灣菲律賓諸島之發見》，學術季刊6（3），民國四十七年三月，此二文均已收於梁氏《琉球及東南諸海島與中國》一書）。嗣後，梁嘉彬於民國六十一年正月在《大陸雜誌》第四四卷第1期，又發表〈宋諸蕃志流求國毗舍耶國考證—兼考宋前宋後琉球及臺灣澎湖諸島—〉，仍堅持其說。

一九五三年，金關丈夫在日本人類學會、日本民族學協會舉行聯合大會時，發表〈諸蕃志之談馬顏國〉（王世慶譯，見於《方志通訊》3（3／4），民國四十三年），認爲《文獻通考》、

《宋史》所徵引《諸蕃志》原本，即流求國與毗舍耶本爲一條，彭湖原記在文頭。自明初琉球向中國朝貢，以致永樂大典編纂者誤解，將毗舍耶另立一章於流求國條之後，並將原書流求國當泉州之東以下「有海島曰澎湖，……煙火相望」改置於毗舍耶之記事的文頭，蓋《諸蕃志》原本自元末以後乃漸絕跡，僅永樂大典卷四二六二蕃字韻所引者流傳於世。四庫全書之所收，亦據大典所引本鈔出，故今日流傳之諸蕃志各版本均出自大典本。對今本諸蕃志與文獻通考、宋史記事差異的原因，金關丈夫的揣測頗爲合理，可解決三者之間的矛盾，卻無法說服持流求爲今日琉球、毗舍耶確在臺灣主張者。

對此，筆者曾從眞德秀《西山先生眞文公文集》卷八所收〈申樞密院措置沿海事宜狀〉一文中，找到乾道年間毗舍耶國人曾寇掠，因而設置永寧寨於水澳，而「其地闞臨大海，直望東洋，一日一夜可至彭湖。彭湖之人，過夜不敢舉煙，以爲流求國望見，必來作過」。從此文證實與彭湖煙火相望之地，據宋人的地理知識，確實是流求，而宋人所云流求，確是今日臺灣。但這還不能把隋書流求的地望爭論解決；此爭論已超過一百多年，不知何時始能解決。

四

澎湖位於大陸與臺灣之間，當爲大陸到臺灣的跳板，開發早於臺灣，因此也是臺灣早期歷史研究的一項重要問題。隋大業六年伐流求時，陳稜率軍自義安（潮州）浮海，至高華嶼，又東行二日，至鼅鼊嶼，又一日到達流求。藤田豐八謂陳稜所至高華嶼即今澎湖群島中之花嶼，鼅鼊嶼即爲奎壁嶼（見於《島夷誌略》校注）；和田清認爲陳稜自義安出發，最初寄泊之高華嶼廣東南澳島附近，次泊之鼅鼊嶼與澎湖島，又二日到達之流求則爲今之臺南平野。反對臺灣論者之梁嘉彬，則認爲高華嶼在今臺灣北部海面，或即彭佳嶼，鼅鼊嶼爲今琉球之久米島。

唐代的研究問題，主要是施肩吾的〈島夷行〉一詩，見於全唐詩。此時被收入於高拱乾修《臺灣府志藝文志》，改題曰「澎湖」，此後歷次所修臺灣各方志均採用，認爲係指澎湖，而以此爲已有國人來臺之證。連雅堂且有「率其族，遷居澎湖」之語。筆者從宋寶慶三年王象之撰《輿地紀勝》卷一三〇福建路泉州風俗形勝項，找到述及澎湖「環島三十六」下即引有施肩吾詩，指出南宋時，此詩已被人認爲詠澎湖之作（拙作：早期臺灣的開發與經營，臺北文獻第三期，民國五十二年四月）。

對此，藤田豐八在其《島夷誌略》校注〈彭湖條〉，引萬震撰南州異物志，表示懷疑，不似彭湖而類合浦。梁嘉彬則考究施肩吾之事蹟，解釋此詩所指是彭蠡湖（論隋唐時代之「彭湖」，《臺灣文物》二（二），民國四十二年八月）。然對梁氏的解釋，就詩論詩，被認爲未免牽強附會與原意相差太遠，因此有徐復觀、毛一波的反駁（徐復觀：〈與梁嘉彬先生商討唐施肩吾的一首詩的解釋問題〉，民主評論一〇（十六），民國四十八年八月；梁嘉彬：〈唐施肩吾事蹟及其「島夷行」詩考證〉，《大陸雜誌》十九（九），民國四十八年十一月；〈梁嘉彬就唐施肩吾詩的解釋與治學態度並方法答徐復觀先生〉，《臺灣風物》九（五／六），民國四十八年十二月；徐復觀：〈與梁嘉彬先生的再商討〉，《民主評論》十（二十三），民國四十八年十二月；毛一波：〈與梁徐兩教授論島夷行〉，《民主評論》十一（二），民國四十九年一月）。又有蘇同炳：〈施肩吾及其「島夷行詩」新考〉，收錄於他的《臺灣史研究集》（民國六十九年）。

至宋代，趙汝适撰《諸蕃志》〈毗舍耶〉條，第一句說「泉有海島曰彭湖，與其國密邇，煙火相望」，這可說最遲在宋理宗時，澎湖已正式入於中國版圖，爲學者所周知，多以爲「彭湖」的字顏之初見。筆者如前述找到眞德秀的「申樞密院措置沿海事宜狀」中所云「彭湖」，比〈諸蕃志〉早七年，又與澎湖煙火相望之地是流求，也介紹過王象之輿地紀勝中有關澎湖的記載。如前述藤田豐八曾介紹樓鑰所撰《泉州太守汪大猷狀所載毗舍耶人侵略平湖》，認爲平湖即澎湖，頗獲治臺灣史學者的承認。筆者也自周必大撰《文忠集》找到汪大猷神道碑所記毗舍耶人的記事，同時也介紹

通志稿』卷首以及《臺灣省開闢資料彙編》，警於曹氏抄襲日人資料之勤，始終依據曹文而成書，思之肌慄。我們所以寫這追記，是爲警告後人再陷迷惘的」。

對於在澎湖出土的宋元瓷器，有蔡玫芬的〈澎湖出土的瓷器與宋元瓷路〉（《臺灣文獻》32（2），民國七十年六月）。此文原於民國六十八年發表於臺灣史蹟源流研究會，嗣後再轉載的。又《藝術家》第52號（民國六十八年九月）出版澎湖考古專輯，對於澎湖陶瓷片的發現有所報導。

方豪〈趙孟頫一首有關臺灣澎湖的詩〉（《大陸雜誌》55（1），民國六十六年七月）一文，是介紹趙孟頫撰《松雪齋文集》卷四，五言律詩之〈送吳禮部奉旨詣彭湖〉，考證贈詩年代和所稱吳禮部爲吳元珪或吳志斗的可能性頗大，而吳志斗因元史瑠求傳有吳志斗使瑠求的記事，故吳志斗比吳元珪的可能性更大。

又關於元代澎湖，尙有鄭喜夫一篇〈臺澎最早的職官陳信惠〉，從福建的方志中檢到元人陳信惠曾任澎湖的巡檢，原於民國六十一年七月四日刊於中央日報副刊，後收錄於他的《臺灣史管窺初輯》（民國六十四年浩瀚出版社印行）。這些雖是從典籍上找到的零細記事，卻增加了元史和島夷誌略的知識。

五

關於明代荷據以前的臺澎，筆者曾在前述拙作也對於明初之放棄澎湖，以及明中葉以後臺灣近海成爲國際貿易的活潑航路、臺灣澎湖成爲走私貿易會合地點，對其地位的變遷略作考察。另有許雪姬《明末對澎湖的經略》（《臺北文獻》直第45 46期，民國六十七年十二月），考察日本、荷蘭侵據澎湖的背景、經過、影響以及明末防戍澎湖。又盛清沂：《明代以前澎湖史事之探討》（《臺灣文獻》二六〔4〕／27〔1〕，民國六十五年三月）係對古代鄭氏時代之澎湖史事作通論性的探討。

陳第《東番記》、《明史》以及《臺灣的方志》等，均記有鄭和貽銅鈴、王三保鳳山植薑、赤崁汲水或投藥等記事。因此對於鄭和或其他出使人員是否來過臺灣，也有若干文章。方豪：從《順風相送》探索鄭和或其他出使人員來臺澎的可能性（《東方雜誌》，復刊1〔2〕，民國五十六年八月）；又方豪：〈明代中國航海圖籍上所見臺澎諸島嶼與針路〉（《臺灣人文》，創刊號，民國六十六年十月）一文，係對鄭和航海圖上的平湖嶼、《順風相送》抄本中有關臺澎的針路，以及鄭開陽雜著所記臺澎附近各島嶼和針路，陳侃、蕭崇業、夏子陽等撰三部使琉球錄，日本一鑑，東西洋考等書，對臺灣附近各島圖及針路有所介紹，並附記鄭和或其他同時代出使人員來臺澎的可能性。

另有毛一波：鄭和到過澎湖？（《現代學苑》5（3），民國五十七年三月）；毛一波：〈鄭和及其出使人員來臺澎的可能性〉（《臺北文獻》直第¼期，民國五十七年七月）；徐玉虎：鄭和〈鳳山植薑〉、〈投藥〉與〈赤崁汲水〉考（《大陸雜誌》，34（8），民國五十六年四月）；又其再考（《東方雜誌》，復刊1（9），民國五十七年三月）等文章；徐玉虎文是認爲鄭和未曾來臺的。

其餘從臺灣的各種名稱加以討論的有幣原坦「臺灣名稱論」，收於他的論文集《南方文化の建設へ》（昭和13年刊）；光復後有李蒼峰譯爲中文，刊於《臺灣省通志館館刊創刊號》（民國三十七年十月）。小葉田淳也有一篇〈臺灣古名隨想〉（收於《隨筆新南土》，臺北，昭和十七年），對於小琉球、Formosa、雞籠、高砂、臺灣等幾個名稱論述，並附有葡萄牙的古地圖。嗣後，有毛一波：〈臺灣一名淺釋〉（《臺灣風物》25（1），民國六十四年三月）；范勝雄：《臺灣名稱史話》（《臺南文化》，新8，民國六十九年）。又有張勝彥〈臺灣古名考〉一篇，已收於他的《臺灣史研究》一書（民國七十年），對於隋唐以前，宋元時代，以及明清以來的各稱呼有所討論。

到了明末，臺灣澎湖成爲海盜與倭寇的巢穴，顯出其位置上的重要性後，漸爲列國所重視，並競相爭逐，而欲取以爲基地。覬覦臺灣澎湖，欲據爲基地，最早爲日本。對此問題有岩生成一的一系列研究：

〈豐臣秀吉の臺灣招諭計畫〉（《臺北帝國大學文政學部史學科研究年報》，第七輯，昭和十六年）。

〈有馬晴信の臺灣島視察船派遣〉（《臺灣總督府博物館創立三十年紀念論文集》，臺北，昭和十四年）。

〈長崎代官村山等安の臺灣遠征と遣明使〉（《臺北帝國大學文政學部史學科研究年報》，第一輯，昭和九年）。

最後一篇有周學普翻譯爲中文，改題爲〈十七世紀日本人之臺灣侵略行動〉，民國四十七年九月刊載於《臺灣銀行季刊》10（1），後於民國四十八年收入於《臺灣經濟史八集》。又小葉田淳有一篇〈邦人の海外發展と臺灣〉（《經濟史研究》27（4），昭和十七年四月），對於自嘉靖末年至荷西佔據前後的日本人來航臺灣情況做過概述。對這些問題，戰後國人雖也有若干篇的論述，惟多戰前日人業績之脫胎換骨，故從略。

惟這一段時期的我國業績值得一提有方豪的沈有容輯《閩海贈言》之刊行，以及有陳第的研究。萬曆三十年十二月初八日沈有容曾來臺剿倭。隨行者有陳第，撰《東番記》，係明季親臨臺灣紀實之最早文獻，曾被徵引於《東西洋考》與《明史》等書。方豪自田中克己之〈鄭氏の臺灣地圖〉一文中，獲知東京大學藏有黃承玄撰《閩海通談》一書，書中有陳第撰《東番記》，於是輾轉獲其原書的攝影本，始知此書非黃承玄撰，書名也不是《閩海通談》，係東京大學圖書館誤編目錄所致，原係沈有容輯閩海贈言。方氏於民國四五年以《愼思堂》名義影印，民國四十八年又收於臺灣銀行經濟研究室輯印的《臺灣文獻叢刊》，於是這本明季有關臺灣文獻始能流通於世。方氏又於民國四十五年四月，在國立臺灣大學文學院《文史哲學報》第七期，發表〈陳第東番記考證〉並論閩海贈言。又關於沈有容，有鄭喜夫的《沈有容傳》（《臺灣先賢先烈專輯》，第五輯，民國六十八年，臺灣省文獻委員會印行），也是值得參考。

六

關於荷西佔據時期的研究，筆者於民國六十六年六月十二日，在林本源中華文化教育基金會臺灣研究研討會的第二次集會時曾經發表過，並已將這次議稿發表於《臺灣風物》第二八卷第一期（民國六十七年三月），可以參看。現在只補充一些此文發表以後的有關荷西佔期時代的研究。

日本方面，中村孝志一時研究日治時代的臺灣，對於荷據時代久未有文章，而最近發表一篇〈南部臺灣鯔漁業再論〉（《南方文化》第十一輯，一九八四年十一月），利用荷蘭檔案，對於荷蘭時代後半期的烏魚漁業，補充他的前文〈荷領時代臺灣南部之鯔魚漁業〉（《天理大學學報》5

〔1〕，一九五三年，中校譯文見於臺灣銀行經濟研究室編《臺灣經濟史》二集，民國四十四年）和拙文〈明代臺灣漁業誌略〉、〈明代臺灣漁業誌略補說〉（二文均於民國四十二年九月和民國四十四年九月分別發表於《臺灣銀行季刊》，後於民國六十八年均收錄於拙作論文集《臺灣早期歷史研究》）。

在臺灣，民國六十七年以後只有陳國棟發表過一篇〈西班牙及荷蘭時代的淡水〉（《臺灣人文》，第三期及第四期，民國六十七年四－七月），利用巴達維亞城日記日譯本與Wm. Campbell的Formosa under the Dutch等書，對於荷西佔據時期的淡水有扼要的叙述。

荷據時期研究，值得注目是近年來的荷蘭的學界，尤其是包樂史（Leonard Blussé）的活躍。他畢業於荷蘭國立萊登大學後，曾來臺灣和日本留學，現任國立萊登大學歐洲發展史研究中心研究員兼秘書。這幾年來，他利用荷蘭的檔案，配合中文等資料發表過若干篇有關荷蘭時代的臺灣的研究。筆者在前文曾介紹過他於一九七三年在日本發表過荷蘭人的佔據澎湖以及在《臺灣文獻》24〔3〕，刊載過〈明末澎湖史事探討〉（民國六十二年九月）。他回國任現職後發表的文章，有：

"Een vergeten vesting herontdekt"（*Stichting cultuurgeschiedenis vande Neder landers Overzee*；*Verslagen en aanwinsten, 1976-1977*）。這是在海外荷蘭人文化史基金會一九七六至一九七七年度報告裡，以「被遺忘城塞的重新發現」爲題，對澎湖風櫃尾的紅毛城所作報告。

"Inpo, Chinese merchant in Patani : a study in early Dutch－Chinese relations"（Paper, VIIth IAHA Conference. Bangkok, 1977）。這是一篇利用荷蘭檔案，對僑居大泥華商恩浦的生涯作詳盡的介紹，一九七七年在曼谷召開第七屆亞洲歷史家會議所發表的。其中有一六〇四年 Wijbrant van Waerwyck（韋麻郎）來佔據澎湖求市前，在大泥與恩浦等華商所接觸的經過，以及韋麻郎自澎湖撤走，回歸大泥以後的恩浦與荷蘭的關係等，從荷蘭檔案和英國方面資料，發掘其事蹟。我們對於在海外活躍的早期華僑個人的生涯知道得很少，這一篇從這觀點來說是頗有參考價值的。

"The VOC as sorcerer's apprentice ; Stereotypes and Social engineering on China Coast"（In : *Leyden Studies in Sinology*, Leiden, 1981）。這是一九八〇年荷蘭萊登大學漢學院爲慶祝五十周年院慶所開會議的論文，係敘述鄭芝龍與荷蘭的關係。又有一篇關於荷蘭人在臺灣傳教，對於荷蘭東印度公司在臺灣勢力擴展所扮演的角色的論文。"Dutch Protestant missionaries as protagonists of territorial expansion of the VOC on Formosa"（In : D. Kooiman and others eds., *Conversion, Competition and Conflict. Amsterdam*, 1984）。Blusse 又與服務於海牙的荷蘭國立總檔案館的 Marius P.H. Roessingh 合譯一篇一六二三年有關蕭壠社的記述及其介紹。"A visit to the past : Soulang, a Formosan Village, anno 1623"（*Archipel*, 27, Paris, 1984）。這是一篇荷蘭人尚佔據澎湖，而未轉據臺灣時期的有關蕭壠社的記述，爲早期臺灣土著民族的詳述，年代位於東番記和一

六二九年的 Candidius 的報述的中間，對於平埔族的歷史和人類學方面提供很寶貴的資料。

七

關於鄭氏時代的研究，戰前在臺灣由國人作的研究，連雅堂和楊雲萍可謂是開拓者。連雅堂除了他的《臺灣通史》裡面有明鄭的記述以外，連《鄭氏時代の文化》（收於《續臺灣文化史說》，昭和六年）和《閩海紀要》的出版等。楊雲萍有〈鄭成功雜考〉（《文藝春秋，昭和十五年二月號），〈楊英に關する一資料〉（《文藝臺灣》2（2），昭和十六年五月），〈臺灣外記に就いこ〉（《臺灣公論》8（3），昭和十八年三月）。其他有田大熊〈國姓爺の讀み方に就いこ〉（《臺灣地方行政》，6（7），昭和十五年七月）和〈國姓爺の臺灣上陸〉（《臺灣地方行政》6（12），昭和十五年十二月）。

戰前在大陸發表國人的論作有：向達〈明鄭所刊三永曆大統歷〉（國立北平圖書館館刊15（5），後摘載於《臺灣風物》4（4），民國四十三年四月）。國立中山大學語言歷史學研究所週刊有若干文章：

薛澄清：〈鄭成功歷史研究的發端〉（該週刊1（1），一九二七年十一月）

馬太玄：〈關於鄭成功歷史研究的材料〉（同2（15），一九二八年二月）

梁　謇：〈廣陽雜記中之鄭成功事跡〉（同4〔41〕，一九二八年八月）

周勝皋：〈臺灣鄭氏大事年表〉（同上，同期）

又朱希祖有〈鄭延平王受明封爵考〉（國立北京大學國學季刊3〔1〕，民國二十一年三月）和〈鄭延平王奉明正朔考〉（《國立中山大學文學院專刊》第一期，民國二十二年六月）。又朱氏在中央研究院歷史語言研究所出版《明延平王戶官楊英從征錄》（民國二十五年）和《清代官書記明臺灣鄭氏亡事》（民國十九年）時，作長序有所介紹。另外有謝國楨〈清初東南沿海遷境考〉（《國立北京大學國學季刊》2〔4〕，民國十九年十二月）。

日人方面有稻垣其外《鄭成功》（昭和四年），是一本代表性的傳記。鄭成功傳記尚有石原道博《鄭成功》（東京，昭和十七年）。論文主要有市村瓚次郎〈清臺灣の鄭氏た關する文書〉（《史學雜誌》13〔9／12〕，明治三十五年），中山久四郎「明末の日本乞師及乞資」（史學雜誌26〔5／6〕，大正四年）、〈明末日本乞師補考〉（同誌29，大正七年）。幣原坦有〈國姓爺の臺灣攻略〉（同誌42〔3〕，昭和六年三月）、〈國姓爺の呂宋招諭〉（《歷史地理》57〔5〕，昭和六年）、〈國姓爺の呂宋招諭再說〉（《歷史地理》58〔4〕，昭和六年）。幣原坦的論文都已收入於他的論集《南方文化の建設へ》（東京，昭和十三年）。石原道博在戰前發表過十幾篇論，其主要文章已結集爲《明末清初日本乞師の硏究》（東京，昭和二十年）。另有岩生成一《明末日本僑寓甲必丹李旦考》（東洋學報23〔3〕，昭和十一年）。這是利用中外文獻，對僑居於日本平戶僑領李旦的事蹟研究，並提出鄭芝龍的抬頭與李旦的關係。這一篇曾補訂於一九五八年以英文再發表在東洋文庫歐文紀要第十七期（有筆者中文譯，未刊）。

西文方面，主要有C. R. Boxer, "The rise and fall of Nicolas Iquan"（*T'ien-hsia monthly*, vol. 11, 1939）。這是岩生師的李旦考有關鄭芝龍的抬頭部份補充西文資料，加以發展而成的。又有M. Paske-Smith, *Western Barbarians in Japan and Formona in Tokugawa Days, 1603-1868*（Kobe, 1930）。這本書的第三章和第四章是利用英國東印度公司的資料叙述一六七三至一六八四年間的鄭英關係。鄭英關係尚有一本E. H. Pritchard, *Anglo-Chinese Relations during the Seventeenth and eighteenth centuries*（1929），也值得參考。

臺灣光復後，關於鄭氏時代的研究，《臺灣文獻》、《臺灣風物》等有關臺灣史的期刊涉及論文頗多。臺灣銀行經濟研究室編《臺灣文獻叢刊》裡面有關資料印行也不少，顯然明鄭時期的研究爲戰後研究臺灣史的一熱門又重要問題。

記得於民國三十七年五月起，公論報副刊「臺灣風土」由陳奇祿主編每周開始出版。於民國三十八年臺灣省通志館改組爲臺灣省文獻委員會，各縣市文獻委員會也相繼成立，於是研究臺灣風氣一時轉旺盛。又民國三十九年八月臺灣省文獻委員會舉辦一次規模相當大的鄭成功誕辰紀念展覽會，臺灣文獻專刊出版一期其專號，更造成明鄭研究的熱潮。嗣後民國五十年適逢鄭成功復臺三百周年，也再次引起明鄭研究的熱鬧。嗣後由於鄭成功入臺日期和登陸地點引起爭論，臺南地方人士失去和氣，加以臺灣史研究風氣一時走下坡；過去明鄭研究的熱潮也消逝了。

光復後，從事研究人士北部有楊雲萍，南部有石暘睢、朱鋒（莊松林）等戰前以來活躍的前輩繼續活動。又有自大陸來臺的方豪、毛一波、黃典權、陳漢光等，和自大陸回臺的黃玉齋也參加研究活動。較年輕一輩有賴永祥，嗣後又有石萬壽、鄭喜夫等的研究。

研究的成果，專書有黃天健《海天孤憤》（民國三十九年）、顏興《鄭成功復臺始末記》（民國四十二年）、張菼《鄭成功紀事編年》（民國五十四年）和《鄭經、鄭克爽紀事》（民國五十五年）。論文集有賴永祥《明鄭研究叢輯》1-4（民國四十三－六十年），黃典權《鄭成功史事研究》（民國六十四年），臺灣史蹟研究中心編《鄭成功全傳》（民國六十八年）等書。至於論文頗多，不便一一提起，讀者可參閱賴永祥〈明鄭研究論文目錄〉（《臺灣文獻》12（1），民國五十年四月），和吳密察《鄭氏研究關係文獻》（收於臺灣史蹟研究中心編《鄭成功全集》）。

大陸方面有關鄭氏研究，主要有於一九八二年編輯出版的《鄭成功研究論文選》，收入傅衣凌、韓振華等所執筆有關鄭成功收復臺灣，海外貿易等十七篇文章，以及謝國楨等執筆《有關鄭成功中西文資料簡介》。聞近又出版其續集，其研究動向和所用資料也是值得注意的。

日本方面，戰後石原道博在《臺灣風物》等繼續發表一些雜論外，尚有一本鄭成功新的傳記《國姓爺》（東京，昭和三十四年，人物叢書22）。故浦廉一的《清初遷界令の研究》（《廣島大學文學部紀要》第5號，昭和三十年七月，有賴永祥中文譯，見於《臺灣文獻》6〔4〕，民國四十四年十二月）和《延平王戶官鄭泰長崎存銀之研究》（有李孝本的中文譯，見於《臺灣風物》11〔3〕，民國五十年三月）是值得參考的。又永積昭有一篇〈鄭氏攻略をめぐオランダ東インド會社の對清交涉（一六六二——一六六四）〉（《東洋學報》44〔2〕，一九六一年九月）是利用中荷兩方面的資料，對於一六六二年至六四年間清荷聯軍攻略鄭氏的金廈兩島的雙方交涉的經緯。

關於清荷雙方的交涉，以聯合對付鄭氏的問題，美國方面尚有 J. E. Wills 發表過一篇"Ch'ing relations with the Dutch, 1662－1690"（In：John K. Fairbank ed., *The Chinese world order*, 1968）。Wills 又於一九七四年出版一本 *Pepper, guns, and Parleys: the Dutch East India Company and China, 1662－1681*（Camb., Mass., 1974），是利用荷文檔案配合中文資料，討論清荷關係的專書，有很高參考價值。美國又有一本 Ralph C. Croizier 著 *Koxinga and Chinese*

Nationalism : history, myth, and the Hero（Camb., Mass., 1977）。這本書並不是對鄭成功事蹟的探討，而是討論對鄭成功形象的理解，受各代的歷史背景的影響，是具有另種角度的意義。

八

上面所述各代研究文獻以外，臺灣早期歷史的通論性文章，除了連雅堂《臺灣通史》，伊能嘉矩《臺灣文化志》，郭廷以《臺灣史事概說》，臺灣省文獻委員會《臺灣史》等通史專書的有關明鄭時期以前叙述外，尚有陳漢光《臺灣移民史略》（收於民國四十三年印行的《臺灣文化論集》），陳奇祿《中華民族在臺灣的拓展》（收於臺北市文獻委員會《中原文化與臺灣》（民國六十年）等書）、方豪《從歷史文獻看中國在臺澎的主權》（收錄於《中原文化與臺灣》），這些文章也可以參考。又許文雄的"From Aboriginal Island to Chinese Frontier : the Development of Taiwan before 1683"（In : Ronald G. Knapp, ed., *China's Island Frontier ; Studies in the historical geography of Taiwan*）也是一篇迄止明鄭時期的很好通論文章。又盛清沂編《臺灣省開闢資料彙編》第一輯（民國六十一年臺灣省文獻會印行），分古代、宋代、元代、明代，輯各代有關資料，按年代先後排比匯編，也可便於參考。

有關臺灣史研究的論文集中，雖有收錄其他時代，但以早期臺灣歷史佔篇幅大部份的有幣原坦《南方文化の建設へ》（東京，昭和十三），林勇《臺灣城懷古集》（民國四十九年）、賴永祥《臺灣史研究初集》（民國五十九年），拙作《臺灣早期歷史研究》（民國六十八年），蘇同炳《臺灣史研究集》（民國六十九年）等書，均可供參考。

九

臺灣早期歷史的過去研究成果，如上所簡介，其數量不能算少，但與其他時代的研究比起來卻還是不多。臺灣史的研究，自臺灣光復以來，經先輩和前輩的開拓和耕耘，加以省縣市各文獻委員會的相繼成立，研究風氣一時很熱鬧。後來，由於各縣市的編制，人事和經費緊縮以及幾個先輩作古，加以鄭成功登陸地點的爭論失去和氣，於是呈現出走下坡。幸國內設有歷史系的大學，先後開設了臺灣史的課程，研究生也有以研究臺灣爲題目，新生代開始輩出，已可看出漸能造成研究風氣之勢。

然如李筱　在〈近三十年來臺灣地區大學史研所中有關臺灣研究成果之分析〉（《臺灣風物》34（2），民國七十三年六月）一文中，研究清代以前的，只有江樹生的〈清領以前臺灣之中國移民〉（文化大學，一九六六年）一篇和許雪姬的〈明清兩代國人對澎湖羣島的認識及防戍〉（臺大，一九七八年）的一部份而已。

顯然臺灣早期歷史研究，在臺灣史研究中仍然嫌少。這因爲是臺灣早期歷史研究較爲困難。要突破這種困難，依筆者淺見有二。其一是資料的問題，其二是研究探討的問題。明代以前既知的資料，關於所謂「流求」問題較多，而此問題像是已鑽入死胡同。流求問題以外資料又均零文短語，資料搜集不易，浩瀚冊籍遍讀甚難。不過雖片段零碎的記載，但檢索並不是不可能。如鄭喜夫找到了元代彭湖的巡檢陳信惠的記事，或方豪檢索到元趙孟頫的「送吳禮部奉旨詣彭湖」詩等是個很好的例子。荷西佔據時期資料雖很豐富，利用這些資料，不但熟習語言困難，又大多尚未刊而藏存於荷西兩國檔案館，無法充分利用研究。鄭氏時代中文資料雖大多已經臺灣銀行經濟研究室編輯印行，但其中眞正涉及臺灣本身的歷史記載不多。所以臺灣早期歷史的研究，必須克服涉獵資料之煩和熟習語言的困難。同時也須留意國外和大陸的新資料的發現和出版。

在荷蘭，由Leonard Blussé和M. E. van Opstall，日本由岩生成一和中村孝志，我國由筆者和江樹生六人合作，自一九七七年以來所編校注的《熱蘭遮城日記》四冊中之第一冊，預定今年可自荷蘭出版。又據聞，在大陸根據新發現的抄本，重新出版了《先王實錄》（即楊英《從征實錄》），阮旻錫撰《海上見聞錄》等書。也有留在大陸的淸朝檔案的輯印。這些新資料的發現和出版，當然對臺灣早期歷史將來的研究有所幫助。

過去對臺灣早期歷史所發表文章雖不算少，惟大多集中於隋書流求國傳的考究，爭論已超過一百多年，是一項陳舊問題，其所作文獻上的解釋和考據，卻可謂已臻詳而無遺漏了。其餘對於宋、元、明各代有關臺灣的地理知識，討論臺灣與大陸的歷史聯繫，多依據同一資料來源，鮮有新發現的歷史事實和見解。關於荷西佔據時期的研究，由於資料的限制，大多依據有限的日文譯或英文譯資料或二手資料等，其研究領域和深度無法擴大突破。明鄭時期的研究，雖然文章較多，研究風氣也較熱鬧，研討的問題也相當分歧。如鄭成功的事蹟，鄭氏的發跡和滅亡，抗淸勤王，驅逐荷蘭經營臺灣以致鄭成功的封號，筆跡，登陸臺灣的日期和地點，死因，甚至鄭成功的鬍鬚等從大問題到瑣細問題也有所討論。因此卻往往忽視了研究眞正歷史意義和歷史價值。很顯然臺灣早期歷史的研究，除了須克服利用資料之困難以外，也極需突破過去研究方法的部份缺點和問題意識，須從另外各個角度視野，提出新的問題，以開拓新的分野領域。例如從整個中國海洋發展史，或亞洲海上交通貿易史，甚至從世界史的角度眼光來理解整體中的一環臺灣的地位或其時的歷史意義，也許是突破研究的困境之一途徑。

簡介臺灣開發史資料
——荷蘭東印度公司檔案

一、臺灣開發史上的荷蘭時代

臺灣的歷史，其基本性格無疑是國人如何渡海來臺，披荊斬棘，開發經營，建設了漢人社會的過程。然荷蘭佔據時代（包括西班牙佔據北部臺灣的時期）卻是臺灣開發史上的一個重要並且很有趣味的時代，值得我們重視和研究。

按島嶼是因海與外界隔絕，同時也由海與外界連繫，所以一個島嶼的歷史與其開發頗與其地理位置和海外交通的盛衰變遷有密切的關係。臺灣的位置與福建之間，祇有一衣帶水之隔，北通琉球、日本，南隔巴士海峽，與菲律賓相望，再向南去，便是世界寶庫的南洋，其形勢至為優越。然國人發現臺灣為期雖早，其間也曾有吳、隋、元三次政府的經略，卻由於臺灣一直處於當時國際海上交通航路之外，又地產無奇貨，故始終未引起外界所注目。

但到了明中葉以後，因工商業日趨發達，亞洲各國間貨物交流為之促進。加之，西力東漸，西歐的商戰舞台也擴展到遠東海上，有很多航路通過臺灣附近，臺灣遂顯出其在位置上的重要性。然其時明廷對海外交通管制甚嚴，於是自嘉靖末年以來遂成為中國大陸沿海的海寇與倭寇的巢穴，繼而成為中日走私貿易的聚合站，更引起內外所重視，其結果招致了各國所覬覦，終為荷蘭與西班牙所分別佔據。然西班牙人於一六四二年為荷蘭所逐，臺灣遂成為荷蘭之世界商業中對中日貿易和歐亞貿易的一個重要據點，而這更促進了大量漢人流移至臺灣與臺灣內部的開發進展。

從世界各地的拓殖史看，其開端每由漁業或商業的拓展所引發；臺灣也不例外，同樣經過漁業和貿易的階段，把大陸與臺灣的關係建立起來的。在宋元時代由於東南沿海的海上活動趨於發達，臺灣大陸間的往來亦漸趨發達，於是澎湖自南宋以來已正式收入於中國版圖，到了元朝也已有國人行販至臺灣。但到了明太祖開朝立國，對國人的海上活動，政策轉為消極，禁止國人下海通番，此時也把澎湖放棄，遷民墟地，臺灣大陸間的往來中絕，關於臺灣的地理知識，自明初又漸被遺忘。後承平日久，海防漸弛，東南沿海通番漸盛；明中葉以後澎湖復為漁戶聚匿之地，其漁場亦拓展至臺灣沿岸，遂在嘉靖到萬曆年間與土著民也建立了所謂「漢番交易」的關係，至是漢人來臺捕魚與從事「番產」貿易漸趨頻繁。

萬曆四十四年（一六一六年）福建巡撫黃承玄的條議海防事宜疏謂：「至于瀕海之民，以漁為業，其採捕於彭湖、北港（按即今安平）之間者，數無慮數十百艘。」①又萬曆三十年十二月初八日（一六〇三年一月十九日）沈有容曾來臺剿倭，隨行者陳第撰有〈東番記〉一篇，文中云：「嘉靖末，遭倭焚掠，廼避居山。……居山後，始通中國，今則日盛。漳泉之惠民、充龍、烈嶼諸澳，往往譯其語，與貿易，以瑪瑙、磁器、布、鹽、銅簪環之類，易其鹿脯皮角。」②從上引二例，我們自中文資料也可以看出在萬曆年間大陸瀕海居民，來臺捕魚或從事「漢番交易」，日趨興盛。

陳第撰東番記係明季國人親歷臺灣紀實之早期文獻，其中對於漢人在臺灣活動的記載，僅有如上引，其他中文資料更是零文短語。然荷蘭文的資料對於漢人在臺灣的捕魚和「漢番交易」等活躍，卻有更詳細更具體數目的資料。

一六三〇年代荷蘭在臺灣的勢力確立以後，自大陸沿海來臺捕魚的漁船均須先到大員

---

①《皇明經世文編》卷四七九〈黃中丞奏疏〉（臺北，民國五十三年影印本第二十九册），頁四五七。

②《臺灣文獻叢刊》第五十六種，沈其容輯《閩海贈言》（臺北，民國四十八年），頁二六—二七。

（Tayouan，即今安平）領執照，後再赴各漁場從事捕魚；從事捕魚後再回到大員繳納什一稅，而後回歸大陸。在熱蘭遮城日誌（初多稱大員商館日誌）對於各種商漁船的出入港口情形有相當詳細的記載。例如大員商館日誌一六三二年十二月四日條云：「有漁船二艘向南出發，午後有漁船三十八艘載著鹽和魚網到達大員。」一六三二年十二月五日條：「三十八艘戎克船爲捕魚向南出發。自大陸方面，有船十艘到達。」又一六三二年十二月三十一日條記云：「有戎克船二艘自魍港到達，該船在魍港捕獲烏魚一、〇〇〇條，爲繳納什一稅而來大員。」筆者曾據大員商館日誌中的記載加以統計，一六三七年自金門、廈門、烈嶼等地來臺漁船已達三百多艘③。

荷蘭人對於臺灣沿岸操業漁船，爲確保其稅收，派巡邏船予以監視和保護，並在港口碼頭上設置監視所。後河口的漁業稅之徵收改爲包稅制度，亦即「贌港」，爲鄭氏時代所沿襲。

筆者曾把熱蘭遮城日誌自一六五四年二月二十七日至同年十一月十八日間來臺捕魚回歸大陸的船隻和所載漁產加以統計，有船隻一三七隻，人數五、一二五名，漁產有：

鹽魚　四四二、〇五七斤

---

③　拙作，〈明代臺灣漁業誌略補說〉，收於拙著《臺灣早期歷史研究》（臺北，聯經出版，民國六十八年），頁二一二—二一三。

烏魚	七、四五六斤
烏魚子	一七一斤
大魚	四、六二七斤
大魚	四、四三六條
牡蠣	二九、〇六七斤
小蝦	二三、五〇三斤
小蝦四簍	四簍④

上項數字缺少烏魚漁汛最隆盛時期的數目，《熱蘭遮城日誌》一六五七年九月一日至一六五八年二月二十八日間的記載不是全年，卻包括烏魚漁汛，據中村孝志教授近予以統計，即：

烏魚	三九八、三三五條
烏魚子	三二、三四〇斤
牡蠣	一二、二四七斤

④ 拙作，〈明代臺灣漁業誌略補說〉，收於拙著《臺灣早期歷史研究》（臺北，聯經出版，民國六十八年），頁二三五。

蝦	一〇、八四一斤
鮮魚	一一、七六五斤
鹽魚	六一、七二七斤
乾魚	三三一、五七六斤
乾蝦	七一五斤
乾牡蠣	八三五斤
墨魚	四五〇斤
鯊魚	五九一斤
鯊魚油	八九八斤
魚翅	四束
小蝦	一五二袋⑤

關於所謂「番產交易」，從上引陳第撰東番記，我們可以知道自萬曆三十年間漳泉等地瀕海居

⑤　中村孝志，《南部臺灣鰡漁業再論》（《南方文化》，第十一輯，一九八四年十一月，頁一一）

民，自大陸攜來雜貨以交易土著民的狩獵物，已有日漸興盛的趨勢。其時日本在群雄割據的戰國時代經過織田、豐臣、德川諸氏相繼稱霸，遂趨統一。其間武士所用鎧甲衣履等多用鹿皮，遂成爲日本人日常生活所使用的皮革，需求甚殷。然國內產出不敷需要，其來源多靠海外進口供應。至是臺灣與暹羅、柬埔寨等地成爲主要鹿皮供給地⑥。由於臺灣鹿皮變成爲國際貿易的商品，更促進了臺灣的所謂「漢番交易」的興隆，許多漢人過海來臺，進入土著部落，以鹿皮爲主要目標，從事交易，而鹿皮輸往日本，鹿肉作成鹿脯，和鹿茸、鹿鞭等運回大陸。《巴達維亞城日記》一六二五年四月九日條云：「據傳聞，每天可獲鹿皮二十萬張。乾燥的鹿肉及魚乾亦相當多。……在大員灣中，約有一百艘戎克船，是從中國來，從事於漁業，並收購鹿肉輸往中國。此項戎克船載來很多將要進內地收購鹿皮、鹿肉的中國人。」大概每一部落中有一、二名至五、六名漢人進去，用米、鹽或衣料雜貨以從事「番産」的交易。

從大員熱蘭遮城日記，我們可以看到這種蒐購鹿皮船隻在臺灣沿岸出入的記載。如：

---

⑥ 岡田章雄，《近世に於ける鹿皮の輸入に關する研究》（《社會經濟史學》，第七卷第六—七號，一九三七年）；中村孝志，《臺灣における鹿皮の產出とその日本輸出について》（《日本文化》no.33，一九六三年）；中文譯文見於《臺灣銀行季刊》十（二）及《臺灣經濟史》八集。

「一六三三年六月十四日。一艘戎克船駛往魍港爲華商 Hambuas 獲鹿皮來。」

「一六三三年六月二十日。自二林（Gijlem）二艘戎克船，爲公司裝載來鹿皮五千張到達此處。」

「一六三七年五月十日。一艘戎克船，具有長官閣下的正式通行證，駛向魍港，遵從上記通行證的內容，將在該處獲鹽魚和鹿皮。」

「一六三七年八月十二日。今天一艘中國戎克船，自北部臺灣運來上、中下各等級鹿皮四千張到達此處。該船曾獲我們的允許到那裏。」

「一六三八年二月十八日。今天一艘戎克船，裝載少量鹽和米，帶著合法通行證和許可，駛往北沿岸北部，將在淡水捕魚和蒐集鹿皮。」

到了一六三〇年代，荷蘭在臺灣的地位鞏固以後，臺灣鹿皮貿易即爲其所壟斷，在其勢力範圍內，從土著民以貢獻的方式收取鹿皮外，也招徠貧困漢人從事捕鹿，由牧師管理發給狩獵執照，並定價收購鹿皮。自一六三七年十月至翌年五月之間發給執照的收入共計二、〇〇〇real，自一六三八年十月至翌年一六三九年五月之間，因陷阱的使用被限制，而其收入也達一九九八 real。漢人獵夫往往侵犯原住民的鹿場濫捕，而遭受「番害」，荷蘭人爲確保對日鹿皮貿易之利，即派兵懲治「凶番」，以維持其威信及保護華人獵夫。因此漢人打鹿蒐購鹿皮的活動範圍之擴充，無異是荷蘭人擴充其支配範圍的先鋒。

到了一六四〇年代以後，荷蘭人創設了以招標包辦「番社」交易，在清代臺灣方志裏所說「贌社」，以滿足土著民的需求，並控制漢人蒐購的鹿皮。在每年四、五月間，有財力的漢人包辦「番產交易」，而在其手下有許多貧窮的漢人移民，前往各社蒐集鹿皮。

荷蘭人則自漢人處收購鹿皮輸出日本，從裝貨清單我們可以知道把鹿皮裝往日本的情況。如一六三四年八月十二日，快船（Jacht）Bredamme 號的裝貨清單中，有關臺灣鹿皮，即：

四四、三六〇張 裝爲一、二二〇梱，內開一七、九七〇張上等貨爲五九九捆，每捆三十張 單價每百張十三兩　f8320：6：8

一八、六四〇張 中等貨 四六六捆每捆四十張 每百張十一兩　f7302：15：—

七、七五〇張 下等貨 一五五捆每捆五十張每百張五兩半　f1515：1：8

計四四、三六〇張　f17141：3：—

臺灣鹿皮輸往日本的數量年有增減，根據中村孝志教授的研究，一六三八年達一五一、四〇〇張，普通每天平均約爲五萬張至七、八萬張。

荷蘭人初入臺灣時，大部分居民爲土著，而且尚處於部落社會（Tribal Society），農業只有土著婦女從事小規模自給的原始耕作。漢人初時來臺者，多從事捕魚或「番產交易」，屬季節性移民，似尚未有定居耕農。然荷蘭人佔據臺灣，設立其基地後，為發展臺灣起見，即獎勵漢人移殖臺灣，甚至以公司的船隻，自大陸將漢人運送至臺灣。這些貧窮漢人在荷蘭人獎勵和保護之下，在赤嵌地方開始農耕⑦。一六三五年十一月下旬，荷蘭人討伐麻豆、目加溜灣等社，其目的當然是鎮壓麻豆諸社的抗荷行動，報復荷人被殺害之仇外，保護漢人耕農，以期待臺灣的繁榮也是其主要目的之一⑧。

荷蘭人於一六三五年鎮壓麻豆等社，建立其權威，鞏固其統治後，大陸沿海貧窮居民入殖臺灣增加。這些漢人移民在荷蘭人的保護和獎勵以及中國有力商人，如巴達維亞華人領袖蘇明崗等也來臺投資農墾，臺灣的農業快速進展。臺灣農業的兩大宗作物稻米和蔗作是在這時期奠定的。

---

⑦ 荷據時代臺灣農業可參閱中村孝志，〈荷領時代之臺灣農業及其獎勵〉，原載於《社會經濟史學》第七卷第三號（昭和十二年六月）。中文譯文見於臺灣銀行經濟研究室編《臺灣經濟史初集》（民國四十三年）。

⑧ Wm. Campbell, *Formosa under the Dutch* (London, 1903) pp. 116–117.; W. Ph. Coolhaas, *Generale Missiven*, Vol. 1 (The Hague, 1960), pp. 519–521; Leonard Blussé, "Dutch protestant missionaries as protagonists of the territorial expansion of the VOC on Formosa", in Dick Kooiman, & others eds., *Conversion, competition and conflict* (Amsterdam, 1984), p. 177.

據一六三六年的報告，在赤嵌地方中國農夫繳納荷蘭東印度公司而銷往日本有白糖一二、〇四〇斤，赤糖一一〇、四六一斤，而明年預期可產三、四十萬斤⑨。在一六三七年二月送到巴達維亞的報告說：「中國人種稻，大有進展。在赤嵌附近，Hambuan, Cambingh, Jaumo 和中國人首領蘇鳴崗要各選二十 morgen 的地以植稻。如臺灣在三、四年後可收穫一千 last 以上的米，而以每 last 五十 real 收進，則在公司和印度領地方面，都是很大的利益。以後就無須向其他國王或領主求取米糧，而可以免除饑餓了。」⑩一六四〇年的報告是說：稻作不甚良好，甘蔗的種植，卻甚為隆盛，白糖和赤糖約可生產四、五千擔。一六四一年預期白糖和赤糖至少可以收五千擔以上。關於米也期待最近將來，似可不需輸入外地的米，而或許可以有剩餘的米，輸往別處⑪。

一六四二年荷蘭人將佔據臺灣北部的西班牙人驅逐，遂佔領整個臺灣。到了一六四四年為供給雞籠、淡水的駐軍新鮮的食糧，准許中國人到雞籠、淡水居住，以從事貿易和農業⑫。

---

⑨ 同註⑦，中文譯文，頁五六。又《巴達維亞城日記》一六三六年十一月二十六日條；Coolhaas, Generale Missiven, Vol. (1960), p. 582.

⑩ 同註⑦，中譯文，頁五七—五八。又《巴達維亞城日記》一六三七年二月十日條。

⑪ 同註⑦，中譯文，頁五八。

⑫ 同註⑦，中譯文，頁五八，又《巴達維亞城日記》，一六四四年十二月二日條。

在一六四七年，赤嵌附近開墾的田地面積有四千零五十六 morgen，蔗園面積一千四百六十九 morgen，到了一六五六年開墾的田面積達六千五百一十六 morgen，蔗園面積達一千八百三十七 morgen。荷蘭人對於稻作，自一六四四年以來以包攬的制度課稻作什一稅。是年稅額是一千六百四十 real 於一六四七年包稅額六千三百七十 real，一六五七年稻作包稅額竟達到一萬八千零八十五 real。臺灣產砂糖，其時大多輸向日本和波斯，其餘者送到巴達維亞。據岩生成一師的研究，臺灣糖輸至波斯，一六三九年有一八八、〇〇〇斤，一六四〇年即達五二〇、九四六斤。嗣後大約都在四、五十萬斤之間，至一六五七年增至八二八、九五八斤，鄭成功入臺那一年也曾輸出八五六、五五〇斤至波斯⑬。臺灣砂糖輸往日本，一六四五年有六九、一六五斤，一六四九年達九八、八七二斤，一六五二年有一三九、五二五斤，一六五七年增至四二九、二八九斤，一六五九年達七一五、一六一斤⑭。

從上文引例，我們可以知道：因明清鼎革，福建沿海地方戰亂頻年，此時有許多中國人過海渡

⑬　岩生成一：《三百年前に於ける臺灣砂糖と茶の波斯進出》（《南方土俗》，第二卷第二號，昭和八年）；中譯文見於臺灣銀行經濟研究室編，《臺灣經濟》二集（民國四十四年），頁五六。

⑭　A.R.A. *Collectie Hudde*, Nr. 30.

臺，在荷蘭人的保護和獎勵以及控制之下，從事開墾，農業急速發展，以稻作和蔗作爲兩大宗農作物的臺灣農業，遂於此時奠基了。

由上面簡單介紹，可以知道荷蘭佔據時期，無論從漁業、商業或農業等各方面來說，均能顯示出臺灣開發就緒開展的時代。臺灣當時雖受荷蘭人的佔據和控制，但無論其對外貿易或對內的開發，實際上都是依靠中國人。吾人從荷蘭資料可以闡明這時期我先人篳路藍縷，開闢臺灣艱苦的情形。對於臺灣早期開發史的研究，荷蘭資料是不可缺的。荷蘭資料的特色是大都是當時在臺灣當地所留下來的原始紀錄——檔案，很少是經人編纂的資料，其資料很具體又詳細，價值頗高又很豐富，值得治臺灣史人士重視與利用研究。

二、荷蘭東印度公司檔案的收藏狀況和種類

在十六世紀末年荷蘭爲拓展亞洲貿易，成立了許多公司，各自爲政，遂形成惡性競爭，互相殘殺。於是一六〇二年成立了聯合東印度公司（Vereenighde Oost Indische Compagnie，簡寫VOC），自聯邦議會獲得亞洲貿易的獨占權，並得在亞洲締結條約，遂行戰爭，建築城寨，鑄造貨幣等廣泛的政治、財政、司法、行政的特權。

其時荷蘭東印度公司爲經營其亞洲貿易，本國和設在印尼巴達維亞的總督府以及各地分公司

間，又阿姆斯特丹和歐洲各城市間建立了一個相當完整，爲當時最先進的傳遞資訊的系統，以了解各地經營情況，調查各地商情，分析市場需要，作爲其經營管理的指針⑮。

臺灣史上所謂「荷蘭時代」，乃是由荷蘭東印度公司佔據了臺灣西南平原的港口大員（Taijouan 或 Taiwan，即今安平）作爲它的國際貿易的基地，並經營作爲它的一個「殖民地」，故有關荷據時代臺灣資料乃屬於荷蘭東印度公司的紀錄之中。這些東印度公司的紀錄主要現存於荷蘭海牙的國立總檔案館（'t Algemeen Rijsarchief）另外也相當多收藏於印尼國立檔案館（Arsip Negara），即戰前的巴達維亞地方檔案館（'s Lands Archief te Batavia）。在這裡收藏有巴達維亞城日記以及巴達維亞城決議錄等有關東印度公司的檔案也很多。詳情不知，但其中巴達維亞城日記中有關臺灣和日本部分，已有村上直次郎譯爲日文，也有由臺灣省文獻委員會印行中文重譯本的流通，故較爲國人所周知。關於巴達維亞城決議錄藏有自一六三二年至一八〇五年，根據決議錄的索

---

⑮ Woodruff D. Smith, "The function of commercial centers in the Modernization of European Capitalism : Amsterdam as an information exchange in the seventeenth century," *Journal of Economic History*, Vol. 44, no. 4 (1984), pp. 985－1005.

引，其中也有甚多有關經營臺灣的決議⑯。目前有關東印度公司的檔案究竟有多少留下來，目前無法知道。藏量最多是海牙的荷蘭國立總檔案館，而其所藏數量，僅就其收藏檔案的書架長度達一、二〇〇公尺，可知其數量很龐大。海牙的總檔案館是收藏荷蘭獨立以前的封建時代以來迄至政府機構因已超過保密保存的法定時間的現代有關荷蘭國家歷史上以及海外殖民地的檔案，以其藏量的豐富，管理完善，利用很方便而聞名於世。荷蘭東印度公司有關檔案原是屬於殖民地檔案中，故其文書編號，以殖民地文書第幾號標明，近年來東印度公司有關檔案劃為一單元檔案類，改以「東印度公司文書第幾號」重新編號。有關東印度公司檔案是先依其組成六公司分為

㈠十七名董事會與 Kamer Amsterdam

㈡Kamer Zeeland

㈢Kamer Delft

㈣Kamer Rotterdam

㈤Kamer Hoorn

---

⑯ Realia, *Register of Generale Resolrtien uan het Kasteel Batavia* （Leiden, 1882－85）, 3v.

㈥Kamer Enkhuizen

等六個部門。第一門十七名董事會與 Kamer Amsterdam 當然佔最重要，量也最多。第一門有關十七名董事會和 Amsterdam 公司再分爲

A、特許狀（Octrooien）

B、決議錄（Resoluties）　總公司的會議紀錄

C、發送文書（Uitgaande stuk）　這裡主要有總公司十七名董事會對東印度總督府的指令等

D、來自歐洲各地文書（Ingekomen Stuk, Europa）

E、自亞洲及好望角等地收到文書（Ingekomen Stuk, Azie－kaap de Goed Hoop）

F、十七名董事會及 Amsterdam 公司所屬各部委員會文書（Commissies uit de Heren XVII en Kamer Amsterdam）

E、自亞洲及好望角等地收到文書，再細分爲

(1)東印度公司創辦期的各船隊遠征探險諸紀錄

(2)總督及參事會的會議決議錄

(3)巴達維亞城日記

(4)巴達維亞發送文書。內容是一六二一年至一七九二年間巴達維亞的總督府對亞洲各殖民地及

商館發出的文件、指令等。

(5)接到文書（Overgekomen Brieven en Papieren）

(6)巴達維亞的各種會計賬簿。

(7)巴達維亞的管理孤兒產業或無嗣遺產法庭的紀錄。其中，第五項的「接到文書」是自巴達維亞寄回本國，爲十七名董事會及阿姆斯特丹公司接到文書。其中一六〇七年至一六一三年，以地區分裝三冊，自一六一四年以後至一七九四年，依年分裝訂成冊。一六一四、一六一五年各裝爲一冊，一六一六年以後大概每年裝訂爲二至三冊，到了十八世紀份量增加，年達三、四十冊之多。每一年份大概先有當年的文書目錄，其次是巴達維亞總督呈給總公司十七名董事會的一般總報告，一般會計報告，巴達維亞城的會議紀錄，巴達維亞城日記，其下面即巴達維亞總督府所收到波斯Surat、Chromandel、Attchim 蘇門答臘西海岸 Jamby、暹羅、柬埔寨、東京、Banda、臺灣、日本等亞洲各殖民地或商館寄給巴達維亞的文件。現在國立臺灣大學藏有此部份有關臺灣檔案二萬五千多張，即屬於這巴達維亞總督府彙集轉寄給阿姆斯特丹公司所接到文書裡面的。

有關臺灣，依其性質可分為日記、決議錄、書信、賬單、雜類等。茲依其種類略加介紹⑰。

㈠日記（Daghregisters）

荷蘭東印度公司對於陸地即每個商館、城堡或征伐隊，海上即各船舶均備日記，記載每日的紀錄。對於臺灣歷史最重要的日記當然是臺灣長官在熱蘭遮城所記載的日記。這些日記較早期大致稱為大員商館日記，後均稱熱蘭遮城日記。現在尚存有一六二九年十月一日至一六六二年二月十六日。其間除一六四九、一六五二、一六五三、一六五九、一六六〇年等年以外，尚留有部份或全部年份的日記。這些日記，記載有關每天氣候、有關船隻（包括荷蘭船隻、中國商漁船）自何處駛入，往何處開椗，主要搭載貨品及人員，從出入船隻所得到中國大陸、日本、東南亞各地形勢和商情、臺灣長官和其他公司要員的起居，會議提案和要點，臺灣島內各社教化、各地情形，派往各地公司人員的執行情況或報告概要等均有記載。因此可以說是荷據時代有關臺灣最基本的資料。這些大員商館日記或熱蘭遮城日記以外，尚有島內各項偵查探險或軍事行動或個別船隻的日記。例如一六二二年七月佔據澎湖，向福建當局強要求市的司令官雷爾生（Cornelis Reyersen），就有自一六

⑰　以下所舉示檔案名稱及檔案號碼從略。

二二年四月十日開纜巴達維亞以來的日記，一六二二年四月十日起至一六二三年一月一日；一六二三年一月五日起至一六二三年九月四日。自澎湖去福建沿海而在廈門被擒的 Christiaen Francx（即中文資料所說被擒荷酋高文律）也留有一六二三年八月二十日至同年九月十日間的日記。其他如 Pieter Jansen Muÿser 於一六二五年一月二十七日至同年七月二日，自大員至馬尼拉巡弋的日記；一六二九年七月十九日至同年十月五日的快艦 Domburch 號去偵察西班牙佔據下的北部雞籠的日記；一六三〇年七月二日至同年九月十二日 Abraham Duÿcher 的自臺灣航海到大陸沿海的日記；一六三三年七月二日至同年十月二日到大陸沿海的日記；Pieter Teunissen 於一六三三年八月二十三日至同年九月二十四日搭乘快艇 Assendelft 號駛至臺灣東部的日記；一六三七年十一月二十六日荷蘭臺灣長官 Jan van der Burch 帶兵一四〇名搭乘三艘戎克船，自大員出發經放綀（Pangsoia）到小琉球討伐後十二月一日回到大員的日記；一六三八年一月二十二日至同年二月十二日 Johan Van Linga 到臺灣東部卑南覓（Pijmaba）去探金的日記；一六三九年五月十一日至同月二十一日間 Merten Wesseling 的東部探金日記；一六三九年九月七日至同月二十船長 Martern Grerritsz de Vrves 受命自大員駛至北部淡水雞籠偵察西班牙的防守情況的日記；荷蘭人把北部臺灣的西班牙驅逐以後，有於一六四二年九月十三日至同年十月十日 Johannes Lamotius 率船到雞籠淡水，再去勘查宜蘭平原的日記，隨後 Lamotius 又率兵去討伐 Favorlangh，留有一六四二年十一月二十日至同年十二月八日的日記。

　　鄭成功來臺驅荷的事實，除了《熱蘭遮城日記》以外，尚有其他日記可資參證。例如商務員 David Harthouwer 於一六六一年九月二十八日受臺灣長官 Frederick Coyett 派遣到北部雞籠淡水的荷蘭駐軍連絡，並擬帶回北部駐兵以加強大員的防禦，卻難航遂到福州，晤靖南王耿繼茂，並帶回耿繼茂提議清荷聯合對付鄭成功的信函，於十一月六日回到大員。巴達維亞總督府不滿臺灣長官 Coyett，於一六六一年六月七日舉行參議會決議改 Herman Klenke van Odessen 爲臺灣長官，於六月十日決議臺灣的新人事安排，Klenke 於六月二十二日自巴達維亞開纜，駛往大員赴任，七月下旬到臺灣卻遇到鄭成功正在攻圍大員，於是逃去日本。現尙有 Klenke 的六月二十二日到同年八月二十日的航海日記。鄭成功入臺時，停留於大員碇泊所而曾經在海上與鄭軍交鋒的快艇 'A Gravelande 號船長 Andries Pietersz 也留有一六六一年四月三十日至同年七月五日的日記。鄭成功來臺時，曾在赤嵌 Provintia 堡的 Philips Mey 自一六六一年四月三十日至一六六二年二月四日間之日記；其時任南務政務員 Hendrik Noorden 的曾逃到東部卑南覓，他留有自一六六一年五月一日至一六六二年二月三日的日記。巴達維亞總督府於一六六一年六月二十二日派 Herman Klenke van Odessen 接任臺灣長官二天後，於六月二十四日獲自臺灣逃回 Maria 號的報信，於是總督府決派救援艦隊。至七月五日 Jacob Cauw 被任爲司令官率船九艘，兵七二五名，自巴達維亞出發，八月十二日到達臺灣。到了十一月自告奮勇，要去福州策劃清荷聯軍打擊鄭軍。其實他是個懦弱膽怯的人，於十二月三日自大員開椗後，卻改向駛回巴達維亞。其日記尚存有一六六一年七月五至一六六二年二月三日。如此除了熱蘭遮城日記以外，仍有各種日記留下來，是一項可以補充許多歷史事實的寶貴資料。

㈡決議錄（Resoluties）

荷蘭東印度公司無論從最高機構本國的十七名董事會，以至亞洲現地的巴達維亞總督、各殖民地長官、商館長、個別船隊等所有單位均採用會議制度，管理經營以執行決策。在臺灣即除了長官以外，由上級商務員、法務員、司庫、駐軍隊長、書記等人員組成評議會，以會議制度經營臺灣。所以臺灣評議會的所謂「熱蘭遮城決議錄」也是荷據時期臺灣一項很重要的資料。現在海牙的總檔案尚存有一六二四年八月自澎湖撤退，轉來佔據臺灣起至一六六二年二月投降鄭成功爲止的決議錄，其間只缺一六三四年、一六三五年、一六四〇至一六四二年、一六五九年等年而已。這些熱蘭遮城決議（或稱大員商館決議錄）以外尚有雷爾生艦隊的一六二二年四月至一六二三年九月間的海上及在澎湖的決議錄；Muyser 引率艦隊自臺灣巡弋於馬尼拉時的決議錄（一六二五年一月二十七日至一六二五年五月二十二日；又一六二五年五月二十五日到一六二五年七月一日）；也有長官 Pieter Nuyts 及其後任長官 Hans Putmans 率艦隊，以武力在大陸遊弋強求開市時的決議錄；

Johannes Lamotius 駐在雞籠時的決議錄（一六四二年九十四日至同年十月七日）；或者一六五七年十一月二十一日臺灣宗教會議的決議錄等，都是荷據臺灣的寶貴紀錄。

㈢書信（Missiven）

在臺灣收發書信，又可再分為四類。

⑴臺灣長官呈給總督的信件。這是每年冬季節風期來臨時或將終了的春天時，每遇到派船往南起航時，臺灣長官或其署理職務人員必定寄信呈報臺灣最近的情況。這些報告的書信可謂是年度報告，能彌補日記或決議錄所缺許多事實，也是荷據時期的寶貴資料。間有若干臺灣長官直接寄給荷蘭總公司十七名董事會的信件。

⑵臺灣與東印度公司各地其他商館間互相來往信件。因為荷蘭東印度公司在亞洲各地設立了商館，經營貿易，所以臺灣與日本長崎、東京（Tonkin）、廣南、柬埔寨、暹羅、馬六甲、印度沿岸、錫蘭、波斯等，互相交換商情、當地情勢、安排船隻及貨品等來往書信。

⑶臺灣長官與亞洲各地王侯、官員、商賈等人的來往信件。王侯有如安南的鄭阮兩代、或日本平戶侯松浦肥前守等，或官員商賈有如末次平藏、中村四郎兵衛等人。然對於我們來說，更重要又引人興趣，當然是與中國人。這些中國人，在前期有明朝福建當局，和李旦、許心素、鄭芝龍、李魁奇、鍾斌、劉香或李旦子李國助等人；後期主要是鄭成功或清朝福建當局或靖南王等均有許多信

函的來往。這種中文函件原文既無有留下來，所以荷蘭檔案中的這些荷譯信函，更是對於明末清初我國歷史也可提供許多寶貴資料。

(4)臺灣長官管轄區內之信件。如臺灣長官與牧師的通信有：一六三〇年四月十八日長官 Hans Putmans 寄給牧師 Georigius Candidius 和 Robertus Junius 的信；一六四一年十二月十日 Robertus Junius 自蕭壠寄給長官 Paulus Traudenius 的信。派往各地的通信有如：一六四二年四月一日和四月二十六日自卑南覓 Christian Smalbach 寄給長官 Paulus Traudenius 的信；一六四二年八月二十八日，同九月四日、九月六日自雞籠 Hendrick Harouse 寄給長官 Traudenius 的信；同年十月二十六日自淡水 Lamotius 寄給長官的信函；一六四三年四月三十日，同五月十九日，同六月十日 Le Maire 自熱蘭遮城寄給淡水的中尉 Thomas Pedel 等人的信；Le Maire 自熱蘭遮城寄給在雞籠 Hendrick Harouse 等自一六四三年四月一日至同年六月十日間的六封信，同時也有 Harouse 自雞籠於一六四三年七月七日和同年七月十日寄回大員的信。以信函的形式，大員和島內各地間有指示和報告來往之外，也有以指令（Instructie）或命令（Ordre）部屬，而以報告（Rapport）呈給上級人員。如一六四七年四月十日上級商務員 Philips Schillemans 和上尉 Pieter Boon 被派到南路，現尚留其指令（Instructie），而他們回歸大員即於一六四七年四月十八日提出報告（Rapport）。如長官 Francois Caron 於一六四四年十二月四日發給牧師 Simon van Brem 處理北路各社的命令

（Ordre）。一六四五年七月七日長官 Francois Caron 派 Abraham van Aertsen 駐在卑南覓的命令等。這些臺灣管轄內之信件，有些與日記、決議錄等相配合，能清楚提供荷蘭人對臺灣內部治理經營和當時土著居民和在邊境地帶活躍漢人可以提供很多寶貴資料，有些因爲該項日記或決議錄缺略，更可保存許多歷史事實。

㈣賬單類

有關臺灣的檔案中也有許多在大員出入船隻所載貨物的發貨單（Factura, Invoice），提貨憑單（Cognossement）、收據、計算書（Rekening）、存貨清單、賬簿等。這些賬單類有詳細品目、數量、單價、總額等，對於研究明末清初我國貿易史是很難得寶貴資料。

㈤雜類

屬這類有宣判紀錄、證言、協定書，如一六二八年十月一日鄭芝龍與 Pieter Nuyts 之間所訂協定書，或一六三〇年十二月三日鄭芝龍與 Hans Putmans 之間所訂協定書等。其他尚有備忘錄（memorie）、審訊錄、移交目錄等。

㈥地圖

荷蘭人爲沿海航行安全和要瞭解臺灣情形，在其據臺期間有數次測量臺灣澎湖等地，繪爲地圖。這些地圖大部分也留存於海牙的總檔案館地圖部，可爲荷據臺灣研究的參考。

三、熱蘭遮城日記端注刊行的計畫⑱

如上簡介荷蘭有關臺灣的檔案中，熱蘭遮城日記（荷蘭據臺前期大多稱作「大員商館日記」），雖中間略有缺佚，一六二九年至一六六二年間，僅全缺五年份以外，留存數量相當多，為荷據時代臺灣的基本資料。

戰後由於時勢變遷，戰前的所謂「殖民史」自歐美學界消逝以後，近年來開始有以新的觀念作「海洋發展史」的研究。在這種學界趨勢下，荷蘭國立萊頓大學即以荷蘭為中心，歐洲對亞洲、非洲、美洲自十五世紀末葉以來至第二次世界大戰為止的海外發展史的研究工作為目的，於一九七四年成立了「萊頓歐洲發展史研究中心」（Leyden Centre for the History of European Expansion）。Leonard Blusse，中國名字叫包樂史，畢業於萊頓大學漢學研究院，曾留學國立臺灣大學人類學系和日本京都大學，回國後，萊頓大學成立歐洲發展史研究中心後，他進入該中心服務後，即策劃

---

⑱ Leonard Blussé, "The Source Publications of the Daghregisters (Journals) of Zeelandia, Castle at Tayouan (Formosa) 1629－1662," *Itinerario*, 1978, no. 1. pp. 3－7. 李美媚、吳密察合譯，〈大員熱蘭遮城日誌刊行計畫〉，《臺灣風物》第三十卷第一期（民國六十九年三月），頁三四—三八。

〈熱蘭遮城日記刊行國際研究計畫〉，於一九七六年秋天得到大學當局、國立總檔案館以及荷蘭教育部的贊同批准，擬將現在於世的所有熱蘭遮城日記全部，由荷蘭、我國和日本三國學者合作編輯校注，予以出版。這個計畫，荷蘭方面萊頓大學歐洲發展史研究中心即由包樂史，荷蘭國立總檔案館即由該館第二部主任，也就是荷蘭東印度公司檔案的負責人 Dr. Margaretha Elisabeth van Opstall 二位，我國即由筆者和現在尚留荷的江樹生（中國文化大學），日本方面即由岩生成一博士（日本學士院院士，前任臺北帝國大學教授）和中村孝志教授（攝南大學）共六人組成的。荷蘭萊頓大學當局另資助約聘研究助理作校對和索引工作。本文一部分是筆者根據日據時代臺北帝國大學委託檔案館重抄本打字以外，其餘即由荷蘭國家史料出版局負責繼續打字日記本文。其間 M. E. van Opstall 女士獲該館同事 Marius Roessingh 幫助，除海牙的總檔案館以外，也流落於維也納、德國等地之荷蘭東印度公司檔案中找到若干熱蘭遮城日記。為此研究計畫，於一九七八年荷蘭的 van den Bergh van Heemstede 基金會資助筆者和江樹生各六個月，嗣後荷蘭教育部又資助筆者四個月繼續留荷研究。

此項熱蘭遮城日記編印工作現在尚在繼續進行，全部日記將由荷蘭國家史料出版局（Bureau der Rkscommisie voor Vaderlandse Geschiedenis）列入於荷蘭《國家史料叢刊》（Ryks Geschiedkundige Publicaien）予以出版。這是由荷蘭國家專門出版該國重要國史資料的機構之叢刊。熱蘭遮城日記預定十六開本共四冊，每冊七、八百頁，第一冊已發排，預定民國七十五年中將可問世。

熱蘭遮城日記不僅是荷據時臺灣的基本資料，也是荷蘭人海外發展史料，但由於這時期我們漢人、土著居民、荷蘭人以外尚有日本人、西班牙活躍於此歷史舞台，我們中國其時正遇著明清鼎革時期，日本也是德川幕府成立，開放至鎖國的所謂「幕藩體制」的形成時期，越南即有南北圻的對立等，整個東亞形勢在轉變，而葡西荷英等西方國家在展開劇烈國際商業戰爭時期。因此熱蘭遮城日記不但是有關臺灣史的一基本資料，更可提供整個亞洲史，甚至世界史的寶貴資料。是以熱蘭遮城日記校注出版的研究計畫，獲得荷蘭各方面學術機構的支持，無論人力、物力、經費都投下了很多力量，也引起國際學術界的重視。所以我們臺灣本身的學術界也應更寄予關心、支持和期待。

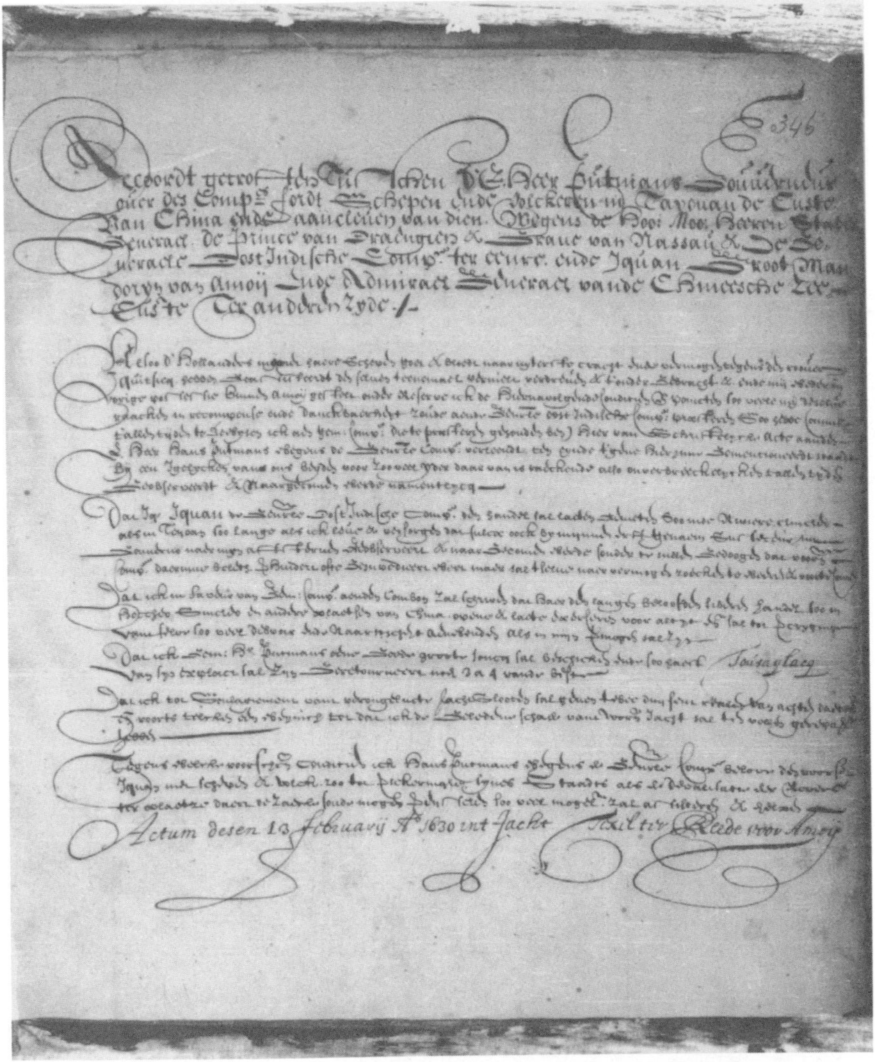

圖一　1630 年 2 月 13 日鄭芝龍與臺灣長官 Hans Putman 於廈門所訂協議書

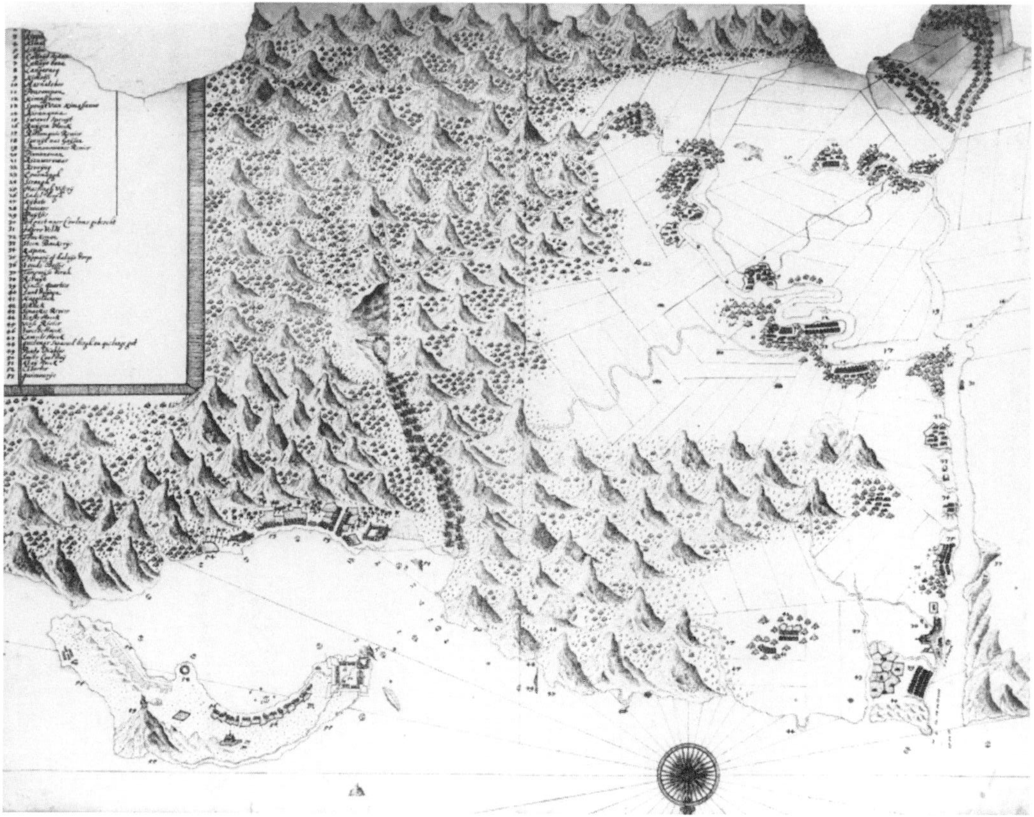

圖二　1654 年所繪淡水附近村落及雞籠島（今和平島）

荷蘭時期臺灣史料介紹

一、前言

歷史學是根據有關史料，分析和研究，來闡明歷史事實，解釋歷史，了解歷史。戰後由於歷史學研究的發展，不斷地探索新觀念和新方法，研究領域和所利用根據史料均有擴大。但是文獻資料仍爲最基本最重要研究的出發點和根據。在文字記載以前的歷史大抵屬史前考古學。由此來看，臺灣眞正進入歷史時期，當開始於荷蘭時代。在此以前，雖然有中國史籍提及隋煬帝征流求等文獻記載，但年代早，且都是由外部看臺灣，資料零碎，很難重建臺灣史，所以眞正資料較豐富，較有系統可以建構臺灣史當自荷、西時代的歷史開始。然與荷蘭同時期占有臺灣北部的西班牙，由於占領期間短，資料較少，而且還未能發掘蒐集。反之，荷蘭時代檔案在日治時期日本學者已多加以發掘收集，故荷蘭時期的資料較豐，所以今天要介紹荷蘭時間臺灣史料。

臺灣自有人類棲息以來就應有歷史，其年代久遠，但狹義的歷史時代則僅有四百年，時間很短，且由於數度政權更換，故資料豐富，而荷蘭時代是日治以前資料較具體而詳盡的時代。

二、荷蘭聯合東印度公司及其檔案之形成

荷蘭時代，經營者是荷蘭聯合東印度公司，是一個營業商業機構。它在南非好望角以東，南美麥哲倫海峽以西的廣泛地域得到國家特許的貿易專權，可代表國家，與外國訂立條約，擁有軍隊，設置城塞，鑄造貨幣，課稅和行使司法權等特權。但經營母體仍是一個公司。

十五世紀末葉以來，以葡萄牙和西班牙爲首，對貿易新航路的開拓和新大陸的發現，開啓了世界歷史上一個新紀元，爲近代世界大變動的起始。荷蘭步葡萄牙、西班牙的後塵，於一五九六年初次到達東印度，次年歸國，引起荷蘭各港口、城市的貿易熱潮。一六〇二年以前，在荷蘭成立了十四個公司，總計派出六十艘以上的船隻到東方來。由於當時的航海受制於海洋季節風，各船隊出發時間大致相同，差不多同時期到達爪哇等地，在同一時期相競採購香藥等貨，致使當地價格騰貴；它們又在同一時期回到荷蘭，競價、抛售，導致價格暴落。爲避免這種惡性競爭，以便拓展貿易、

結合力量，一致對付葡西兩敵性國家起見，於一六〇二年互相競爭的公司，聯合組成東印度公司（De Verenigde Oostindische Compagnie，簡寫爲ＶＣＤ，一般稱爲荷蘭東印度公司）。荷蘭東印度公司是一種想要控制及壟斷產地和市場的公司，當時算是嶄新的營業組織，而在歐洲和亞洲各地進行貿易和航運的角逐。所以作爲一個國際商業機構，爲拓展和控制貿易，對於通訊、交通網的建立和維持特別重視，以掌握各地自然環境。產物、物價、市場、社會習慣、政治形勢等消息。當時荷蘭在歐亞所建立的資訊網，是當時最先進的。

荷蘭聯合東印度公司是依先驅公司所在城市爲單位，由六個商會組成的聯合體，先驅公司的理事成爲各商會的理事，從各商會的理事再選十七名的董事會成爲聯合公司最高決策機構。下設若干管理的委員會。各商會雖然承認十七名董事會的決策、經營、管理，但各商會各自的經營，則有權自己決定，不過對於社務掌理方法，大致有同一規範，六個商會中，依出資額，Amsterdam 最大，故派出董事八名，依次 Zeeland 四名，其餘四個商會各派一名，剩下一名即由 Amsterdam 以外的五個商會輪流遞補一名。此總計十七名所組成董事會，每年定期開三次會議，開會地點也六年連續，每年在 Amsterdam 聚會兩次，其後連續二年在 Zeeland 的 Middelburg 再回到 Amsterdam 舉行，故董事會的行政檔案也貯藏於 Amsterdam，由於董事會大部分時間在 Amsterdam。各商會的貿易活動，由於各自爲政，各商會也擁有各自檔案。

荷蘭於一六〇二年成立東印度公司後，起初陸續派出重武裝的船隊，來到亞洲，以打擊葡萄牙獨霸的局面，建立其商業網。這種船隊的司令官也是當時亞洲現地的荷蘭最高負責人，卻未有固定根據地。至一六〇九年設總督，迨至一六一九年在現今雅加答（舊稱巴達維亞）設總督府，成爲其亞洲活動的行政總部和亞洲航運中心。總督府設參議會和若干委員會，並統轄全亞洲各地商館和殖民地。於是在巴達維亞總督和亞洲各地商館間，巴達維亞和荷蘭本國間，荷蘭與歐洲各國主要商業城市間，建立了當時最先進、相當完整的資訊通信網，互通情報消息，以了解各地經營情況，調查歐亞各地商情，分析市場，做爲經營管理的指針。

荷蘭東印度公司無論在決策和執行，其經營管理，從本國的最高層次至在亞洲各地的末端組織，均採取協議制。每單位均有日記、會議紀錄互相交換消息，以至賬簿、送貨單等各種文件。而各地商館向巴達維亞總督府每船期提出報告時，把這些文件製作文件送呈總督，總督又向董事會提出一般報告時，再匯集各地文件製造副本，作爲附件送呈本國，在本國各商會經營管理所產生的文書檔案，各商會個別收藏管理，其中 Amsterdam 和 Zeeland 能獲自亞洲來的全套報告，而 Amsterdam 因規模較大，因此所掌握的文書檔案也最豐富。荷蘭東度度公司一七九五年破產解散後，有許多公司檔案拋棄，至一八五六年公司的 Amsterdam 和 Zeeland 兩商會，將殘存檔案轉交給海牙的國家檔案館保存。

三、荷蘭東印度公司的檔案

荷蘭占領統治臺灣時代，藏於熱蘭遮城的原始檔案，由於一六六二年二月荷蘭人向鄭成功投降，倉卒撤離臺灣，故沒有留存於世。幸好臺灣當局每年向總督府報告時，複製有關日記、會議紀錄及各地來往各項信件等；總督府又匯集各地寄來報告及各文件送往本國呈報董事會，以便了解各地情況、分析商情、做決策參考，故現在海牙國家檔案館所藏東印度公司關係檔案中，尚有留存荷蘭時代臺灣有關資料。東印度公司檔案數量龐大，整個上架排起來，長達一千二百七十七公尺之多。其實有關資料不過是其中極少部分。

荷蘭東印度公司的檔案可分爲：㈠荷蘭本國總公司董事會及各經營管理機構的檔案；㈡本公司寄發給巴達維亞的總督及亞洲各地的指令或歐亞間之商情分析等；㈢總公司所收到自巴達維亞寄回總督府的各種文書和總督府所彙集亞洲各地諸文書。有關臺灣的檔案大致在寄發文書和收到文書之中，而收到文書中數量較多。檔案是按年裝訂成冊。較早時期數量少，一年份裝訂有一、二冊，後來數量增多，一年份就有數冊。每年份是先有那一年的寄回文書目錄，再依文書目錄順序裝訂成冊。其順序大概是總督一般報告、巴達維亞城日記、巴達維亞城會議紀錄、巴達維亞城其他文書及亞洲各地分公司文書。所以有關臺灣的檔案，並沒有彙集一個所在或一個文書群，而是分散於各年份文書之中。這是海牙的檔案館收藏的情況。

檔案依其性質，大概可分如下幾類：

1. 日記

就臺灣而言，往來於臺灣的每一條船在海上每天都有日記，即「航海日記」，這是一種傳統，每一條船的船長一定要記錄每天船上大小事；除了海上日記外，陸上有「商館日記」，即由商館長或殖民地長官（Goverrner）寫日記（當然由書記執筆），記錄當地大事及其與其他地區來往情況，如附件一，即臺灣熱蘭遮城（安平古堡）所寫的一天的日記樣本。另外重要的是《巴達維亞城日記》，在十九世紀末二十世紀初已出版三十一本，有關臺灣和日本關係，日治時代已有村上直次郎教授的翻譯，戰後中村孝志作校注再版共三冊，目前臺灣省文獻委員會有中文譯本的出版，其第三冊剛翻譯出版。《巴達維亞城日記》中有從臺灣送來的報告的摘要，可以了解巴城日記中記載臺灣的情況。

2. 會議決議錄

船長與船隊司令官之間有組織，故有事商議就有會議紀錄；而陸上如熱蘭遮城（安平）的臺灣長官有開會也有紀錄，或自安平派船至基隆城堡所派的船隻一路會有紀錄，基隆城堡本身也有報告、日記、會議紀錄，這些最後都寄給安平的長官，長官再將以上匯整交報告給巴達維亞總督，巴達維亞總督又將報告、日記寄到總公司，而總公司本身也有日記、會議紀錄；由此可知對臺灣而言，荷蘭占領時代熱蘭遮城的日記、會議記錄及其向巴達維亞總督的報告最基本而完整的資料。會議紀錄樣本可見附件二，是熱蘭遮城的會議紀錄。荷蘭東印度公司爲防止因船隻失事通訊無法傳遞，故每艘船隻都必須傳送正本或副本的文件。會議紀錄後面如有出席人員簽名者即正本，不然會註明副本，此附件即是副本。

3. 書信

可分成幾類，其一，臺灣長官寫給總督的信，是有關臺灣的報告，對臺灣史而言可說是重要的年度報告；其二，臺灣長官直接寄到總公司的書信，較少但是也有；其三，臺灣長官和各地商館如日本、印度等互通各地形勢、商情、貿易消息的書信，屬同級機構間的信件；其四，商館與當地機構、商人間之信件，屬同級機構間的信件；其四，商館與當地機構、商人間之信件，如臺灣長官與中國商人或中國福建官方，或日本商館與日本官方之信件，或暹羅（泰國）商館與暹羅國王等之外交文書，或與商人間的信；其五，臺灣島內各據點如安平和淡水、基隆間的通信；其六，傳教士、牧師寫給臺灣長官、或巴達維亞宗教委員會或母國教會的信。由以上可以了解這些資料不僅對臺灣本身，對整個亞洲歷史，可透露出一些消息。尤其對臺灣而言，經此可了解大陸及大陸沿海的情況。附件三是鄭芝龍給巴達維亞總督的信。

4.賬單、賬簿

由賬單可知當時貿易物品、單位及價錢，附件四之 invoice（發票、發貨單）是由臺灣運砂糖等經印度到波斯的發貨單，其中可看到一百二十六萬五千四百七十一斤的白砂糖的紀錄，且其中品級、單價總價皆有交代，資料雖不完整，但仍非常具體。此外還有賬簿，賬簿臺灣較少，日本方面有很多會計方面的賬簿，其中也可找到臺灣相關者。

5.雜類

雜類如荷蘭士兵喝酒鬧事判罪紀錄，附件五是福建禁海令的荷蘭翻譯，中文版沒有留下反而留下荷文！

6.地圖

除了以上文字的檔案外，荷蘭檔案館還有一些地圖；一般的地圖可分成市面上流通的地圖及荷蘭東印度公司保留的圖稿兩種。荷蘭東印度公司之圖稿因事關業務機密所以有關臺灣內部地圖者，當時都列為內部機密，今保存在海牙的荷蘭檔案館，另有一些流落到奧地利維也納國家圖書館。附件六是荷蘭所偵察的西班牙占領下淡水、基隆地圖，可看出西班牙占領時期的淡水、基隆市街、城堡，尤其可看出西班牙占領時，淡水城寨只是一個木柵所圍的建築物，一六三八年西班牙已廢此城寨，直到荷蘭占領北部以後，才挖地基、築建，所以今天的紅毛城建築眞正建立是在荷蘭時代。附件七是赤嵌耕地圖，則可看出當時已開墾的情況。

大致荷蘭的檔案，目前以海牙檔案館的檔案較爲人知，其實除此之外，印尼的國家檔案館仍有很多荷蘭東印度公司的檔案，但未曾予以發掘，其中較有名、重要的是《巴達維亞城日記》，及會議紀錄，因爲巴達維亞總督對臺灣發號施令，會透過會議討論，故其中當時有很多相關臺灣者。關於日記，自一六二四—一六八二年的部分，已於一八八八—一九三一年出版計三十一冊。有關臺灣日本關係已有日譯本和中文重譯本。決議紀錄中，應有許多有關臺灣者，目前尚未有刊本，僅由一八八二—一八八六年刊行的《巴達維亞城一般決議錄索引》三冊，可知這類會議紀錄尚有很多臺灣資料，有待發掘。印尼的氣候及文獻保存情況不如荷蘭，故若有意收集當注意印尼之國家檔案館，另外印度的 Madras（馬德拉斯）檔案館、斯里蘭卡的 Nuwara Elya（努瓦拉以利亞）檔案館也有荷蘭東印度公司檔案，但也是無人挖掘，至於與臺灣相關者有多少，更是未知。

四、史料的出版、翻譯

㈠檔案的刊印、翻譯

1.巴達維亞城日記：有關臺灣檔案已出版者，以這項最普遍，雖不算第一手資料，但還算可靠，目前有荷蘭文、日文譯本和中文重譯本。

2.熱蘭遮城日記：這是臺灣歷史的基本史料，一九七七年荷蘭國家檔案館、國家歷史出版會與萊登大學合作計畫編印，由包樂史（Leonard Blussé）、M.E. van Opstall 和我，另有江樹生先生、中村孝志教授和岩生成一博士編校注譯，將在荷蘭及流落在外國的日記彙編校注出版，全部預定可出四本，第一本（一六二九—一六四一年）已在一九八六年出版。第二本（一六四二年一月至一六四八年一月）於一九九二或一九九三年會完成付印，第三、四本將收錄一六四八年二月至一六六二年部分。

3.荷蘭東印度公司巴達維亞總督向董事會的一般報告：共已刊九本，有關臺灣的是在第一至第三本，但因內容分量多，編纂者 W. Ph. Coolhaas 因而刪掉很多，他認爲不大重要就刪掉，而以一、二行略提其事。其中有些對我們很重要，卻被他刪掉許多，例如郭懷一起事這一年的《熱蘭遮城日記》內沒有留存，而一般報告有提到，可知一般報告也很重要，只是被刪掉了，很可惜。還好現在大陸有一位年輕學者程紹剛正在荷蘭留學，打算將總督報告有關臺灣部分完全重新翻譯出來。

4.英文版 *Formosa under the Dutch*：是一九〇三年英籍牧師甘爲霖（William Campbell）所編譯，此書分三部分：一部分是 Valentijn 的新舊東印度誌，有關臺灣一般記述的翻譯。其次，是有關教會檔案的翻譯。對教會而言，荷蘭東印度公司曾大力傳教，所以留下不少檔案。J. A. Grothe 在一八八四—一八九一年出版了六冊荷蘭東印度公司傳教資料集《早期荷蘭傳教史料》，其中第

三、四本即有關臺灣者，Campbell 就是翻譯此書的臺灣部分，所以透過 Campbell 的書，可看出荷蘭時代的傳教及當時與平埔族關係的資料相當豐富。其三，是翻譯 C.E.S. 的 *t'Verwaerloosde Formosa*（一六七五年）。C.E.S. 是拉丁文 Coyett et Socii 意爲 Coyett 及其同事們之略，Coyett 即中文資料裏的「揆一」，是荷蘭被鄭成功趕走的最後一任長官，鄭成功攻下臺灣之後，被公司控以失陷臺灣的責任，判處終身流放囚禁於班達（Banda），後經荷蘭執政威廉三世的斡旋，經過了七年流放生活，於一六七四年釋回荷蘭，一六七五年出版這一本書，申辯其爲何失去臺灣，認爲自己是受巴達維亞當局的歧視刁難，才導致臺灣的失陷，所以其中對鄭氏攻臺有詳細介紹。荷蘭原文在一六七五年出版，目前臺大及中央圖書館臺灣分館各有一本，去年（一九九一）荷蘭的 Linschoten 協會重新排印出版，所以目前可以買到荷文本，而英文版即 Campbell 的這部書第三部，及日治時代一九二二—一九二四年臺灣總督府延聘的荷蘭人 P.M.Lambach 的翻譯，但後者只有打字稿，目前只臺大、央圖臺灣分館及民間有打字本，很少流通。中文翻譯有兩種，一種是張其昀主編，《現代國民基本知識叢書》中，李辛陽翻譯的《鄭成功復臺外記》，李是翻譯 Campbell 的英文而成。另一種是，臺灣銀行經濟研究室編印，《臺灣經濟史》第三集，由周獻普直接翻譯 Lambach 的打字稿而成；美國中文資料中心也出版由 Madam Inez de Beauclair 所編，以 Campbel 的英文版加添 Campbel 所刪去部分；另外，一九八八年日本岩波書店的大航海時代叢書第二期，生田滋曾將荷蘭原文翻成日文，但因刪掉很多附錄的證據資料，四十件僅翻譯七件，所以減少了其資料價值。

㈡航海記、地圖

1.荷蘭航海記：

航海記出版的不多，主要有一六四五—一六四六年 Isaac Commelin 編的荷蘭航海記集《東印度公司的創業與發展》，原本爲很稀罕的善本，其中收有一六〇四年來澎湖求市的韋麻郎的航海記和一六二九—一六三二年的 Rechteren 的旅行記。Rechteren 的旅行記裏面，收有東臺首任牧師 Candidius 的臺灣略述。

2.Bontekoe 航海記：

對十七世紀當時人而言，此書文字簡潔，非常有名，所以後來成爲十七世紀的文學作品。他當船長，一六一八年自荷蘭歷經多次艱險，來到巴達維亞，往返於摩鹿加群島和萬丹之間四、五年，一六二二年曾參加占領澎湖行動，也曾被派巡邏大陸沿海，還抓了很多中國人，這本書荷蘭有很多版本，一九五二年荷蘭 Linschoten 協會叢書的校注本學術價值高。甚至包括兒童讀物版，以批評湯恩比有名的史家 Pieter Geyl 曾將此書翻成英文，刊於一九二九年，此英文譯版臺大法圖有一本，北京中華書局的中外關係史名著譯叢於一九八二年出版了姚楠的中文譯本，是從 Geyl 的英譯本翻成中文。

3. Caspar Schmalkalden 的德文旅行記：

是一九八三年在東德萊比錫出版，是他一六四二—一六五二年的世界旅遊紀錄，書名是 *Die wundersamen Reisen des Caspar Schmalkalden nach West - und Ostindien, 1642 - 1652*，英文的意思叫「Wonderful Journey」。航海記的刊印目前仍不多，但以後可能會再發現這類當代有臺灣經驗的航海記。

4. Herport 的旅行記：

幾個月前，報紙刊登菲利浦公司送給中央圖書館臺灣分館這一本罕見原刊本，其實分館早在日本時代就有一六七〇年的荷文版和一六六九年的德文版；德文版於一九三〇年曾有重排刊行，臺銀《臺灣經濟史第三集》，收有一九三〇年德文版翻譯的有關臺灣部分。Herport 是參加一六六〇年來臺增援的 Jahn van der Laen 所率艦隊之一員，Van der Laen 離臺時留下了三隻船和兵士，Herport 即留在臺灣服務，參加保衛熱蘭遮城迄至開城投降離臺，可補 C.E.S. 的《被遺誤之臺灣》。

5. 圖片：

至於圖片部分，尚未好好發掘，荷蘭當時銅版印刷很發達，領導歐洲的印刷業，當留下一些圖版，但是目前所知不多，附件八是由荷蘭鹿特丹的一所專收圖版的博物館的 Atlas van Stolk 所藏。

該圖是說明鄭成功攻臺，「臺灣淪陷」的快報，上有傳教士殉教圖及臺灣地圖，文字有荷文及德文版，本件是荷文。

五、荷蘭時期在臺灣史上的意義

1. 由空間的特殊性來思考臺灣史的特色

臺灣雖然在舊石器時代即有人類的棲息，其歷史可說很早，但狹義的、有文字的歷史，一般來說只有四百年的歷史。雖然與其他地方比較起來年代很短，但卻經過很豐富的歷史經驗。又最近時常聽到「臺灣經驗」或「海島經濟」等流行話題，這可以說臺灣有獨特的歷史經驗，臺灣經濟的營辦有海島的特性。

當我們對臺灣史思考其歷史意義和歷史價值時，即不能忽視歷史的三要素：人、空間、時間，三者做爲思考的指標。空間是人類活動和生活的基本場所。臺灣史就是在臺灣島上的人們的歷史經驗，所以做爲歷史舞台的臺灣地理的特性，應需深入加以探究。這幾年來，臺灣史研究隨政治社會變化之影響，漸突破困境，日受重視，研究風氣之盛儼然成爲一門顯學。這顯然受本土意識之高揚有關。但臺灣史的研究，不應只是具有臺灣本土意識的臺灣人才能研究。不要太泛政治化，因爲臺灣史研究本身具有學術意義和價值。所以應更發展成爲漢學、日本學一樣學術地位，不但我們需建立臺灣史的學術地位，同時也可以讓外國人也樂於研究臺灣史。從這一點來說，臺灣的地理特性更需深入加以探究。

臺灣是一個島嶼，地理上北通琉球、日本，南隔巴士海峽與菲律賓相望，西與福建之間極為接近，分隔了東海及南海，並位於東北亞和東南亞的連接點上，新石器時代人類大遷徙時，曾經位於十字路口，為南島民族擴散遷移路線後成為古文明中心的邊陲地區，遂長期孤立於世界文明圈之外。

到了十六世紀中葉，明太祖所建立的朝貢貿易制度不能滿足國際經濟的交流與需求，於是以走私、海盜、倭寇的方式來尋求解決。臺灣由於不屬於明版圖，遂成為中日走私的集合地，十六世紀末葉到十七世紀初期，繼葡萄牙、西班牙之後，新興的荷蘭和英國，出現於東亞海上，於是長期在環中國海域被絕隔的孤島，由於其地理位置的重要性為列國所認識，終為荷西兩國所分別占據，一六四二年西班牙為荷蘭所逐出，臺灣全島成為荷蘭殖民地，而做為荷蘭國際貿易的一個重要轉口站。

工業革命後，西歐列強再次東來時，東南亞淪為殖民地，中、日、韓三國被迫打開長久封閉的門戶。此時臺灣也因其所處的地理位置，故臨近海域一再發生海難事件和「番害」事件，再加上具有煤、樟腦、砂糖、茶葉等特產，再一次吸引列強的注日，繼而在一八九五年中日甲午戰爭後，淪爲日本殖民地。第二次世界大戰時，臺灣成爲日本南進基地。戰後，美國和蘇俄的冷戰時期，臺灣又顯出其位置上的重要性。由此觀之，自十六世紀中葉以來世界史上的大轉變各期中，臺灣由於其地理位置，每在國際情勢上扮演不容忽視的角色，這一點我們在思考臺灣的荷蘭、西班牙時代的意義時，當有世界性的視野來思考。

2. 荷蘭時期臺灣史之開拓性意義

荷蘭時期臺灣除了是國際商業據點外，更是中日貿易據點，荷蘭在此時也開始有對土著民族的傳敎、貿易紀錄，因此荷蘭對原住民歷史之重建可以提供重要線索，關於土著民族李壬癸先生的《臺灣南島民族的遷移歷史》一文將會提及。另外此期在荷蘭人鼓勵之下，漢人才大量來臺開墾，以前雖也有漢人移民但大都是漁民、倭寇、海賊等屬無定居性者爲多，故漢人定居臺灣是荷蘭時代開始的。荷蘭人在一六三〇年代開始鼓勵臺灣的農業，荷蘭在亞洲有很多從事貿易的公司職員，因此解決其糧食是一項重要問題；另外，砂糖又是當時主要商品。臺灣農業的兩大作物——米、糖——之基礎，於是建立於此時。故除了臺灣的世界性角色之外，臺灣本身的開發即建立在此時，是荷蘭時期臺灣史在整個臺灣史上不容忽視的意義，尤其在資料又多又具體的情況下，荷蘭時代的研究更不能忽略。

六、結語

荷蘭檔案在戰前之日治時代，臺大人類學系有用相機35mm拍攝的底片二萬多張；戰後東京大學有 Micro film，一九八九年中央圖書館臺灣分館已將東大的 Micro film 買回，目前在參考室。一九九〇年臺大得到蔣經國基金會幫助調查臺灣的檔案，其中荷蘭部分由我和 Le. Blussé 主持，由江樹生重新做一個目錄，初稿已出來，近期將出版，如此海牙的檔案就有較詳細的目錄。

附帶說明西班牙時代臺灣的資料：一六二〇年荷蘭和英國在日本平戶組織聯合艦隊，以威脅葡萄牙船的中、日、印度航路，封鎖馬尼拉，並捕捉到馬尼拉的中國船，於是，在菲律賓的西班牙當局爲保持貿易和策劃馬尼拉的安全起見，向其國王建議占領臺灣。荷蘭人捕獲的西班牙船中，獲睹此西班牙文書，知西班牙人有占據臺灣之意。於是一六二二年巴達維亞的荷蘭當局指派雷爾生率船來占據澎湖，但明朝當局以澎湖爲中國版圖不允，要荷蘭人撤退到臺灣（當時臺灣不屬明朝版圖）。一六二四年福建當局派兵準備圍攻澎湖的荷蘭城塞，荷蘭遂於一六二四年八月撤移占據今安平。荷蘭占據安平後，西班牙人深感威脅，一六二六年占據基隆，一六二八年占據淡水。即此時臺灣島上，南北分別爲新舊兩勢力的荷蘭與西班牙二國所割據。所以西班牙也有此時期的檔案，大部分藏於西班牙 Sevilla 的印度檔案館。但有關檔案的介紹不多，只有曾經在臺灣傳教的 José M. Alvarez 神父在他所著 *Formosa* 一書中，利用西班牙檔案，並在第二冊末收錄數件檔案和地圖。又 Pablo Pastels 神父的《菲律賓史》，附有相關年代的檔案目錄。一九六五年我留日時，曾在東洋文庫閱覽此書，因其年代是十六世紀至十七世紀初年，還沒占領北部臺灣時期，故除了豐臣秀吉襲臺之議外，還沒有收錄西班牙據臺時的檔案，故收藏詳情不知。其續刊部分應會出現有關臺灣的檔案。

不過現在有一位西班牙客座敎授鮑曉鷗（José E. Borao）任敎於淡江和臺大，曾得到太平洋基金會資料，致力於有關西班牙臺灣資料的調查與研究，相信不久，就可了解其詳情。

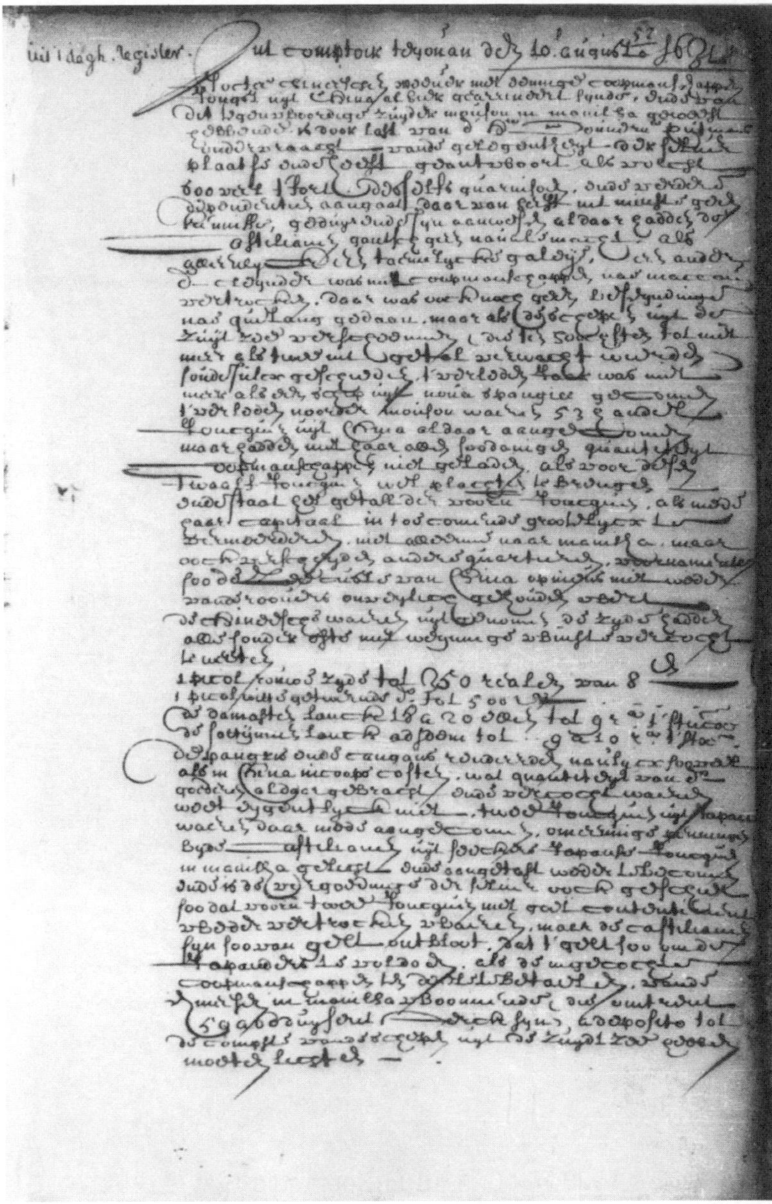
uit 't dagh. register.
Int comptoir Tayouan den 10 augusto 1631

附件一　大員商館日記，1631 年 8 月 10 日錄。

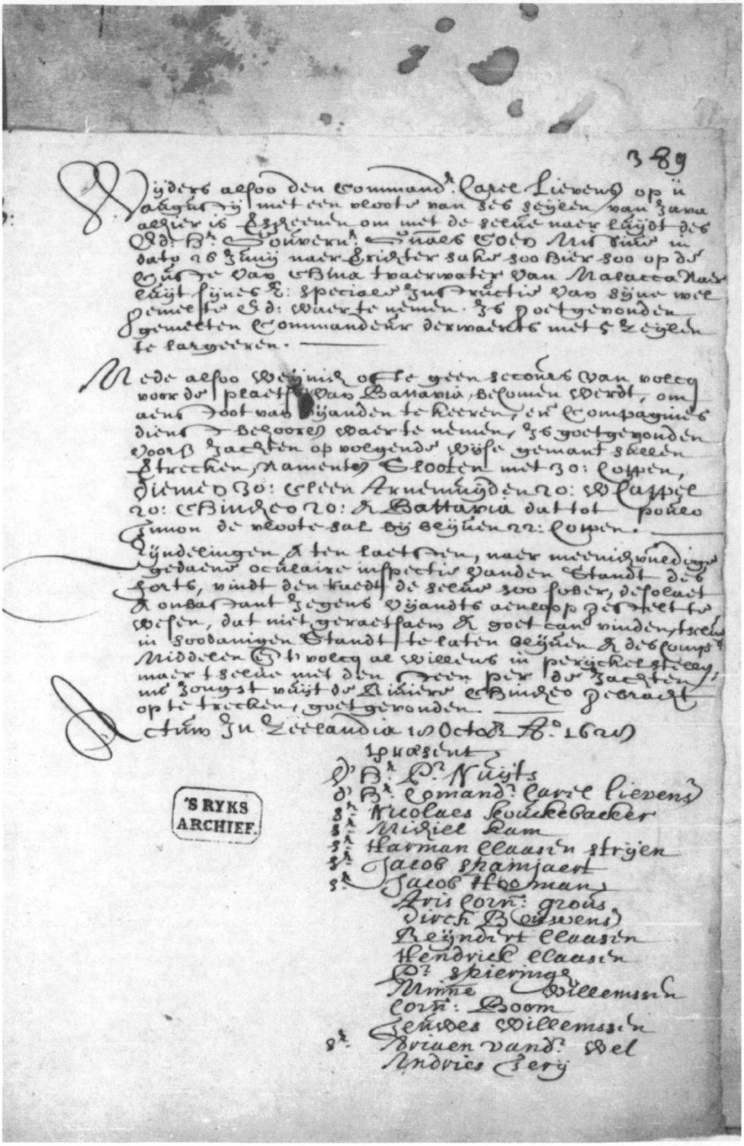

附件二　1628 年 10 月 18 日 Zeelandia 城會議決議錄

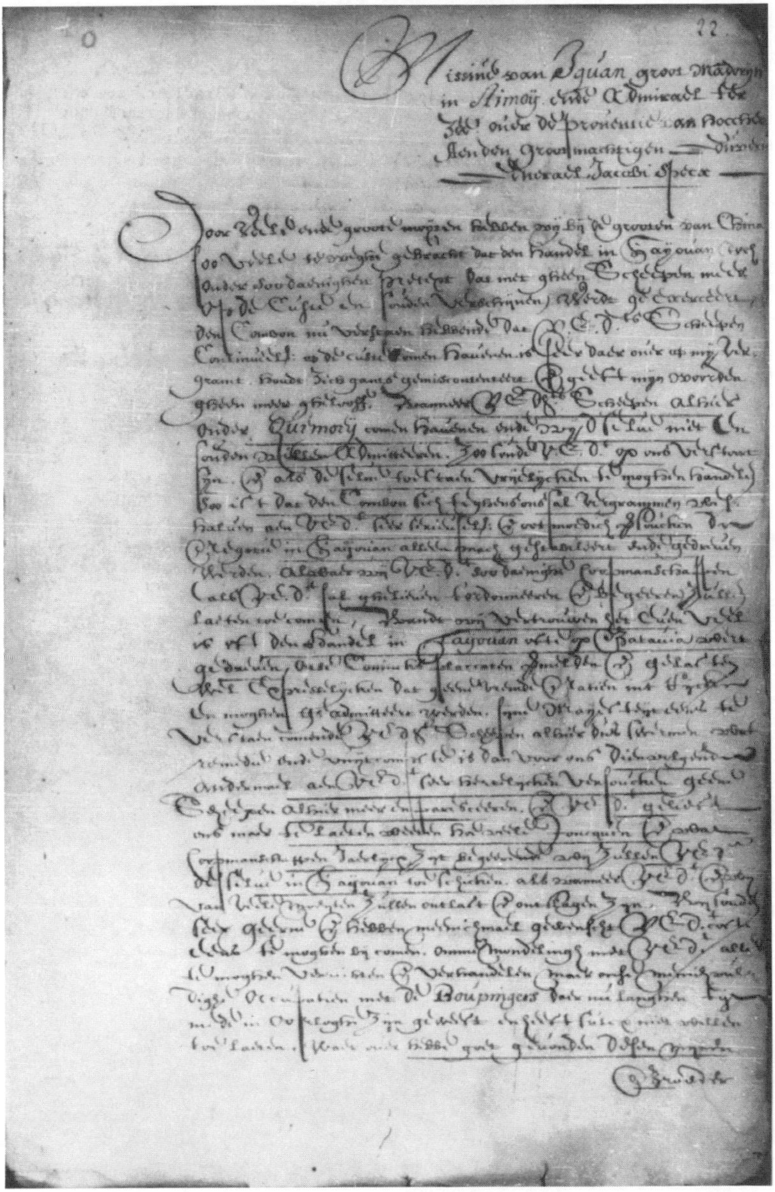

Missive van Iquan groot Mandarijn in Aimoy ende Admirael ter zee ende de Provincie van Hocchien aen den grootmachtigen heer Generael Jacobi Specx

附件三　1632 年 9 月 7 日鄭芝龍致巴達維亞總督 Specx（11 張之 1）

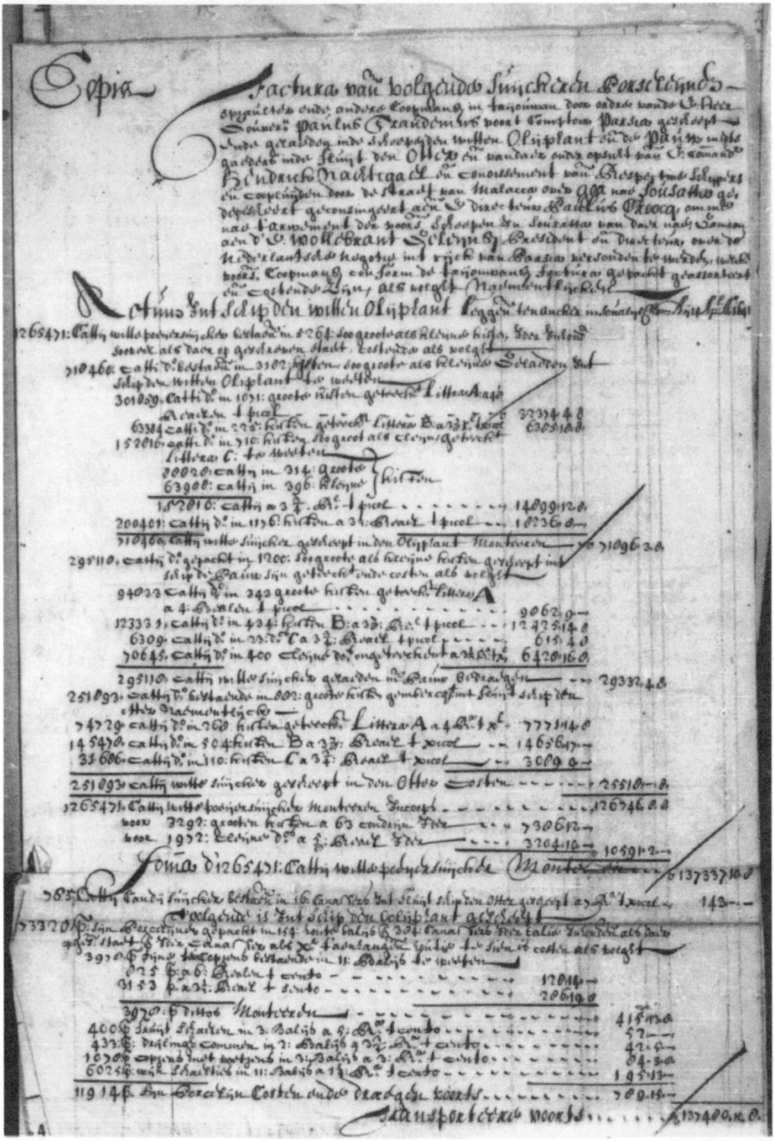

附件四　1641 年 4 月 14 日大員致波斯商館的發貨單（3 張之 1）

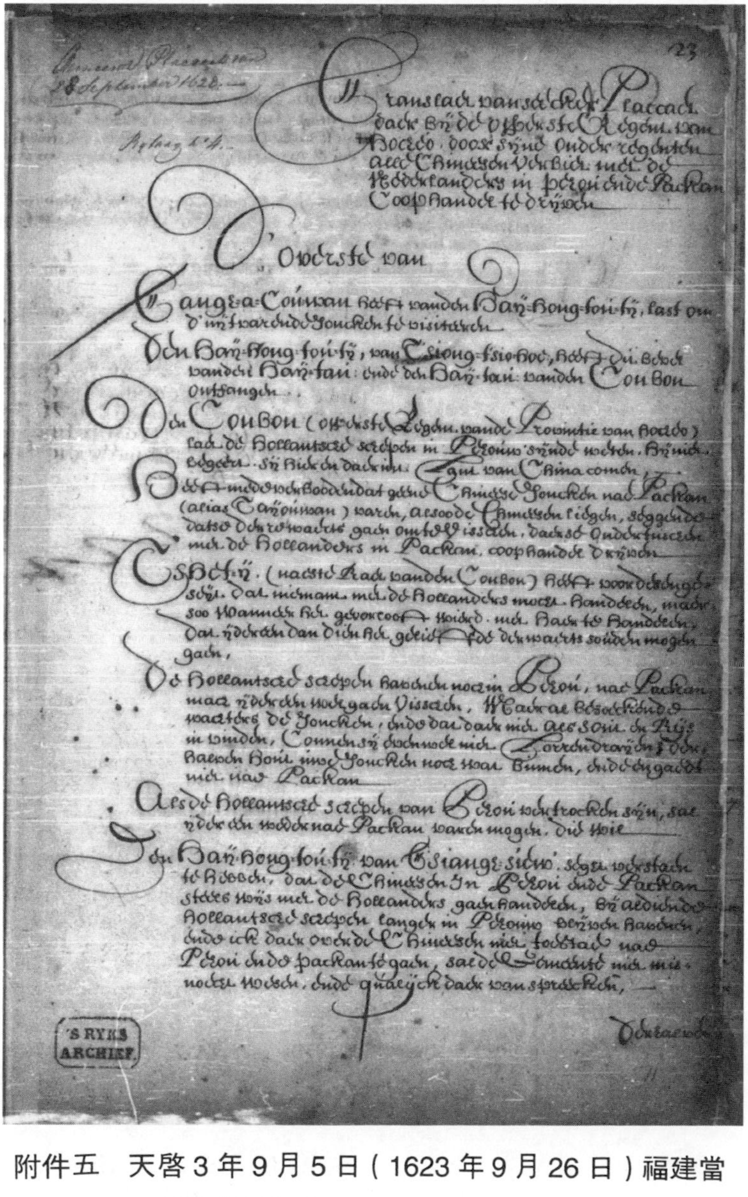

附件五　天啟 3 年 9 月 5 日（1623 年 9 月 26 日）福建當局所發布禁海令

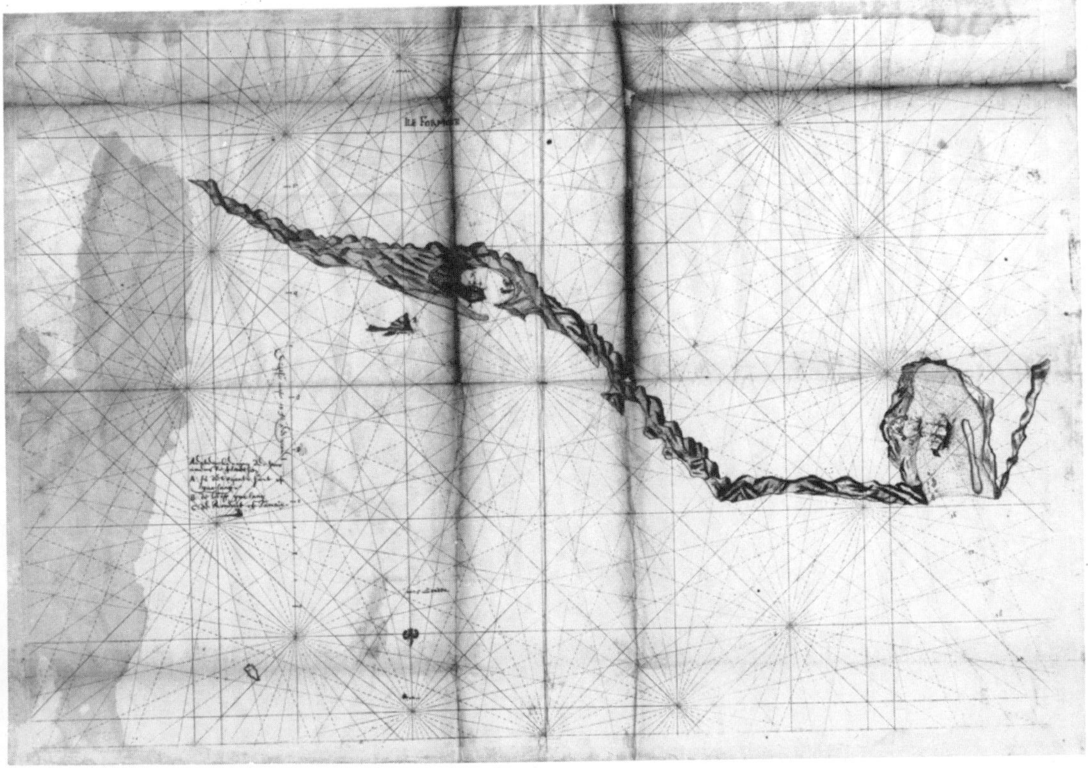

附件六　雞籠淡水圖（約在1630年）

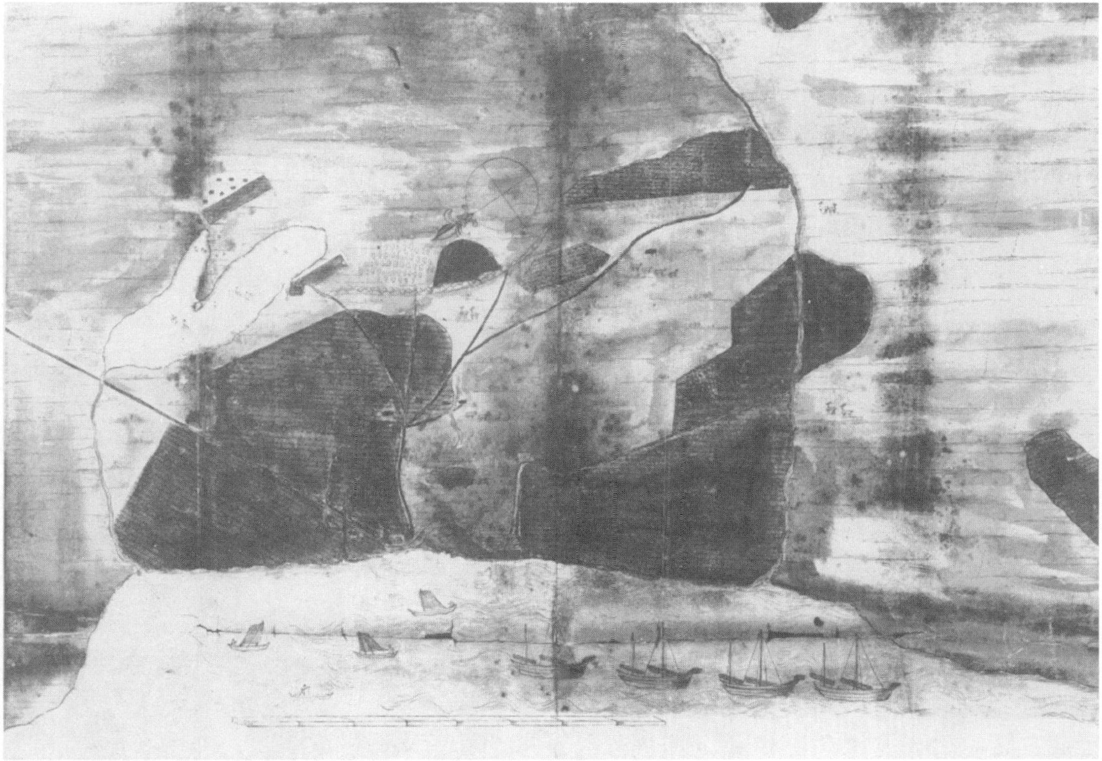

附件七　赤崁耕地圖

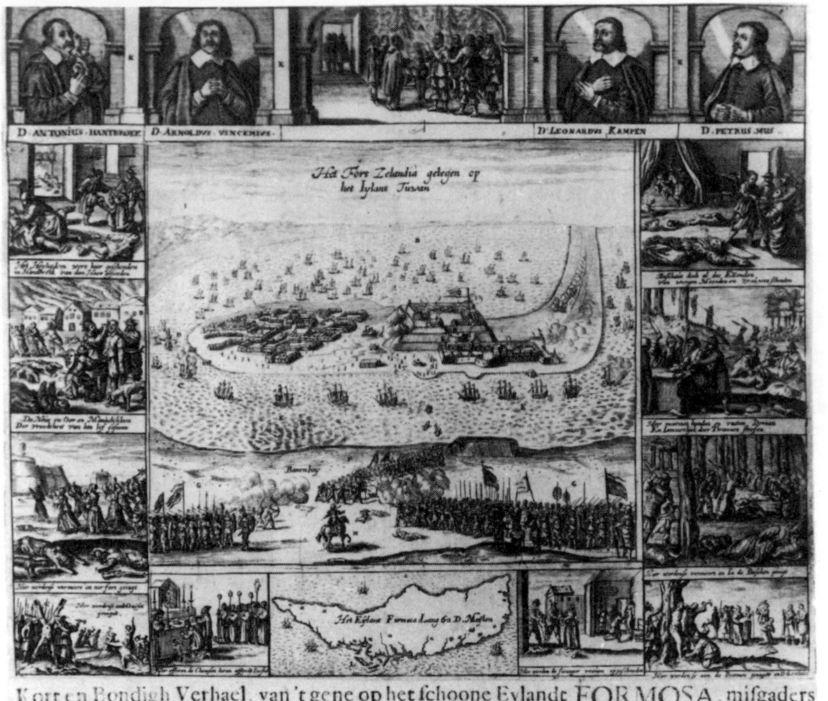

Kort en Bondigh Verhael, van 't gene op het schoone Eylandt FORMOSA, mitsgaders op het by-gelegen Eylandt TYAWAN en 't Fort ZEELANDIA, op den 5 July 1661. is voorgevallen, mitsgaders de Overgevinge van 't gemelde Fort aan de Chinesen.

[illegible]

De Aenwysinge van de platsen in dese Cart begrepen.

A. Hier versoeckt D. Handtbroeck de Overgaaf van 't Fort, *B.* Sijn de Joncken der Chinesen, *C.* Is het Schip de Hector Opgesprongen, *D.* Is het Schip van de Chinesen genomen, *E.* Sijn de 5 Schepen van Batavien tot hulp gekomen, *F.* Is 't Vervallen Fort Baxenboy, mitsgaders de gecommandeerde Hollantse Soldaten, *G.* De Troupen der Chinesen, *H.* Den Oversten der Chinesen, *I.* Het Eylandt Formosa, *K.* Sijn de vier Leeraers die onder de Tirannen geleden hebben.

附件八　「臺灣淪陷」快報

簡介維也納的國立圖書館所藏荷蘭時代臺灣古地圖

一、前言

筆者於一九六二年寫過一篇〈歐洲古地圖上之臺灣〉，發表於《臺北文獻》第一期，介紹十六、十七世紀歐洲的有關臺灣古地圖和十六世紀歐洲人有關地理知識的記述。一九七八年筆者獲聘留荷，在海牙的國立總檔案館從事研究時，順便曾在地圖部，根據 Leupe 的目錄及目錄補編和原圖查對時，獲知未曾在拙文介紹的檔案館所藏臺灣古圖只有三張。一張是與 Valentijn 一書裡所刊印的臺灣總圖頗相似，但所註記地名較少的彩色圖；一張是一六四四年的赤嵌耕地圖；另一張是魍港圖。對於魍港圖，先師岩生成一博士曾於一九六〇年間說過，將寫一篇關於此圖的研究論文發表。所以筆者當時自荷蘭回國後，就其餘兩張即在筆者與黃富三教授合編的《臺灣史論叢》第一輯中先予以刊載。

筆者在荷蘭參觀幾所博物館時，也曾留意臺灣的古地圖，但除了看到亞洲總圖裡面的以外，未看到相關之古地圖。後來在離開荷蘭的兩星期前，於一九七八年十一月二十日從海牙的總檔案館出來，次於午飯後逛街時在舊書店 De Slegte 買到一本書，題曰：

Vrij, Marijke de：*The World on paper*；*A descriptive Catalogue of cartographical material published in Amsterdam during the seventeenth century*（Amsterdam, 1967）.

這是一九六七年四月在 Amsterdam 召開第三屆地圖學國際會議（The 3rd International Congress on Cartography）時，附帶舉辦過以十七世紀 Amsterdam 所刊印的古地圖爲主題的展覽會。這一本書就是由 Utrecht 大學的 Marijke de Vrij 女士所執筆荷英二種文字的展覽會解題目錄。其所展覽古地圖除了一件借自維也納的奧地利圖書館（Wien, Oestereichische Nationalbiblio thek）的 Laurens van der Hem－Atlas 以外全是荷蘭國內的收藏品。由此可見此一借自維也納的地圖集的珍貴價值。

這本解題目錄的圖版中有三張是借自維也納的地圖集裡的圖。一張澳大利亞和紐西蘭的部份圖，一張是臺灣總圖，與海牙的總檔案館所藏的 Valentijn 書中的臺灣圖同一類型；另一張的大員圖，是省立臺北博物館藏有模繪爲國人熟知的 Zeelandia 城圖。這本解題目錄另附有 Laurens van der Hem 地圖集法文目錄的部份，據此獲知有共十張有關臺灣的地圖。於是筆者即向海牙國立總檔案館打聽消息，獲知檔案館當局已設法向奧地利國立圖書館交涉，正在做縮影微卷，惟筆者不久即離荷返國，無緣獲睹這些地圖。

後來於一九八〇年有檔案館友人故 Dr. Margaretha Elizabeth van Opstall 應聘到東京大學史料編纂所，路經臺北時，帶來從微卷放大的臺灣古地圖，做爲她與 Leiden 大學 Dr. Leonard Blusse 給我的禮物。以下即根據這些圖片簡介流落於奧地利的荷蘭時代臺灣古地圖。

二、關於Laurens van der Hem－Atlas.

在介紹維也納的國立圖書館所收藏荷蘭時代臺灣古地圖以前，先根據 Marijke de Vrij 女士的解題目錄，對所謂 Laurens van der Hem 的地圖集略作介紹。在十七世紀荷蘭的黃金時代。望族巨賈都相競蒐集輿地圖類，以誇耀生活的富裕高雅爲其時尚特色之一。雖然蒐集收藏美術品、骨董、圖書等類早就各地各時代均有許多癖好之士，然對於輿圖類的蒐藏，在歐洲卻是起自十七世紀的荷蘭。

當時荷蘭在世界海運業執牛耳，居於領導地位，而其首都 Amsterdam 成爲歐洲的商業、金融中心，同時各項美術、工藝、技術也頗發表，在 Amsterdam 有各界文化人、藝術家、技術者雲集，成爲文化、工藝的重鎮。當時一流的地圖製作者，如 Willen Jansz. Blaur 和 Joan Blaeu 父子、Johannes Janssonius 等人，或一流的美工和印刷業者，如 Nicloaas Visschers, Frederick de Wit, Clement de Jongh, Cornelis Danckers 等人都在 Amsterdam 活躍。當時有一些很富裕的人更熱心於某些專題的輿圖類，比如風景圖、城堡圖、城市圖，以及其他各種地圖類，或用手繪，或根據手繪再去彫版印刷。他們更往往將黑白的彫版印刷的地圖，經豪華的彩色、鍍金裝飾，又再將散頁圖版用羊皮製訂，以黃金燙字，收藏於漂亮的木櫥，對來客即展示其收藏。於是輿圖收藏成爲時尚相競爭蒐集，互爭其美麗豪華珍貴以誇耀其風雅生活的享受。

然這種十七世紀豪華的地圖集（Atlas），其收藏家去世後，其蒐集藏品經幾代後都被出售分散於世界各地，鮮能保存下來。所以這種豪華的十七世紀荷蘭的輿地圖集的蒐品，現在大致仍完整地留存於世者，只有 Laurens van der Hem 的蒐藏品，而現爲維也納奧地利國立圖書館所收藏。

Laurens van der Hem（一六二〇—一六七八）是 Amesterdam 的律師，很富有商人家族出身，爲當時最富裕望族之一。他家擁有巨產，又具有藝術嗜好和蒐集的熱情。他一生將其財產花費於輿圖類的蒐集。他的藏品的彩色和刻工都是當時品質最高的。van der Hem 雇用當時最有名的裝飾匠（iluminator）之一 Dirk Jansz. van Santen，花高價用最好顏料、金粉、金箔來裝飾其蒐藏品。van

Santen的色料用法完全與衆不同，不用塗在輪廓上面的方法，而整個版面用彩色鐫刻或用銅版蝕刻法（etching），所以他所製出來的輿圖，頗具藝術性和迫眞，使人很難分辨它是原來的水彩畫或彩色鐫版或蝕刻的繪畫。爲裝飾他所收藏的輿地圖類，van der Hem還雇來若干當時的大師級美工。如Lambert Doomer，Jan Hackaert，Adriaan Matham，Roe landt Saverym Willem Schellinks，Reinier Nooms等人。有許多現在已失傳的技法和例子，由此圖集而留存下來。

現在Laurens van der Hem-Atlas成爲世界上唯一罕有的十七世紀荷蘭古地圖集，除了其高品質、豪華以及數量以外，另一特色即在此地圖集仍存有許多荷蘭東印度公司的秘密地圖。東印度公司爲壟斷其通商貿易之利與保護荷蘭政府給它們的特權，在亞洲各地所測繪的各地區、各港埠的地圖海圖均作爲高度保密的秘圖，以深藏於其檔案裡面管理。製圖師Willem Jansz. Blaeu（一五七一—一六三八）爲當時在Amsterdam的世界最大最有名的地圖製作者和發行者，他於一六三四年起擔任荷蘭東印度的秘密地圖製圖師。他去世後其子Dr. Joan Blaeu繼承其事業，也成爲當時最出色的製圖者及發行者，也擔任荷蘭東印度公司秘密地圖製圖師，更曾做過Amsterdam市議員、市參事等要職。他們父子可說是當時上流階級中最出色的地圖類製作者兼出版者。由於Laurens van der Hem是天主教徒，所以不能在Amsterdam任公職或在東印度公司當要職，但他卻與Joan Blaeu往來密切。很可能Laurens van der Hem有這種門路，央託Blaeu，在守密的約定之下，借給他許多公司的秘密圖類作模畫圖。由於東印度公司的許多原始輿圖類未留存於世，僅見於這藏品中，故格外地重要，成爲這地圖集的另一特色。他的女兒 Agatha van der Hem 曾證言她父親在世時，從未將這些秘密圖類出示給任何人。他死後東印度公司當局也曾數次嘗試以高價收購而未成功。

Laurens van der Hem 大概在三十五歲左右時，已蒐集到了輿地圖類手繪式印刷式共有二千一百一十五件，統一裝訂成冊。他去世時已有四十八冊的成冊輿圖集，二冊以皮裝訂，另有散裝紙夾櫃（portfolio）的大型版式輿圖，故總計五十冊。其中第一至第四十六冊有冊數編 I—XLVI。其藏品是以地理區分裝訂成冊，有許多手寫的表題。編入此地圖集中有一全套的 Joan Bleau 的「Atlas Major」，另有六百張以上的各種地圖。這些地圖集的裝飾美工歷經二十年始完成，可知此地圖集的講究。Laurens van der Hem 去世於一六七八年，他的太太去世於一六九七年，故其藏品爲他未出嫁的女兒 Agatha 所繼承。她在世時不管任何人出高價，她都不肯出售他父親遺留下來的地圖集。Agatha 於一七一二年去世而她妹妹也於一七二五年相繼去世，其繼承人就決定把這地圖集交付拍賣。一七三〇年十一月這圖集就在海牙由當地書商 Adriaan Moetjens 拍賣。現在尚存有當時的拍賣目錄於世。此圖集結果賣給曾經打敗入侵歐洲的土耳其大軍的奧地利帝國名將 Prinz von Savoyen Eugen（Prince Eugene of Savoy）。Prinz Eugen 於一七三六年去世，一七三七年他的繼承人就把此地圖集和其藏書數萬冊一起全部賣給帝室圖書館。第一次世界大戰後，帝制變爲共和國後，帝室圖書館就改稱爲奧地利國立圖書館。這就是維也納的奧地利國立圖書館所以藏有荷蘭本國所沒有珍貴荷蘭古地圖集的原因。

Laurens van der Her－Atlas 於一九二九－一九三二年，荷蘭地圖學權威 Dr. F. C. Wieder 曾編輯印刊 Monumenta Cartographica 時曾把其中所謂荷蘭東印度公司秘密地圖複印若干問世，於是成爲地圖學界所注目。其時臺灣的大員圖即複印收於這圖集裡面的第一百二十一圖（可能由此臺灣總督府博物館即設法自維也納的圖書館製作其模圖）。一九六七年在 Amsterdam 舉辦展覽會可能借到二冊來展覽。因爲解題目錄中收有其中第十五冊荷蘭第一部（*Tome XV. Les Provinces－Unies, premiere partie*）和第四十一冊東印度第四部（*Tome XLI Les Indes Orientales, quatrieme partie*）的目錄。第十五冊收有七十六件，第四十一冊收有三十二件的目錄。從這目錄東印度部份中筆者就看到有十張荷蘭時代的臺灣古地圖，均屬東印度公司的秘密地圖。幸好 Laurens van der Hem－Atlas 中東印度部份第四冊曾借來 Amsterdam 展覽，又碰巧筆者買到這本解題目錄，始知流落於奧地利的荷蘭古地圖集中有關臺灣圖的內容。

三、Laurens van der Her－Atlas 中有關臺灣圖

茲據 Marijke de Vrij 的題解目錄所收 Van der Hem 地圖集第四十六冊的法文原目錄，依其號

碼順序簡介有關臺灣圖如下：

圖一〔XLI, 1〕：這一張福摩沙島總圖與海牙的國家總檔案館所藏彩色臺灣島圖和 Valentijn 所刊載臺灣島圖是同一類型。

圖右下面圖記：「福摩沙島總圖。中國人稱爲北港（Packan），並附所有海灣、暗礁、入口與淺灘。又自中國沿海橫渡以及澎湖一起，海上數字註明所有水深和淺灘」。上下邊緣各有註明北緯22—25度，上面繪有緯度線再細分5，10，15的數字。地名的註記，南部臺灣和澎湖註記較多，北部只和平島註記爲「雞籠島」（t Eylandt Quelang），基隆東邊有註明「土著居民部落」二處以外，均沒有記載，東部也全無也名註記。自南端起至中部沿岸，就橫渡到福建，及澎湖群島與小琉球四周均有水深的數字註記，而北部全缺。由此可推想這張的原圖繪製年代是還沒有驅逐北部西班牙時期。展覽目錄的圖版註明爲1636年。海牙的總檔案館所藏臺灣圖與維也納藏圖，形狀、地名和水深等註記相同。其差別只在檔案館的圖題記僅說「福摩沙島及漁夫島海圖」（Caerte van 't Eylandt Formosa ende Eylandt van de Piscadores），上面右邊有比例尺，註明：「十五德浬爲一度」。又圖上面繪有幾個方位基點，再繪出三十二條方位線，其餘海牙的圖與維也納的圖均相同。Valentijn 書上的圖，其形狀與前二張相同，而北部和東部的地名註記增加相當多。可知其所表達的時期是荷蘭佔有臺灣全島後期。

圖二〔XL1,2,1〕：上面中央題爲大員（Taijovan）的水道和入口。位於福摩沙本島的西邊，中國王國（Koninrijck China）沿海的對岸。緯度在上面註明22 1/2度、22 2/3、22 3/4、23度。海中有水深註記。圖中記有A至G，而在圖下面左邊註記：「A. Zeelandia 城、B. Zeeburgh 堡、C·大員水道、D·赤嵌或稱獵夫村、E·新港溪、F·鯨骨、（即臺江中的小島）、G·鹽溪」

由「赤嵌或稱獵夫村」，可知其時農業開發尚未進展，赤嵌爲中國獵夫打鹿的村莊。

圖三〔XL12,2〕：大員圖，這張圖過去所看到的較詳細。其左邊上面有註記，云：「大員（Tajovan）最主要各地的標示。A是Zelandia。B是長官宿舍兼其倉庫及工作人員宿舍。C是於一六二八年Nuijts閣下所建造的舊宿舍。D是病院。E是墓地。F是中國人市區。G是船隻和中國戎克船的平常停泊處。風吹時須慢駛。有一處淺灘，滿潮時全沒水中。H是船隻和戎克船的通常停泊處。所有貨物全在那裡遞交或裝載，所以G和H爲中國人和我們通常的停泊處。I是若干漁夫寮舍，位於北邊。中國人稱爲北線尾（Pacsambeij）。K是一高厚砂丘，位於南南西，距自Zeelandia城堡約離六十Roeden，比前記城堡的胸牆高三、四呎。L，一座同樣的砂丘，比前者低六呎，離第一砂丘九十Roe其上面立有陸標。M，與第二砂丘同高，位於L砂丘正南方，距第二砂丘離三十二Roeden，自此有非常低的砂丘群，一個比一個小到波浪可越過。南風期或風大時，有時候被海沖掉。N，大員港口。O，停用的舊港口，P，「堡壘」。圖左邊下面繪一比例尺。記：

「Reynland 的1900 Roeden 即一浬」。中國人的市區繪有街衢。

圖四〔XLI2,3〕：大員（T.AIOAN）的瞭望圖。由於省立臺北博物館藏有日治時代所模繪的彩色圖，故較爲人所熟知一幅竣功後最完整的 Zeelandia 城和安平街市圖。上面的註記，即：一：中國人市區，二：法場，三：市場，四：用具和鐵匠的房屋，五：Neelania 城堡，六：長官宿舍，七：胸壁，八：Utrecht 堡，九：馬廐，十：福摩沙島的高地，十一：北線尾沙地，十二：中國人的停泊處。竣功後最完整的安平古堡圖大致都與此圖同一型態的。

圖五〔XLI1,3〕：中上面中央題記：「魍港（Wankan）的水道和入口的小海圖，位於大員（Tayovan）五浬處」。緯度線有四、八、十二、十六、二十、二十四、二十八分的數字，比例尺，註記：「十五德浬爲一度」。中央的河流註明「麻豆溪」（De Rivier van Matthaw），其對岸轉彎處註明：「漢人角」（Chineesen hoeck），海邊繪許多樹木，註明「竹林」，河口的一小島繪一間房屋，註明「漁夫處所」。其餘文字不清楚，河水有許多水深的數字。

圖六〔XLI4,1〕：左邊上面標記：「自大員水道延伸到南角的福摩沙島圖。附所有小島、河流、岩礁、淺灘。受長官 Hans Putmans 閣下之命令，由 Middelburgh 的 Pieter Janssen 完成於一六三六年四月二十日」。其下面的比例尺註明：「十五德浬爲緯度一度」。上邊緣框註有二十二度、二十二$\frac{1}{2}$，二十二度的上面有分數六十、五、十、十五……每五分註明分數。海上右邊繪一島嶼即

小琉球，註明「黃金獅子島，土人稱爲 Lamey」。地名自南邊註記：放網溪、放網社、Dollatok 溪或稱 Cattia，淡水（Tamsuii）。高雄港內繪一小島註明：商人島。高雄港口的海面註明猴山（Apen Berch）似是旗後山，而茶莊岸註明打狗（TANCOIA），灣內陸地二行文字註明爲「小戎克船停泊處」。其北邊即「蟯港水道」、「漁夫島」、「淡水溪」、「鹽溪」、「赤嵌」、「Zeelandia 城」、其北邊即「Zeeburch 堡」。沿岸均註明水深和淺灘。

圖七〔XLI4,2〕：下面中央標題：「福摩沙島西部圖，自大員水道向北延伸到笨港鎮（Rivier Ponckan），附近有河流、沙洲、淺灘。受長官 Hans 閣下之命令，由 MIddelburch 的 Pieter Janssen 製作。於一六三六年」。此圖係山下上面第六圖，於同一年，以安平爲中心，上一張是向南，這一張是向北，由同一人受長官 Putmans 的命令所測繪的沿岸圖。下面右邊比例尺註記：「十五德浬爲緯線一度」。上面的緯線有註明二十三度和二十三½。下面左邊有圖中各項註記：「A是 Zeelandia 城。B是Zeeburgh 堡。C是水道。D是赤嵌或稱獵夫村。E是新港溪。F是骯髒島。G是鯨骨。H是蕭壠溪。I是蕭壠林。K是河水新生地。L是背叛者溪或兇手溪。M是農夫儲藏倉。N是魍港溪或水道。O是Vlissingen 堡。P是漁夫處所。Q是漁年島。R是野角。S是平島。T是Matavir 溪。V是笨港水道。W是小戎克船的良好停泊處。X是鹽溪」。從這兩張可知一六三六年的臺灣開發的程度。

圖八〔XLI1,4,3〕：上面右邊題記：「雞籠島及其海灣，附加岩礁、淺灘。位於北緯二十五度十四分，於福摩沙島北端。那裡九點半至半夜，新月或望月時高潮，而水深是定在低潮時。受司令官 Balthasar Brt 之命，由 Jan Hendricksen de Jonge 如是發現、一六六四年」。左側下面有比例尺，註明「十五德浬爲一度」。沿岸及港口均註明水深。和平島繪有荷蘭城，懸掛荷蘭三色旗，並註明「雞籠」（Quelang）、Nassouw，港口內大沙灣附近繪一村落，註記：Queorie 社。大武壠附近以西班牙文註記 Punto Diabilos（惡魔岬）。可知這是一張 Bort 於一六六四年再佔基隆時所測繪的海圖。

圖九〔XLI1,5〕：澎湖群島圖，下面中央有比例尺，註明「十五德浬爲緯線一度」。島名、暗礁、水深等均註記相當清楚。澎湖本島可以看到繪有二座城塞和媽祖廟。

圖十〔XLI1,6〕：這一幅澎湖港口圖：這幅圖分爲三部，中央爲地圖，左右兩邊均有文字說明。中央地圖部份上面記云：「在澎湖漁夫島的此港入口，水深有二十五、十二、十及九尋。滿月在南南東和北北西即高潮，可容一〇〇艘以上船隻」。圖上面註有 A. B. C. 到 L. 等字母和若干文字註記。左邊L字右角繪二間房屋並排，註明「中國寺廟」（Chineesche Tenpel）當即媽祖宮，可能表示其時廟宇已有前後二進。再上面澳內岩邊有K字，有一行註明「水井，可汲得最好的水」，岩邊繪有一方形，旁邊註云：「中國村舍」。對岸H字下面註記：「城堡所需水井」，可知其時荷

人用水汲取於此處。左邊下面海中繪一岸礁，有三行註記，意即「岩礁，低潮時浮出水面，不然的話，在水面繼續舉火起來」。馬公灣海中記有水深的數字。左邊文字部份是有關地圖的說明如下：

城堡位於一山丘上。

稜角A有二十四尺高，除稱爲 Zierickzee 角以外，通常稱呼爲 Teunis 叔角。

稜角B有二十二尺高，稱 Capityn 角。

C是一個廣場，堆置薪柴及其他必需品。方便的時候，此處可蓋一座以貯藏糧米。

D是擴建於山上的稜角，而用土堆至五到六呎高。稱爲Delft角。

此稜角下面添一個半圓堡壘，從這裡可以水平開砲射擊，可以供若干艘船隻停靠岸邊下椗，此處停放三艘短艇。

城堡外側，A和B不好攀登，除非用小徑。此小徑曾是十字路，部份應堆土塞住，現在已經完全沒有了。

那邊有C點，從那裡人們可以攀登，但必須用手把草抓緊。

D點和E點是很陡峭的，從那裡上來，人們須用全部手和腳爬上來。

F點將挖一乾溝壕。

G點有一低谷，那裡高潮時，有十或十二呎高，水將會穿過去。

H點又有一山丘，與城堡同一高度。

城堡和I記號地點之間，可以飼養上百隻的牛。家畜是中國人小廟後面那邊最好的動物。

K是一口井，短艇於低潮時，在那裡可以汲水。所汲的水運到北邊。在K的南邊，水不多，或沒水。

L是中國人的寺廟。

自稜角D點向L角，用musquet步槍射擊不到。

稜角D差不多是一座石山。費極大的勞苦，用粗石做的。那裡人們繞過有E和F記號的側面，可以下到地。

城堡的內側，大部份係就地取土高四或五呎。

Jan Jansen Vissher

又地圖右邊的註記是：

根據Teunis Jacobsz. Engels的記述：司令官Cornelis Reijrsz.率他的艦隊，來到澎湖所發現：

在小廟旁，有三名中國人廟祝，在那裡飼養若干山羊、雞和牛。他們說明該島南邊有很多漁夫居住。

小廟附近的海灣是沙質海灣。

在該地西北角下也有北風季的停泊處，距陸地有 musquet 步槍射程，水深十尋。

一月末至二月十二日人們每天在海岸可捕得很多魚，這些魚用適當的方法可以吃。

Teunis Jacobsz. Engels 言明，自稜角D的砲架，人們可以掠過稜角E，掩護到G點的所有海岸，甚至比稜角E更好。

按 Teunis Jacobsz. Engels 是一六二二年司令官 Cornelis Reijersz. 率艦隊入侵澎湖時的旗艦 Zierickzee 號的艦長。這一幅圖很顯然是荷蘭人侵據澎湖，尚未轉移臺灣，可能一六二三年間所繪地圖，頗爲珍貴。從此圖很清楚告訴我們，荷蘭人在澎湖所建所謂「紅毛城」是位風櫃尾，在俗稱「蛇頭山」上。我們如仔細看此圖，可以看出四隅稜角註明A、B、D、E、而面向馬公灣的D、E間的城壁中間起，其外側有一條道路通往海邊，岸邊似爲一碼頭，繪有四艘小艇停靠著。其海上有一艘懸掛三色旗的荷蘭船停泊。城內緊靠A、E的城壁繪一排似是營房。D、E中間，在通路內側繪一棟懸掛三色旗的樓房，可能就是中文資料所云「高文律所居風櫃城內高樓」。靠近稜角D，尚餘一小排建築物。如此可知荷蘭人未毀城撤至平安時城內的配置。

以上是 Laurens van der Hem－Atlas 中有關臺灣古地圖。其餘尚有兩張地圖，雖不屬臺灣圖，卻可看到臺灣的一部份，故順便附帶略爲介紹之。

圖十一〔XLI, 7〕：此圖在地圖集的號碼正接著臺灣圖中的澎湖口圖的後面。題記是「中國

沿海圖。起自Lame島，北至暴風灣（Storm Bay）」，即繪閩粵沿岸，沿海地名註記不清楚，但若干仍可分辨出來。在北邊海上繪一個島即烏坵（I·Onkoe），可看到金門島（I·Quemony）和廈門（Amoy），臺灣海峽中繪有澎湖群島，圖右邊可以看到臺灣中南部的一部份。

圖十二〔XLI, 23〕：此圖以日本的九州爲中心，繪有琉球列島，接著在左邊下面臺灣只繪北部一半，註明「北港或福摩沙」。島內地名雖不甚清楚，自北可看到雞籠、淡水、Betgillem、二林（Gillem）、諸羅山（Toelosang）等地名。有趣的是朝鮮被繪作一個島而過小，以荷文註明爲高麗海（De CROEERZEE），而其北方一行的葡萄牙文，註記爲：NESEADA DE NAUQUIN，意南京灣或南京路。太平洋即以拉丁文註記爲中國洋（OCEANUS CHINESIS）。這張圖，對於方尚留存許多葡萄牙人所繪圖的影響，但關於九州的西北部的五島到平戶、長崎附近，和臺灣與大陸的福建沿海繪得相當具體。

四、結論

地圖是表示各時代所認識有關地理的觀念和現實。由於歐洲自中古經由文藝復興，開啓了地理發現的時代。其地圖的繪製也受時代的潮流，自古代的觀念圖，發展演變爲根據實際測量的近代地圖至現代地圖。然近代地圖，由於未知與已知部份往往混合，而成爲很有趣的情景。如臺灣島自十六世紀的三島型或二島型演變爲一島等，可以看到觀念與現實的演變，對繪製地圖的影響。而且隨著當時歐洲印刷的發明、流佈至發展，使十六、十七世紀的歐洲古地圖在印刷史、美術工藝史上別具特色。維也納的國立圖書館所藏 Laurens van der Hem 的荷蘭古地圖集，無疑從地圖史、印刷史、美術工藝史上來看均代表其時代，而具有很珍貴的價值。而其中所收臺灣古地圖，對於研究臺灣歷史地理變遷將可提供許多重要線索，值得吾人加以重視及利用。

附記

此文所引述的各幀圖片均由荷蘭好友故 Margaretha Elizabeth van Opstall 女士和 Leonard Blusse 博士所贈送。筆者於為文時常憶及往日留荷交遊情景，在此特別對兩位的厚誼深表感謝，更祈念 M.E. van Opstall 女士之靈安息。

〔本文原發表於「慶祝臺灣大學創校六十週年臺灣史研討會」（一九八八年十二月四日）〕

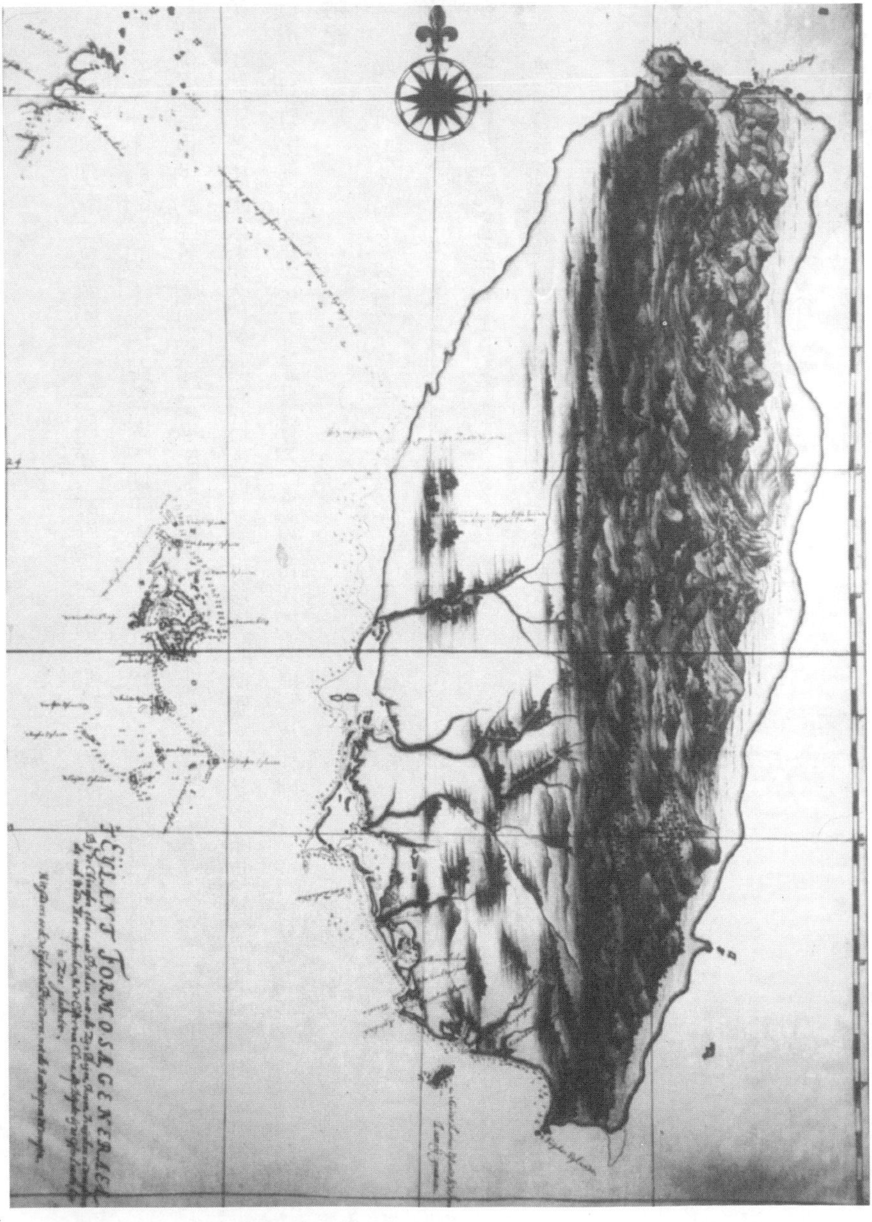

圖一　福摩沙島總圖，1636 年

圖二　大員的水道和入口

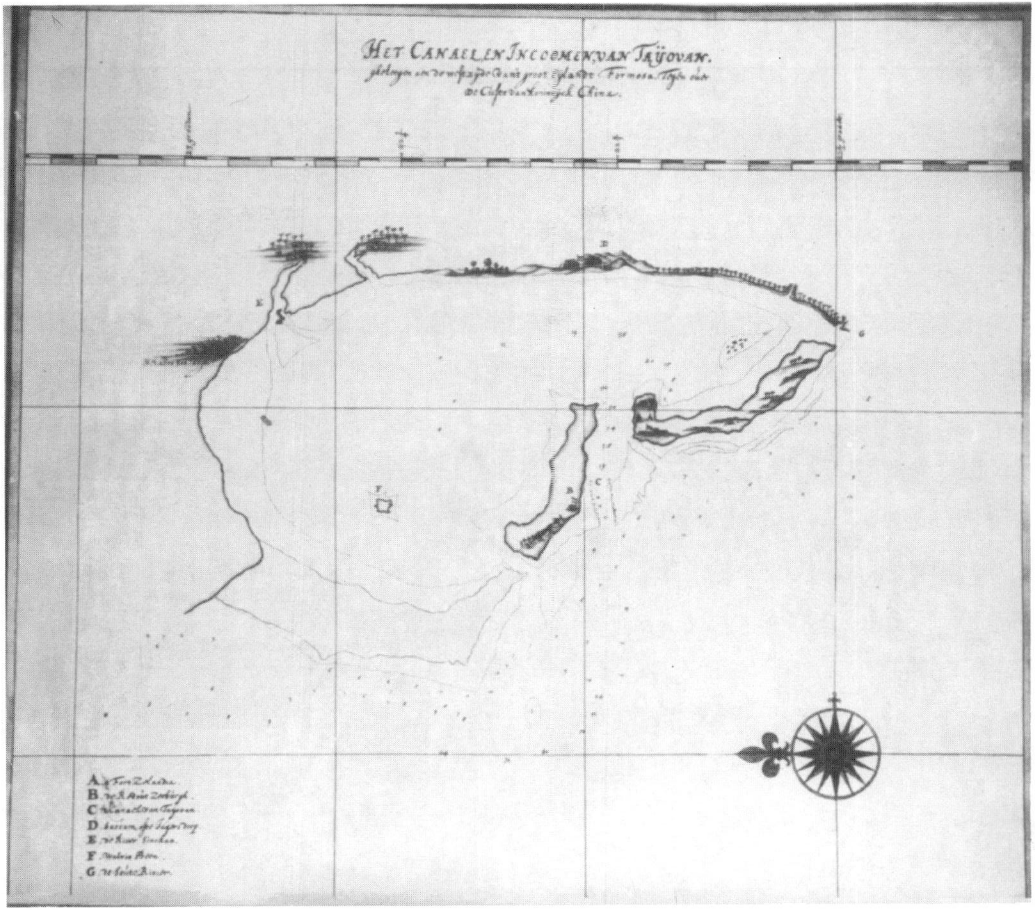

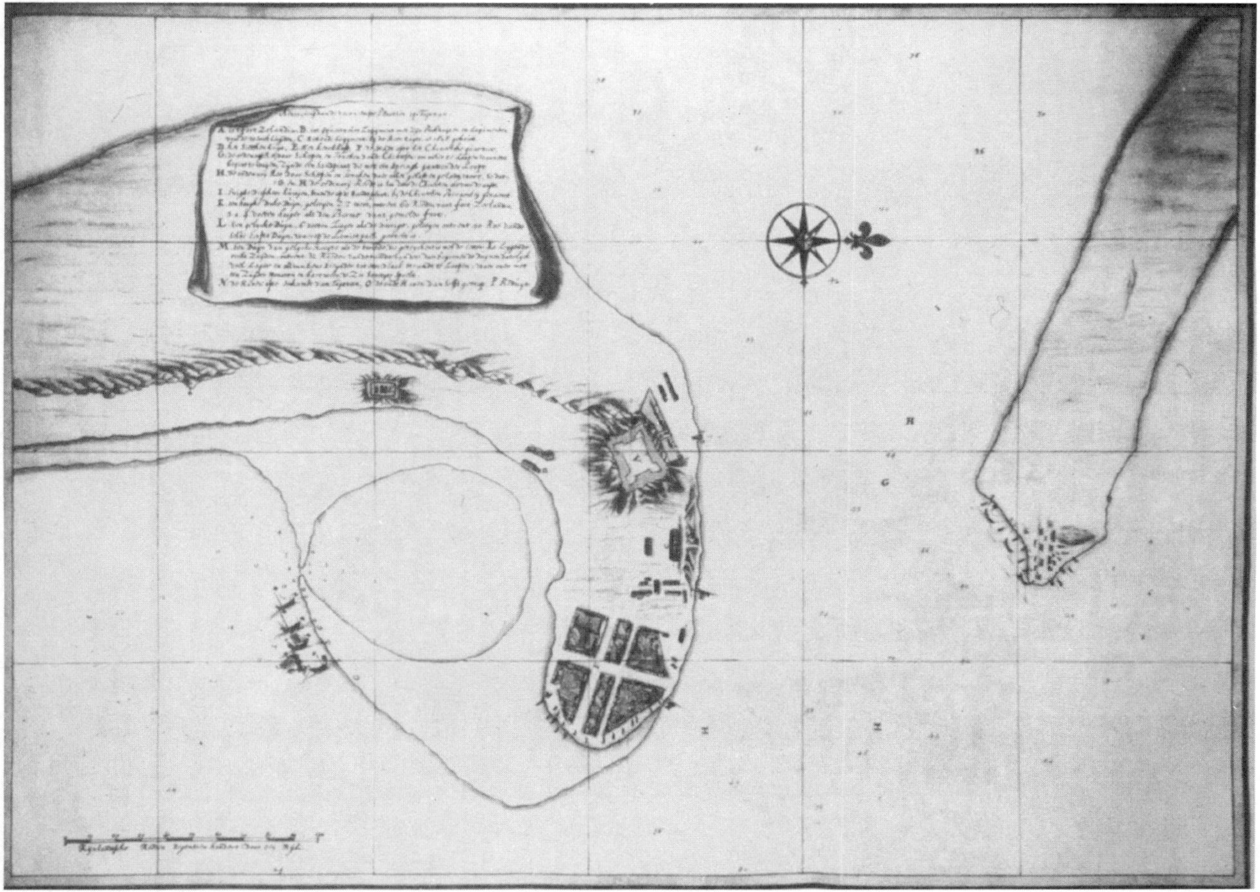

圖三　大員圖

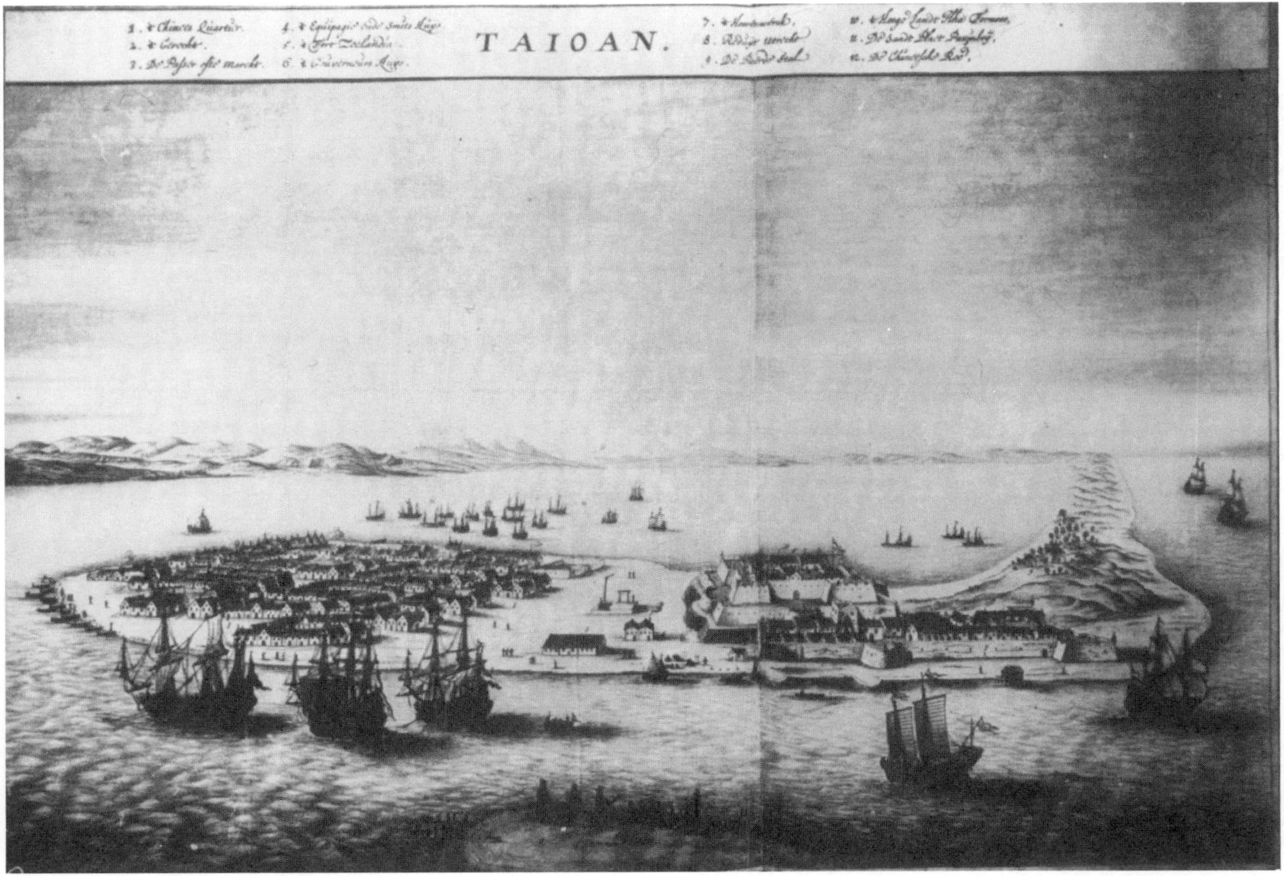

圖四　大員的瞭望圖

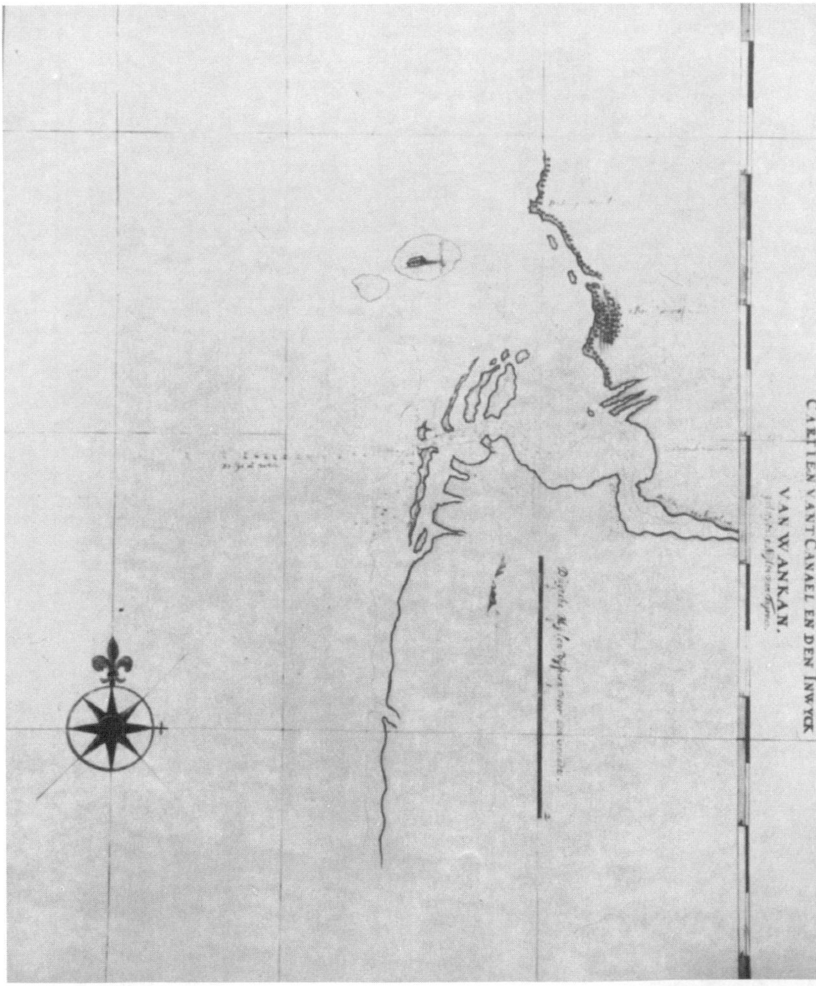

圖五　魍港的水道和入口小海圖

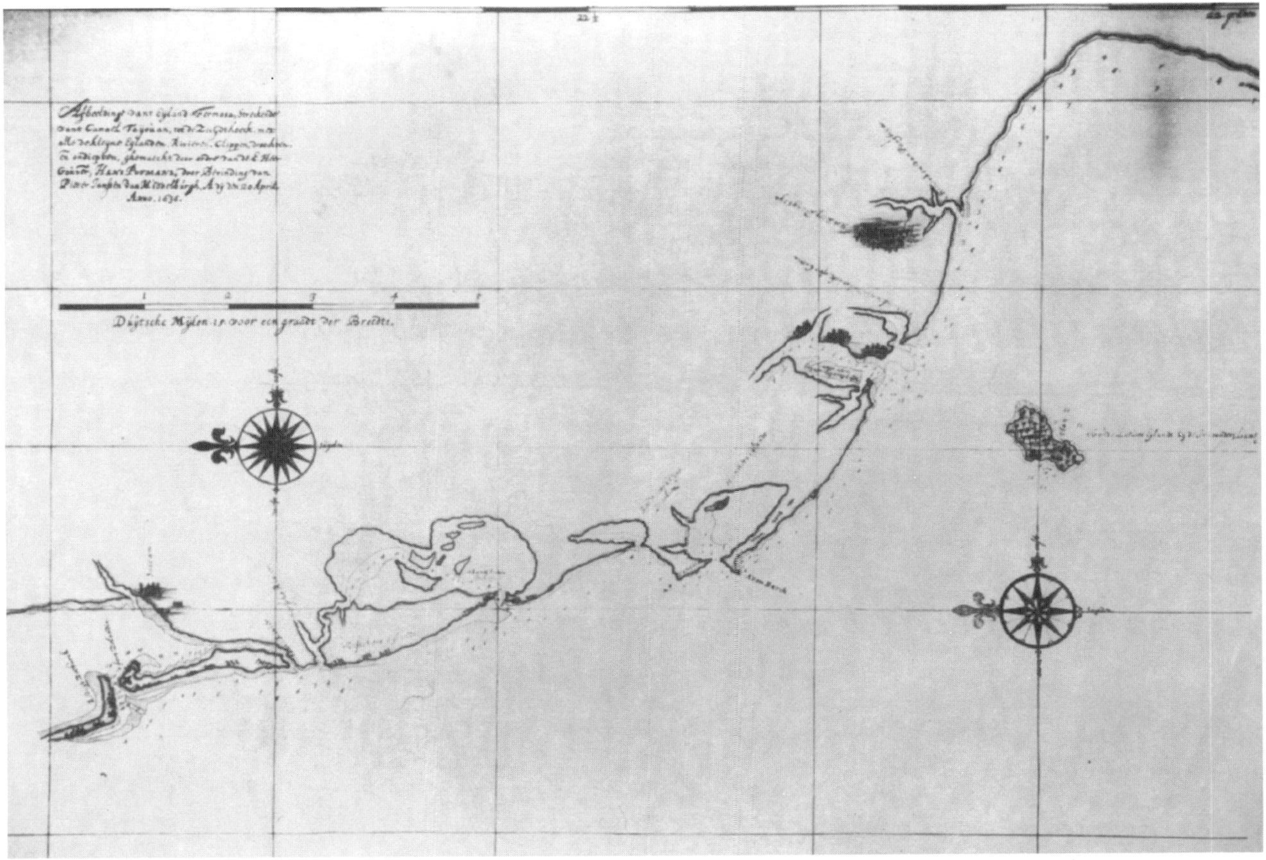

圖六　大員水道到南角的福摩沙島圖，1636 年

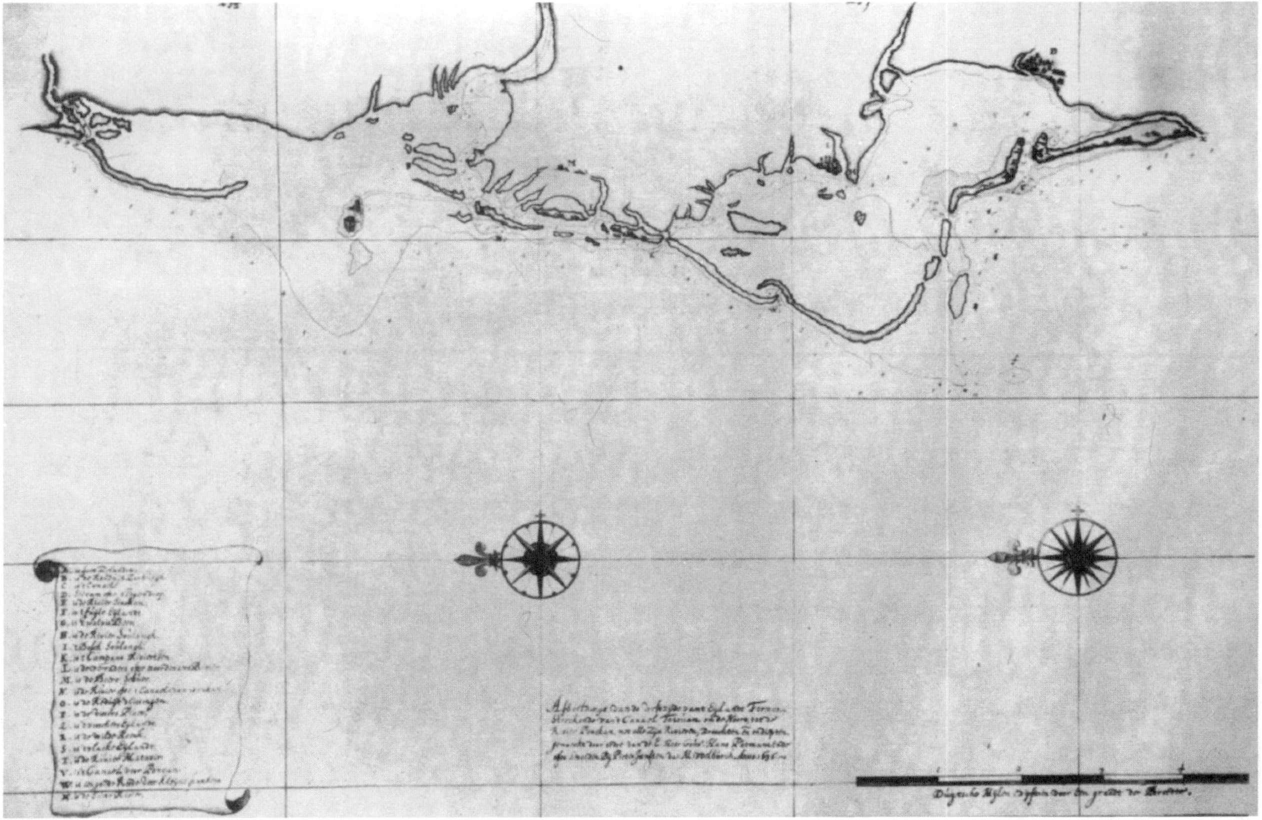

圖七　福爾摩沙島西部圖，1636 年

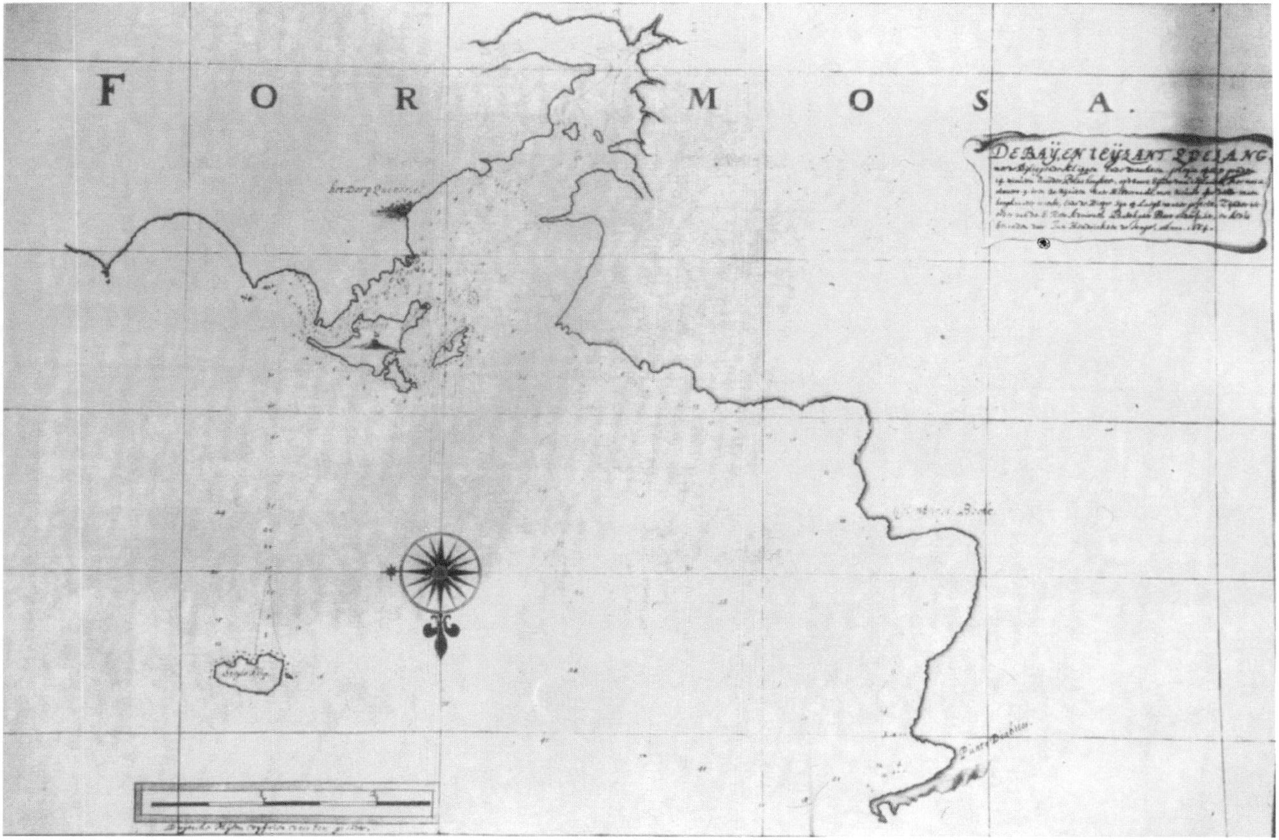

圖八　雞籠島及其海灣，1664 年，Bort 測繪

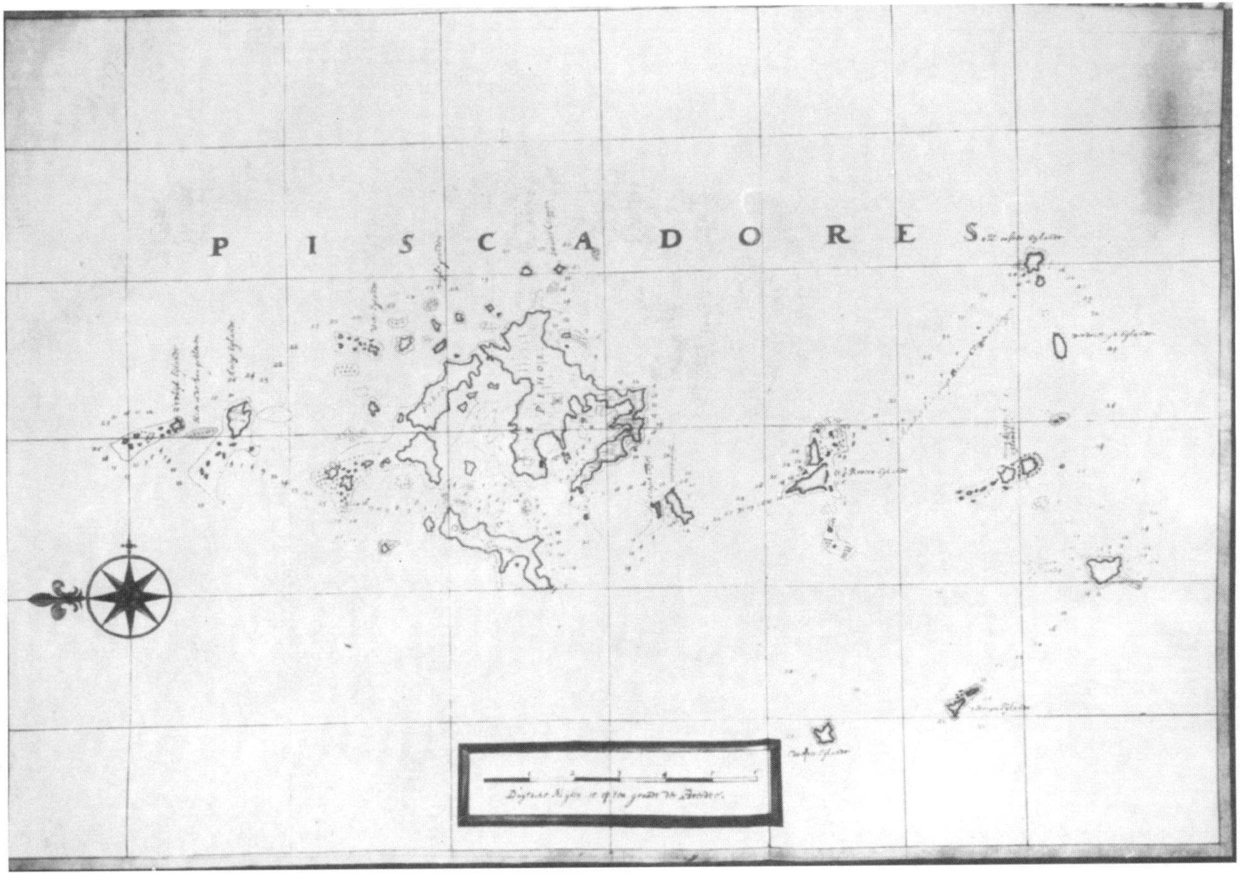

圖九　澎湖群島圖

圖十 澎湖港口圖

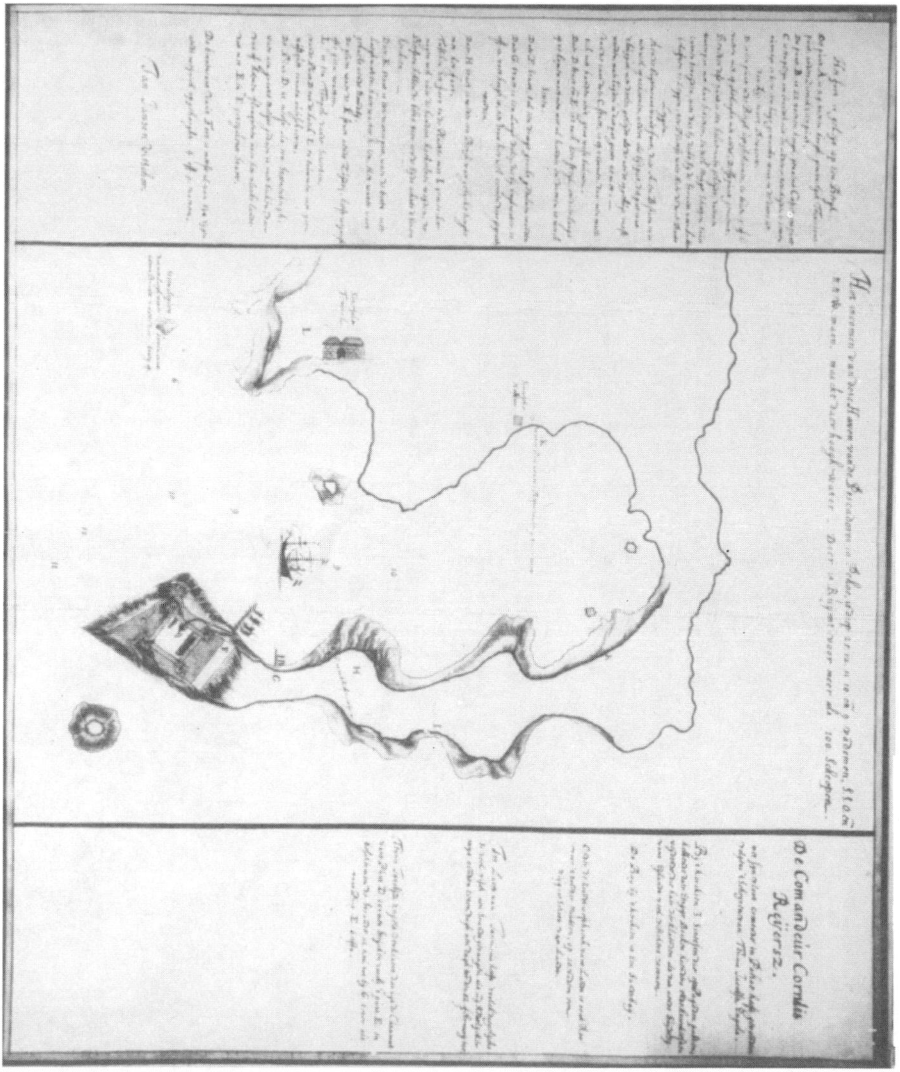

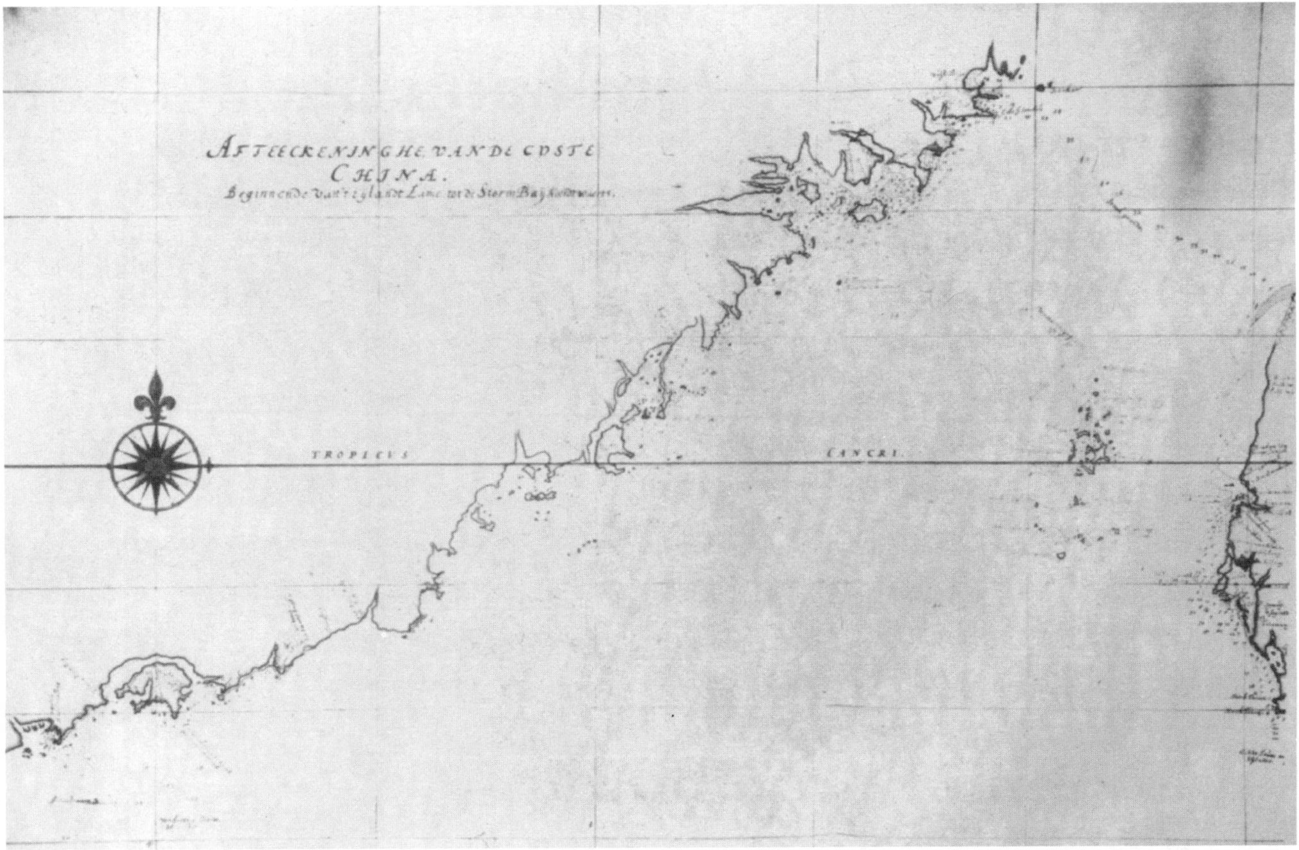

圖十一　中國沿海圖

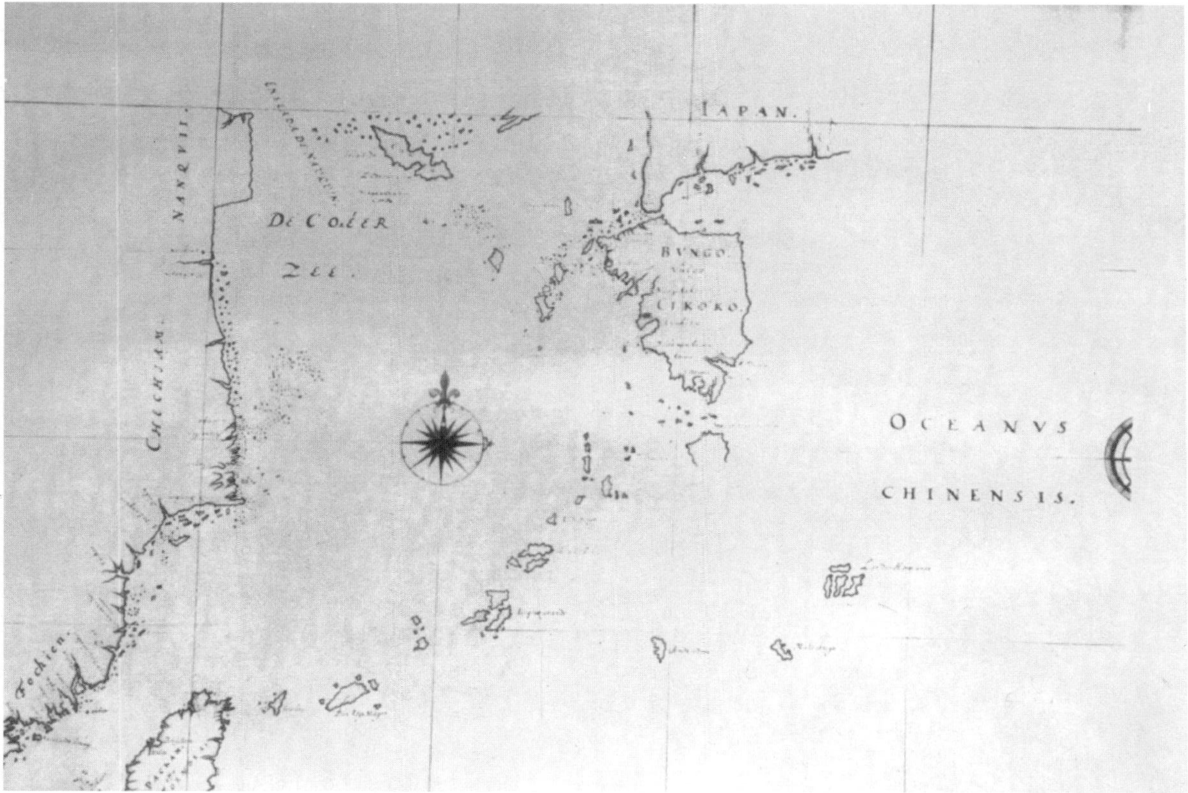
Fochien.
CHECHIAM.
NANQVII.
De Coler
Zee.
IAPAN.
BVNGO.
CIKOKO.
OCEANVS
CHINENSIS.

圖十二　北港　福爾摩沙

臺灣史研究的另一個途徑——「臺灣島史」概念

一

歷史是由「人、時間、空間」三個因素互動、交織形成的。有各種人物，在歷史舞台上輪翻扮演；於不同年代，歷史不斷呈現階段性的變化；空間的特性，更對一地人群與外界的接觸程度，產生關鍵性的影響。我們在做歷史研究時，應該周全的考慮這三個因素的各個層面，儘量擴大aspect，不要侷限在某個單一的觀點上。當我們能夠循序漸進，由點而線、而平面的去逐一探討，同時毫不忽略人、時、地的因素，最後一定能夠架構出total、global的史觀來。

過去的臺灣史研究，比較注重政治層面。純就政治史的研究來說，側重政治變遷的考慮，自然是應有的前提；但是，對人民歷史的整體來說，只著眼在政治上觀察歷史活動，畢竟偏頗了些。如果臺灣史研究，能超越政治史的限制，跳脫國家單位的範圍，而朝人民的、區域的歷史去發展，相信會有助於研究境界的提昇，顯露臺灣歷史的眞實相貌。

臺灣的統治主權曾經多次更換，從人民的立場來看，政權的更迭幾乎與人民的意願無關；而一般人處身在不同時期的政治環境中，卻又往往受限於時代，僅能被動地扮演當代的歷史角色。猶如我們若以非臺灣人民的立場研治日本時代的臺灣史，便會發現要給予一個時代、一群人或某些個人的行爲公正合理的評價，是如何不容易的事！這兩相依違的奧妙，如果能改換對待的方式，打破向來觀念上的民族、政治印象，應該會有開解的可能。

二

臺灣島的地理特性，向來亦爲學界所注意，卻迄今尙未能深入的探究。①以一個島嶼來說，它與海洋的關係、島面積的大小、內部的自然環境與資源等，對島的歷史發展都有影響。

① 編按：本文係曹永和先生訪問稿，由詹素娟、李季樺記錄、整理。

海洋會隔離外界，也能連接外界，它的功能端看交通條件、世界潮流等。臺灣在明中葉以前，是孤立於世界文明之外的；經長久的隔離，才在十六、七世紀逐漸進入歷史時代，開始與外界有所接觸。由此，我們可以問：每一個時代，臺灣島是如何透過海與外界連繫？建立的是何種關係？這個連接對臺灣有什麼影響？意即；在不同時代裏，整個世界的國際情勢，會使島的位置價值與意義產生不一樣的變化；其中一些要素的喪失，如交通條件，可能導致一個島的國際性格也隨之消失。所以，我們應將臺灣島放置在當代的國際架構內，進而從世界潮流的走向、國際局勢的動態演變中，認識臺灣所扮演的角色。

根據這個前提，我要簡單回顧一下十六世紀以來臺灣的對外關係。明朝所謂的海禁政策，是透過朝貢貿易體系因應國際貿易體系。明中葉以後，各國工商業的發達使物品交流的需求更加提高，面對中國朝貢制度的限制，雙方的經濟交流不能達到平衡，市場的供需在正規管道下不能獲得滿足，包括中國和西方的生意人，就會以走私、海盜、武力的方式來尋求解決。走私的根據地（會合地），要轉移到靠近中國、又非中國屬地的地方，臺灣遂在這種情勢下爲荷蘭所據。換言之，以明朝爲中心的國際秩序體系，不能滿足國際經濟的交流與需求，所以中葉以後，朝貢貿易遂慢慢轉變成走私貿易，臺灣亦由此而凸顯出其特殊的地位。

荷蘭時代，臺灣在重商主義的潮流下，因爲具有國際商業基地的價值，而成爲一個重要的轉口站；同時，臺灣也擁有農業聚落。明鄭之後，國際商業基地的價值消失，卻成為中國大陸沿海輸出人口的集中區；清代移民日盛，臺灣完全變成一個農業開發區，甚至成為華南地區的穀倉，所生產的民生必需品，米、糖等，遂成為交易的主體。清代農業技術的發展到了極限，生產瓶頸要到日本時代才得以突破。此種從孤島→國際商業基地→農業開發區→日本時代的再突破→戰後轉型的過程，正顯示臺灣島在不同時代的階段特色。儘管清代臺灣的農業，在技術、人力、地力的成長上，有一定的限度；但兩百年的累積，終於在日本時代更上層樓。然而到日本時代末期，農業發展又到極限，於是企求工業化的躍升。

我所強調的只是：在臺灣這個島嶼上，在不同的時間段落內，因為國際情勢的變化、生產方式的相異、活動人群的複雜、經濟交流項目的替換，而呈現各時期不同的社會特徵。如果我們像過去一樣，太注重政治的變遷、漢人的觀點，而不知該考慮到：臺灣是一個獨立的歷史舞台，從史前時代起，便有許多不同種族、語言、文化的人群在其中活動，他們所創造的歷史，都是這個島的歷史；那麼，臺灣歷史的研究便難以超越政治化的限制。若是我們能換個觀點，以臺灣島上「人民的歷史」作觀點去探究，或許能夠另闢蹊徑。

三

歷史解釋是跟著時代潮流走的。過去的歷史解釋，往往偏重於統治者的觀點，比較忽略人民的立場；現在的世界潮流是注重人權，站在人民的立場研究歷史、解釋歷史，才是我們這個時代的關心主體。

「臺灣島史」的觀念，我相信有助於臺灣史研究跳脫出學界目前泛政治化的解釋模式。在臺灣島的基本空間單位上，以島上人群作爲研究主體，縱觀長時間以來臺灣透過海洋與外界建立的各種關係，及臺灣在不同時間段落的世界潮流、國際情勢內的位置與角色，才能一窺臺灣歷史的眞面目。

以前的臺灣，因爲海島地理的緣故，使其在荷蘭、明鄭時代具有某種程度的海洋性格，但未能形成一個文化單位。清領之後，農業開發是當時臺灣社會的主要生活方式，文化本質是與大陸文化一體相似的。此種立足在海島之上的大陸文化，隨時間的流逝、政治局勢的演變而逐漸顯出發展的窒礙，島上人民體認到：轉型爲海洋文化，此其時也。然而所謂海洋文化包含的層面極廣，例如農業生產不占主要經濟地位，而以海洋網絡來滋養整個地區是最基本的成立條件。臺灣過去只有海島經濟，海洋文化的期許卻是將來的事。「臺灣島史」的想法，或許有助於海洋文化基礎工作的建構。

臺灣史的研究

一

近年來，臺灣史的研究日受重視，研究風氣之盛，漸有蔚成顯學之勢力。今春中央研究院終於決定設臺灣史研究所，並成立「臺灣史研究所籌備處」，現在清華大學人文社會學院也成立「臺灣研究室」。這雖然受這幾年來臺灣的政治、社會、經濟變化的影響，但無疑也表示臺灣研究本身具有學術意義和價值。茲對於戰後四十年來臺灣史的研究略作回顧和展望，來共同關心，一起來耕耘，期能促進臺灣史研究的提升與研究領域的開拓。

二

臺灣有歷史學研究溯自日治時代。一九二一年連雅堂的《臺灣通史》問世，但這是一部舊式史書。一九二八年伊能嘉矩的遺著《臺灣文化志》三冊出版。這是如福田德三在該書序文說，是一部現代版清代臺灣文獻通考。同年臺北帝國大學成立，在文政學部史學科下有日本史、東洋史、西洋史和南洋史等講座，曾有臺灣史料調查和蒐集，並有若干篇的研究發表和荷西文部分資料的翻譯，專業嚴謹的臺灣史研究，於茲奠基。但這些日人教授都另有專攻領域，故臺灣史的研究，發表篇數尚不多。

戰後於一九四八年臺灣省通志館成立，林獻堂任館長，翌一九四九年改爲臺灣省文獻委員會，林獻堂、黃純青、林熊祥等相繼歷任主任委員。一九五〇年後各縣市文獻委員會紛紛成立，地方名望耆老網羅爲委員，各文獻會刊物如雨後春筍，爲民間學者、日治時代的文化運動人士提供發表園地，研究風氣一時頓盛。後省文獻委員會降級改隸民政廳，各縣市文獻委員會多被取消，不受重視，地方經費人力又不足，刊物多停刊，研究風氣走下坡。

在臺灣史研究風氣昌盛時，除省、縣、市各文獻委員會有刊物以外，民間尚有李萬居所辦《公論報》的副刊〈臺灣風土〉，由陳奇祿主編，創刊於一九四八年五月，迄至一九五五年五月停刊

（其間陳奇祿出國期間由方豪編輯）。又於一九四九年七月陳紹馨努力設法，邀陳奇祿主編《臺灣文化》第四卷第一期起，將綜合性的月刊改爲學術性刊物，後陳奇祿出國又經費短絀，刊出二卷則停刊。至一九五六年再經陳紹馨的奔走，仍由陳奇祿主編，發行《臺灣研究》（Studia Taiwanica），可惜也只發行了二輯便告停刊。這二種刊物可以說是代表當時臺灣研究的學術水準，甚得內外學界的重視和期待。另一種民間刊物則創刊於一九五一年十二月的《臺灣風物》。創辦人是陳漢光，最初由楊雲萍主編，後由陳漢光自己兼主編，經費不足，拮据經營，迨獲林本源中華文化基金會資助，始能維持發展至今。

一九六五年十一月十五日臺灣大學二十周年校慶，舉辦了「臺灣研究在中國史學上的地位」學術座談會，成爲一項促進臺灣研究的有效方法，於是臺大歷史系許倬雲與考古人類學系陳奇祿合辦「臺灣研究研討會」，自一九六五年十二月至一九六七年五月計開過十四次，殆由陳奇祿主持，並由考古人類學系出版了二冊研討會紀錄。這是一項民間學者與學院合作的結果，也造就了不少後進。一九七七年林柏壽捐款設立「林本源中華文化基金會」時，再由陳奇祿主持，於一九七七年四月恢復舉辦「臺灣研究研討會」，後由林明德、黃富三、張炎憲相繼主持，仍繼續舉辦至今。

大致五〇、六〇年代，研究者由於懍於現實環境的陰霾凜冽，易觸忌諱，招至困擾，研究方法和觀念多較爲保守陳舊，大多仰賴各地方文獻，停留在地方耆老的掌故美談，但間也培養出新秀，提供和保留地方寶貴資料。也有少數如戴炎輝、陳紹馨、張漢裕等日治時代就已接受嚴謹治學訓練，保持學術研究，作出高水準的業績。

這一時期的另一特例是周憲文及其主持臺灣銀行經濟研究室。由於當時無法考究研判當代臺灣經濟，是以自一九五四年起臺灣銀行經濟研究室成爲臺灣經濟史研究的園地，也刊印許多臺灣史的文獻和翻譯，對於《臺灣文獻叢刊》的刊行雖是政治環境所造成不務「正業」的產品，曾數次受責「浪費公帑」，周憲文於一九七二年退休後即停刊，計出版三〇九種五九五冊，卻是一項對臺灣史研究的鉅大貢獻。另外，由一九七七年十月，由方豪、昌彼得、陳捷先等人，獲得偉文圖書公司洪清泉的支持，創辦《臺灣人文》季刊，也只發行四期後停辦。

自七〇年代起，臺大、師大、文化等大學陸續有治臺灣史研究生產生，七〇年八〇年之交以後以臺灣史爲題之研究生論文也漸多。進了八〇年代以後，畢業研究生或能繼續在大學任教研究，或進入學術機構研究，又臺灣政治社會的蛻變，由於大家身居臺灣，都關心臺灣的變化與前途，隨之對過去的臺灣歷史也日受重視，研究也日益熾盛。

一九八六年中央研究院在張光直倡導下，結合歷史語言研究所、民族學研究所、近代史研究所、三民主義研究所（現稱中山人文社會科學研究所）四所之人力資源，成立臺灣史田野研究室，一方面積極蒐集散藏於民間的古文書，另一方面推動支援各研究分支計畫及發行通訊以鼓勵提升臺灣研究，現今已發展成爲臺灣史研究所籌備處。

九〇年以後臺灣大學也有臺灣史敎研室之設，這三年來獲蔣經國基金會的輔助，對國內外有臺灣資料的探索、編目、蒐藏和整理，對敎學和研究比以往頗積極。今年九月曾舉辦「臺灣史料國際學術研討會」，博得國內外學界好評。淸華大學今也成立臺灣研究室，將推廣和提升臺灣研究。聞中正大學也有設臺灣研究所之議。又這幾年來，各大學有許多臺灣研究的學生社團之活動。地方也有各文化中心的活動。民間即有如財團法人吳三連臺灣史料基金會的設立，史料蒐藏和史料評析講座等活動。如此臺灣史研究，無論中央或地方，無論學府、學術機構或民間，都進入了蓬勃發展的新階段。

三

由於近年來，社會對臺灣史研究的重視，研究人口的增多，研究領域擴張，而隨著時空轉變，有不同研究觀點的提出。其中有些是政治立場的解釋問題，有些是歷史觀，或分析觀點等問題。如中共最近說「臺灣是中國不可分割的一部分」，考諸歷史，臺灣確實是淸代中國收入其版圖，其後割讓給日本，雖說是被迫，但終究是一項歷史事實。另曾有美國學者等流行將臺灣作爲中國社會研究的代用品。而一九七〇年代末期，李國祁和陳其南分別提出「內地化」和「土著化」的觀點。這是對於淸代臺灣社會轉變的解釋問題。隨著這幾年來臺灣史研究趨盛，無疑對於史觀近也頗受廣泛的注重。臺灣史要以怎樣的史觀，要放在怎樣的視角來解釋？對於將來的研究方向卻也值得思考。研究者雖各有史觀、史識、視角、領域等不同，但應擯去主觀的政治性神話，要有科學的、客觀的、學術的歷史事實作爲探索的依據，卻是無二致的。我們應建立一門客觀的、科學的「臺灣史學」，使國內各界，及國外的人士也樂於做爲研究對象的一門學科。

第二次世界大戰後，歷史研究的方法、觀念、視野等均有巨大轉變。其中如法國的年鑑學派爲代表的史學新潮流，滲透到整個世界史學界，各地產生不一的影響，也引起了挑戰，我國也曾經有過介紹了。大致上，國際新史學研究潮流是建立整體性的結構性社會的歷史。重點個別獨特的人物和事件，轉向一般民衆，多層次的社會結構和事態，也從國家的歷史轉向世界史，不然就轉對區域的精密的總體研究，從此新史學的趨勢來看，臺灣史也可以建立爲一區域總體史，又可以放在世界史上加以探考。

歷史是「人、時、空」三個因素互動，交織形成的結構、事態和事件。空間是人類活動和生產的基本場所。在這個舞台上，有各種人物於不同年代出來扮演而消逝。由此歷史不斷地呈現階段性的變化。今天出現於舞台的演員，明天則將改爲別的演員登場。今天和明天的演員有承繼和取代之別；同一時代出現的各種人有各種角色之別，也有「我」類和「非我」類之分，然演員消逝後舞台仍然存在。對於人以外，歷史學家應當重視關心空間，故我曾經提出「臺灣島史」的概念。我們在做歷史研究時，應該周全地考慮這「人、時、空」三個要素的各層面，儘量擴大領域、視野，不要侷限在某單一的觀點上，要架構出結構性（structural）、總體性（total）、全球性（global）的史觀來。

過去的臺灣史研究，比較注重政治層面。純就政治史的研究來說，側重政治變遷的考慮，自然是應有的前提；但是，對人民歷史的整體來說，只著眼在政治上觀察歷史活動，畢竟偏頗了些。如果臺灣史研究，能超越政治史的限制，跳脫國家單位的範圍，而朝人民的、區域的歷史去發展，相信會有助於研究境界的提升，顯露臺灣歷史的眞實相貌。

臺灣的統治主權曾經多次更換，從人民的立場來看，政權的更迭幾乎與人民的意願無關；而一般人處身在不同時期的政治環境中，卻又往往受限於時代，僅能被動地扮演當代的歷史角色。猶如我們若以非臺灣人民的立場研究日本時代的臺灣史，便會發現要給予一個時代、一群人或某些個人的行爲公正合理的評價，是如何不容易的事！這相依違的奧妙，如果能改換對待的方式，打破向來觀念上的民族、政治印象，應該會有解開的可能。

歷史解釋是跟著時代潮流走的。過去的歷史解釋，往往偏重於統治者的觀點，比較忽略人民的立場；現在的世界潮流是注重人權，顧慮少數民族、弱小族群。站在人民的立場研究歷史、解釋，才是我們這個時代的關心主體。

海島臺灣的地理特性，向來亦爲學界所注意，卻迄今尚未能深入探求。「臺灣島史」的觀念，我相信有助於臺灣史研究跳脫出學界目前泛政治化的解釋模式。在島內人群活躍生產的總體性的結構和縱觀長時間以來臺灣透過海洋與外界建立的各種關係，及臺灣在不同時間段落的世界潮流、國際情勢內的位置與角色，加以闡明才能一窺臺灣歷史的眞面目。

建立臺灣新史學的基礎

歷史研究的第一階段是搜集和準備資料，第二階段即解釋資料和叙述歷史。而如何利用、解釋和批判資料，卻產生了許多方法論和理論觀念的紛歧。有如實證主義、馬克斯主義、歷史主義等歷史思想的流派。由於各流派的觀念和解釋不同，客觀的歷史事實的眞實性，卻變爲無法解決的認識問題。歷史研究經過不斷的探索，產生新觀念和新方法之後，歷史即需要再解釋和重寫。科學的、客觀的歷史事實探索是無止境的，因此，歷史學是變化的科學。

二次世界大戰後，科學和技術的革命性發達，世界形勢急遽變化，形成了新型的社會和知識。歷史研究的方法、觀念、視野也均有巨大的轉變。以法國的年鑑學派爲代表的史學新潮流，滲透到整個史學界，產生各地不一的影響，也引起了挑戰。今天歷史學正站在一個轉捩點上。

過去政治歷史是歷史研究的重點，國家為歷史演變的主角。研究和探索所關心的是獨特的個別事件、事實，或傑出人物的言行，而按時序排列，以因果關係來解釋。主要的依據是留存的各種公私檔案、文字文獻的記載。戰後研究擴展了領域，擴大了視野，研究重點從政治史轉移到經濟、社會、文化、思想、心理等各方面。從個別少數的偉人，轉向集體的人、一般大衆和社會的研究。資料不限制於文字形式，而利用其他任何形式的輔助資料，也吸收了其他學科，如地理學、社會學、經濟學、人類學、考古學、心理學、語言學、文學以及自然科學等各領域的成果和方法，在科際整合互動之下，領域擴大到無文字的族群，時間範圍也擴展到史前時期，自羅列個別事實，到建立整體性的、結構性的社會的歷史，大大豐富了歷史內容。由於歷史研究的新潮流，重點從個別獨特的人物和事件，轉向多層次的社會結構和事態；也從國家的歷史轉向對區域的歷史、世界的歷史和比較史學的重視。區域的精密總體研究已成為一股重要的國際學術潮流。從新史學研究的潮流趨勢來看，臺灣史學應值得建立，臺灣歷史研究值得重視。

過去臺灣史研究者懍於政治禁忌的陰霾，操持之間，不免進退失據，難有重大的學術突破。研究方法和觀念多較為陳舊，大都停留在地方耆老的掌故美談。隨著臺灣主客觀形勢的變遷，九〇年代的臺灣史研究，漸突破困境，儼然成為一門顯學，年輕學者輩出，但仍各自為政，孤立於片斷的領域，尚缺乏科際整合的整體性研究和理解。

面對長期臺灣史研究成績不彰的局面，研究者難於掌握整體性、有機性的臺灣歷史的演變和全貌，但從這幾年來坊間各種《臺灣史研究》書籍的出版，可看出人們渴望了解臺灣歷史的心情。自立報社文化出版部鑒於此，自一九九〇年開始籌畫，邀請了二十餘位不同領域的少壯輩學者，擬定深具歷史發展脈絡和研究價值的專題，共同參與「臺灣歷史大系」的編寫計畫。在多達二十幾個專題中，動員了歷史學、考古學、人類學、社會學、地理學、文學等領域的精英學者，他們以深入淺出的文字，對一般人士作了臺灣史全面綜合的介紹。其中有一般的概述，也有新的學術研究成果，是目前唯一總結臺灣史研究成就的出版計畫。對著者來說，以更寬闊的視野，提出前瞻性的解釋，作為較完整的臺灣史總回顧和科際整合的合作，俾日後更進一步探索研究的基礎，以期建立新臺灣史學。

臺灣史研究及其文獻資料

一

近年來，臺灣史的研究日受重視，研究風氣之盛，漸有成爲一門顯學之勢。這雖然是受這幾年來臺灣的政治、社會、經濟變化的影響，但無疑也表示臺灣史研究本身具有學術意義和價值，其重要性也漸爲學術界所肯定。但過去研究臺灣史人士嫌少，眞正具有嚴謹的學術價值的研究成果也不算多，所以臺灣史學的建立，即期待這一代大家的獻身與開拓研究。在此提出一些對臺灣史研究的看法，並略介有關文獻資料的利用，以供參考，並就教於大家。

二

歷史是由「人、時間、空間」三個因素互動，交織形成的。既然是臺灣史，其空間的主體當然是臺灣，而以此空間作爲歷史舞台的人卻相當複雜。臺灣是一個海島，以一個島嶼來說，島面積的大小，島嶼內部的自然環境與資源，影響該島的特性，但更重要是無論政治面、經濟面或其他各方面都深受島外世界的情勢、潮流的互動影響，也即臺灣是在與整個島外世界的政治、經濟、文化交往融合中形成的。

臺灣是一個海島。處在東亞大陸外緣，北自庫頁島有一連串南北向的弧形列島，南接東南亞的海洋諸島嶼。東南亞諸島南邊，以爪哇爲中心有東西向相連的島嶼。其西端蘇門達臘島即與馬來半島以馬六甲海峽相向，成爲南海往印度洋的出口。這些南北向和東西向島鏈中，在西太平洋與東亞大陸邊緣形成了幾個內海。臺灣是屬於這島嶼世界中，位於南北向諸列島的中間，與大陸極爲接近，分隔了東海及南海，爲東北亞和東南亞的交叉點，其地理位置至爲優越。

史前時代臺灣就已有幾個不同的階段與島外世界互動的往來，形成南島語族的文化圈及其擴散地。十六世紀以來，重商主義的世界性競爭糾葛中，臺灣即浮顯於此歷史舞台，成爲倭寇海盜的巢穴，後爲荷蘭、西班牙所割據，作爲其營運轉口貿易基地。同時荷蘭自福建引進移民來臺灣，以稻作和蔗作爲兩大作物，奠基商品農業的發展。米糖遂成爲臺灣生產的兩大出口商品。荷蘭在臺灣轉口貿易的經營和東亞海上貿易的演變，造成了海商鄭氏的興起。明清鼎革戰爭的結果，致使鄭氏王國驅逐荷蘭轉移到臺灣，其結果是清廷爲消滅鄭氏而攻略臺灣。清廷收臺灣爲其版圖後，閩粵移民大量違犯禁令，偷渡來臺。農業開發進展，南島語族文化逐漸爲漢文化所滲透，南島語族遂淪爲弱勢族群。

以英國爲先發，列強相繼工業革命後，在世界各地引起擴張和角逐。其勢力伸展到東南亞時，臺灣由於其所處海島的位置，也引起列強的覬覦，最後淪爲後發的帝國主義國家日本的殖民地。到了二十世紀，由於先發和後發帝國主義國家間的爭霸，遂引起二次世界大戰，其結果後發帝國主義國家日本、德國、義大利戰敗，日本喪失其殖民地。原本在日清戰爭中割讓予日本的臺灣及其附屬島嶼，亦因日本宣布放棄殖民地支配權利而歸中華民國管轄。其後，島嶼內部的社會經濟發展，再度深受大陸政權的牽動。

戰後國際社會成爲政治體制對抗的冷戰時代。臺灣又因其海島的地位，深受國共戰爭和複雜的世界冷戰的影響。儘管冷戰時代結束，邁向二十一世紀的現在，世界成爲一地球村，臺灣由於其海島的位置在國際政治力學上具有關鍵地位，受到重視。如此，從政治面來說，海島臺灣是不能超脫島外世界的國際情勢潮流。

從經濟面來說，臺灣經濟是海島經濟，基本上是出口導向的。依時代之推移，市場和商品都有變遷，島內經濟構造也隨之調整。

臺灣自荷蘭時代奠基商品農業以來，米糖一直爲兩大宗出口商品，米糖的出口迄至戰後。十九世紀的七十年代，茶、樟腦成爲代表臺灣的國際商品。日本時代尙有鳳梨罐頭、香蕉、木材等成爲商品，日本也成爲主要依附的市場。到了一九三〇年代，臺灣爲配合日本的南進政策，開始推動臺灣的工業化，後進入戰時統制經濟，一向蓬勃發展的臺灣出口貿易，在戰爭末期逐漸萎縮。戰後初期，臺灣市場自日本重回中國經濟圈，卻因國共內戰、猛烈的通貨膨脹和社會經濟混亂之影響而陷於黑暗時期。隨之國民政府進入臺灣，與中國經濟圈切斷，臺灣的米糖不再輸往中國大陸而重回日本市場，與香蕉等有賺取外匯能力。因世界冷戰體制下獲得美援，又戰後世局的變化，跨國公司來臺投資，臺灣中小企業成長，民間新興產業興起，臺灣的出口導向的工業化進展，出口商品結構不斷地改善，出口市場也不斷地擴張，自日本擴大到美國、香港以及世界各地。如此臺灣經濟發展是自米糖出口以來，轉移到紡織品直到現在的電子產品，一直是出口導向的海島經濟。

對臺灣史研究，已有許多有關史觀的論述，因之也有許多研究途徑。我於一九九〇年曾經提出「臺灣島史」的概念，作爲研究臺灣史的一途徑。因爲臺灣是一個海島，地理上應屬於島嶼世界，所以從海洋的觀點來看臺灣史的演變也應可採取的一個研究途徑。

如上所述，臺灣雖爲一個海島，但因地理位置優越，自古以來即爲東亞地域族群移動的重要通道。十六世紀地理大發現後，更涉入了世界性的競爭中，島嶼的主權亦因之與周邊國家間有幾度的分合。多元的族群關係與頻繁的政權交替。形塑了臺灣史複雜的有機內涵。然而，從過往的研究成果看來，這兩個形塑臺灣史特質的要素同時也限制了研究者的研究視野。前者導致了漢人中心主義褊狹的族群觀；後者使臺灣的社會經濟史研究缺乏一致的連貫性。以下，就此兩部份提供初淺意見，以供參考。

首先，漢人中心主義方面。臺灣史研究中，以漢族爲中心的研究論述，歷所多見，特別是表現「漢人開發史」的研究課題上。這樣的研究史觀值得檢討乃是因爲，「漢人開發史」設定了一個褊狹的假設前提是：臺灣在漢人移入開墾的同時才帶入文化，因而臺灣只有「四百年史」，臺灣的族群文化中只有原住民「漢化」的問題。當然，這樣的研究視野並不純然是研究者的問題。事實上漢人掌握了文字，長期以來大量留存了以漢人觀點寫成的史料亦是原因之一。不過，這樣的研究顯然悖逆了臺灣歷史上多族群共同存在的歷史事實。更嚴重的是催化了族群彼此間的衝突。因此，如何擺脫漢人中心主義，以多元的族群視野，來豐富、拓展臺灣史的研究內涵，無疑是相當重要的。

第二，社會經濟史的延續性。統治臺灣之政權，雖然替換頻繁，並連帶牽動社會經濟的變遷。但是社會本身的連續性，不會因爲政權轉換而立刻處於斷裂的姿態。因此，考察臺灣的社會經濟課題時，應該注意的是在表面的政權轉換交替下，社會本身的連結（articulation）過程，而非單純地視之斷裂性的。

三

第二次世界大戰後，歷史研究無論方法、觀念、視野等均有巨大轉變，人類生活廣泛多元的活動都值得研究。因爲時代的轉變，有新的觀念看法就不同，研究課題、方法和資料也變爲多樣多元。歷史研究除了新資料的不斷發掘而更新外，對原有資料也可以由新角度來重新分析檢討。資料也不限於文字資料，還有其他遺物、圖像、口傳、地理景觀等經其他學科領域適當處理斟酌也是重要的歷史研究資料，而經過研究處理，過去的非文字資料也會文字化，成爲以後的文字資料。

文明有高低，但文化價值觀沒有優劣高低之分別。白人的種族優越感沙文主義受到批判，並在努力克服民族和種族的侷限性。對事實判斷與價值判斷的混淆，文明對野蠻、純正對異端等偏見獲得糾正。這一點歷史學頗受人類學的影響。例如近年來的重構非洲歷史，重新檢討哥倫布發現美洲的功過，印地安人的歷史的重新定位等都是在克服白人沙文主義的歐洲中心歷史觀。亞洲史也一樣，臺灣史也一樣，我們也應當超越過去的漢人中華沙文主義。臺灣史不是一部臺灣漢人目百年史。以前統治者是主人，現在人民才是頭家。如此觀念，歷史解釋也變，資料處理也變。

臺灣除了原住民、漢人以外，尚有荷蘭人、西班牙人、日本人也曾經統治過臺灣，其他英國、法國、美國等國也與臺灣發生關係交涉。因此有關臺灣的文獻有各種語文，頗爲豐富。臺灣文獻資料大致可分爲官方檔案、私人文書和其餘文獻資料。臺灣大學歷史學系於一九九〇年曾獲得蔣經國基金會的資助，結合海內外學者的力量，對臺灣、荷蘭、美國、日本公藏的有關臺灣史檔案予以搜集整理並編製目錄。計畫所編目錄已付印，此當對臺灣史研究者有所幫助。一九九三年臺大也曾舉辦過「臺灣史料國際學術研討會」，其論文集已出版。吳三連臺灣史料基金會也舉辦過一系列臺灣史料評析講座，其紀錄也已出版，這些都可以參考。

荷蘭時代的基本資料，戰前已有村上直次郎自《巴達維亞城日記》將有關臺灣、日本資料翻譯爲日文，戰後中村孝志校注，其中文翻譯已由臺灣省文獻委員會刊行。荷蘭東印度總督每年寄給荷蘭本國的報告書中有關臺灣部份已由程紹剛（一九九五年十二月獲得萊頓大學的博士學位）自荷蘭檔案中整理出來並附中文翻譯，現在聯經出版公司準備出版中。自一九七二年以來在荷蘭有《熱蘭遮城日記》的出版計畫。自一九八六年到現在已出版過三冊，剩下第四冊大概這一兩年內就可出版，那麼現在所留存臺灣的《熱蘭遮城日記》就全部可問世。另外由順益臺灣原住民博物館資助，對荷蘭時代有關原住民資料將以荷英對照出版，現在第一冊的原稿大致完成。

關於西班牙時代的檔案，西籍臺大客座教授 J. E. Borao 獲得國科會資助，搜集有關檔案大致完成，不久將來也以西英對照出版。有關鄭氏時代的英國東印度公司檔案，在大英圖書館與臺大合作之下，已於一九九五年出版。

中央研究院史語所明清檔案中有關臺灣檔案已以《明清史料》戊編出版，也散見於甲至丁編中。臺灣銀行經濟研究室也經整理收錄於《臺灣文獻集刊》中。故宮博物院的檔案資料，另有莊吉發、劉家駒二位介紹，在此從略。聯經出版公司也曾將這些有關臺灣檔案整理，作爲《臺灣研究資料彙編》第一輯（順治元年至乾隆三十年爲止），一九九三年出版四十冊。臺灣大學自一九九五年以來開始出版淡新檔案，已出版四冊。

至於十九世紀以來的歐美有關臺灣檔案，除了臺灣大學以外，也是中央研究院臺灣史研究所籌備處的重點蒐集計畫之一。我們可期待於將來。

日本時代臺灣總督府檔案，現在臺灣省文獻委員會與日本中京大學合作計畫之下，目錄編製和出版中。省文獻會也將總督府檔案部份中文翻譯出版若干冊。至於日本方面有關臺灣檔案，吳密察教授將有介紹，從略。

至於官方檔案以外，臺灣也有很豐富私人文書資料。早在日本時代臨時臺灣舊慣調查會和臨時臺灣土地調查局曾作過調查，其報告書收錄有很豐富的民間私人文書。其後於一九八一年由美國亞洲學會臺灣研究小組發起，王世慶等輯《臺灣公私藏古文書影本》是以各種類私人文書爲主的檔案文書彙篇。中央研究院史語所以及中央圖書館臺灣分館各收藏一套。希望史語所能設法出版，嘉惠研究者。中央研究院臺灣史研究所籌備處自其前身臺灣史田野研究室以來也繼續致力於蒐集地方文書，已出版過竹塹社有關資料二冊。近年來，如臺北縣、宜蘭縣、臺中縣等縣的各縣市文化中心也致力於地方文書的蒐集，也有已出版。

以上是官方檔案和民間私人文書的大概。至於有關其他臺灣文獻，值得一提的是臺灣銀行經濟研究室在周憲文主持下，自一九五七年至一九七二年經十五年的歲月中，遭遇許多困難，陸續出版一套《臺灣文獻叢刊》三〇九種，五九五冊，自明季起至日本時代（主要爲清朝）中文資料。舉凡明清實錄、方志、奏議、旅臺筆記、檔案等收集刊行，對研究者提供很大方便。其餘頗有大量的文獻資料，只好利用文獻書目來檢索，主要有臺灣史田野研究室出版的資料叢刊，臺灣風物社出版張炎憲主編《臺灣史關係文獻書目》（一九八九）都可供作檢索之用。中央圖書館臺灣分館爲臺灣文獻資料的寶庫。臺灣分館所編印許多目錄，其中尤以：

《臺灣文獻資料目錄》

《西文臺灣資料目錄》

《日文臺灣資料目錄》（一九八〇）

《臺灣文獻資料聯合目錄初稿》

《館藏臺灣文獻期刊論文索引》
《臺灣文獻書目解題》
等類更能提供研究者檢索之方便。另外《臺灣風物》和吳三連臺灣史料基金會出版的《臺灣史料研究》每期均能提供活動報導和出版消息，可以提供較新消息供研究者參考。

多族群的臺灣島史

歷史是由人、時間、空間三個因素互動、交織形成的結構、事態和事件。空間是人類活動和生產的基本場所。人類在世界上各別擁有一定的空間，利用其資源生息。地球上各地域有其地理特性和資源，人類在其生息的空間，會改變其環境，其環境也會影響其性格。尤其是人類生活和自然生態的密切關係，正成爲全球性人類生活的問題。人與空間的關係是密不可分的。

臺灣是一個海島，位在歐亞大陸東邊外緣，北自庫頁庫有一連串南北向的弧形列島，南接東南亞的海洋諸島嶼。東南亞諸島南邊，以爪哇島爲中心有東西向相連的島嶼，其西端蘇門答臘島即與馬來半島以麻六甲海峽相向，成爲南經印度洋的出口。這些南北向和東西向島鏈中，在西太平洋與大陸邊緣形成了幾內海。臺灣是屬於這些島嶼世界中，位於南北向諸列島中間，與大陸極爲接近，分隔了東海與南海，爲東北亞和東南亞的交叉點，其地理位置至爲優越。

臺灣是一個獨立的歷史舞台，在這舞台上，有各種人物於不同時間出來扮演與消逝。今天出現於舞台的演員，明天將改爲別的演員登場。今天和明天的演員有承繼和取代之別，也有「我」類和「非我」類之分，然而演員消逝後舞台仍然存在。如果只注重個人的政治變遷。政權的更替，就會有歷史斷層的產生，整個社會背景也不會有所連貫。

所以我曾經提出「臺灣島史」的觀念，以生息於臺灣島的人民爲主題，來看臺灣的歷史。海島臺灣的自然環境、地理特性，如海流、氣候、生物、生態等，都對島民有甚深的影響。臺灣有許多族群，從史前時代以來，在不同時期、不同地點，遷徙或移入臺灣，在臺灣創造歷史。

現在原住民之間有矮人之傳說，也有矮人祭的習俗，所以很可能在史前時代南島語族的原住民之前，就有 Negrito（俗稱矮黑人）的棲息。

迄至目前爲止，臺灣所發掘調查的史前遺址，從其空間分布和時間分布，已有舊石器時代、新石器時代、金屬器時代等很多時空不一的史前文化。有許多族群棲息於臺灣島各地，也有自臺灣遷徙擴散於現在各地南島語族的棲息地。此時屬於南島文化圈。

漢人可能在唐末宋初之間便已開始移民於澎湖，但明太祖爲海防把澎湖的漢人內遷墟其地。到了十六世紀明朝國勢衰退，一直被明廷壓抑的民間海上活動活躍起來，出現倭寇和海盜，臺灣成爲走私的聚合站，同時大陸沿海居民來臺灣從事漁業者也漸多。

一六二四年和一六二六年荷蘭人和西班牙人相繼占領臺灣南北部時，南島語系的族群分爲各社的利益互相鬥爭，而港口等沿海地區則有漢人、日本人、荷蘭人、西班牙人居住和經商。漢人經商外，也從事捕魚和與原住民易貨交易。日本人後來由於德川幕府採鎖國政策，日本人自臺灣消失。西班牙人一六四二年被荷蘭人逐出，臺灣全島爲荷蘭人所占領。

原住民一般對外族（漢人、日本人、荷蘭人、西班牙人）好奇又友善，惟原住民有弱勢部落和強勢部落之分，也因習俗（如出草）和利害關係時常互相戰爭，相競與外族提攜。例如新港社最初與日本人提攜，而因日本商人與荷蘭人競購中國貨品，有了利害衝突，終於一六二八年引起所謂的濱田彌兵衛事件。新港社爲弱小部落，一直受麻豆社的欺侮，遂依靠荷蘭人。

一六二九年六月荷蘭長官帶六十三名兵士往麻豆社捉漢人海賊，卻未發現，而受麻豆社的款待。長官先回城，其餘士兵接受麻豆社的招待。飯局完後，要過河回城時，除了一名小孩和一名奴隸外，全部遭麻豆社殺害。直到一六三五年十一月，獲巴達維亞當局的增援，才去討伐麻豆社，麻豆社即歸順荷蘭。

荷蘭人利用各部落的紛爭，對荷蘭人有好意的則予以保護，有惡意者加以懲罰，逐漸擴大其支配範圍。

漢人適值中國動亂不安，荷蘭人爲發展貿易，鼓勵移民臺灣，除從事漁業之外，也應原住民的需要做交易或經營貿易。這些漢人在荷蘭人控制下，蒐集鹿皮或從事捕鹿，漢人的狩獵往往侵入原住民的鹿場，受原住民的狙害，荷蘭人爲其經濟利益，保護這類漢人，懲罰原住民。

對漢人而言，與原住民交易獲利較多，其交易範圍漸擴大至荷蘭人勢力不及的地方，獲利也愈大。在這邊界上的漢人畏懼荷蘭勢力的侵入，時或不免煽動原住民反抗荷蘭人，而又引起荷蘭人的攻擊。如此，荷蘭人、原住民和漢人間有反抗、順從、提攜的糾纏。

這時的人口組成，南島語系的原住民屬多數族群，荷蘭人和漢人均屬少數族群，而荷蘭人是依靠優勢火器和傳教控制其餘族群。一六四〇年代，臺灣農業進展，漢人移民驟增，對荷蘭人的聚斂不滿，於一六五二年發生郭懷一起事，但因沒有武力爲後盾，很快就被鎮壓下來。

荷蘭人被鄭成功驅逐後，臺灣即減少荷蘭人的族群。鄭氏投降，臺灣歸清後，清廷把鄭氏勢力遷回大陸，臺灣漢人一時人口減少，出現人去業荒的情形。進入十八世紀後，大陸人口普遍增加，閩粵流民接踵而至，墾闢漸廣。由於未領照偷渡來臺者激增，漸爲地方治安隱憂。清朝政府一面嚴禁偷渡來臺，一面定界、封界禁私越偸墾。

此時臺灣漢人多單身來臺，許多與原住民通婚、爲各社通事等，所謂「漢番關係」，在邊界較爲和平相處。但自十八世紀後半，漢人人口變爲多數，所謂平埔族即爲弱勢族群，表面上被同化消失，又有一些不法漢人爲取得土地，間對原住民也有欺詐行爲，原住民處處受到漢人沙文主義的歧視。這種歧視，近年來對人權的覺醒，已大爲改觀。

臺灣屬清當初，幾位有政聲來臺官吏，多致力於招徠墾殖，因爲還多未墾荒埔，都能得到土地，未發生族群衝突。臺灣械鬥主要是農村現象，隨著拓墾而展開。從十八世紀到十九世紀中葉，臺灣簡直是開發到那裡，械鬥就到那裡。

十九世紀中葉以後，臺灣南部族群大體上漸漸和平共存，械鬥中心北移，以漳泉械鬥爲主，不過一八六一年後漳泉的衝突在臺北地區基本上是結束了。一八六〇年代以後，人口增加，但族群械鬥卻相對減少。臺灣不再是族群互相排除的邊疆，而是族群互相包涵的家園。

分類械鬥確定了族群的分布，雖未達到社會的整合，卻促成了和平共存。社會雖沒有融合，但至少容忍和解，容納和平。械鬥使本來敵對的族群有接觸的機會，經過血的教訓，和時間的演變，臺灣的閩客、漳泉和族群，終於承認他們是同樣選擇在臺灣島上生活的漢人。他們過去在福建廣東，但他們的現在和將來在臺灣。

到了甲午戰爭後，臺灣淪爲日本殖民地，日本政府雖寬限兩年讓居民選擇國籍，但除了極少數人以外，都留了下來。他們已不再認同是閩粵或漳泉，而認同都已植根於臺灣的臺灣人民。他們不願爲日人統治，故初期以武力抗日衛鄉，後接受新教育人士漸多，思想大受啓蒙，即興起近代民族運動和社會運動，要求民主和自治。

臺灣在日本殖民統治下，漸次進入資本主義化時代。自一九三〇年代後半期，臺灣作為日本南進基地，經濟方面推展工業化，政治方面為皇民化運動的趨勢所籠罩。但五十年間，臺灣在日本的統治下，雖也有些日本化，卻也有現代化的一面，其腳步已超前中國。

日本戰敗，國民政府派陳儀來臺接收，由於長達五十年的日本統治，臺灣人對中國的政治和社會狀況均缺乏了解，來臺接收政府官箴、軍紀欠佳，致使觀念中的祖國和實際經驗有著相當令人難以適應的差距。由於不當的施政，物價飛漲，失業嚴重，民生凋敝，終釀成二二八事件。

自陳儀接收臺灣和國民政府撤退到臺灣以後，其間有一大批新移民來臺。臺灣的族群產生一新紛爭因素，認同的危機。

過去清朝的社會紛爭，植因於不同祖籍的認同和土地等糾紛，這種祖籍認同，或血緣社會、地緣社會，大概是世界共同的傾向。現在的傾向是對於生活認同的生命共同體。如美國有各國各地來的移民，其認同不是族群，是對於自由民主生活的認同。臺灣的各族群也應是生活在臺灣、根植在臺灣，有認同在臺灣建立自由民主的生活，融合為生命共同體之必要。

後記

從一九七九年《臺灣早期歷史研究》出版迄今，已經整整二十年。這二十年來，臺灣社會經歷了重大的變遷，我的研究觀點與治學方法也產生大幅的改變。因此，聯經今天所出版的《續集》，正是二十年來我在臺灣社會變遷與個人學術思考轉型下，對臺灣史研究成果的結集。架構第一本書的主要觀點，是以漢人開發臺灣的過程做爲問題的核心。這意味著我當時的臺灣史研究，是將臺灣的歷史發展，置於漢人移動的脈絡下在進行。然而，二十年來本土化思潮不斷衝擊臺灣社會，置身於社會脈動中的歷史學者，也不得不對過往的研究觀點進行反思。我對臺灣史的研究，即在這種潮流下產生了重大的調整。我認爲關心這片土地上的所有族群，遠比關心特定族群來得重要；因此，我的研究主體，由原本的特定族群調整爲土地。凡是在這片土地上活動過的所有族群，都是我在研究上的終極關懷；基於這樣的想法，我認為歷史應該跟土地有所結合，所以，我提出了「臺灣島史」概念，以此概念架構臺灣史研究的主體性。本書的主要觀點，便是我二十年來學思轉變的具體實踐。擺脫了特定族群的羈絆，研究視野變得更加開闊。臺北帝大時期，我曾受到桑田六郎、岩生成一、小葉田淳、箭內健次等幾位老師在東西交通史上的啓發：如哲學家和辻哲郎在《風土》一書所揭示的歷史發展，對人存在的認知，不但注重時間性，也認為空間性很重要；年鑑學派主張拓展研究領域，擴大視野，提倡歷史研究應以地域與人民為主、而非國家與政治掛帥等觀點，終於具體落實在我的研究中。在強調「臺灣島」做為研究主體的同時，臺灣對外的文化與經濟交流，及臺灣與世界的關係，也成為個人研究臺灣史時關心的面向。所以我的臺灣史研究，不是故步自封的本土沙文主義，而是在本土化與國際化的雙重視野並置下，展開臺灣與世界的對話。思考觀點上的轉變，連帶影響我在治學方法上的態度。我改變了過去所強調只注重實證研究的方法，取而代之的是：除重視實證主義外，更進行總體的思考，建立完整的理論架構，希望構築一部有體系的臺灣史。這本書，收錄了我近二十年來的專題研究論文八篇，及我對臺灣史史料與史學的相關看法。以二十年的時間長度來說，這樣的研究成果，就數量而言實在不多；著作等身等形容詞，可說完全不能套用在我的身上。所以如此，一部分原因是：當年在臺大圖書館的職務，實在佔去不少時間；另一原因則是，我下筆前不僅需要大量閱讀中、外文史料，對於各種可能更是反覆推敲，非有十足把握，絕不下筆，故成文極慢。到目前為止，也還有幾篇在研討會或演講上發表的論文，被我視為未定稿，還不曾正式發表。但二十年的時間，實在也不算太短；縱使有上述原因的糾纏，我仍深覺是自己在學術研究上不夠用功。只是我又想，隨時覺得自己不夠用功，或許也是一種自我砥礪的方式，可以時時鞭策自己努力為學。本書收錄的論文中，屬通論性的有〈環中國海域交流史上的臺灣與日本〉一文，一九八八年發表於前臺北帝國大學箭內健次教授的祝壽論文集；其內容係以十七世紀東亞海域的貿易活動為主要問題意識，以架構臺灣與日本的關係。由於寫作時間匆促，文中若干處註解，並未詳備；原文用日文寫成，由學生合力譯成中文。另一篇同屬通論性的文章，則為〈明鄭時期以前的臺灣〉，收錄於一九八〇年我與黃富三教授合編的《臺灣史論叢》第一輯中。重視臺灣與世界的對話，是我近二十年的研究焦點，〈十七世紀作為東亞轉運站的臺灣〉一文，正是這個觀點在研究上的實踐。本文原以英文寫成，在一九七二年赴美參加由美國臺灣研究學者舉辦的Taiwan in Chinese History研討會時發表；也是由學生譯成中文，發表在一九九八年的《臺灣風物》上。〈澎湖之紅毛城與天啓明城〉一文，則是一九八九年參加澎湖縣立文化中心舉辦的「西臺古堡建堡暨媽宮城建城一百週年學術研討會」時發表的。本文利用西方文獻的引證，及荷蘭時代古地圖與今日空照圖的交相對照，證明荷蘭人建構的紅毛城，其實在澎湖的風櫃尾。這篇文章，對一般人視澎湖媽祖廟後的紅毛城為荷蘭人所建築的成見，有所澄淸。多族群的臺灣史，是架構臺灣島史的研究核心之一；〈小琉球原住民的消失：重拾失落的臺灣歷史之一頁〉一文的撰寫，誠如副標所示，便是企望藉著對消失族群的側寫，重拾失落的臺灣歷史。該文發表在一九九五年的《平埔研究論文集》。海商立國的鄭氏王朝，極爲重視對外的政、經關係，視爲發展的命脈。因此，對該課題的研究，便成爲凸顯臺灣海洋性格及臺灣與世界對話的例證；〈英國東印度公司與臺灣鄭氏政權〉的撰寫，用意在此。該文原在中研院社科所舉辦的第六屆「中國海洋發展史研討會」宣讀，不久收錄在該次研討會出版的論文集。一九八四年，我進入中央研究院中山人文社會科學研究所（舊稱三民主義研究所，以下簡稱社科所）時，社科所正自前一年開始決定發展海洋史研究方向。適巧，宮崎大學的市川信愛教授來訪。他曾於一九七三年陪長崎大學須山卓教授往東南亞途次時，來香港中文大學訪問陳荊和教授；適我在場，因此有晤面之緣。市川教授其時希望與其他研究機構合作，一起研究新近發現的長崎僑商「泰益號」文書；幾經商討，社科所終於與日本學界共同進行「泰益號」的研究。〈有關日本長崎華商「泰益號」文書與臺灣商界的關係〉一文，便是在這種背景下寫成，發表於一九八八年第十三期的《史聯雜誌》中。關心臺灣島上的族群活動之外，也應注意島民的對外發展，如此才能從「人」的觀點，理解臺灣的對外關係。〈華人在石垣島發展之事例〉一文，便是論述日治時期、戰後初期，臺灣人到琉球石垣島發展農業的經過。本文一九八九年發表於中琉文化經濟協會出版的《中華文化在琉球歷史文物考察紀要》。上述各文，反映我對臺灣史研究的思考。研究方向的轉變，背後一定有一些想法作爲基礎；本書的第二部分，就是我對史學的相關看法。篇幅大多僅在數頁之間，意在言簡意賅的提出一些史學觀念。一九九〇年，刊登於《臺灣史田野研究通訊》的〈臺灣史研究的另一個途徑——「臺灣島史」概念〉一文，首先提出：我們應將臺灣島作爲研究主體，才能架構出結構性、總體性、全球性的臺灣史觀；此後，一系列的相關文章——如一九九三年在清華大學《臺灣研究通訊》發表的〈臺灣史的研究〉一文、一九九三年自立報系「臺灣歷史大系」的總序〈建立臺灣新史學的基礎〉、一九九八年東吳大學「史學與文獻學學術研討會」論文集《史學與文獻》的〈臺灣史研究及其文獻資料〉，及同年臺灣省文獻會「族群關係：臺灣族群社會變遷」研討會的開幕演講〈多族群的臺灣島史〉，都在闡明這個理念。

史料是史學研究的核心，本書的另一部分便是對史料的介紹。由於個人的研究領域，及考慮到近代初期史料較不爲人所知，極具推廣價值；因此，相關文章幾乎都是以荷蘭史料的介紹爲主，如刊登於一九九三年《臺灣史與臺灣史料》的〈荷蘭時期臺灣史料介紹〉一文、發表在一九九五年《臺灣史料研究》的〈簡介維也納國立圖書館所藏荷蘭時代臺灣古地圖〉一文，及收錄於一九九六年《臺灣地區開闢史料學術論文集》的〈簡介臺灣開發史資料——荷蘭東印度公司檔案〉一文等。除了史料介紹，研究成果的回顧及研究課題的展望，對於我們了解臺灣史研究，也具有相當程度的助益。因此，本書也收錄了〈臺灣荷據時代研究的回顧與展望〉（發表在一九七八年的《臺灣風物》）、

〈臺灣早期歷史研究的回顧與展望〉（發表在一九八五年的《思與言》）兩篇關於早期臺灣史的研究回顧。我的長年研究過程，先後曾有數不淸的前輩、長者、朋友，和後起之秀、學生等的期望、提拔、鼓勵、推動、刺激等，使我能走到現在。由於生長的環境，我自孩童至靑年，無論讀書、學習、思考、表達，均以日文爲主，因此我對中文的落筆撰寫較爲遲慢；加以年輕時，爲飯碗問題而有職務在身，所以僅能做業餘的硏究；退休後，時間雖然較爲充裕，卻年紀漸大。是以回顧起來，總覺得自己做得還不夠。朋友和學生，時常催我把過去的文章再結集出書，但一是無時間，也難得鼓起心情修改舊稿；二是又覺不如另寫新東西較有意思，所以一直猶豫不決。無論如何，本書終於還是要出版了。我要感謝多年來的朋友——聯經出版事業公司總編輯林載爵先生的再三、再四催迫出書，其好意難卻。我的書固定由同一出版商刊行，是想到對自己或其他人士找書會比較方便。我也感謝聯經的沙淑芬小姐爲本書編輯出版所付出的辛勞，還感謝中央研究院臺灣史研究所籌備處的詹素娟小姐爲本書出版做無私的幫忙。

臺灣研究叢刊
臺灣早期歷史研究續集

2000年10月初版
2010年7月初版第四刷
2016年4月二版
定價：新臺幣550元

著　者　曹永和
總編輯　胡金倫
總經理　羅國俊
發行人　林載爵

出版者　聯經出版事業股份有限公司
地址　台北市基隆路一段180號4樓
台北聯經書房　台北市新生南路三段94號
電話　(02)23620308
台中分公司　台中市北區崇德路一段198號
暨門市電話　(04)22312023
郵政劃撥帳戶第0100559-3號
郵撥電話　(02)23620308
印刷者　世和印製企業有限公司
總經銷　聯合發行股份有限公司
發行所　新北市新店區寶橋路235巷6弄6號2F
電話　(02)29178022

責任編輯　沙淑芬
封面設計　王振宇

行政院新聞局出版事業登記證局版臺業字第0130號

本書如有缺頁，破損，倒裝請寄回台北聯經書房更換。
ISBN 978-957-08-4726-0 (精裝)
聯經網址 http://www.linkingbooks.com.tw
電子信箱 e-mail:linking@udngroup.com

國家圖書館出版品預行編目資料

臺灣早期歷史研究續集 / 曹永和著 .
--二版 . --臺北市：聯經，2016年
496面；14.8×21公分 .（臺灣研究叢刊）
ISBN 978-957-08-4726-0（精裝）
[2016年4月二版]

1.臺灣史 2.臺灣開發史

733.24 105006560

臺灣研究叢刊

臺灣早期歷史研究	曹永和著
清代臺灣之鄉治	戴炎輝著
臺灣的人口變遷與社會變遷	陳紹馨著
臺灣農業發展的經濟分析	李登輝著
光復前臺灣之工業化	張宗漢著
臺灣土著民族的社會與文化	李亦園著
臺灣民間信仰論集	劉枝萬著
臺灣土著社會文化研究論文集	黃應貴主編
日據時代臺灣之財政	黃通、張宗漢、李昌槿編
臺灣歌仔戲的發展與變遷	曾永義著
臺灣開發史研究	尹章義著
臺灣鳥類研究開拓史	劉克襄著
戰後臺灣農民價值取向的轉變	廖正宏、黃俊傑著
臺灣土著文化研究	陳奇祿著
清代臺灣社會經濟	王世慶著
協力網絡與生活結構——台灣中小企業的社會經濟分析	陳介玄著
貨幣網絡與生活結構	陳介玄著
台灣地區開闢史料學術論文集	國學文獻館編
台灣產業的社會學研究	陳介玄著
茶、糖、樟腦業與臺灣之社會經濟變遷	林滿紅著
台灣日治時期的法律改革	王泰升著
頭家娘：台灣中小企業「頭家娘」的經濟活動與社會意義	高承恕著
荷據時代台灣史	楊彥杰著
荷蘭人在福爾摩莎	程紹剛譯註
臺灣早期歷史研究續集	曹永和著

現代名著譯叢

極權主義	蔡英文譯
法律的理念	張茂柏譯
自然法——法律哲學導論	李日章譯
人文科學的邏輯	關子尹譯
論康德與黑格爾	關子尹譯
六大觀念：真、善、美、自由、平等、正義	蔡坤鴻譯
康德〔純粹理性批判〕導讀	李明輝譯
黑格爾與現代社會	徐文瑞譯
論小說與小說家	瞿世鏡譯
倫理學原理	蔡坤鴻譯
托馬斯・摩爾	梁懷德譯
制憲風雲——美國立憲奇蹟	孫北堂譯
法國1968：終結的開始	趙剛譯註
西方政治傳統：近代自由主義之發展	李豐斌譯
論民主	李柏光、林猛譯
後現代性的起源	王晶譯
共同體的基礎理論	于嘉雲譯
倫理與經濟	劉楚俊譯
宇宙與歷史	楊儒賓譯
超越左派右派：激進政治的未來	李惠斌、楊雪冬譯
星空中的普魯斯特	廖月娟譯
馬丹・蓋赫返鄉記	江政寬譯

全球視野系列

(1)無國界的世界	黃柏棋譯
(2)日本改造計畫	陳世昌譯
(3)投入國際金融世界	蔡慧玲、江東峰譯
(4)全球族	賈士蘅譯
(5)兩種資本主義之戰	莊武英譯
(6)亞洲新世紀發展構圖	黃綵璋譯
(7)地球祖國	馬勝利譯
(8)贏得全世界	沈中華等譯
(9)文明衝突與世界秩序的重建	黃裕美譯
(10)全球資本主義危機	聯合報編譯組譯
(11)錯誤的決策思考	鄭明萱譯
(12)第三條路：社會民主的更新	鄭戈譯
(13)未來十年好光景	余友梅等譯
(14)人類演化的未來	王晶譯
(15)聖嬰與文明興衰	董更生譯
(16)櫻花之春：日本的新未來	孫蓉萍譯
(17)新君王論	李振昌譯
(18)中美交鋒	聯合報編譯組譯
(19)二十世紀之旅	董更生譯
(20)四倍數：資源使用減半，人民福祉加倍	吳信如譯
(21)了解全球化：凌志汽車與橄欖樹	蔡繼光等譯
(22)未來市場九大震撼：震撼未來金融市場的九種經濟與社會變動及其因應對策	劉復苓譯
(23)老年潮	王晶譯
(24)咖啡萬歲	韓懷宗譯
(25)蝴蝶效應經濟學	李華夏譯
(26)迎接WTO時代	華英惠譯
(27)虛擬國家：新世紀的財富與權力	李振昌譯